한일 지방자치 비교

한국지방자치학회

최병대 양기호 박광덕 이정만 하정봉 허 훈
권경득 임정빈 금재덕 신원득 김병국 이민규
이자성 길종백 김순은 권영주

도서출판 대영문화사

머리말

한국과 일본은 유사한 법률과 행정문화 때문에 학문적으로나 정부 제도면에서 자주 비교 대상이 되고 있다. 특히 일본의 행정 체제나 지방자치제도가 우리나라와 제도적으로나 운용적인 측면에서 상대적으로 유사한 점이 많으므로 상호 반면교사가 될 수 있을 것으로 여겨진다. 오늘날 일본 지방자치의 근간이 되는 기본 틀은 1947년에 제정된 헌법에서 출발하는데, 대한민국의 지방자치법은 1948년 제정된 헌법에서 연유한다. 제2차 세계대전으로 패망한 일본은 미군정의 강요에 따라 지방자치제를 드입했으며, 한국은 일본의 패망으로 일제 36년의 식민 시대를 마감함으로써 과거 왕권국가로부터 근대적 민주주의 정부를 탄생시키면서 지방자치제의 근간이 마련되었다.

한·일 양국이 자의에 의하기보다는 모두 타의에 의해 지방자치제가 도입되고 그 시기도 비슷하다. 하지만 지방자치의 출발 시기는 비슷하지만, 한국은 1950년 6·25 사변과 연이은 4·19 학생의거 등으로 극심한 사회혼란기를 겪으면서, 1961년 발생한 5·16 군사혁명으로 지방자치는 1991년 지방자치제가 부활할 때까지 30년의 공백기를 가지게 되었다. 반면에 일본은 지난 60여 년에 걸쳐 지방자치단체의 권능을 강화시키기 위해 끊임없이 노력해 왔다. 다시 말하면 우리보다 앞선 일본의 지방자치 경험이 우리에게 많은 교훈을 주고 있음을 부인할 수 없다. 이런 맥락에서 한국과 일본의 지방자치를 상호 비교론적 시각에서 조망함은 적지 않은 의의가 있으며, 지방자치를 공부하는 학생들에게 많은 도움이 되리라고 생각되어 이 책을 발간하기로 했다.

이 책은 크게 서장과 5부 14장으로 구성되어 있다. 서장은 한국과 일본의 지방자치를 상호 비교함에 따른 의미를 조망하는데, 주로 한국과 일본의 헌법적 기반과 지방자치법에 관한 주요 쟁점 사항을 중심으로 살펴본다. 제1부에서는 중앙과 지방 간의 관계를 중심으로, 제2부에서는 지방행정 체계를 중심으로 다루고, 제3부에서는 지방정부의 구성과 운영과 관련한 문제를 다룬다. 제4부에서는 시민사회와 지방정부에 관한 문제를 중심으로 다루며, 마지막으로 제5부에서는 분권개혁에 관한 문제를 중심으로 다룬다.

이 책의 발간에 참여한 분들은 모두 해당 분야의 최고 권위자들이다. 총 16명의 교수 및 전문가들이 집필했는데, 한국지방자치학회를 위해 흔쾌히 이 책의 발간에 참여하고 협조해 주신 그분들의 노고에 깊은 감사를 드린다. 특히 이 책의 체제를 구축하고 편집 구성 등 책의 발간을 위해 처음부터 마무리될 때까지 기획 및 편집에 헌신적인 수고를 마다하지 않은 한국지방자치학회 국제교류위원장인 서울시립대학교 권영주 교수님과 편집에 노고를 아끼지 않은 선문대 권경득 교수님, 공주대 이정만 교수님께 무어라 감사의 뜻을 전해야 할지 모르겠다. 끝으로 이 책의 발간에 참여한 분들의 열정과 노력이 우리나라 지방자치 발전을 기하는 데 다소나마 보탬이 되었으면 하는 바람이다.

2010년 3월

사단법인 한국지방자치학회

제13대 회장 최 병 대

차 례

제 3 부 지방정부의 구성 및 운영

제 4 부 시민사회와 지방정부

제 5 부 분권개혁과 과제

서 장 한·일 지방자치 비교의 의미

최병대
(한양대 행정학과 교수)

1 학문 활동에서 비교의 의의

학문이란 항시 새로운 지식 탐구가 핵심이다. 제반 여건이 과거와는 비할 수 없을 정도로 급변하는 현대 사회에서 학문이 생명력을 지니기 위해서는 급속도로 변모하고 있는 여건에서 변화를 선도하고 능동적으로 대처하면서 새로운 지식을 창출해야만 한다. 하지만 새로운 지식을 창출하고 선도해 나가는 것은 쉬운 일만이 아니다. 이러한 어려움 때문에 흔히 활용되는 방법이 비교를 통한 방법이다. 여기서의 비교란 가능한 한 동질적인 요소를 시간적 또는 공간적인 선상에서 상호 비교해 보는 것이다. 이러한 비교를 통해 현상을 확인하고 스스로의 위치를 파악함으로써 좀 더 미래 지향적이며 발전적인 모습을 탐구해 나가는 것이다. 비교란 그 자체간으로도 의미가 있지만, 그것보다도 비교를 통해 그 효용 가치가 한층 높아질 수 있다.

비교 방법은 내부 비교와 외부 비교로 나눌 수 있다. 첫째, 내부 비교는 연도별 비교와 한 조직 내의 부서 간 비교가 있다. 둘째, 외부 비교는 타조직이나 타지역과의 비교, 혹은 전문가집단이 세워 놓은 이상적인 목표치와 비교할 수 있다. 하지만 일반적으로 내부 비교는 흔히 활용되지만 외부 비교는 기피하는 경향이 있다. 즉 대부분의 공공기관은 연도별 비교와 같은 내부 비교는 향후 각종 계획 수립의 나침반으로서의 역할과 같이 많이 활용하지만, 여타 지역의 수치나 전문가집단이 세워 놓은 이상적인 목표치와의 비교와 같은 외부 비교는 기피하는 경향이 있다. 그 이유로서는 첫째, 현상 유지에 만족하고자 하는 구성원들의 욕구가 강해 이들은 타조직과의 비교를 원하지 않는다. 둘째, 평균 이하의 성과를 보이고 있는 조직에서는 그들의 실적이 비교를 통해 드러나기를 원하지 않기 때문이다. 셋째, 외부 비교에 필요한 통계치 등 적절한 준거를 찾기가 쉽지 않다는 점이다. 여기서의 한・일 간 비교는 외부 비교에 해당한다고 볼 수 있다.

국가나 사회가 발전하기 위해서는 수많은 장애와 난관과 부딪치게 되고 이를 극복하기 위한 끊임없는 노력이 이루어질 수밖에 없다. 대한민국의 지방자치가 비교적 짧은 역사를 가지고 있지만 단기간에 적지 않은 발전을 이루어 가고 있다. 이러한 발전은 어느 한순간에 갑자기 이루어진 것이라기보다는 그 동안 우리보다 훨씬 앞서 지방자치를 실시한 선진 외국의 경험이 큰 교훈이 되고 있다.

특히 대한민국은 일본의 침략으로 왕권국가가 붕괴되면서 36년 동안이나 일제 식민 시대를 겪으면서 일본의 통치제도가 그들의 편의적 잣대로 우리에게 이식되었다. 따라서 우리의 지방자치에 관한 제도도 일본의 지방자치법이 근간이 되고 있다. 그 동안 양국의 제반 상황이 많이 바뀌기는 했지만 한국과 일본의 자치제도를 비교함은 큰 의의가 있는 것으로 생각된다.

한국의 지방자치가 부활한 지 20년이 경과한 이 때, 이제 우리나라 지방자치도 한 단계 더욱 성숙된 모습을 보여야 할 때가 아닌가 한다. 우리 스스로를 성찰하고 비판하는 것도 중요하지만 바깥에서 지켜보는 한국 지방자치의 현주소를 진단하는 것이 앞으로의 방향을 탐구하는 데 유용하리라는 생각이다. 이런 시각에서 한국의 지방자치를 일본의 지방자치와 비교함으로써 한국의 지방자치가 더욱 진일보하는 계기가 될 수 있다는 데 이 책을 발간하는 의의가 있다.

2 한국과 일본 지방자치의 헌법적 기반

일본의 지방자치 역사는 크게 제2차 세계대전 이전인 1870~1945년, 전후의 민주화운동 시기인 1947~1950년, 이후의 1950년 이후로 대별해 볼 수 있다.[1] 오늘날 일본 지방자치의 근간이 되는 기본 틀은 1947년에 제정된 헌법에서 출발하는데, 이 헌법은 일본이 제2차 세계대전에서 패배 후인 1947년 미점령사령부의 관여에 따라 제정되었다. 이 헌법 제8장에서 지방자치에 관한 내용을 담고 있고, 헌법 제92조에서는 지방자치의 기본 정신에 대해 규정하고 있으며, 이 규정에 따라 같은 해 지방자치법이 제정되었다. 일본 지방자치법 제1조에서는 지방공공단체의 종류를 규정하고 있다. 즉 일본은 부·현(府·縣)과 시·정·촌(市·町·村)의 보통공공단체와 기타의 특별지방공공단체를 둘 수 있도록 하고 있다(柴田德衛, 1992: 27).

구체적으로 살펴보면, 지방자치에 관한 일본의 헌법 규정은 제8장의 '지방자치'란 장에서 4개 조문에 5개의 항을 두고 있다. 제92조에서는 지방자치에 대한 기본 원칙을 천명(지방공공단체의 조직 및 운영에 관한 사항은 지방자치의 본지(本旨)에 기하여 법률로 이를 정한다)하고 있으며, 제93조에서는 지방자치단체의 기관(1항: 지방공공단체에는 법률이 정하는 바에 의해 그 의사기관으로서 의회를 설치한다), 그의 직접선거에 대해(2항: 지방공공단체의 장, 의회의원 및 법률로 정하는 기타 공무원은 그 지방공공단체의 주민이 직접 이를 선거한다) 규정하고 있다. 헌법 제94조에서는 지방자치단체의 권능(지방공공단체는 그 재산을 관리하고 사무를 처리하며 행정을 집행할 권능을 가지며, 법률의 범위 내에서 조례를 제정할 수 있다)에 대해, 제95조에서는 특별법의 주민투표(하나의 지방공공단체만에 적용되는 특별법은 법률이 정하는 바에 따라 그 지방공공단체의 주민투표에서 과반수의 동의를 얻지 아니하면 국회는 이를 제정할 수 없다)에 대해 규정

1) 일본의 지방자치 발달과 관련해서는 한국지방자치학회에서 발간한 『한국지방자치론』(삼영사, 2000)의 138-149쪽 참조.

하고 있다.

한국 지방자치의 가장 근본이 되는 대한민국 헌법에서는 지방자치에 대한 2개의 관련 조문을 두고 있다. 헌법 제8장의 '지방자치'란 장에서 2개의 조문에 4개의 항을 두고 있다. 즉 제117조 1항에서는 "지방자치단체는 주민의 복리에 관한 사항을 처리하고 재산을 관리하며 법령의 범위 안에서 자치에 관한 규정을 제정할 수 있다"고 하고, 이어 제2항에서는 "지방자치단체의 종류는 법률로 정한다"고 규정하고 있다. 또한 제118조의 제1항 및 제2항에서는 "지방자치단체에 의회를 두며(1항), 지방의회의 조직, 권한, 의원선거와 지방자치단체의 장의 선임 방법, 기타 지방자치단체의 조직과 운영에 관한 사항은 법률로 정한다"(2항)고 규정하고 있다.

헌법상 규정에 의한 한국과 일본의 지방자치의 특징을 상호 비교하면, 첫째로 지방자치에 관한 기본 정신에 관해서이다. 우리 헌법에서는 지방자치의 기본 정신에 관한 조문이 없다. 반면에 일본은 헌법 제92조에서 "지방자치의 본지(本旨)에" 관해 언급함으로써 지방자치 정신에 충실할 것을 헌법적으로 보장한다는 것을 천명하고 있다. 둘째는 조례 제정에 대한 범위에 관한 문제이다. 우리 헌법 제117조에서는 조례에 관한 제정 범위를 법령의 범위 내로 제한하고 있으나, 일본 헌법 제94조에서는 법률의 범위 내로 한정함으로써 우리나라보다 일본이 조례 제정의 범위를 훨씬 확대했다. 셋째로 한국은 지방자치단체의 장의 선거 및 지방의원 선거를 법률에 위임하고 있으나, 일본은 헌법 제93조 2항에서 "지방공공단체의 장, 의회의원 및 법률로 정하는 기타 공무원은 그 지방공공단체의 주민이 직접 이를 선거한다"라고 규정하고 있다. 이는 주민의 직접 참정권을 헌법적으로 보장하며 아울러 단체장과 지방의원뿐만 아니라 이외의 선출직 공무원을 직접 선출할 수 있는 여지를 개방해 놓고 있다. 넷째로 일본은 특정한 지방자치단체를 대상으로 하는 특별법의 제정은 먼저 주민의 과반수 이상의 동의를 전제 조건으로 함으로써 국회에서 주민의 의사에 반하는 법률의 제정을 사전에 차단하고 있는 반면, 우리나라에서는 이와 관련된 규정이 없다. 이와같이 한국과 일본의 헌법에서 지방자치에 관한 규정을 비교하면 일본은 우리보다 한층 강하게 지방자치의 본질에 충실할 것을 헌법적으로 보장하고 있음을 보여 준다.

〈표 서-1〉 한국과 일본 헌법에서 지방자치 관련 규정 비교

한국 헌법		일본 헌법	
	• 지방자치 정신의 본질에 관한 규정이 없음.	제92조	• 지방자치 정신의 본질을 헌법적으로 보장
제117조	• 지방자치단체의 행정적 권능: 주민의 복리에 관한 사무를 처리하고 재산을 관리 • 입법적 권능: 법령의 범위 안에서 자치에 관한 규정을 제정 • 지방자치단체의 종류는 법률로 정함.	제94조	• 지방공공단체의 행정적 권능: 재산을 관리하고 사무를 처리하며 행정을 집행 • 입법적 권능(법률의 범위 내에서 조례를 제정)
제118조	• 지방의회의 설치 • 지방의회의 조직·권한·의원선거와 지방자치단체의 장의 선임 방법 기타 지방자치단체의 조직과 운영에 관한 사항은 법률로 정함.	제93조	• 의사기관으로서 의회의 설치 • 지방공공단체의 장, 의회 의원 및 법률로 정하는 기타 공무원에 대한 주민의 직접 선거
		제95조	• 특별법의 주민투표에 대해 규정

3 한국과 일본의 지방자치제도 비교

한국과 일본은 공통적으로 중앙집권제 체제 하에서 지방자치를 도입했다는 점에서는 유사하다. 일본은 제2차 세계대전의 패배로 인해 미군정 하에서 지방자치가 도입되었고, 한국은 일본의 패망으로 해방과 함께 과거 왕권 통치가 종식되고 민주정부가 수립되면서 헌법에 지방자치 관련 조항이 삽입되면서부터이다. 지방자치의 근간은 바로 지방자치법이다. 그런 의미에서 한국과 일본의 지방자치에 관한 핵심적인 기본 골격을 비교하는 것은 큰 의미가 있다. 여기서는 <표 서-2>에서와 같이 한국과 일본의 지방자치의 목적, 사무 범위, 자치입법권 및 벌칙 조항을 중심으로 비교해 보기로 한다.

먼저 지방자치법의 목적에서부터 다소 뉘앙스가 다르고 차이가 있다. 한

국은 행정의 민주성과 능률성을 중요시하고 지역 간의 균형 발전을 강조하는데 비해, 일본은 지방자치의 본지(本旨)를 강조한다. 본지가 지니는 의미가 추상적이기는 하지만 이는 지방자치가 지녀야 할 본래 가치를 중요시해야 한다는 의미가 함축되어 있다. 아울러 지방자치사무에 대한 기본 원칙을 천명한다. 즉 주민생활과 직결되는 사항은 자치사무로 해야 함을 선언하고 있다. 이는 한국의 지방자치가 민주성·능률성·형평성을 강조하는 데 반해, 일본은 지방자치가 지향해야 할 기본 가치와 역할 분담에서 지방우선의 원칙을 중요시한다.

지방자치사무와 관련해서 한국과 일본은 큰 차이를 보인다. 한국의 자치사무는 예시적 열거주의로 법령(法令)에 의해 자치사무가 많은 제약을 받는 구조로 되어 있다. 지방자치법 제9조 2항에서 57개 사무를 예시적으로 열거하고 있지만 언제든지 법령(法令)에 의해 제약받을 수 있는 특징을 지닌다. 일본도 과거에는 중앙정부로부터의 위임사무(특히 기관위임사무)가 많아 3할 자치[2]로 비하되기도 했지만 지방분권일괄추진법에 의해 현재에는 많이 개선되었다(한국지방자치학회, 2008: 74). 즉 과거에 자치사무, 단체위임사무와 기관위임사무로 구분하던 것을 자치사무와 법정수탁사무로 개편했고, 과거 위임사무에 해당하는 것을 대폭적으로 자치사무화했다. 불가피하게 법정수탁사무로 할 경우에는 중앙정부에서 재정 부담을 분명히 하도록 하고 있다.

또한 자치입법권의 범위는 상대적으로 한국보다 일본이 넓다. 한국은 법령의 범위 안(한국지방자치법 제15조)에서 조례를 제정해야 하지만, 일본은 법령에 위배되지 않는 한 조례를 제정(일본지방자치법 제14조)할 수 있다. 벌칙이나 권리 제한 및 의무 부과에도 상대적으로 차이가 있다. 한국은 법령의 위임에 의해서만 권리 제한이나 벌칙 등을 규정할 수 있고 1천만원 이하의 과태료를 부과할 수 있다. 또한 한국은 죄형법정주의에 의해 자

2) 3할 자치란 지방자치단체가 수행하는 사무의 대부분이 국가위임사무가 주축을 이루고 지방자치단체가 스스로 할 수 있는 자치사무는 약 30%(3할) 정도밖에 되지 않는다고 하여 붙여진 이름이다. 이는 과거 일본의 지방자치가 일종의 명목상 지방자치에 불과함을 비판하는 의미가 내포되어 있다. 이런 비판이 끊임없이 제기되자 지방분권일괄추진법이 추진되는 계기가 되었다.

〈표 서-2〉 한국과 일본의 지방자치법 주요 사항 비교

<table>
<tr><th colspan="2">한국 지방자치법</th><th colspan="2">일본 지방자치법</th></tr>
<tr><td rowspan="2">제1조
(목적)</td><td rowspan="2">• 지방자치 행정의 민주성과 능률성을 도모하고 지방의 균형 발전을 강조</td><td>제1조
(목적)</td><td>• 지방자치의 본지(本旨) 강조</td></tr>
<tr><td>제1조의 2
(역할, 역할 분담 원칙)</td><td>• 지방공공단체의 역할 명시
• 주민생활과 직결되는 행정은 가능한 지방공공단체에 맡김을 기본으로 명시</td></tr>
<tr><td>제9조
(사무 범위)</td><td>• 자치사무와 법령에 의해 지방자치단체에 속하는 사무로 구분(1항)
• 자치사무를 예시적으로 열거, 법률로 얼마든지 제한 가능(2항)</td><td>제2조
(사무, 지방자치 운영의 기본 원칙)</td><td>• 지방공공단체의 사무를 자치사무와 법정 수탁사무로 명확히 구분
• 법정 수탁사무의 기준 엄격, 자치사무 대폭 확대</td></tr>
<tr><td>제15조
(자치 입법권)</td><td>• 법령의 범위 안에서 조례 제정
• 법령의 위임에 의해서만 권리 제한, 의무 부과, 벌칙을 규정할 수 있음.</td><td rowspan="2">제14조
(자치입법권 및 벌칙)</td><td rowspan="2">• 법령에 위배되지 않는 한에서 조례 제정
• 의무 부과, 권리 제한은 법령 및 조례에 의해야 함.
• 2년 이하의 징역 또는 금고, 100만 엔 이하의 벌금, 구류, 과료(過料) 또는 몰수의 형 또는 5만 엔 이하의 과료(科料)</td></tr>
<tr><td>제20조
(벌칙)</td><td>• 조례 위반 행위에 대해 1천만 원 이하의 과태료 부과 가능</td></tr>
</table>

치입법으로 징역 등을 과할 수 없도록 하고 있다. 하지만 일본은 권리 제한이나 의무 부과는 법령이나 조례에 의해 가능하고, 형벌의 부과도 가능하다. 즉 2년 이하의 징역이나 금고, 벌금, 구류 등을 과할 수 있다.

일반적으로 지방자치를 실시하는 서구 선진국들은 대부분 지방자치단체란 용어보다는 지방정부란 용어를 사용한다. 그러나 일본은 '지방공공단체'로, 한국은 '지방자치단체'라고 칭한다. 이는 양국이 모두 중앙집권적인 체제 하에서 타의에 의해 지방자치가 도입됨으로써 지방정부를 중앙정부와 차별화하고자 하는 의지의 발로가 아닐까 여겨진다. 즉 가능한 한 지방자치 권능을 제한하고자 하는 취지가 함축되어 있다. 원래 정부란 의미에는 입법, 행정 및 사법이 상호 견제와 균형의 원리에서 작동되는 시스템이 핵심이다. 이런 맥락에서 볼 때 한국의 지방자치단체와 일본의 지방공공단체

는 선진국의 지방정부와는 그 기능에서 많은 차이가 있음을 부인할 수 없다.[3]

4 지방자치 관련 한국과 일본의 주요 쟁점

일본의 지방자치도 초기부터 지금과 같이 제도적으로 기반이 갖추어졌다기보다는 그 동안 끊임없는 노력으로 그나마 오늘의 모습에 이른다. 한국은 아직까지 짧은 지방자치 역사로 인해 걸음마 단계를 벗어나지 못하고 있지만 앞으로 한층 진전된 지방자치를 위한 노력을 게을리해서는 안 된다. 최근 한국과 일본의 지방자치와 관련해서는 자치권의 확대 범위, 구역 개편, 자치재정권의 확대 등이 주요 쟁점이 되고 있다.

먼저 자치권의 확대에 관한 문제이다. 이는 중앙과 지방 간의 기능 및 사무배분에 관한 사항으로 일본은 과거보다 많이 진전된 모습으로 변화를 꾀했지만 한국은 큰 변화를 보이지 못하고 있다. 제2차 세계대전의 패전 이후 출발한 일본의 지방자치는 3할 자치라는 비판 속에 자치권의 확대를 위해 끊임없이 노력해 왔다. 이는 일본의 분권화 개혁으로 나타났다(한국지방자치학회, 2008: 74-77). 이 분권개혁은 1995년에 제정된 지방분권추진법이 출발점이었으며, 이어 2000년 지방분권일괄추진법[4]으로 나타났다. 이 법은 기존의 자치사무, 단체위임사무와 기관위임사무의 구분을 자치사무와 법정수탁사무로 단순화했다. 즉 이 법으로 국가에서 위임해 준 사무를 대폭적으로 자치사무화하고, 불가피한 경우에 한해 법정수탁사무로 하여 지방자치단체로 하여금 수행하게 하고 국가에서 제반 경비를 지원한다. 반면 한국은 지방자치사무의 확대를 위해 김대중 정부부터 노무현 대통령의 참여정부에 이어 오늘에 이른다. 김대중 정부에서는 '중앙 권한의 지방 이양에 관한 법률'을 제정하여 자치사무의 확대를 위해 민간인 중심의 '기능이양위

---

3) 지방정부와 지방자치단체 간 차이에 대해서는 최병대, 『자치행정의 이해』(대영문화사, 2008) 제1장 참조.

4) 이 법의 정확한 명칭은 '지방분권의 추진을 도모하기 위한 관계 법령의 정비 등에 관한 법률'로, 약칭하여 지방분권일괄추진법이라고 한다.

원회'를 설치했다. 참여정부에서는 기능 배분을 좀 더 적극적으로 추진하기 위해 대통령 직속의 정부혁신·지방분권위원회를 설치해 자치 기능의 강화를 위한 강한 의지를 표명했다. 하지만 김대중 정부에서 참여정부에 이르기까지 지방분권 강화를 위한 소리는 요란했지만 실질적인 기능 강화는 기대에 크게 못 미치는 것으로 평가받고 있다. 아마 이는 기능 이양이 단위 사무 중심으로 이루어지므로 핵심 기능은 여전히 중앙정부가 관장함에 따른 결과라고 판단된다. 이명박 정부에서는 참여정부의 정부혁신·지방분권위원회를 지방분권을 촉진시키고자 하는 측면에서 지방분권촉진위원회로 개편했으나 실질적으로 기능 확대를 꾀하기에는 역부족인 것으로 평가된다.

일본의 분권개혁은 구역 개편인 시정촌 합병과 지방재정 개혁인 삼위일체 개혁으로 이어진다. 일본은 시정촌 합병특례법(1965년 법률 제6호: 합병구법이라 칭함)과 시정촌 합병 특례 등에 관한 법률(2004년 법률 제59호: 합병신법이라 칭함)에 의거, 기초자치단체인 시정촌 합병운동을 대대적으로 전개해 왔다(자치행정, 2007. 11: 34). 일본의 시정촌 합병은 <표 서-3>에서와 같이 1999년 4월 3,229개던 것이 2001년에 3개, 2002년는 8개가 감소했는데 이 때까지는 자율 통합이 주축이었기 때문에 큰 변화가 없다. 그러나 2003년부터는 총무성 주도도 중앙정부가 강력하게 2010년까지 1,000개를 목표로 시정촌 합병을 강력하게 추진했다. 지금까지 일본은 시정촌 합병으로 기대한 효과가 미미하고 오히려 부작용만 표출되고 있다는 지적이 높다.

시정촌 합병으로 인한 평가는 크게 두 가지로 나뉜다. 긍정적으로 평가하는 부류는 이를 적극적으로 추진한 중앙정부인데, 합병으로 공무원 수가 줄기 시작했으며 효율성이 증대되었다고 주장한다. 반면에 전문가 및 일반주민은 부정적인 평가가 주류를 이룬다. 그 이유는 일반시가 정령시(政令市)가 되고 자치단체 규모가 커지면 살림살이가 나아질 줄 알았는데 주민들의 피부에 와닿는 개선은 별로 없고 오히려 행정 서비스 질의 하락으로 인한 주민 불편의 증가, 교부세 총액의 감소로 인한 지방재정력의 약화, 부채의 증가와 더불어 내부 지역 간의 갈등만 발생하고 있다고 주장한다. 빚이 증가한 이유는 인센티브로 부여한 지방채 발행 권한의 확대로 지방채

〈표 서-3〉 일본의 시정촌 합병의 변화 추이

(단위: 개)

	시(市)	정(町)	촌(村)	계	전년 대비 감소
1999년 4월 1일	671	1,990	568	3,229	
2000년 4월 1일	671	1,990	568	3,229	0
2001년 4월 1일	672	1,987	567	3,226	△3
2002년 4월 1일	675	1,981	562	3,218	△8
2003년 4월 1일	677	1,961	552	3,190	△28
2004년 4월 1일	695	1,872	533	3,100	△90
2005년 4월 1일	739	1,317	339	2,395	△705
2006년 4월 1일	779	844	197	1,820	△575
2007년 4월 1일	782	827	195	1,804	△16
2008년 4월 1일	783	812	193	1,788	△16
2009년 4월 1일	783	802	192	1,777	△11
2010년 4월 1일(예정)	784	771	187	1,742	△35

자료: 上林陽治(2009: 48).

발행이 증가하고, 합병 이전에 각 자치단체가 갖고 있던 기금 등을 모두 소진함으로써 오히려 지방자치단체의 재정력이 더욱 악화되었기 때문이다(최병대, 2009).

최근 한국은 시·군·구 통폐합에 대한 논의가 활발하고 이미 일부 지방자치단체에서는 상당한 정도로 추진되고 있다. 행정안전부는 2009년 10월 24일부터 11월 6일까지 1,000명을 대상으로 여론조사를 실시하여 6개 지역을 통합 대상 후보지로 발표했다. 그러나 6개 대상 후보 지역 가운데 경기도 안양·의왕·군포 지역과 경남 산청·진주 지역은 해당 지역의 국회의원 선거구 문제와 결부되어 2개 지역이 취소됨으로써 4개 지역(성남·하남·광주, 수원·화성·오산, 청주·청원, 창원·마산·진해)을 대상으로 추진 중이다. 이 중 창원·마산·진해는 의회의 동의를 받아 상당한 정도로 진행 중인 반면 성남·하남·광주, 수원·화성·오산, 청주·청원은 지방의회 내부 및 주민 간의 의견 대립으로 갈등이 표출되고 있다. 2009년 11월 국회에서는 '지방행정 체제 개편법(가칭)'을 제정하기로 여야가 합의했고,

2010년 2월 국회에서 대통령 직속으로 지방행정체제개편추진위원회를, 이어 각 자치단체별로 통합추진위원회를 설치하기로 했다. 조만간 해당 지역은 중앙정부와 지방자치단체, 단체장, 지방의회, 시민사회, 지역 주민, 다양한 이해관계집단 간 반목과 갈등이 표출될 개연성이 한층 높아지고 있다. 누구를 위한 구역 통폐합인지 다시 한 번 냉철하게 되돌아보고 일본의 시정촌 합병으로 인한 부작용을 반면교사로 삼았으면 한다. 구역 통폐합은 신중에 신중을 기해야만 한다. 하지만 현재 추진되는 우리나라의 구역 통폐합을 주민의 적극적인 의견 수렴이 간과된 체, 구역 개편을 주도하는 중앙과 지방의 정치권이나 중앙정부의 일방적인 추진에 우려를 금할 수가 없다. 구역 개편은 지방자치단체 법인격의 변화를 초래하는 중차대한 문제이기 때문에 반드시 주민투표를 거치는 것이 바람직하다.

다음은 지방재정 개혁에 관한 문제이다. 일본 재정개혁의 핵심은 삼위일체 개혁으로 이는 국고보조부담금과 지방교부세, 세원 이양을 포함하는 세원 배분에 관한 문제를 삼위일체로 하여 개혁하는 것을 의미한다. 이 개혁은 경제재정자문회의가 매년 책정하고, 내각이 각의 결정에서 기본 방침을 결정하면 이에 따라 중앙정부가 예산상의 조치를 취하도록 한다. 이 개혁에는 비록 중앙정부가 지방자치단체에 약 3조 엔의 세원을 이양하는 것이 포함되어 있지만, 반면에 4년간에 걸쳐 약 4조 엔의 지방교부세와 약 3조 엔의 국고보조부담금이 삭감된다. 다시 말하면 삼위일체 개혁으로 다소 자주재원은 확충되지만 중앙정부로부터의 의존재원의 총액이 감소하므로 전체적으로는 지방재정의 규모 축소가 불가피하다.

최근 한국도 지방재정력을 높이기 위해 지방소비세와 지방소득세 제도를 도입했다. 지방소비세는 우선 2010년부터 시작해 2013년까지 국세인 부가가치세의 5%(약 2.3조 원)를 지방세로 전환해 이양하도록 한다. 지방소비세의 배분은 지역 간 재정 격차를 완화하기 위해, 수도권 · 광역시 · 도 등 권역별로 가중치를 적용하도록 했다. 지방소비세 도입의 효과로 지방의 재정자립도가 약 2.2% 상승할 것으로 기대된다. 또한 소득할 주민세를 2010년부터 지방소득세로 전환하도록 했다. 지방소득세 도입 효과는 지역경제 활동과 가장 밀접하게 연관되고, 비과세 · 감면 등과 같이 자치단체의 실질적 과세자주권을 보장하는 데 유용하다. 또한 앞으로 지방소득세가 완전한 독립세로 정착되면, 자치단체가 기업 유치 등을 위해 활용할 수 있는 조세정책 수단을 확보하게 됨으로써, 지역경제 활성화에도 크게 기여할 것으로 기대된다. 이와같이 지방재정력 강화를 위한 노력을 시도하기는 하지만 여전히 취약한 지방재정력을 높이기에는 근본적인 한계가 있다.

한편 대도시에 대한 특례 제도에 관한 문제이다. 대도시 특례 제도는 권한과 사무 이양에 특례를 인정하는 제도이다. 현재 우리나라는 인구 50만 명 이상의 대도시에 대해 '지방자치법 시행령' 제10조에 의거 일부 사무를 독자적으로 처리할 수 있도록 되어 있지만, 그 기능이 매우 제한적이며 특히 재정 운영에 대한 특례에 대해서는 아무런 규정이 없다. 일본은 우리나라보다는 훨씬 광범위하고 다양한 대도시 특례 제도를 도입하고 있다. 즉 정령지정도시, 중핵시, 특례시가 바로 그것이다(소순창, 2007: 20-23). 정령지정도시는 1956년 인구 50만 이상의 도시에 특례를 주어 자치권의 범위를 확대하고 있으며, 통상 100만 명 이상의 시를 지정하고 있다. 중핵시는 1993년에 인구 30만 명 이상, 면적 100㎢ 이상의 도시를 대상으로 지정할 수 있도록 하고 있다. 한편 특례시란 인구가 20만 명 이상의 도시가 중핵시에 이양된 사무 중에서 도(都)·도(道)·부(府)·현(縣)이 처리하는 것이 좀 더 효율적인 사무를 제외하고 특례시가 처리하는 것이 유리한 사무를 이양하도록 하는 것이다.

5 이 책의 기여도 및 구성

한국과 일본은 때로는 동반자적 관계로, 때로는 갈등과 반목 관계로 점철되어 왔다. 이러다 보니 양국은 서로를 잘 파악하고 이해해야 할 필요성을 절실히 느끼고 있다. 이 책도 한국 지방자치의 뿌리가 일본에 연원하고 있음을 부인할 수 없는 현실에서 일본의 지방자치를 이해하고 우리의 지방자치를 대비시켜 봄으로써 앞으로 우리나라 지방자치가 나아가야 할 방향을 모색하는 데 큰 의의가 있을 것으로 생각되어 이 책을 발간하게 되었다.

이 책은 크게 서장과 5부 14장으로 구성되어 있다. 서장은 한국과 일본의 지방자치를 상호 비교함에 따른 의미를 되새겨 보도록 한다. 제1부에서는 중앙과 지방 간의 관계를 중심으로 다룬다. 여기서는 제1장에서는 중앙 지방 간의 정치적 관계를, 제2장에서는 행정적 관계를, 제3장에서는 재정적 관계를 중심으로 다룬다. 제2부에서는 지방행정 체계를 중심으로 다룬다. 제4장에서는 광역행정단체 구역 개편 논의를, 제5장에서는 대도시 제도를 다룬다.

제3부에서는 지방정부의 구성과 운영과 관련한 문제를 다룬다. 구체적으로 살펴보면 제6장에서는 지방자치단체장의 조직 및 인사관리에 관한 문제를, 제7장에서는 세입과 세출을 중심으로 한 지방재정 관리를, 제8장에서는 지방의회의 지위와 기능에 관해, 제9장에서는 소방행정과 경찰자치를, 제10장에서는 교육자치에 관한 문제를 중심으로 다룬다. 제4부에서는 시민사회와 지방정부에 관한 문제를 중심으로 다루는데, 제11장에서는 정책 과정과 시민 참여에 대해, 제12장에서는 지역 NGO와 지방정부와의 관계를 중심으로 다룬다. 마지막으로 제5부에서는 분권개혁에 관한 문제를 중심으로 다룬다. 여기서는 제13장에서는 지방분권 개혁의 과정을, 제14장에서는 지방분권의 과제와 향후 과제를 중심으로 다룬다.

참고 문헌

소순창(2007). “일본의 대도시특례제도.” 「자치행정」. 지방행정연구소. Vol. 236.

최병대(2008). 「자치행정의 이해」. 서울: 대영문화사.

———(2009). “지방자치의 회고와 전망.” 「e-Newsletter」 12월호. 한국지방행정연구원.

한국지방자치학회(2000). 「한국 지방자치론」. 서울: 삼영사.

———(2008), 「한국 지방자치의 이해」. 서울: 박영사.

上林陽治(2009). (財)地方自治總合研究所, 日本における最近の地方分權改革議論の動向: 政權交代は分權改革の終わりの始まりか, 「韓·中·日 地方分權 國際 symposium」. 한국지방자치학회, 2009. 11. 19, 한국과학기술회관 중회의실, 43-57.

柴田德衡(1992). “일본의 지방자치: 그 개관.” 「자치통신」. 한국지방자치학회. 제4권 제5호(통권 17호).

제1부

중앙-지방 관계: 제도와 과정

제 1 장 중앙-지방 간 정치적 관계

양기호
(성공회대 일본학과 교수)

1 지방정치 제도의 개요

중앙정치와 지방정치 간 연계는 한국과 일본의 정부간 관계에서 매우 중요한 연결축을 구성하고 있다. 21세기 들어 글로벌 네트워크를 가능케 하는 교통과 통신, 인터넷 발달에 따른 중앙-지방 간 정치적 쟁점의 공유, 글로벌 도시 간 생존과 경쟁 속에서 중앙-지방 간 정치적인 협력의 필요성 제기, 국제 통상과 외자 유치 등 지역 발전을 위한 중앙-지방 간 교류 활성화는 양자간 대화와 협상을 촉진시키고 있으며, 한국과 일본도 예외가 아니다. 한 · 일 양국에서 주요 정치 행위자(actor)인 국회의원과 지방의원은 선거조직과 이익 유도를 매개로 한 상호 관계에다, 행정 체제 개편과 초광역권 구상 등, 중앙과 지방 정치가들이 공동으로 참가하는 공공 영역이 늘어나면서 중앙-지방 간 정치적 연계는 일상화되고 있다.

지방정부를 둘러싼 글로벌, 로컬 환경의 변화에 대응하여 단체장과 지방의원은 중앙정부나 국회의원들과 연계하면서 도시 성장을 위한 발전전략을 추진해 왔다. 한국이나 일본의 중앙-지방 간 정치적인 네트워크는 정책형성과 결정, 추진 과정에서 상호간 연동하면서 정치적인 교섭과 거래, 협력과 대립 양상을 보인다. 국회-광역의회-기초의회 간 정치적인 연계 체제는 중요한 의미가 있다. 국회-광역-기초의회는 별개의 분리된 제도가 아니라, 서로 유기적으로 연계되고 있으며, 지방정치가 추진하는 많은 정책과 쟁점은 중앙정부나 국회와의 연계 속에서 제기되고 있기 때문이다(한양대학교 지방자치연구소, 2009: 2-3).

한국과 일본은 양국이 마찬가지로 근대화 이후 정치적 기제로서 지방자치를 도입한 점, 정치적 투쟁의 산물 내지 미군의 전후 개혁을 통한 민주주의 담보물로서 지방자치를 도입한 점, 아직까지 중앙정부의 권한이 강하고 지방정치에 대한 부정적인 인식이 강한 점, 또한, 1990년대 이후 중앙-지방 간 관계에서 지방분권이 진행 중인 점 등이 비슷하다. 중앙정부의 국회의원, 광역시·도와 도도부현의 광역단체장과 지방의원, 시·군·구와 시정촌의 기초단체장과 기초의원으로 정치적 채널이 수직, 수평으로 연결되고 있는 점도 크게 다르지 않다.

한국의 대통령중심제 하에서 국회가 법률 제정과 아울러 행정부를 견제하고 있으며, 일본은 의원내각제 하에서 여당의 국회의원이 입법기관이자 동시에 수상과 대신으로 행정부를 이끌고 있다. 한국 국회는 지역구 243명, 비례구 56명인 정원 299명으로, 국회의원의 임기는 4년이다. 3권분립이 명시되어 있고, 대통령의 국회해산권이 없는 점, 일본의 양원제와 달리 단원제로서 정책결정이 신속하다는 것이 장점이나 장기적인 국가 비전(vision), 정치적 조정 기능이 약한 점이 특징이다. 한국은 중앙정부나 지방정부의 형태가 이원대표제로 대통령과 국회의원, 지방단체장과 지방의원을 별도로 선출하게 되어 있다. 국회의원과 마찬가지로 지방의원도 4년 임기가 명시되어 있으며, 광역의회와 기초의회로 구성된다.

이에 비해 의원내각제인 일본 국회는 중의원과 참의원의 양원제로 되어 있으며, 국회의원 정수는 중의원 의원 480명(지역구 300명, 비례구 180명)과 참의원 의원 242명(지역구 146명, 비례구 96명)으로 구성되어 있다.[1] 일본의 국회의원 임기는 4년이지만 지켜진 경우는 거의 없고, 평균 임기는 3

---

1) 일본 헌법에서 수상은 반드시 중의원 의원 가운데 선출되며, 내각은 중의원 의원의 1/2 이상으로 구성되어야 하는 등 인사와 예산, 법률안 통과에 중의원의 우위를 인정하고 있다.

[그림 1-1] 주민, 의회, 단체장의 관계

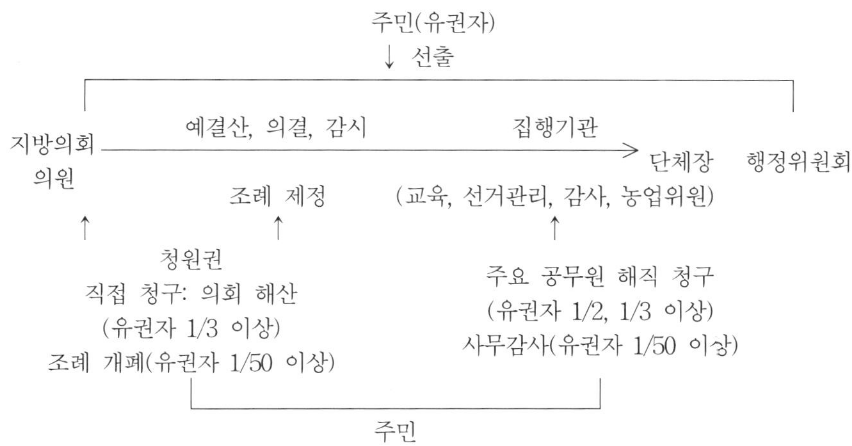

년 정도이다. 일본의 단체장과 지방의원은 임기가 4년인 반면, 중앙정부의 국회의원은 언제라도 수상이 해산권을 행사하면 임기가 종료되고 총선거가 실시된다.

영국이나 미국에서는 지방의원 또는 의회 의장이 관리직 공무원이나 단체장을 맡거나 전문경영자인 시티 매니저(City Manager)가 도시행정을 담당하는 사례가 적지 않다. 그러나 서구 각국과 달리 한국과 일본은 지역 주민이 직접선거를 통해 단체장과 지방의회를 선출하는 이원대표제로 되어 있다. 지방의회는 조례제정권과 예산 심사, 업무감사를 통해 단체장과 공무원을 견제한다([그림 1-1] 참조). 한국에 비해 일본은 지방자치법에서 주민 참가가 좀 더 제도화되어 있고, 이에 따라 단체장 해직 청구, 의회 해산 조례 개폐 등의 직접 청구 사례도 가끔 나타난다.

일본의 단체장 임기는 4년으로 시정촌장은 만 25세 이상, 도도부현 지사는 만 30세 이상으로 선거구 지역 내에 3개월 이상 거주해야 후보자로 나설 수 있다. 국회의원, 지방의원을 겸직할 수 없으나, 한국처럼 3선 제한 규정이 없어서 다선(多選) 지사나 시장이 한국에 비해 매우 많다. 심지어 10번이나 당선되어 40년 이상 단체장을 하는 기초단체가 5개 지역이 넘고, 5

번 당선으로 20년 이상 재직 중인 현지사도 3명이나 된 경우가 있었다. 반면, 다선으로 인한 부정부패나 행정 침체에 대한 비판도 있어서 다선 금지 논의가 활발해지고 있다.

일본의 단체장은 의회 동의를 얻어 부지사나 행정위원을 임명할 수 있고, 긴급시 의회의 사전 동의 없이 행정 업무를 처리할 수 있는 선결처분권도 가지고 있어서 단체장 권한이 의회에 비해 상대적으로 강한 편이다. 원칙상, 지역 주민에 의해 각각 선출되는 단체장과 지방의회는 상호 견제와 균형 속에서 행정을 운영한다. 지방의회는 단체장에 대해 조례 제정, 예산결산안 심사와 업무감사권을 가지고 있는 점 등은 한국과 비슷하다.

한국과 일본의 지방 제도상 큰 차이는 일본은 단체장과 의회가 상호간 강력한 견제 수단을 가지고 있다는 점이다. 일본 의회는 의결에 따라 임기 도중 단체장을 해직시킬 수 있으며, 단체장은 이에 대해 의회해산권을 가지고 있다. 해산 뒤 재구성된 지방의회가 재적 의원 2/3 출석, 3/4 찬성으로 불신임안을 재의결했을 때에 단체장은 자동적으로 해직된다. 한국에서는 단체장 해직과 의회 해산 제도 도입이 아직까지 시기상조라는 지적이 많고, 남발될 우려도 많다는 점에서 적용되지 않고 있다.

한국이나 일본의 단체장은 정치가나 관료 출신이 많이 당선되고 있으며, 영국이나 미국과 달리 아직까지 중앙관료나 중앙정치가가 지방정치를 담당하는 경우가 많다. 동시선거의 결과에 따라 매년마다 약간씩 달라지지만 평균 5~6할을 차지한다. 일본은 2007년 4월 현재 47개 도도부현 가운데 중앙관료 출신 단체장이 31명으로 무려 2/3를 차지한다. 중앙관료는 행정 경험이 풍부한데다 중앙성청과의 의사 소통이 원활하고, 공공사업이나 보조금 획득에 유리한 장점을 가지고 있어서 단체장 후보로 인기가 높다. 일본도 지방분권이 진행되고 지방재원이 확립되면 이러한 현상은 점차 줄어들 것으로 보인다.

일본의 지방의회는 기본적으로 입법기관이 아닌 의결기관(일본 헌법 93조)으로 설정되어 있다. 또한 지방의원도 조례제출권이 있지만 사실상 단체장제출안이 상당 부분을 차지한다. 따라서 일본의 지방의회는 감시기관으로서 의결과 동시에 감사권, 청구권, 조사권, 전문지식 활용 등의 권한을 적절히 활용할 것이 기대되고 있다. 지방의회는 일본 국회의 축소판으로 만

들어져 있으며, 지방의회가 준거한 표준 규칙이 대부분 국회 규칙을 기본으로 만들어진 점, 또한 국회의원 산하에 지방의원의 네트워크가 존재함으로써 중앙당의 영향을 받기 쉬운 점, 지방단체장이 지방의회가 만드는 조례에 필적하는 규칙제정권, 예산안제출권, 선결처분권 등을 보유하고 있는 점을 생각하면, 아직까지 지방의회의 권한은 한정되어 있다. 2000년대 들어 지방분권의 강화와 함께 지방의회의 기능 제고가 당면한 과제로서 다양한 시도와 실험이 전개되고 있다.

2 중앙-지방 간 정치적 관계

한국이나 일본의 지방정치는 중앙정치와 깊게 연계되어 있다는 공통점을 가진다. 동시에 지방선거는 국정선거의 전초전으로서 중시되고 있는 점도 공통된 현상이다. 일본 도쿄도(東京都)의회 지방선거를 보면, 42개 선거구가 있으며 의원 정수 127명을 선출한다. 1965년 도쿄도의회 해산 이래 통일지방선거와 달리 매년 7월에 치러지는 도쿄도선거는 대개 중의원총선거나 참의원통상선거를 앞두고 시행되면서 향후 정국의 방향을 읽을 수 있는 중요한 나침반이 되고 있다. 따라서 도쿄도의회의 선거는 매우 큰 관심을 끌고 있으며, 2009년 7월 시행된 선거 결과, 민주당 54석, 자민당 38석, 공명당 23석, 공산당 8석, 네트 2석, 무소속 2석으로 민주당이 제1당으로 부상했다. 이후 아소 타로(麻生太郎) 수상이 중의원을 해산 후 총선거를 실시했고, 국정선거에서도 민주당이 압승함으로써 일본에서 54년 만에 수평적인 정권 교체가 일어났다.

한국의 경우, 중앙당이 지방선거에서 공천권을 가지고 있어서 지방정치가 중앙정치에 종속되기 쉬운 경향이 있다. 예를 들면, 2002년 6월 지방선거는 대통령선거의 전초전으로 인식되거나, 2006년, 2010년 지방선거는 현 정부의 중간평가로 비춰지고 있다. 한국에서는 지나친 중앙당의 지방정치 개입, 지방정치에 대한 유권자의 무관심, 소지역주의가 횡행하여 지방정치의 자율성은 낮은 편이다. 그렇다 보니 지방선거의 투표율도 국정선거에 비해 상대적으로 낮은 1998년 53%, 2002년 48%, 2006년 54%에 머무르고 있다. 지방정치에 대한 무관심과 불투명한 정치 과정은 지방단체장과 지방의원에 대한 사법 처리와 의원직 상실로 나타난다. 2002~2006년간 지방의원에 대한 사법 처리는 395건으로 의원직 상실은 177명, 지방단체장에 대한 사법 처리가 78건이나 되었다.

한국 지방선거에서 기초의회와 단체장선거에 정당 공천 여부 문제는 많은 논란을 낳고 있다. 한국은 1991년 시·도의회 의원 정당공천제 도입, 1996년 기초와 광역 단체장선거에 정당공천제 허용, 2006년 기초의회선거에까지 정당 공천, 중선거구제, 유급제가 도입됨으로써 지방선거는 완전히 정당 참여 체제로 바뀌게 되었다. 중앙정부와 국회가 법률, 재정의 대부분 권한을 가지고 있는데다, 기초의원 공천까지 개입하는 한국의 정당 공천 조항은 지나친 중앙당의 지방정치 개입이라는 비판이 높다. 공천권을 행사하는 국회의원이 지방정치에 개입하면서 빚어지는 간섭과 통제, 정치적 비리 등은 문제점으로 지적된다.

일본의 경우 중앙당에 대해 지방정당이 나름대로 독자성을 발휘하기도 한다. 지방선거에서 9할 이상이 무소속으로 당선되고 있으며, 정당 공천은 후보자의 당락에 영향을 미치지 못한다. 또한, 무당파층이나 시민단체가 조직력을 발휘하여 단체장과 의원선거에 대표자를 보내고 있는 점도 한국과 다르다. 한국보다 활발한 일본의 풀뿌리 민주주의는 지역별 시민단체가 지방정부의 예산과 업무를 수시로 감시하거나, 지방정부가 스스로 옴부즈만 제도를 도입하여 시민감시관을 두고 있는 경우도 적지 않다.

한국 지방의원의 숫자는 미국, 일본, 프랑스 지자체의 규모나 인구 수, 업무량에 비해 그리 많지 않은 편이다. 일본의 약 6만 명에 비해 한국의 지방의원은 약 3,600명에 불과하다. 인구 비례로 보더라도 한국의 주민당 지방의원 비율은 주요 선진국의 1/5 내지 1/8에 불과하다. 현재 국회의원 지역구당 광역의원 2명 정도의 비율에 그친다. 중앙정치에 대한 지방정치의 종속 관계, 지방의원의 숫자가 상대적으로 적은 점 등은 지방정치가 중앙정치의 대안 장치로서 기대하기 어렵다는 것을 말해 준다. 또한, 지방정치가 출신이 국회의원이 되는 경우도 외국에 비해 낮은 편이다. 서울시장이나 경기도지사 등 수도권 광역단체장을 제외하면, 지방단체장이나 지방의원이 중앙정치의 주요 리더로 성장하는 경우는 찾아보기 어렵다.

이것은 선진국의 경우처럼 지방정치가가 대안으로서 정치적 충원자 역할을 수행하지 못하고 있다는 점을 말해 준다. 영국의 경우 메이저(John Major) 전 수상은 시의원 출신이고, 프랑스는 단체장이 지방의원을 겸직하게 되어 있어 국회의원이 지방의원을 맡고 있는 경우가 드물지 않다. 미국에서 부시(George Bush Jr.)나 클린턴(William Clinton) 전 대통령은 주지사를 거치면서 정치적인 역량을 쌓아 나갔다. 일본에서도 다케시타 노보루(竹下登)와 호소카와 모리히로(細川護熙) 전 수상, 다수 현직 국회의원과 정치가들이 지방의원이나 단체장을 거쳐서 국회의원으로 성장했다.

일본의 47개 도도부현(都道府縣)의회는 전국 도도부현의회를 통해 중앙정부에 압력을 행사하거나 또는 중요 쟁점에 대해 다양한 의견서를 제출한다. 도도부현 의원 출신으로 단체장에 당선되는 비율이 높아지면서 지방의회의 기능을 강화하는 긍정적인 요소가 되고 있다. 지방의원을 경험한 뒤, 일본 정치를 주도해 온 다케시타 노보루, 1990년대 정치적인 위기에 빠진 일본 정치를 변화시킨 호소카와 모리히로 전 수상 등은 지방정치가 출신이 경색 상태에 빠진 일본 정치에 새로운 방향을 제시한 정치적 동력원이라는 점을 보여 주었다. 1990년대 일본의 지방분권이 제대로 추진될 수 있었던 중요한 요인은 단체장이나 지방의원을 경험한 중앙정치가들이 지방분권의 확대에 찬성하고 동참했기 때문이다.

일본의 광역의회는 47개 도도부현 의회이며, 기초의회는 약 1,700개가 넘는 시정촌(市町村)의회와 도쿄도 특별구 23개 구의회로 구성되어 있다. 광역의회가 비교적 넓은 권한을 가진 반면, 기초의회는 상대적으로 한정된 권한을 행사한다. 단체장은 의회 심의에 필요한 설명을 위해 의장이 출석을 요구할 때에만 출석하게 되어 있으며(일본 지방자치법 121조), 따라서 매회기마다 의회에 출석할 필요는 없다. 기초단체 지방의회는 굳이 의회를 개설하지 않아도 정촌 단위별 총회만을 설치할 수 있다.

일본의 국회의원-광역의원-기초의원 관계는 정치적인 네트워크로 구축되어 있다. 국회의원은 지방단체장이나 지방의원들의 계열화를 촉진하여 자신의 선거에 활용하거나 지자체의 정책결정에 영향력을 행사하고자 하고 있다. 따라서 국회의원과 도도부현 의원-시정촌구 의원은 상호간 계열화되고 있으며, 자민당 정권기가 가장 전형적인 사례였다. 지방의원들도 단체장

[그림 1-2] 국회의원-광역의원-기초의원 관계

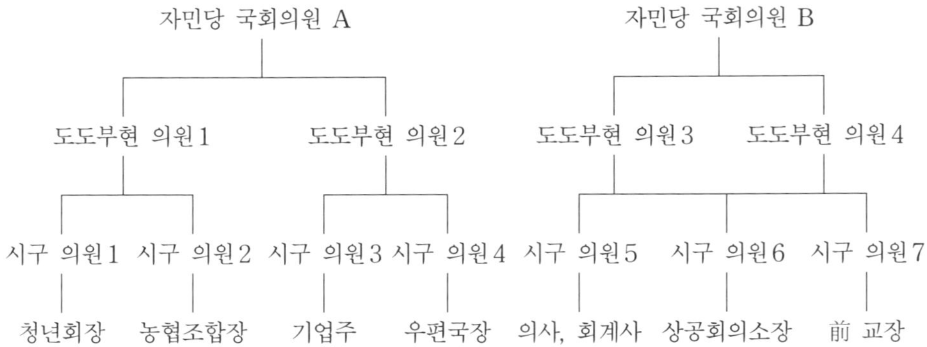

*각종 이익단체장으로 조직표를 보유, 특정 국회의원 후원회에 회원 가입

자료: 黒田展之 編 『現代日本の地方政治家』(東京: 法律文化社, 1984), p. 160. 도표를 정리한 것.

과의 연계성을 선거시에 강조하고 있으며, 정치적으로 유리하게 작용하기도 한다([그림 1-2] 참조).

일본의 지방정치는 수직적인 정치 네트워크에 그치지 않고, 제도적인 측면에서 중앙정치에 입장을 표명할 수 있는 장치를 가지고 있다. 중앙정부에 대한 지방의회의 의견표명권이 그것이다. 이것은 중앙정부의 정책 변경을 촉구하기 위해 제시하는 의견서 제출권으로, 일본 지방자치법 99조에 지방정부의 공익 사항에 대해 의견서를 국회 또는 관계 부처에 제출할 수 있게 되어 있다. 의견서 제출권은 중앙정부의 정책형성 과정에서 지방의회나 의회협의회가 정책 과정에 영향력을 행사할 수 있도록 제안권을 설정한 것이다.

일본의 지방의회는 다양한 쟁점에 대해 결의한 바 있다. 결의권은 지방의회가 정치적 의사를 표명하는 것으로, 법률에 근거한 의견서와 달리 법적 구속력이 없고 다만 정치적 효과만 있었다. 결의는 공익에 관한 사안에 한정된 의견서와 달리 범위가 한정되지 않는다. 1966년 지방정부 간 외교 문제로 지방의회가 결의문을 발표하자, 외무성이 자치성에 통달을 보내서 외교 문제에 관한 지방의회의 의결을 자숙하도록 요청한 바 있다. 1993년 지방자치법 개정으로 지방6단체(전국도도부현지사협의회, 전국도도부현의회협의회, 전국시장협의회, 전국시의회협의회, 전국정촌장협의회, 전국정촌의회협의회)가 국회에 의견서를 제출할 수 있게 되었다.

정치적 담론과 논의를 중시하는 의회에서 중앙당과 지방당 간 관계는 매우 중요하다. 중앙집권 시대에는 국회의원의 계열하에 지방의원이나 지방정당이 존재하고 있었다. 그러나 지방분권 시대에 접어들면서 국정은 국정의 쟁점을 다루고 지방의회는 지방의 쟁점을 다루는 것으로 변화하고 있다. 지방마다 각자 다른 쟁점이 있다는 것은 당연한 일이다. 따라서 지역정책을 쟁점화하는 지방정당이 등장하고 있다. 1990년대 중반부터 일본 각지에서는 다양한 지방정당이 선거에 등장하여 활동하고 있다. 도쿄도네트(東京都ネット)나 연합사이타마(連合さいたま), 시민네트워크 지바현(市民ネットワーク千葉縣), 가나가와 네트워크운동(神奈川ネットワーク運動), 신진이시카와(新進石川), 나가노현정회(長野縣政會), 후쿠오카농정연합(福岡農政連合) 등이 의석을 획득했다.

물론 중앙당의 영향력은 일본에서 아직까지 강하고, 국회의원 개개인의 지방의원에 대한 영향력도 매우 강한 편이다. 오랫동안 다선(多選) 정치가로 성장하면서 지방의원을 계열화하고 피라미드 조직으로 체계화시켜서 국회-도도부현 의회-시정촌 의회-이익집단의 수직구조를 구축한 경우가 있다. 다나카 가쿠에이(田中角榮) 전 일본 수상처럼 지방 후원회와 지방의원 간 네트워크를 형성하면서, 광범위한 지역에 걸쳐 지방정당을 예속시킨 사례도 빈번히 등장한다. 일본에서 소선거구제 도입으로 파벌 영수의 영향력이 약화되었지만, 오히려 공천권을 행사하는 중앙당의 영향력이 강해지면서 현실적으로 지방정당에는 불리해졌다.

과거 일본 정당의 후원회 중심 체계가 지닌 문제점을 극복하기 위해 좀 더 적극적인 정책담론을 주장하는 논자들이 늘어났다. 탈(脫)정당 유권자의 심리가 일반화되고 지지 정당 없는 무당파 유권자들이 1/2이 넘는 일본에서는 지역별·단체별로 신선한 정책 공약인 로컬 매니페스토(local manifesto)가 활용된다. 중의원 총선거에 등장하기 시작한 매니페스토는 지방의회, 특히 광역의회 선거에 도입되고 있다. 도쿄도 지방선거에서는 도쿄도은행 신설, 중앙시장 이전, 도심재개발과 같은 항상 관심도 높은 쟁점이 제시되었다.

3 지방정치의 한·일 비교

한국과 일본은 비교적 중앙-지방 간 정치적 연계가 강한 국가이다. 재원과 권한이 중앙정부에 집중되고, 지방의 중앙의존도가 강한 한·일 양국에서 지방정치는 중앙정치의 대리인이거나 종속변수가 되는 경우가 종종 있다. 지역선거에서 지방의원의 지지를 받아 당선되기를 바라는 국회의원, 중앙정부의 재원을 획득하려는 지방단체장과 지방의원, 국회의원의 공천을 받아 재선되거나 단체장, 국회의원으로 정치적인 성장을 시도하는 지방정치가가 있는 한, 중앙과 지방 간 정치적 네트워크는 긍정적으로나 부정적으로나 존재할 수밖에 없다.

아직 지방자치의 뿌리가 약한 한국은 단체장과 지방의원의 추천에서 정당 참가를 허용하는 정당공천제를 실시하고 있다. 1991년 광역시·도 의원에 대한 정당공천제가 도입된 이래, 1995년 시·도지사와 시·군·구청장 선거로 확대되었고, 2006년 시·군·구 기초의원선거에까지 도입됨으로써 지방선거의 모든 영역에서 정당 공천이 실시되고 있다. 정당공천제 찬성자들은 정당의 공천이 지방정치 발전과 지역민주주의에 기여하며, 중앙과 지방 간 정치적 네트워크를 활성화하고, 신진 인사의 정치적 충원을 강화, 유권자의 선택 기준을 명확하게 함으로써 후보자와 정당 난립을 방지할 수 있다고 주장한다(유재일·정상호, 2009).

그러나 이에 대해 한국의 지방단체장과 지방의원들은 7할 이상이 정당공천에 반대하고 있다. 여러 가지 이유가 있지만 가장 중요한 것은 생활정치의 공간이 되어야 할 지방정치가 중앙집권적 정당정치 하에서 중앙정치에 거의 종속되다시피 하는 등 문제점이 많다는 것이다. 정당 공천 여부가 선거 당락을 결정하는 한국의 지방정치 현실에서 지방단체장과 지방의원은 지역 주민의 이익을 대변하기보다도 지역구 국회의원의 눈치를 살피지 않을 수 없고, 심지어 공천을 받기 위해 정치헌금과 연루된 부정부패가 일어날 소지가 많다. 정당공천제로 인해 정책이나 소신 여부와 관계없이 유력 정치가에 기대는 줄서기 풍조가 오히려 지역민주주의를 후퇴시키고 있다고 주장한다. 지방자치 학계나 전문가, 경실련 등의 시민단체도 수차례 정당공천제의 모순을 지적하면서, 생활 현장에 가까운 기초단체장과 지방의원의 정당 공천은 폐지할 것을 요구한 바 있다.

한국의 지방정치는 단체장과 지방의원이 정당 공천을 받는 과정에서 중앙정치에 대한 예속, 국정선거시에 지역에서 정당의 하부조직으로서 동원선거를 수행하는 대리인 역할에서 크게 벗어나지 못하고 있다. 그리고 지방단체장과 지방의회가 동일한 지역정당으로 고착화되면서 단체장에 대한 지방의회 견제가 약화되고, 시민단체나 상공회의소, 지방언론 등 지방정부의 정책 과정을 감시할 외부 행위자들의 정치 참가가 거의 배제된, 단체장 주도의 폐쇄적인 시정 운영으로 인해 건전한 지방정치가 성숙되기 어렵다.

그러다 보니 한국에서 지방도시의 정책 과정은 단체장 주도형이 대부분이다. 예를 들면, 성남시, 평택시, 진주시, 부천시, 청주시를 포함한 다양한 사례 조사의 결과, 압도적인 시장 주도형의 정책 과정이 일상화되고 있다(박종민 편, 2000). 단체장의 권한은 예산 배분과 정책결정, 관료조직의 지지와 시장 추종형 지방의회 등의 요인으로 인해, 한국의 지방단체장은 미국이나 프랑스 시장보다 훨씬 강한 영향력을 행사하고 있다. 대부분의 주요 정책결정에 시장의 리더십이 절대적이며, 경제 엘리트나 보수정치가, 지방 언론과 시민단체, 심지어 때로는 중앙정부와 국회의원도 경쟁적인 대항을 하지 못하는 것으로 나타났다. 이것은 다양한 도시 사례에서 공통적으로 나타난 현상이다(이달곤, 2001: 187).

도시재개발과 터미널 이전 등의 정책 사례를 통해 청주시의 권력구조를 분석한 유재원의 연구에 따르면, 권위적이고 독선적인 시장의 개성은 "청주시에서 향후 20년 동안 시장할 사람은 나밖에 없다"라는 시장 본인의 표현에서 알 수 있듯이, 청주시라는 무대의 주역은 시장이고 시정은 시장에 의해 연출된 드라마였다(유재원, 2003: 43-119). 단체장은 지방의원의 지역구에 대한 행·재정 지원이나 이권 제공을 통해, 반대급부로 지방의원은 시장에 대한 충성과 지지를 통해 견고한 교환 관계가 형성된다.

지방의회는 단체장과 기관분립형에도 불구하고 양자간에는 정당과 개인적인 연계를 통한 지원과 협력 관계가 형성되어 있다. 상공회의소나 지방기업은 미국 도시와 달리 시정에 대한 영향력이 상대적으로 약하다. 상공회의소는 지방기업의 이익을 대변하는 대표적인 행위자이지만 전국 조직에 의존하며, 오히려 지방정부의 결정에 추종하는 등 대항 능력을 갖추고 있지 못하다. 시·군·구 단위 기초단체는 기업 유치를 위한 조세 감면, 토지 제공, 재정 지원과 같은 권한을 지니고 있지 못하다. 지방정부의 정책 수단은 제한되어 있고 이마저도 정경 유착에 대한 부정적인 시각으로 인해 권한 행사를 주저한다(박종민 편, 2000).

아마도 예외적인 경우는 포항시나 울산시와 같은 대기업이 성장 연합을 구성한 사례일 것이다. 국가 자본에 의한 대기업 유치로 산업공간이 형성되고 기업사회 영역이 지역 내에 구축된 경우이다. 도시 정치의 위기는 사회공간의 분절과 행정의 공공성 위기, 정치적 대표성과 정당성의 위기로 나타나고, 지역사회의 분절화에 따른 공동체 의식의 부재, 지역사회의 내적 통합성과 자율성의 위기로 귀결된다(박재욱, 1996). 유감스럽게도 한국 지방정부 가운데 주민 참가와 공동체가 살아 있는 곳이 쉽사리 '발견'되지 않는다.

이선향(2005)은 고한, 사북지역을 중심으로 사회 변동과 지역 엘리트의 형성 과정을 조사한 바 있다. 지역 엘리트는 지역사회에서 제도적인 정치 권력을 보유하지 않더라도 중요한 자원의 배분 과정에서 주도적인 역할을 수행하여 사회적 자원의 획득에 유리한 지위를 차지하는 집단을 가리킨다. 지역사회 현안에 대한 문제 제기, 정책결정 및 자원 배분에 영향을 미치는 정치적 동원 능력을 가진 존재를 지역 엘리트로 이해할 수 있다.

1989년 고한·사북지역에 대한 석탄산업 합리화정책이 인구 감소와 경기 악화로 이어지자, 지역 주민들은 지역살리기 공동추진위원회를 구성하여 대규모 서명운동과 생존권 투쟁을 벌였다. 이 과정에서 주도적인 역할을 수행한 지역 인사들이 자발적·임의적으로 주민대표로 활동하면서 지역 엘리트로 등장했다. 이들은 폐광지역지원특별법 제정과 강원랜드 유치 이후 지역 내로 유입되는 경제 효과를 독과점했으며, 지역 주민의 상대적 박탈감은 심각한 수준에 이르렀다. 지역 붕괴의 위기감이 지나간 뒤, 지역경제 살리기가 진행되면 이익 배분을 둘러싼 갈등이 나타나고 지역 엘리트들은 주민을 배제하면서 외부 용역을 독과점하는 '동원과 배제'의 정치적 과정이 반복되었다.

일본에서 중앙-지방 간 정치적 네트워크에 대해서는 정부간 관계가 수직적 행정통제인가, 수평적 정치경쟁인가를 둘러싸고 오랜동안 이론적인 대립이 지속되어 왔다. 수직적 관료통제론은 중앙정부의 행정통제가 지방을 종속시키고 있다고 주장하면서 중앙-지방 간 활발한 정치 과정을 부정하고 있다. 이에 대해 수평적 정치경쟁론은 중앙-지방 간 정치 경쟁을 인정하면서 국회의원-도도부현 의원-시정촌 의원이 지방선거와 이익 유도를 교환하면서 정치적 연계와 네트워크를 구축하고 있다고 본다. 일본의 지방정치가 지역 이익을 대변하는 채널로서 활발하게 기능하고 있다는 것이다(양기호, 2003: 제2장).

영·미형 지방자치 모형을 이상형으로 하는 관료통제론은 일본의 지방자치가 전후 개혁에도 불구하고 공동화(空洞化)되고 있다는 전제하에, 기관위임사무나 법정수탁사무에 대한 지방의회 심의 형해화, 47개 광역단체 가운데 지방세 비율이 전체 수입의 절반에 못 미치는 곳이 무려 3분의 2에 달하고, 시정촌을 포함한 대부분 자치단체의 자주재원이 4할 이하인 열악한 재정 현실, 지방분권 개혁에도 불구하고 중앙관료의 파견(出向)을 통한 인사통제 등을 지적하면서, 일본 지방정부가 중앙정부에 의한 통제와 유도에 길들여져 있다고 주장한다.

관료통제론자들의 비판 의식은 오랜 여운을 끌면서 1980년대의 행정개혁과 지방정부에의 부담 전가라는 신중앙집권 현상에 대한 우려와 함께(新藤宗幸, 1987: 제1장) 1990년대 이후 지방분권 논의에도 큰 영향을 미치고 있다. 이들의 주장은 지방분권일괄추진법이 지방분권의 성과라는 점은 인정하나, 자치사무가 애당초 기대했던 80%에서 크게 후퇴하여 중앙정부 관료와 족의원의 반발로 55%에 머무른 현실에 대한 강한 비판으로 이어지고 있다. 기관위임사무에 대신한 법정수탁사무도 헌법 제92조에 쓰인 지방자치의 본지를 해치는 성격을 지니고 있어 기존 기관위임사무의 성격이 뿌리 깊게 남아 있다는 것이다.

또한, 법정수탁사무에서 법률로 명시된 허·인가권과 행정지도, 사전 협의와 지시, 자치단체 의사와 상관없이 가능한 대리집행, 여전히 잔존하는 보조금을 이용한 간접통제, 지나치게 좁은 과세권 범위로 인한 취약한 지방재정 기반 등을 보면 겨우 절반의 지방분권 개혁에 머무르고 있다고 비판한다. 야마구치 지로(山口二郎)에 따르면, 지방분권 논의는 도쿄 집중을 반대하는 관서권 재계와 일부 부유한 지방정부가 추구하는 지역이기주의의 산물에 지나지 않는다(山口二郎, 1996: 22-36). 1990년 이후 진행되고 있는 지방분권에 대한 비판론자들의 관심은 지방정부의 법적 권한을 확충하여 지방행정을 민주화하고, 더 나아가 중앙정부의 체질을 개선하는 기점으로 삼을 수 있을 것인가에 쏠려 있다.

한편, 1980년대 이후 지방정치론의 새로운 패러다임을 구축했다고 일컬어지는 무라마쓰 미치오(村松岐夫)의 수평적 정치경쟁모형(村松岐夫, 1988: 35-76)은 지방정부의 정책 과정에서 정치적 매개성을 중시하고 영향력의 주체인 지방정부, 지역 출신 국회의원이 지닌 권력자원이나 주체 간의 상호작용에 분석의 초점을 맞추고 있다. 그에 따르면, 관료통제론은 지방정부가 지닌 정치적 자원, 예를 들면 이익 유도를 위한 지역 출신 국회의원의 중앙성청에 대한 진정 등, 지방정부 내 정치과정론을 충분히 고찰하지 않았던 점을 비판하면서, 이익 유도를 둘러싼 중앙과 지방 간 정치 과정, 지방정부 간 정책 경쟁을 포함한 새로운 정책 과정을 수평적 정치경쟁모형이라고 부른다. 무라마쓰 미치오에 따르면, 일본의 중앙-지방 관계에서 수직적인 행정통제 구조가 잔존하고 있음은 사실이나, 동시에 정치에 매개된 상호의존 관계를 보여 준다. 상호의존론의 관점에서 보면, 지방정부는 정책집행에 충분한 재량권을 지니고 있다. 일본의 지방분권으로 기관위임사무는 폐지되었고 중앙정부가 위탁한 법정수탁사무는 예산을 통해 지방의회가 개입할 수 있으며, 업무 비율도 전체 업무 가운데 4할 정도로 줄어들었다.

중앙정부에 대한 재정 의존에 대해서는 두 가지 반박 근거가 제시된다. 즉, 조세 총액에서 차지하는 지방세 비율이 4할 미만이기는 하나, 재원의 실질적인 배분에 주목하면 중앙정부로부터 재정이 이전됨으로써 지방정부의 총세출액은 중앙정부의 2배 이상으로 높아진다. 그 결과, 일본 지방정부의 재정 지출 비율은 국제 비교의 관점에서 보아도 상당히 높다. 새로운 지방분권일괄추진법의 통과로 지방정부에 자주과세권이 부여되었다.

중앙관료의 지방 파견도 지방정부 입장에서는 유능한 인재를 확보할 뿐만 아니라, 각 성청에서 지방으로 좀 더 풍부한 재원을 획득할 수 있는 인재를 영입하는 작업으로 평가된다. 지방분권일괄추진법 제정과 함께 위임

사무 증가로 지방정부의 재정환경이 더욱 어려워지고 있다. 따라서, 중앙정부로부터 보조금을 획득하는 일이 더욱 중요하게 되었으며, 이들 중앙관료의 아마쿠다리(天下り)는 필요한 인재 유치로 평가해야 한다는 것이다 중앙정부의 인사 파견이 지방통제를 의미한다는 통설적인 해석은 맞지 않다고 본다. 도도부현은 중앙과의 교섭에서 가장 전략적인 위치를 차지하며, 인사 교류가 지방정부에 유리하게 작용하고 있다는 현실을 강조한다. 지방정부의 정책 과정에 대한 양 이론의 대립은 전후 지방자치에 대한 총괄적인 평가뿐만 아니라, 분석 시각이나 접근법의 차이에서도 나타난다.

무라마쓰 미치오의 주장은 1990년대 내내 일관되게 계속되었다. 무라마쓰 미치오는 지방정부의 자율성과 중앙-지방정부 간 상호의존을 다음과 같이 정리했다. 지방정부는 주요 시책에서 중앙정부의 통제를 받고 있지 않다. 중앙정부의 개입은 주로 보조금 등의 신청 절차에서 나타난다. 중앙과 지방을 잇는 수직행정의 폐해에도 불구하고 관련 업무를 담당하는 양자간에는 친밀한 관계가 생겨나 정책 커뮤니티를 형성하게 된다. 이 경로를 통해 지방정부의 요구는 중앙으로 전달되고 중앙정부의 정책으로 형성된다. 또한 지역 출신 국회의원의 진정을 통해 일본의 지방정부는 중앙정부를 이용하는 측면마저 있다. 결국, 지방의 정책혁신을 유발하는 것은 중앙정부가 아닌 지역 주민의 요구이며, 그것은 지방선거로 표현된다는 것이다(村松岐夫, 1994: 175).

상호의존론은 중앙-지방정부의 관계를 '정치를 통해 대개된 상호의존 관계'로 정의하고, 중앙-지방 간의 활발한 정치 현상을 적극적으로 평가하고 있다. 기존 연구의 분석 시야 내에 들어오지 못했던 지방정치는 그야말로 그 존재를 증명해야 할 하나의 가설이 되고 있는 것이다.[2] 예컨대 지방정부에 배분되는 보조금과 특별교부세는 지방의회 내 자민당 또는 보수계 의원의 의석 점유율과 유의미한 상관 관계를 지니고 있다. 수 편에 걸친 고바야시 요시아키(小林良彰)의 논문은 무라마쓰 미치오의 수평적 정치경쟁모형이 타당하다는 것을 다변량분석을 통해 입증하고 있다(小林良彰, 1990:

2) 상호의존론과 지방정치론은 약간 의미가 다르다. 상호의존론은 정치·행정의 양면에 걸쳐서 중앙-지방정부의 상호의존 측면을 중시하지만, 지방정치론은 행정통제론이 별로 주목하지 않았던 지방정부의 정책 과정에서 의회나 이익집단의 참가를 중시한다.

69-92; 小林良彰 編, 1998: 85-110). 지방정부의 정치적 자원의 증대뿐만 아니라, 행정면에서도 정책형성 능력이 높아져, 일부 정책 분야에서는 중앙정부가 지방정부에 의존하는 현상마저 나타나고 있다. 이러한 지방정부의 정치·행정자원의 증대는 복지국가 현상과 상승작용을 일으키면서 정부간 관계의 상호 의존을 심화시킨다.

수직적 관료통제론이 주장해 온 많은 논점은 상호의존론과 지방정치론에서 설문조사나 사례연구를 통해 지방정부의 자율성을 보강하거나 지방정부의 자원으로 변용된 것으로 간주된다. 일본의 지방자치를 구조적으로 제약해 온 제도상의 집권은, 정책 과정면에서 볼 때 지방의 정치적 자율성과 모순 없이 병존한다. 이미 새로운 지방자치의 이론 패러다임으로 자리잡은 상호의존론은 그 동안 상당한 연구가 축적되어 왔으며, 학문적인 시민권을 획득했다고 말할 수 있다.

그러나 유감스럽게도 1990년대 이후 본격화된 지방분권의 흐름에도 불구하고, 양대 이론을 극복할 만한 새로운 이론적인 지평은 열리지 않고 있다. 그것은 지방분권의 제도상 변화에도 불구하고 그 효과가 본격화되기까지는 상당한 시간이 소요되는데다, 공무원의 의식 변화가 여기에 따르지 못해 근본적인 현상 타개가 이루어지지 못한 것도 장애물 가운데 하나이다. 과도기적인 현실에서 학자들의 관심은 지방분권론에 치중하면서, 자연스레 지방자치의 제도론과 국제 비교에 논의가 집중되고 있으며, 새로운 이론 패러다임의 추구는 아직 모색 단계에 머물러 있다.

〈표 1-1〉 관료통제론 대 지방정치론

관료통제론	지방정치론
구조분석	과정분석
법률, 권한의 소재	정치 과정, 상호의존 관계
정태분석	동태분석
역사, 정치문화의 중시	정치 과정의 현실분석 중시
전전전후 연속론	전전전후 단절론
법률 해석에 중점	앙케트나 사례조사
재정통제론	지방정부의 자율성 강조
조직의 논리	정치의 논리

4 지방선거와 중앙-지방 관계

한국과 일본의 지방선거는 매 4년마다 치러진다. 한국은 1991년 지방의회 구성 이래, 1995년 제1회 지방단체장과 지방의원의 동시 지방선거가 있었고, 1998년, 2002년, 2006년에 이어 2010년에 광역과 기초단체장 선출과 지방의회 구성을 위한 동시 지방선거가 실시된다. 일본의 경우, 전후 개혁과 지방자치법 제정 이래 4년마다 통일지방선거가 실시되는데, 최근 들어 1999년, 2003년, 2007년에 이어 2011년 통일지방선거가 실시될 예정이다. 한국의 경우, 지방선거는 중앙-지방 관계에서 전초전으로 인식되는 경향이 있다. 수도권의 경우, 대통령선거에서 강력한 후보가 될 수 있다는 이점으로 인해 유력한 중앙정치가들이 단체장을 선호하는 경향이 높고, 지방선거 기간 중에 언론의 관심도도 매우 높은 편이다.

이에 비해 일본의 지방단체장과 지방의원은 대부분 소속 정당을 표방하지 않는 무소속인 경우가 많고, 실제로 중앙정치의 영향을 덜 받는다. 수도권인 도쿄도(東京都)와 오사카부(大阪府), 가나가와현(神奈川縣) 단체장선거도 유력한 수상 후보가 입후보하여 매스컴의 시선을 집중시키는 현상도 기대하기 어렵다. 전후 60년 이상의 오랜 지방자치 전통 속에서도 수도권의 현지사가 나중에 중앙정계에 진출하여 수상이 된 경우는 없었다. 안정된 의원내각제인 일본에서 중앙정치가는 국정선거에서 5회 이상의 당선을 통해 안정된 파벌 기반을 갖지 않으면, 수상이 될 수 없는 제도적인 진입장벽이 중앙정치에 존재하기 때문이다.

한국의 경우, 중앙정치와 지방정치는 선거를 통해 크게 연동하고 있다. 중앙정치와 지방정치에서 완전하게 정당 공천이 허용되기 때문에 단체장과 지방의회는 자칫하면 하나의 정당 일색으로 지방의회가 구성되는 문제점도 나타나고 있다. 2006년 5월 지방선거에서도 호남지역을 제외하고 한나라당이 전국의 지방단체장과 지방의회를 대부분 석권하여 지방정치에서 지나치게 단일정당의 점유율이 높다는 지적이 있었다. 예를 들면, 서울특별시의 25개 자치구 단체장 가운데 23명이 한나라당 후보가 당선되었고, 지방의회도 일부 소수를 제외하면 대부분 한나라당 후보가 당선되었다. 지방의회에서 비례대표 선출 규정도 중앙정당의 지방정당 통제를 허용하는 요인이 되고 있는 현실이다.

이에 비해 일본은 법률상 지방선거에서 정당 공천이 허용되고 있지만, 일부 광역단체장을 제외하면 대부분의 후보자가 정당의 연합 공천 내지 무소속으로 출마한다. 생활정치인 지방선거에서 일부러 정당 공천을 받지 않은 채, 무소속을 표방하는 것이다. 이것은 중앙정치가 지방정치에 관여하지 않고, 단체장과 의회, 주민이 자율적으로 지방정치를 운영할 수 있는 기회를 제공하고 있다. 반면, 지방정치에서 지나친 정당화 내지 정당 종속이 한국의 문제라면, 일본의 지방정치는 지나친 정당 배제로 인한 지방선거의 실종이 문제점이다. 말하자면, 한·일 양국의 지방정치는 정반대의 의미에서 서로 큰 문제점을 안고 있는 셈이다.

일본에서 1990년대 내내 자민당과 공명당의 연립정권이 계속되었고, 지방선거에서도 자민당과 공명당의 연합 공천(아이노리: 相乗り) 사례가 증가했다. 중앙정치와 달리, 당시 야당인 민주당은 지방선거에서 자민과 공명의 연합 공천에 대해 대립 후보를 내세우지 않았다. 이에 따라, 지방선거에서 공산당을 제외한 대부분의 정당이 유력한 후보를 공동으로 연합 공천하는 사례가 일상화되었다.

1990년대 이후 정당 공천이나 지지를 전혀 받지 않는 비정당형 단체장이 증가하면서, 1995년 비정당형 지사는 3명에 불과했으나, 2005년에는 12명으로 4배나 증가했다. 단체장선거에서 전혀 정당의 공천이나 지지를 받지 않는 비정당형 단체장이 훨씬 많은 것은 정당 간판이 없어도 당선이 가능하다는 것을 말해 준다. 마찬가지 경향은 기초의회 선거에서도 보이며, 지방정치 특히 지방선거에서 정당의 의미가 축소되고 있음을 보여 준다. 다른 한편으로 많은 지방의원이 무소속이지만, 보수계 무소속이나 혁신계 무소속, 시민단체 무소속의 형태로 지방정치에 관여하고 있어서 정당색과 다른 의미에서 지방정치가 이루어진다는 지적도 있다.

지방정치에서 지방선거를 통해 여·야당이 정책을 제시하고 유권자의 심판을 받아서 정권 교체가 이루어져야 한다는 사실은 매우 중요하다. 지방선거는 일본 내에서 정당과 정책 대결이 아닌 신임 투표가 되는 경우가

〈표 1-2〉 광역단체장 선거시 연합 공천

(단위: 건)

조사 연도	1985	1990	1995	2000	2005
자민 단독	10(10)	11(9)	5(1)	2(0)	0
자민 포함 2당	2	1	2	2	9
3당	18	11	8	6	9
4당	10	18	21	25	12
5당 이상	2	0	0	4	0
소 계	42	41	36	39	30
비자민 단독	1	2	2	1	3
비자민 2당	1	1	3	1	2
3당	2	1	3	0	0
4당 이상	1	0	0	0	0
비정당	0	2	3	6	12
소 계	5	6	11	8	17
합 계	47				

적지 않으며, 이에 따라 지방선거의 의미가 퇴색하고 지역 주민의 관심도도 투표율과 같이 낮아졌다. 1947년 약 90%에서 2003년 이후 50%대로 내려앉은 통일지방선거의 투표율은 지방선거의 형해화와 무관심 구조를 설명하고 있다.

일본의 지방정치는 중앙정부의 재원을 획득하여 지방에 배분하는 전형적인 자민당과 이익 유도의 구조에 길들여져 있었다. 지방 공항을 건설하거나, 고속철 유치 또는 고속도로를 지역에 연결시켜 지역 활성화를 시도하는 것은 모든 지자체의 숙원이었다. 각 정당의 연합 공천은 이것을 실현하기 위한 성장연합의 정치적 과정이기도 했다. 그러나, 1990년대 수도권과 지방 간 재정 격차가 심해지고, 고속철도 유입으로 인한 부작용도 증가하여 지역 상점가나 의료기관, 호텔업이 부진해지면서 지방재정이 악화되었다. 지역 내 정치적 분열은 자민당과 보수왕국이라는 지방도시에 균열을 낳으면서 중앙당이 대립 후보를 내세워 자민당 지지에서 벗어나 민주당 지지도가 높아진 사례도 있다. 이와테현(岩手縣), 미야기현(宮城縣), 후쿠시마현(福島縣), 나가노현(長野縣) 등은 신칸센(新幹線)이 들어오기 전까지 보수왕국으로 불리었지만, 2000년대 후반들어 민주당 국회의원이 많은 지역으로 바뀌었다.

5 요약과 전망

1980년대 이후 전 세계 75개국 가운데 12개 국가를 제외한 63개 국가가 지방분권을 추진해 왔을 정도로 분권정책은 중요한 화두였다. 동아시아 국가의 지방분권은 세계화 대응에 실패한 중앙정부의 위기, 소자화(小子化)와 고령화 현상으로 활력 상실, 지방정부의 행재정 위기 속에서 새로운 대안으로 주목받아 왔다. 한국과 일본의 지방분권은 지역에서 새로운 대안 발견과 활력 창출을 위해 중앙과 지방 권력의 기능과 역할을 재분담하고, 재정 위기 극복과 지역민주주의 재발견을 통해 국가 체제의 구조 전환을 모색해 가는 과정이기도 하다. 한국은 2000년대 들어 지방분권 추진과 균형발전을 중시해 왔으며, 일본은 지방분권추진법 제정과 기관위임사무 철폐, 지방재정 강화를 위한 삼위일체 개혁 등을 추진해 왔다.

한국과 일본은 민주적이고, 소통 가능한, 그리고 지역민주주의를 촉진할 수 있는 바람직한 중앙-지방 간 정치적 과정을 정착시켜 갈 과제를 안고 있다. 중앙정치가 지나치게 지방정치를 종속시키거나 지방정치가 단지 생활행정이라는 사고방식에 빠져 지방정치의 부재를 낳는 현실은 반드시 개혁되어야 할 것이다. 이를 위해서는 정치와 행정에서 과다한 중앙집권을 제도와 운영면에서 해소하여, 건전하고 운용 가능한 지방정치가 정착되도록 노력할 필요가 있다.

특히 글로벌 도시 경쟁이 강화되면서 국경의 장벽이 허물어지고, 중앙과 지방 간 경계가 사라지는 현실에서 중앙정치와 지방정치는 상호 소통하면서 민의를 수렴하는 동시에 지역경쟁력을 강화하는 대안을 공동으로 모색해야 한다. 이를 위해서는 먼저 지방정치에 대한 부정적인 인식과 제도 관행을 개혁하는 것이 중요하다. 따라서, 한국이나 일본에서 지방정치 활성화와 지방의회 제도 개선을 위한 노력이 지속되고 있는 점에도 주목할 필요가 있다. 한국도 지방선거에서 정당 공천 배제가 학계와 정계에서 지속적으로 논의되고 있으며, 국회의원과 마찬가지로 지방의원의 후원금 모금 허용, 지방의원을 위한 정책보좌관 임명 등이 개선안으로 검토되고 있다.

일본도 2007년 지방자치법 개정으로 지방의원의 정무조사비 배정, 지방의회 의장의 임시회 소집청구권, 각 상임위원회와 의회운영위원회에 의안 제출권 인정, 예산을 수반한 조례안 제출 등이 확정되었다. 일본 지방의회도 지방분권의 도입으로 이에 걸맞은 지방의회 권한 확대가 필요하다는 인식이 높아지고 있으며, 지방의회 활성화를 위해 단체장선거를 폐지하고 의회의장이 단체장을 겸임하는 대안이 제시되기도 했다.

2009년 민주당 집권 이후 일본의 중앙-지방 간 정치적 관계는 더욱 크게 변화할 가능성이 많다. 날로 악화되는 지방재정의 압박, 민주당 정권의 지방 대형 공공사업 중지, 지역 주권과 주민 참가의 보장 등 공약은 전통적인 이익 유도로 연계된 중앙-지방 간 정치적 관계에 변화를 일으키고 있다. 소선거구제와 비례대표제 도입으로 인한 중앙-지방 간 정치가들의 연계구조의 흔들림, 자민당 체제 하의 중앙-지방 간 정치적 이익 유도 구조의 붕괴, 시민자치와 무당파 후보의 대거 당선은 중앙-지방 간 정치적 네트워크의 불안정성을 높여가고 있다.

집권 여당인 일본 민주당의 지방분권 공약은 기본적으로 지역 주권과 지방 재생, 보조금 폐지와 재정자주성 강화, 탈관료와 커뮤니티, 그리고 주민자치의 도입으로 요약할 수 있다. 그 속에 포함된 내용은 기초단체 강화, 도주제(道州制) 도입의 검토, 단체장의 다선 제한 등을 들 수 있다. 민주당 집권은 지방의원과 국회의원 간 정치적 채널을 크게 변동시키고 있다. 각지에서 민주당 지방조직이 활성화되는 한편, 자민당을 지지해 왔던 이익단체인 농협이나 상공회의소, 지역경제계, 교통운수업계, 건설업계 등은 정치적 중립을 모색하거나 정치적 변화 추이를 관망하고 있다.

정치가 우위와 관료 지배 탈피를 주장하는 민주당의 집권은 국회-광역의회-기초의회 간 정치적 채널을 제도화시켜 나갈 가능성도 높아서 앞으로 귀추가 주목된다. 그러나 세수 삭감과 경기 악화로 하토야마 민주당 정권은 재정적인 여유가 없으며, 따라서 지방재정이 더욱 어려워질 가능성이 높다. 또한, 민주당의 대형 공공사업 중단은 얀바(八つ場)댐 건설 중지에

대한 지역 주민의 반발에 부딪쳐 쟁점으로 부상하고 있다. 앞으로 민주당의 지방분권 개혁이 얼마나 성공할지는 미지수이며, 중앙과 지방 간 정치적 네트워크의 강화로 이어질지 많은 관심을 모으고 있다.

참고 문헌

박재욱(1996).「대기업 주도형 도시정치의 특성」. 연세대학교 박사 논문.
박종민 편(2000).「한국의 지방정치와 도시 권력구조」. 서울: 나남.
양기호(2003).「일본의 지방정부와 정책과정」. 서울: 서울대학교출판부.
——— 외(2002).「한국정치와 지방자치」. 서울: 인간사랑.
유재원(2003).「한국지방정치론」. 서울: 박영사.
유재일・정상호(2009). "지방정치에서 정당정치의 위상과 과제."「한국과 국제정치」. 25(1).
이달곤 외(2001). "한국 지방정치의 실증연구에 관한 비판적 고찰."「행정논총」. 39: 2.
이선향(2005). "폐광지역의 사회 변동과 지역엘리트 형성의 정치적 역동성."「비교문화연구」. 11: 1. 서울대학교.
한양대 지방자치연구소(2009.) "서울시의회와 국회, 자치구의회 간 효율적 연계성 확보에 관한 연구."
현대일본학회(2009).「일본행정론」. 서울: 애플트리테일즈.
大原光憲・横山桂次 編(1965).「産業社會と政治過程」. 東京: 日本評論社.
都丸他 編(1986).「トヨタと地域社會」. 東京: 大月書店.
白鳥浩(2009).「都市對地方の日本政治」. 東京: 芦書房.
山口二郎(1996).「地方自治土曜講座ブックレット: 現代政治と地方分權」. 東京: 岩波書店.
小林良彰(1990. 6).「地方自治體の財政をめぐる政治學」,『レヴァイアサン』.
——— 編著(1998).「地方自治の實證分析」. 東京: 慶應大學出版會.
村松岐夫(1988).「地方自治」. 東京: 東京大學出版會.
———(1994).「日本の行政」. 東京: 中央公論社.
新藤宗幸(1987).「行政改革と現代政治」. 東京: 岩波書店.
地方自治總合研究所(2009).「全國首長名簿」.
河村和德(2008).「現代日本の地方選擧と住民意識」 東京: 慶應大學出版會.

제 2 장 중앙-지방 간 행정적 관계

박광덕
(세명대 사회복지학과 교수)

1 서 론

이 장에서는 한국과 일본의 중앙지방 간 관계의 유형과 분권화 추진 과정을 간략히 살펴보고, 그 과정에서 이루어진 중앙-지방 관계의 변화와 내용, 그리고 실질적인 업무 수행 네트워크의 구축 등을 중심으로 탐구하고자 한다. 여기서 네트워크(network)란 거버넌스의 등장과 서비스 공급 패러다임의 변화에 기인하는 것이다.

일반적으로 분권적 행정구조에서 지방정부의 주된 기능은 주민에 대한 정치적 책임과 아울러 공공 서비스의 공급이다. 특히, 참여정부 하에서 지방분권화 정책 실시로 인해 지역사회의 문제를 결정하는 데 중앙정부에서 지방정부로 중심축의 이동에 따른 민관의 거버넌스(governance)가 등장하게 되었다.[1] 특히, 로컬 거버넌스(local governance)는 지역사회의 목표를

1) 1990년대 오스본(D. Osborne)과 게블러(T. Gaebler), 로즈(R. Rhodes), 피터스(B. Guy Peters) 등이 경쟁과 효율 개념에 기초한 정부관리의 혁신을 위해 새로운 관리 방식의 하나로서 거버넌스에 대한 개론적이고 실천적인 논의를 정리하면서 전통적인 통치를 대체할 수 있는 바람직한 국정관리의 개념적 틀로서 거버넌스는 이론적으로 체계를 갖추

추구하는 데 지방정부와 다른 다양한 해위자들을 포함하는 것이며, 네트워크를 증가시키는 것이고, 공적·사적 영역(public-private boundaries)을 구별하기 어렵게 하는 방향의 움직임 등 도시관료제의 변화를 강조하는 것이다(Kjaer, 2009: 137).

2 중앙-지방 관계의 의의

1) 지방자치와 지방분권

지방자치란 중앙집권에 의한 권력의 남용을 억제한다는 소극적인 측면뿐만 아니라, 각 자치단체가 각각의 지역에서 공적인 문제를 자기 책임하에, 자기의 기관에 의해 처리한다는 적극적인 측면도 갖고 있다. 그런데, 민주주의적 정치 체제를 갖는 국가라고 해도 중앙집권의 경우는 지방의 정치와 행정이 중앙의 정치인과 관료에 의해 지배당하는 경우가 흔히 있을 수 있으므로, 지방자치를 위해서는 국가의 권력을 지방에 분산하고, 지방의 자율성을 높여서 결정 권한을 지방정부로 이양해야 한다. 따라서, 지방자치가 활성화되기 위해서는 지방분권이 선행되어야 한다. 특히, 복잡하고 다양한 욕구를 표출하는 현대 사회에서는 모든 행정 수요를 적절히 충족시킬 수 없으며, 자원 배분을 효율적으로 하기 위해서는 지방분권이 바람직하다기보다는 불가피하다고 할 수 있다(大森彌, 1995: 11-12).

이러한 분권적 모형에서 그 동안 중앙정부는 외교, 사법, 국방 등의 기능을, 지방은 복지 서비스라는 고전적 역할 분담이 붕괴했다는 것이다. 예를 들면, 중앙정부는 좀 더 복지 서비스의 확충과 환경 보전에 관심을 갖게 된 반면, 지방은 기술혁신을 통해 지금까지 지역 수준에서 추진하던 사업을 전국 규모의 네트워크 형성을 추구하게 됨으로써, 오늘날 중앙정부는 정책 집행에서는 지방과의 상호의존 관계를 형성해야만 하게 되었다.[2]

기 시작했다(Osborne & Gaebler, 1992; Rhodes, 1996; Peters, 1997; 경기개발연구원, 2005: 13).

2) 이러한 분권적 모형에는 수평적 정치경쟁모형, 정부간관계론, 그리고 중앙-지방 상호의존모형 등을 들 수 있다(村松岐夫, 1991: 42-54; Wright, 1978: 63-65; Rose, 1985).

우리나라의 경우, 21세기 들어서서 지방적으로는 선진 지방자치의 구현을 위한 생산적 혁신이 요청되고 있다. 즉, 주민생활 중심, 수요자 중심의 행정을 통한 생산적인 지방정부를 구현하고, 지방분권의 가속화로 자율과 참여에 기초한 자치 역량 강화와 창조적이고 경쟁력 있는 지방자치 시스템의 구축을 필요로 한다. 이를 위해 우리나라에서는 1999년에 '중앙행정 권한의 지방이양 촉진 등에 관한 법률'(이하 지방이양촉진법으로 칭함)을 시행하기에 이르렀으며, 2004년에는 지방분권 촉진에 관한 특별법이 제정되었다. 일본은 1999년에 지방분권일괄법의 제정 그리고 2005년 지방분권개혁추진법의 제정을 통해 지방분권을 좀 더 적극적으로 추진해 오고 있다.

2) 중앙-지방 관계의 개념과 유형

전통적으로 중앙정부와 지방자치단체 간의 관계를 논해 온 개념은 집권(centralization)과 분권(decentralization)의 개념이다. 앞에서 언급한 대로, 지방자치란 중앙집권에 의한 권력의 남용을 억제한다는 소극적인 측면뿐만 아니라, 각 자치단체가 각각의 지역에서 공적인 문제를 자기 책임하에 그리고 자기의 기관에 의해 처리한다는 적극적인 측면도 갖고 있다. 이러한 중앙-지방 관계에 대한 개념을 정의한 대표적인 일본 학자로는 무라마쓰 미치오(村松岐夫)를 들 수 있다. 그는 전통적인 중앙-지방 관계를 수직적 행정통제모형이라고 비판하면서, 수평적 정치경쟁모형을 제시했다(村松岐夫, 1991: 42-54). 그는 일본의 지방자치 공동화(空洞化) 이유로 중앙의 주도권에 의한 지방통제, 기관위임사무의 증가, 보조금에 의한 재정통제, 정치적 인사 등을 열거한다. 그리고, 이러한 현상은 제2차 세계대전 후부터 1950년대 말까지를 설명할 수 있는 데 불과하다고 하면서, 1960년대부터는 지방선거에서 지방정부의 중앙에 대한 압력, 진정 활동, 정치가의 역할 등으로 지방의 역할이 증대했음을 주장했다.

일반적으로 각국의 중앙-지방 관계의 모습은 그 근대화 과정의 사정을 반영하여 국가마다 천차만별이다. 그러나, 서구 제국은 그것을 대체로 다음과 같이 두 가지 계통으로 구분할 수 있다(西尾勝, 1993: 57-65). 첫째는 영국을 모국으로 하고, 거기로부터 영연방제국 및 미국으로 보급되어 간 앵글로 색슨계 제국의 지방자치이며, 그 특징은 분권·분리형의 지방자치로서 요약할 수 있다. 둘째는 유럽대륙계 제국의 지방자치이다. 즉, 프랑스를 그 발상지로 하며, 한편으로는 이탈리아, 스페인, 포르투갈, 그리고 라틴아메리카 제국으로 보급되었으며, 다른 한편으로는 독일, 오스트리아, 네덜란드, 그리고 북구 제국으로 보급된 것이다. 전자의 라틴계의 것이든 후자의 게르만계의 것이든 그 기본적인 특징은 집권·융합형의 지방자치로 요약할 수 있다. 그리고 이상의 두 가지 유형을 좀 더 적실성 있게 분류한 것이 니시오 마사루(西尾勝)의 4유형일 것이다. 첫째, 분권형은 영국과 미국을 비롯한 앵글로 색슨계 제국에서의 중앙-지방 관계를 유형화한 것이며, 둘째, 집권형은 프랑스가 대표적으로 프랑스, 프로이센, 오스트리아 등의 대륙계 국가를 포함하는 형태이고, 셋째, 분리형은 앵글로 색슨계 제국의 지방자치를 가리킨다. 그리고 끝으로 넷째, 융합형은 대륙계 제국의 지방자치를 가리킨다(西尾勝, 1993: 57-66; 박광덕, 1996: 215-216).

3 한국과 일본 중앙-지방 관계의 특징

1) 중앙-지방 간의 융합

일반적으로 지방정부의 핵심 분야인 사회복지정책 분야는 경제정책이나 산업정책과 달라서 정책집행에 많은 기관과 인원이 필요하다. 그렇기 때문에 정부 제도의 존재를 무시하는 것은 불가능하다. 그리고, 정책을 집행하는 제도 조건을 생각하는 경우에, 중앙-지방 간의 구조를 이해하는 것은 필수불가결하다. 즉, 재가복지여야 하는가 또는 시설복지여야 하는가라는 정책 이념뿐만이 아니라, 정부 체계의 구조를 중시하는 이유는 제도가 정책에 대한 독립변수이기 때문이다.

따라서, 정부 제도의 존재를 무시하는 것은 불가능하다. 공공정책의 발전에 정부구조가 어떻게 영향을 주고 있는가를 연구함으로써 경제·사회를 독립변수로 한 종래의 정책연구를 보완할 수 있기도 하다(Peter, 1988: 21). 또한, 정책을 결정했다고 해도 그것이 집행 단계에서 기대한 대로 수행된다는 보장은 없다. 중앙정부의 출장기관이 집행하는 것이라면, 거의 변경 없이 집행될 가능성도 있지만, 법인격을 달리하는 자치단체에서는 제도적 편견이 높다. 앞에서 말한대로 정책 이념이 제도를 제약하는 것이 아니라, 실제로는 제도가 정책을 구속하는 역전 현상이 일어날 수 있다. 이런 의미에서 정책과 사회를 매개하는 변수로서의 중앙-지방 간 관계의 의의는 크다고 하겠다(Ashford, 1984: 379-384).

한편, 중앙정부 재원의 지방정부에의 이전이 증대함에 따라서 미국이나 영국에서는 중앙-지방 간의 관계가 분리로부터 융합으로 조금씩 이행했다. 일본의 아마카와 아키라(天川晃)는 일본의 중앙-지방 관계를 설명하기 위해 정책결정과 관련되는 하나의 축인 수직적 축을 집권(concentration)과 분권(decentralization)을 하나의 스펙트럼상의 양 극단에 두었으며, 다른 하나의 축인 수평적 축에는 업무 추진과 관련된 행정적 기능의 수행을 중심으로 분리(seperation)와 융합(confution)으로 구분하여 모두 네 개의 모형을 제시하고 있다.[3]

이 중에서 융합형은 대륙계 제국의 지방자치로서 다음과 같은 세 가지 특징을 갖는다.

첫째, 대륙계 국가에서는 기초자치단체의 사무 권한을 법률로 정하는 경우에 포괄적 수권 방식 또는 포괄적 예시 방식이라고 부르는 방식을 채용하고 있다. 예를 들어, 일본의 현행 지방자치법 제2조 2항과 같이, "보통지방자치단체는 그 공공사무 및 법률 또는 이에 근거한 부령에 의해 보통지방자치단체에 속하는 것 이외, 그 구역 내 기타의 행정사무에서 국가의 사무에 속하지 않는 것을 처리한다"라는 식으로 정하는 방식이다. 그래서, 대륙계 국가에서는 국가의 사무 권한과 자치단체의 사무 권한이 일목요연하게 나뉘어 분리되어 있지 않기 때문에 각급 정부가 제공하는 행정 서비스가 동일 지역 내에 중복되어 있어 경쟁하는 경우도 적지 않다.

둘째, 국가 각 부처의 사무 권한은 국가의 지방종합기관이라고 할 수 있

3) 여기에서 집권이란 지방정부의 자율성이 낮은 경우이며, 분권은 지방정부의 자율성이 높은 경우를 말하며, 융합이라 함은 지방정부 관할 구역 내에 존재하는 대부분의 중앙정부 사무를 지방정부가 고유사무와 함께 종합적으로 처리하는 경우이다. 반면에, 분리란 지방정부 관할 구역 내에 존재하는 소관 행정사무를 중앙과 지방이 대부분 각기 분리하여 처리하는 경우이다.

는 광역자치단체를 통해 집행되는 것이 원칙일 뿐만 아니라, 국가의 사무 권한 집행을 자치단체인 기초자치단체 또는 그 장에게 위임하여 집행하게 하는 방식이 자주 사용된다. 상호간에 관련이 있는 사무 권한의 집행을 동일한 기관에게 맡기는 방식이 행정기구로서는 간편하고 효율적이며, 게다가 '지방종합행정'의 결실을 맺을 수 있다는 사고방식을 갖고 있기 때문이다. 따라서, 대륙계 제국의 기초자치단체는 자치단체로서 자치사무를 집행하는 동시에 국가 하부기관으로서 위임사무 집행에도 임하는 이중의 역할을 담당한다. 그리고, 위임사무의 집행에서 국가는 자치사무 이상으로 엄격한 행정통제를 가하는 것이 통례이다.

셋째, 대륙계 국가의 중앙정부에는 '내정의 총괄 관청'이라고 해야 할 내무부가 설치되어 있으며, 광역자치단체 수준에서는 중앙정부의 각 부처 소관 사무 권한의 집행을 내무관료인 관선 지사가 일률적으로 처리하고 있다. 그리고, 기초자치단체에 대한 행정통제는 내무부로부터 시·도지사에게로, 시·도지사로부터 시장, 군수 및 자치구청장에게로라는 단일 통로로 통합되어 있다.

2) 한국과 일본의 중앙-지방 관계

우리나라와 일본은 일반적으로 이상에서 언급한 중앙-지방 관계의 유형 중에서 '집권·융합형'의 구조를 갖는 것으로 볼 수 있다. 국가와 기초자치단체 간에 국가의 하부기관적 성격이 강한 광역자치단체인 시·도가 설치되었다거나, 경찰이 국가경찰이라는 점은 우리가 집권형의 구조임을 분명히 해 준다. 또한, 우리나라 지방자치법 제9조 제1항에 의하면, "지방자치단체는 그 관할 구역의 자치사무와 법령에 의하여 지방자치단체에 속하는 사무를 처리한다"라고 규정함으로써 포괄적 수권형 또는 포괄적 예시주의의 사무 권한 방식을 택하고 있다. 그리고 우리나라 광역과 기초자치단체는 자치단체로서의 자치사무를 집행하는 동시에 국가의 하부기관으로서 위임사무를 집행하기도 하는 이중 역할을 한다. 그뿐만 아니라, 내정의 총괄 관청인 행정안전부가 설치되어 있음으로 보아서, 우리도 집권과 융합형의 구조를 갖는 것으로 생각할 수 있다.

반면 일본의 경우에는 제2차 세계대전 전과 후로 구분할 필요성이 있는

데, 제2차 세계대전 전에는 우리나라와 같은 지방정부는 중앙정부의 강력한 통제장치에 의해 지배되고 종속적 지위에 구속되는 집권·융합형의 구조였다는 것이다. 이후, 제2차 세계대전 후 개혁을 통해 그리고 일본 사회의 발전과 더불어 수평적 정치경쟁모형으로 발전했다고 볼 수 있다. 이 점에 대해 분권과 분리로 발전하지 못하고, 분권·융합형의 구조를 갖게 된 것은 집권·분권이라는 정치적인 의미에서의 진전에 비해 분리·융합이라는 행정적 차원에서의 발전이 이루어지지 못했다는 데에서 찾을 수 있다(김헌조, 2009: 111).

4 중앙-지방 간 사무배분의 원칙과 기준

1) 사무와 기능 배분의 기본 원칙

중앙정부와 지방정부 간의 사무와 기능 배분을 논하는 경우, 기본적으로 적용되어야 할 몇 가지 원칙이 있다. 이에 대해서는 일본의 원칙이 많은 시사점을 제공해 왔다. 특히, 1949년의 샤프보고서(Shoup Report)는 일본의 기능 배분 기준으로서 널리 이용된다(本間勝, 1985: 28-29). 샤프보고서는 당시 일본의 직무 분장의 문제점을 적시한 후에, 사무와 기능 배분의 기준으로서, 첫째, 행정 책임 명확화의 원칙, 둘째, 능률의 원칙, 셋째, 기초자치단체 우선의 원칙 등을 들고 있다. 이것을 후에 임시행정조사회 등에서 그대로 이어받아 중앙정부와 지방정부 간의 기능 배분 기준으로 제시하고 있는데, 현지성의 원칙, 종합성의 원칙, 경제성의 원칙 등이 그것이다.

첫째, 현지성의 원칙이란 지방행정을 민주적으로 수행하기 위해서는 주민 참여와 주민통제가 용이한 최저 지방행정 계층에 가능한 많은 사무를 배분하고, 특히 주민 편의의 관점에서 지역 주민의 생활에 밀착된 실시사무를 그 신변에 가까운 단체에 배분해야 한다는 것이다.

둘째, 종합성의 원칙이란 행정사무는 행정의 종합 조정 기능을 발휘할 수 있도록 자치단체에 배분해야 한다는 것이다. 따라서, 국가의 일선기관은 일반적 기능을 담당해서는 안 되며, 국가와 기초자치단체 간의 연락·조정

기능은 광역자치단체에 배분해야 한다는 것이다.

셋째, 경제성의 원칙이란 행정 기능은 각 단체의 규모, 행·재정 능력, 인구 수 등을 고려하여 행정기관이 최소의 처리 경비로 국민에게 최대의 성과를 도모할 수 있는 지방행정 계층에 배분해야 한다는 것이다(임시행정조사회 답신, 1978: 259-260; 박광덕, 2001: 92-93).

이상과 같이, 우리나라와 일본에서는 1949년에 형성된 샤프보고서의 기본적인 방침이 중앙-지방 간 사무배분의 기본적인 기준으로서 사용되어 왔으며, 1990년대 이후에 그 동안의 지방이양촉진위원회의 활동 성과와 민주화된 정부에 따른 지방분권의 추진, 그리고 10여 년에 걸친 지방자치의 경험 등에 비추어서 좀 더 구체적인 중앙-지방 간 사무재배분의 기준이 등장하게 되었다고 생각된다.

일반적으로 우리나라에서 들고 있는 사무배분의 기본 원칙으로 김병준은 첫째, 지방정부 우선의 원칙, 둘째, 효율성의 원칙, 셋째, 포괄성의 원칙,[4] 넷째, 충분 재정의 원칙 등을 들고 있어서 위에서 설명한 샤프보고서의 임시행정조사회의 원칙을 재사용하고 있으며, 김성호의 경우에는 사무배분의 원칙으로 자치 이념상의 원칙과 기본 원칙으로 구분해서 자치 이념상의 원칙은 일본의 샤프보고서와 임시행정조사회의 원칙과 동일하며, 기본 원칙으로는 첫째, 전권한성의 원칙, 둘째, 보충성의 원칙을 들고 있다. 각각을 간략히 정리하면 다음과 같다(김성호, 2000; 경기개발연구원, 2009: 11).

(1) 전권한성의 원칙

전권한성의 원칙이란 자치단체가 특별한 성격에 의해 설치된 특별지방행정기관과 구별되는데, 그 이유는 특별지방행정기관은 특별법에 의해 그 활동이 제한적으로 구성됨에 비해 자치단체는 그 권한이 유효한 관할 영역 내에서 모든 문제를 처리할 수 있도록 포괄적인 사무처리권을 본래적인 직분으로 가지기 때문이라는 것이다(김성호, 2000: 4; 경기개발연구원, 2009:

4) 김병준에 의하면, 지방이양촉진법은 명시적으로 '포괄성' 또는 '포괄 이전'이란 용어를 사용하지는 않지만, 제3조 제1항 제1호와 제5호에서 지방정부가 배분받은 사무는 되도록 지방정부가 자기 책임 아래 독자적으로 처리할 수 있게 해야 함을 규정하고 있으며, 이를 위해 이양되는 사무와 관련되는 일체의 사무를 가능한 한 동시에 이양할 것을 규정하고 있다고 설명한다(김병준, 2009: 379).

13). 이러한 전권한성의 원칙은 법률에 근거하여 지역공동체의 모든 사무를 법률의 범위 내에서 자기 책임하에 결정할 수 있도록 보장해 줌으로써 지역 단위에서 민주주의의 실현과 특정 행정계층에서의 권력 집중화와 집권화를 방지하는 데 목적이 있다.

(2) **보충성의 원칙**

보충성의 원칙이란 사무배분을 할 때 하향식 사무배분으로 인해 중앙정부의 사무가 지나치게 비대해지고 광역자치단체의 사무와 기초자치단체의 사무가 빈약해지는 문제점을 미연에 방지하기 위해 적용되는 원칙으로, 기초자치단체로부터 중앙정부로 향하는 상향식 사무배분을 의미한다. 즉, 공공사무에 대해 원칙적으로 지방자치단체가 담당하고 중앙정부의 기능은 지방자치단체가 감당하기 힘든 부분에 한해 보충적 수준에서만 인정한다는 원칙이다. 우리나라의 지방자치법 제9조 제2항에서 자치단체의 사무를 예시하고 있고, 지방자치법 제10조 3항 및 동법 시행령 제8조에서 규정하고 있는 사무배분의 기준, 그리고 지방자치법 제11조 국가사무의 처리 제한에 관한 규정들이 보충성의 원칙을 뒷받침하는 법적 근거라고 할 수 있다(경기개발연구원, 2009: 14).

2) 사무배분의 기준

중앙-지방 간의 사무배분을 위해서는 각급 정부의 역할에 적합한 사무인지를 판단할 수 있는 사무배분의 기준이 필요하다. 사무배분의 기준과 관련해서는 우선적으로 법령상 기준으로 지방자치법과 시행령 등을 통해 찾을 수 있다. 지방자치법 제10조와 시행령 제8조에서는 국가사무와 광역자치단체의 사무, 그리고 기초자치단체의 사무를 규정하고 있는데, 구체적으로 국가사무는 국가 존립과 전국적·통일적 운영이 바람직한 기능과 사무를, 광역자치단체의 사무로는 연락 조정, 감독·조정·권고사무, 그리고 보완·대행사무를 들 수 있으며, 기초자치단체의 사무로는 주민에게 가장 밀접한 복지 서비스 등을 규정하고 있음을 알 수 있다. 이하에서는 우리나라에서 사무배분의 기준을 중앙정부와 지방정부 간, 그리고 광역자치단체와 기초자치단체 간의 사무배분으로 구분하여 정리하고자 한다(경기개발연구원, 2009: 15-16).

(1) 중앙정부와 지방자치단체 간의 사무배분 기준

사무배분의 실제는 나라에 따라서 차이가 많으며 이른바 주민자치의 전통이 강한가 아니면 단체자치의 전통이 강한가에 따라서 다양하게 나타난다. 지방자치의 역사가 어느 정도 되었는가와 정치 발전의 수준과 행정에 대한 주민통제의 정도 그리고 민간 부문의 발달 정도 등에 따라서 사무배분도 달라질 수 있다. 즉, 사무와 기능 배분의 문제는 상대적이며 복잡하기 때문에, 그리고 쉽게 그 원칙과 기준을 설정하기 어렵기 때문에 자치 이념상의 원칙을 중심으로 일반적 기준을 제시할 수밖에 없다.[5]

따라서, 중앙정부와 지방자치단체 간의 사무배분에서 가장 먼저 생각해야 할 것은 그 성질상 당연히 중앙정부가 처리해야 할 사무를 제외하고는 모두 지방자치단체에 배분하는 것이 바람직하다는 것이다. 여기서 성질상 당연히 중앙정부가 수행해야 할 사무란 지방자치법 제11조에서 규정하듯이, 국가의 존립을 위해 직접 필요한 사항, 전국적 규모의 종합적인 관리와 기준의 통일성을 요하는 사항, 그리고, 지방자치단체의 기술과 재정 능력으로 감당하기 어려운 사항 등에 관한 사무들이라고 할 수 있다. 반면에, 지방자치단체는 기관위임사무를 집행하고,[6] 단체위임사무[7]와 지방자치단체의 존립 목적이 되는 자치사무를 계획하고 집행한다.

(2) 광역자치단체와 기초자치단체 간의 사무배분 기준

기초자치단체인 시·군·자치구는 주민에게 좀 더 가까운 기초적 지방자치단체이다. 주민의 일상적인 행정 수요를 채워 주기 위한 공공사무를 제공하는 단체이다. 한편, 광역자치단체인 시·도는 시·군·자치구를 포

---

5) 김성호는 자치 이념상의 원칙으로 현지성의 원칙, 행정책임 명확화의 원칙, 행정 능률(경제적 효율성)의 원칙, 그리고 사회적 형평성의 원칙을 들고 있는데, 이는 일본의 샤프보고서와 임시행정조사회의 원칙과 동일하다.

6) 지방자치법 제93조에는 "시·도와 시·군 및 자치구에서 시행하는 국가행정사무는 법령에 다른 규정이 없는 한 시·도지사와 시장·군수 및 자치구의 구청장에게 위임하여 행한다"라고 하여 기관위임사무를 인정하고 있다.

7) 단체위임사무는 자치사무의 영역에 속하는 사무로서 고유사무(공공사무)가 자치단체의 존립과 목적이 되는 사무임에 비해 단체위임사무는 법령에 의해 지방자치단체에 속하는 사무로서 생각할 수 있다(박광덕, 1996: 96).

괄하는 광역적인 지방자치단체이며, 시 · 군 · 구의 연락 조정, 광역행정, 기타 시 · 군 · 자치구가 처리하기 부적당한 사무를 처리한다. 시 · 도와 시 · 군 · 자치구의 관계는 때로는 전자를 상급단체, 후자를 하급단체라고 하는 경우도 있지만, 그러한 호칭은 적절하지 않다. 왜냐하면, 양자는 법률상 기본적으로 동격의 단체이며, 상하 관계에 입각한 것이 아니기 때문이다. 단지 시 · 도는 시 · 군 · 자치구를 포괄하는 단체이기 때문에 시 · 도 내의 행정의 통일 내지 부조화를 시정하고자 법률에 의해 시 · 군 · 자치구에 대해 우월성이 부여되는 경우가 있다. 예로서, 통제 조례의 경우는 시 · 군 · 자치구의 자치에 대해 침해할 수도 있기 때문에 시 · 군 · 자치구 간에 다른 감시 · 감독이 실시되면, 도 내의 경제나 주민 생활에 중대한 지장이 생기는 사항만으로 한정하게 된다. 즉, 시 · 도가 통제 조례의 제정권을 남용하는 것은 허용되지 않는다.

우리나라의 지방자치법 제10조는 자치단체의 종류별 사무배분 기준을 제시하고 있는데, 여기서는 시 · 도의 사무로서 다음과 같이 제시한다. 광역적 사무로서 행정 처리 결과가 2개 이상의 시 · 군 · 자치구에 미치는 광역적 사무, 시 · 도 단위로 동일한 기준에 따라 처리되어야 할 성질의 사무, 지역적 특성을 살리면서 시 · 도 단위로 통일성을 유지할 필요가 있는 사무, 국가와 시 · 군 · 자치구 사이의 연락 · 조정 등의 사무, 시 · 군 · 자치구가 독자적으로 처리하기에 부적당한 사무, 그리고 2개 이상의 시 · 군 · 자치구가 공동으로 설치하는 것이 적당하다고 인정되는 규모의 시설을 설치하고 관리하는 사무 등을 규정하고 있다. 그리고, 지방자치법 제10조 3항에서는 "시 · 도와 시 · 군 및 자치구는 그 사무를 처리함에 있어서 서로 경합하지 아니하도록 하여야 하며, 그 사무가 서로 경합하는 경우에는 시 · 군 및 자치구에서 우선적으로 처리한다"라고 되어 있어서 기초자치단체 우선의 원칙을 두고 있다. 그리고, 지방자치법 제9조 1항과 2항에서 자치단체의 사무를 포괄적으로 예시하고 있다. 즉, 우리나라의 지방자치법은 지방자치단체의 종류에 관계없이 동법 제9조 제2항에서 공통적 자치사무로 6개 기능별 분야에서 57개 사무를 열거하고 있다.[8)]

8) 6개의 기능별 분야는 첫째, 지방자치단체의 구역, 조직 및 행정관리에 관한 사무, 둘째,

5 한국과 일본의 분권화 추진 지표

1) 우리나라의 권한 이양과 사무배분 기준

참여정부 하에서는 지방분권화의 정도를 측정하기 위해 분권화 지표를 개발했는데, 이것은 중앙정부와 지방자치단체에 대한 의견 수렴, 시민단체에 대한 견해 청취, 그리고 지방행정 시스템의 투명성과 책임성 증대를 위한 것이다. 결국, 지방분권 수준 측정지표로는 조직과 인사 분야, 재정 분야, 그리고 사무배분 등 3개 분야에서 지표로 고려할 수 있는 많은 요소 중 39개 지표를 연구·개발했다. 이 중에서 이 연구와 관련된 사무배분 분야에는 <표 2-1>에서 볼 수 있듯이 17개의 지표로 구성되어 있다.

이상과 같은 분권화 수준 측정지표를 갖고 참여정부에서는 우리나라의 지방분권 수준을 2007년 12월에 측정했는데, 결과는 국가 전체적으로 61.2%로 참여정부 출범 전인 2002년 말 56.3% 대비 4.9% 상승한 것으로 나타났다.

분야별로 보면, 조직 및 인사 분야는 78.8%로 분권화 수준이 가장 높았으며, 사무배분 분야는 49.4%, 그리고 재정 분야는 49.7%로 나타났다. 특히, 사무배분 분야는 2002년 말 46.7%에서 2007년 말 49.4%로 2.7% 상승한 것으로 나타났다. 이는 기관위임사무 정비 등 국가-지방 간 사무배분 체제의 근본적인 변화는 없었으나, 참여정부 이후 949건의 국가사무를 지방사무로 이양하는 등 부분적인 성과에 기인한 것으로 분석되었다.[9]

주민의 복지 증진에 관한 사무, 셋째, 농림·상공업 등 산업 진흥에 관한 사무, 넷째, 지역 개발 및 주민의 생활환경시설의 설치·관리에 관한 사무, 다섯째, 교육·체육·문화·예술의 진흥에 관한 사무, 그리고 여섯째, 지역민방위 및 소방에 관한 사무 등으로 구성되어 있다(박광덕, 1996: 232-234).

9) 정부혁신지방분권위원회의 보고서에 의하면, 이번에 측정한 지방분권 수준은 측정지표의 한계상 분권 수준 측정값이 국가 전체 분권 수준을 객관적으로 나타내는 것은 아니다. 따라서, 측정값 해석에서 분권 수준 측정값을 절대적 백분율로 이해하는 것은 무리가 있으므로, 추세 변동으로 이해하는 것이 필요하다(정부혁신지방분권위원회, 2008: 227).

〈표 2-1〉 사무배분의 지방분권 측정지표

분야	영역	분석 차원	측정지표	검토 결과
사무 배분 분야	국가 전체	국가와 지방 간 사무배분	전체 사무 수 대비 지방사무의 수 비율	활용
			전체 사무 수 대비 자치사무의 수 비율	활용
			전체 위임사무의 수 대비 자치사무로 전환된 비율	활용
			전체 공동사무의 수 대비 자치사무로 전환된 비율	활용
			국가사무의 수 대비 위임사무로 전환된 비율	장기 검토
			국가사무의 수 대비 공동사무로 전환된 비율	장기 검토
		사무배분의 내실화	중앙-지방 간 사무배분과 인력 배분의 연계 정도	장기 검토
		국가의 관여	전체 사무 중 중앙의 협의·인가 없이 처리 가능 사무	활용
	부처별	부처별 국가와 지방 간 사무배분	전체 사무 수 대비 지방사무의 비율	활용
			전체 사무 수 대비 자치사무의 비율	활용
			전체 위임사무의 수 대비 자치사무로 전환된 비율	활용
			전체 공동사무의 수 대비 자치사무로 전환된 비율	활용
			전체 국가사무의 수 대비 위임사무의 수 비율	장기 검토
			전체 국가사무의 수 대비 공동사무의 수 비율	장기 검토
			사무의 배분과 인력 배분의 연계 정도	장기 검토
		부처별 사무배분 내실화	사무배분과 재정 배분의 연계 정도	장기 검토
		부처별 국가 관여	전체 사무 중 중앙의 협의 없이 처리할 수 있는 사무	활용

자료: 정부혁신지방분권위원회(2008: 221-222).

2) 일본의 권한 이양과 사무배분 기준

일본에서는 2005년 6월에 지방6단체[10]가 '신지방분권추진법'의 제정 등을 요구하는 의견을 내각 및 국회에 제출하는 등, 새로운 지방분권의 추진을 향한 움직임을 보이게 되었다. 이 중에서 동년 7월에 "지방분권을 향하여, 관계 법령을 일괄적인 재검토 등에 의해 국가와 지방의 역할 분담의 재검토를 추진함과 동시에, 국가의 관여. 국고보조부담금의 폐지 · 축소 등을 도모하기 위한 기본 방침 2006"이 내각에서 각의 결정되어, 동년 12월에 지방분권 개혁을 종합적인 동시에 계획적으로 추진하기 위해 지방분권 개혁의 추진에 관한 기본 방침과 추진 체제 등을 규정한 '지방분권개혁추진법' (이하 "추진법"으로 약칭)이 제정되었다. 이 법률은 한시법으로 2006년 4월부터 시행에 들어가서 2009년 3월 31일에 소멸되는 것으로 되어 있다.

지방분권개혁추진법 제5조에서 7조에 걸쳐 지방분권 개혁의 추진에 관한 기본 방침을 제시하고 있다. 우선, 국가는 본래 해야 하는 역할을 중점적으로 담당하고, 주민에 가까운 행정은 가능한 한 지방자치단체에 넘겨주는 것을 기본으로 하며, 권한 이양의 추진, 지방자치단체에 대한 사무 처리 또는 사무 처리 방법의 의무 부여, 국가 또는 광역자치단체 관여의 정리 · 합리화 등을 강구하는 것으로 되어 있다. 특히, 해당 조치에 대응하여 국고보조부담금, 지방교부세, 국가와 지방자치단체의 세원 배분 등 재정상 조치의 바람직한 존재 방식을 검토하는 것으로 되어 있다. 또한, 지방자치단체는 행정 체제의 정리 및 확립을 도모하는 것으로 되어 있다.

이 법률에 의해 지방분권추친위원회가 설치되었다. 이 위원회는 지방분권 개혁의 추진에 관한 기본적인 사항을 조사 심의하고, 지방분권 개혁 추진계획의 작성의 구체적인 지침을 내각총리대신에게 권고하는 등의 역할이 부여되었다. 또한, 2006년 5월에는 내각 결정에 의해 지방분권의 추진에 관한 시책의 종합적인 책정 및 실시를 추진하기 위해 내각총리대신을 본부장으로 하고, 모든 각료가 구성원이 되는 지방분권 개혁 추진본부가 내각에

---

10) 일본의 지방6단체란 광역자치단체인 전국지사회, 전국도도부현의회의장회, 그리고 기초자치단체인 전국시장회, 전국시의회의장회, 전국정촌회, 전국정촌의회의장회 등을 의미한다.

설치되었다. 결국, 이 위원회의 권고를 받아들여 일본 정부는 분권화를 추진하는 데 필요한 조치를 규정하는 지방분권개혁 추진계획을 책정하기로 했으며, 개별법의 개정을 일괄적으로 행하는 '신분권일괄법안(新分權一括法案)'을 가능한 한 빠른 시일 내에 제정하기로 했다.

결국, 2007년 6월에 지방분권개혁추진위원회의 중간보고에 의하면, "생활자의 관점에 선 지방정부의 확립을 위해"란 관점에서 첫째, 개별적 행정분야·사무사업의 발본적인 수정과 재검토, 둘째, 광역자치단체인 도도부현(都道府縣)으로부터 기초자치단체인 시정촌(市町村)에의 권한 이양의 법제화 추진 등을 제시하고 있다.

(1) 중앙과 지방의 역할 분담

지방분권개혁추진위원회의 제1차 권고에 의하면, 중앙정부와 지방정부가 대등·협력 관계에 입각하여, 각각의 역할을 다하기 위해서는 국가와 지방의 행정 중복을 배제하고, 국가와 지방의 명쾌한 역할 분담을 확립하는 것이 필요하다고 지적했으며, 외교·국방 등 국가의 존립에 관련된 사무를 비롯하여 국가가 본래 해야만 하는 역할을 중점적으로 행하도록 중앙정부의 역할을 제한하고, 주민에 가까운 행정은 지방자치단체에 이양하여 지방의 재량과 책임 속에서 실시하는 것을 기본으로 한다. 그 밖에 추진법 제5조 등을 근거로 바람직한 국가와 지방의 역할 분담 원칙을 제시하면 다음과 같다. 첫째, 국가는 국제 사회에서 국가로서의 존립에 관련된 사무를 한다. 둘째, 전국적으로 통일하여 결정하는 것이 바람직한 국민의 제반 활동 또는 지방자치에 관한 기본적인 준칙에 관한 사무는 국가의 역할로 한다. 셋째, 전국적인 규모로 혹은 전국적인 시점에서 이루어져야만 하는 시책 및 사업의 실시는 국가의 역할로 구분한다. 반면에, 지방정부의 역할에는 주민에게 가까운 행정은 가능한한 지방자치단체가 담당한다라고 규정하여 포괄적으로 규정한다.

또한, 지방분권개혁추진위원회는 이상의 원칙을 현재 중앙정부에서 담당하는 구체적인 사무·권한에 대응시켜서, 지방자치단체에로의 이양을 검토하는 경우에 구체적으로 적용할 수 있는 기준을 <표 2-2>와 같이 제시한다. 이러한 국가와 자치단체의 역할 분담에 대한 사고방식은 국가 출장소의 재검토 추진에 관한 사고의 기본이 됨과 동시에, 개별적인 행정 분야·사무사업을 재검토할 때 개별적 권고 사항으로 기본이 되고 있다.

(2) 광역자치단체로부터 기초자치단체로 권한 이양의 법제화

제1차 분권개혁 이후 기초자치단체인 시정촌(市町村)을 둘러싼 환경은 변화했다. 시정촌 합병이 추진되어,[11] 각 지방자치단체가 행정개혁에 매진

〈표 2-2〉 국가와 지방의 역할 분담 기준

유형	내용	대응
중복형(重複型)	사무·권한이 법령상 하나의 주체에 전속하지 못하고, 국가와 지방자치단체가 각각 처리를 하는 것이 허용되는 분야	지방에 일원화하여 실시하는 것을 기본으로 하며, 새로운 구분선을 행할 필요가 있다.
분담형(分擔型)	법령상 사업 규모가 크고 사무·권한의 대상 범위 등에 의해 국가와 지방자치단체가 이미 일정한 역할 분담을 하고 있는 분야	지방에 사무·권한을 이양하는 것을 기본으로 하고, 현행의 구분선을 재검토한다.
중층형(重層型)	국가가 스스로 중앙부처에서 책정하는 전국적인 지침과 전국 일률의 기준에 따라서 지방자치단체가 사무사업을 실시하는 분야	법령에 의해 의무 부여, 구조와 관여의 재검토 등, 법제적인 구조의 횡단면적인 재검토를 한다.
관여형(關與型)	지방이 실시하는 사무에 관해 국가가 광역적인 관점과 견해에서 조정하거나 또는 관여하는 분야	원칙적으로 폐지하는 것을 기본으로 하며, 법령에 의한 의무 부여, 구조와 관여 등에 대한 재검토를 하는 등 법제도적인 구조의 횡단면적인 재검토를 한다.
국가 전담형(國家專擔型)	현재는 주로 국가만이 이 사무를 행하고 있는 분야	일본 사회경제의 정세 변화를 충분히 고려하여 재점토하고, 지방자치단체의 자주성 및 자립성의 발휘, 지방자치단체에 의한 종합행정의 확립, 주민의 편리성 향상, 국가와 지방을 통한 행정의 간소화 및 효율화 등의 관점에서 사무·권한의 지방 이양과 폐지 등을 행한다.

자료: 日本國立國會國書館(2009. 4).

11) 1999년의 시점에서 3,229개였던 기초자치단체인 시정촌(市町村)이 2008년도 1월 1일의 시점에는 1,781개의 시정촌으로 합병되어 약 40% 정도 감소했음을 알 수 있다.

해 왔으며, 행·재정 기반의 강화와 행정 운영의 효율화가 이루어져 왔다. 또한, 현재 광역자치단체인 도도부현(都道府縣) 지사의 권한에 속하는 사무의 일부를 도도부현 조례가 규정함으로써, 시정촌이 처리하는 것이 가능한 제도, 이른바 조례에 의한 사무 처리의 특례제도가 각 도도부현에서 이용되고 있으며, 위원회 사무국의 조사에 의하면, 합계 204개의 법률이 그 대상이 되며, 전국 평균 39개의 법률의 사무 처리에서 도도부현으로부터 시정촌으로 이양되고 있다. 이것을 이 위원회에서는 그 동안의 변화에 의해 과거보다 기초자치단체의 사무 처리 능력이 향상되어 있는 것을 의미하며, 도도부현과 시정촌의 사무배분에 대해 행정 분야 횡단면적 재검토가 필요하다.

'제1차 권고'에서는 기초자치단체에 사무사업을 우선적으로 배분한다는 원칙에 따라 행정 분야 횡단면적 재검토를 행하고, 사무사업에 따라서는 광역적인 연계구조를 적극적으로 활용하는 것을 전제로 하여, 64개의 법률, 359개의 사무·권한을 도도부현에서 시정촌으로 이양하고, 여기에 수반하는 국가, 도도부현의 관여의 바람직한 존재 양식을 재검토할 것을 권고했다. 권한 이양에서는 시정촌 합병의 진전 등에 의해 행정 체제의 정비가 이루어진 것을 배경으로, 시를 우선적인 대상으로 하여 이양을 추진하는 것으로 하며, 정령지정도시에 25건, 중핵시에 17건, 특별시에 37건, 일반시에 222건, 그리고 정촌에 28건의 권한을 이양하는 내용으로 되어 있다. 이와같이 '1차 권고'가 도도부현의 권한 이양에서 시와 정촌에 대해 격차를 두고 있는 것에 대해, 전국 정촌회장은 "단순하게 시와 정촌을 명칭만으로 일률적으로 구별하여 제도를 구축하는 사고방식에는 찬성할 수 없다"는 점 등을 지적한 바 있다. 또한, 현재의 시와 정촌의 상황을 감안하여 보면, 전반적으로 커다란 격차를 두는 것이 적절한가 아닌가를 권고에서 다루는 등 시와 정촌과의 사이에 차이를 두어야만 하는가 등의 문제에 대해 재검토할 필요가 있다고 지적한다.

6 중앙-지방 관계에서 정책 네트워크

정책 네트워크의 등장은 신공공관리(new public management: NPM)

정부의 등장 배경과 관련이 있다(Blom-Hansen, 1998: 672). 경제 위기의 심화에 따른 시장 논리의 확장에서 변화의 근본적인 원인을 찾을 수 있기 때문이다. 그러나, 우리는 시장의 논리에 부가해 최근의 상황 변화를 반영하는 비정부조직의 급속한 성장과 분화, 유럽연합과 같은 초국가 조직의 현실화, 정부의 분권화와 전문화, 그리고 이익집단 정치의 활성화 등에 주목할 필요가 있다. 1970년대를 풍미한 세계 경제의 장기 침체는 복지국가의 위기와 더불어 서유럽을 대표하는 조합주의적 경제관리 패턴의 균열을 초래했다. 복지국가의 추진 과정에서 과대 성장한 정부 부문의 축소와 재편이 요구되었기 때문이다.[12] 그런데, 대부분의 유럽 국가들은 작은 정부 구현에 초점을 맞춘 신공공관리의 전면적인 수용 대신에 정부와 조직화된 이익집단 간의 협력 관계를 기초로 하는 새로운 해결 방안을 모색했다. 이 점에서 영국과 독일을 중심으로 전 유럽에 확산된 정책 네트워크 논의는 복지국가 전통과 강력한 이익집단으로 대표되는 유럽의 현실을 반영한다. 단적인 사례로 정부 역할의 축소를 네트워크 구조가 대치하고 있다는 정책 네트워크의 논리는 강력하고 집권적인 정부를 유지했던 영국의 경험을 통해서도 잘 나타난다(박광덕, 2002: 408).

1) 정책 네트워크의 개념과 특성

정책 네트워크에 대한 논의는 로즈(R. A. W. Rhodes)의 하위정부모형(subcentral government)에서 출발했다고 볼 수 있는데, 그는 1979년 대처 집권 이후 영국 중앙정부의 변화를 분석하여 기존에 중앙정부가 수행했던 기능과 역할이 지방정부와 사회 행위자들로 구성되는 조직 간 네트워크의 집합체로 전환되고 있다는 새로운 현실에 주목했다(박광덕, 2002: 409). 그런데 영국의 정책결정 과정을 설명하는 로즈의 하위정부모형은 변화된 정치 체제에서의 정책결정 구조의 특징을 기술하는 이론으로 제시되었지만, 미국의 정책결정 패턴을 명확히 규정하기는 어려웠다. 따라서, 1970년대 후반 하위정부모형의 제안자들로부터 다원주의 사회에 적용할 수 있는 헤클

12) 정책 네트워크(policy network)는 계층제(hierarchy)와 시장(market)에 대한 거버넌스(governance) 형태의 하나로 보는 관점과 조합주의(corporatism)와 다원주의(pluralism)에 대한 대안으로 생각할 수 있으나, 여기서는 두 가지 관점을 함께 보고자 한다.

로(Hugh Heclo)의 이슈 네트워크(issue network)가 정책 네트워크에 등장하게 되었다(Heclo, 1978: 102). 결국, 정책 네트워크는 고도로 통합된 정책공동체(policy community)에서부터 느슨하게 통합된 이슈 네트워크에 이르기까지 다양하게 분류되기에 이르렀다(박광덕, 1993: 180).

이러한 정책 네트워크는 정책결정과 정책집행에서의 네트워크에 대한 연구가 주종을 이루는데, 집행 네트워크는 복잡하고 기능적으로 구체적인 유형들로 연결된 많은 조직으로 이루어져 있음을 발견했다(Prcvan & Millward, 1995: 1-33). 일반적으로 네트워크란 "사람과 사람 또는 서비스의 대상과 주체 간의 연계 관계"라고 할 수 있으며, 네트워크 분석은 행위자와 행위자 간의 연계 관계를 분석하는 것이다. 정책 네트워크는 이러한 네트워크의 일반론을 정책 과정의 구조분석에 적용한 것이다. 정책 네트워크에서의 행위자는 정책결정에 참여하는 개인과 집단이며 정책집행에 관계되는 개인과 집단이다. 사회가 다원화되고 민주화될수록 정책결정에서의 관료 독주는 불가능하게 되고, 정책을 둘러싼 갈등 상황이 자주 발생하여 정책의 결정과 집행을 더욱 어렵게 하기도 한다. 이러한 정책 과정의 다양한 행위자와 행위자 간의 연계 관계를 설명하는 모형으로 우리는 정책 네트워크를 연구하게 되었다.

이러한 정책 네트워크의 특징을 간략히 정리하면 다음과 같다.

첫째, 정책 네트워크는 모든 정책 영역에서 제기되는 정책문제의 해결과 관련하여 참여자들 간에 형성되는 것으로, 이익배분의 구조(constellation of interests)라고 하겠다. 즉, 네트워크 참가자의 이익은 서비스 기능, 경제기능, 영역, 고객집단, 전문가 등에 의해 다양화된다는 것이다(Rhodes, 1988: 14-15).

둘째, 정책 네트워크의 구성원이란 공공 부문과 사적 부문의 균형이 매우 중요한데, 정치적·행정적 엘리트, 전문가, 노동조합과의 균형 등을 지적할 수 있다. 정책 네트워크의 행위자인 구성원은 공공 부문과 민간 부문에 존재하는 조직화된 행위자들이다. 개인 간의 상호 결합에 초점을 두는 것이 아니라, 공공 부문과 민간 부문에 존재하는 조직화된 행위자들의 집합적 행동, 특히 공공의 정책결정과 관련된 조직 간의 관계에 초점을 둔다.

셋째, 행위자 간의 상호작용은 수평적인 관계 속에서 전개되는 것이 지배적이다. 행위자 간에 유지되고 있는 상호작용의 토대는 계층제와 같은 명확한 관계에 따른 것이 아니라, 복잡한 상호의존적 관계에 입각하여 이루어진다는 것을 의미한다. 왜냐하면 정책 네트워크 내에서의 행위자들은 상호의존적이지만, 형식적으로는 자율적인 존재로 인식되기 때문이다.

끝으로, 네트워크 참여자들 간의 상호작용은 정책자원의 이동 경로로서 기능한다. 행위자들은 상호의존적이다. 현대 산업사회에서 정책을 바람직하게 결정하기 위해서는 의회와 정부와 같은 전통적인 정치 제도에 의해서만 배타적으로 수행될 수는 없다. 따라서 민간 부문의 행위자들을 포함하여 행위자 간에 형성되는 연계는 의사 전달 통로로서 기능하며 정보와 기술, 신념과 같은 정책자원의 교환이 이루어질 수 있다. 다시 말하면 정책자원이 폭넓게 분산되어 있고, 상호의존적인 상황에서 형성되는 연계는 자원의 이동과 공동 활용을 촉진시키는 자원 이동의 메커니즘으로 작용하기도 한다(Kenis & Schneider, 1991: 40-41).

2) 네트워크와 로컬 거버넌스

현대 사회는 이른바 네트워크 사회라고 불릴 수 있을 만큼 네트워크에 대한 관심이 사회 전반에 걸쳐 크게 증가되고 있다. 인터넷으로 대표되는 정보통신 기술의 급속한 발달은 우리 사회를 움직이는 중요한 원동력으로 네트워크의 중요성을 더욱 부각시키고 있다. 그리고, 네트워크에 대한 강조는 민간기업을 중심으로 한 사적 영역에서뿐만 아니라 정부 및 공공 부문에서도 적용될 가능성이 높은데, 이것은 바로 거버넌스 구조이다. 20세기 말에 행정관리의 새로운 모습으로 등장한 거버넌스는 지방자치에도 공공 및 민간의 파트너십과 네트워크를 중시하게 했다.

이러한 거버넌스란 매우 다의적인 개념으로 사용되고 있는데, 여기서는 스토커(Stoker, 1998)의 개념 정의를 소개하면, 그는 거버넌스란 공사 영역 간 경계가 모호한 관리 패턴의 발달이라고 하면서 그 특징으로 첫째, 정부 외부에서 추출된 조직과 행위자의 조합, 둘째, 사회경제적 이슈에 대처하기 위한 책임과 경계의 혼합, 셋째, 집행행동으로 형성된 조직 간 관계에 따른 권력의존성, 넷째, 행위자들의 자율적인 자기 관리 네트워크, 그리고 다섯째, 정부 강제력에 의하지 않은 임무 수행 능력 등을 들고 있다(Stoker,

1998; 강창현, 2001: 9). 이러한 거버넌스는 중앙과 지방 간의 적절한 권한 관계의 설정 및 기능 배분에 중요한 연계를 제공하는데, 특히 정부와 시장, 시민사회를 연결시켜 주는 네트워크가 중요하다(Peter & Pierre, 2003: 594-605). 따라서, 중앙과 지방 간의 참여와 조정을 통한 내실 있는 지방분권이 이루어지기 위해서는 다층적 구도로서 로컬 거버넌스(local governance)에 대한 이해가 선행되어야 한다.

로컬 거버넌스는 분권화와 지방자치를 통해 참여민주주의의 이론적 기반을 제공해 주기 때문에 지방화가 충실하게 자리잡는 데 매우 중요하다. 실제로 많은 지방분권의 시도들은 지역 주민에게 주요 정책결정 과정에서 참여 기회를 확대하거나 더 많은 사람이 해당 정책에 관심을 가질 수 있도록 실질적인 의사결정을 돕는 다양한 방법을 제공한다. 이와같이 로컬 거버넌스는 분권화와 지방의 자치 역량을 강화시켜 줄 수 있는 이념적 토대로서 성공적인 지방화의 필요 조건을 제공한다. 즉, 로컬 거버넌스를 통해 지방적 특수성을 살림은 물론 중앙정부로 하여금 지역적 여건과 수요에 신속하게 대응하도록 함으로써 지방정부가 중앙정부에 의존하지 않고 지역발전을 위해 주체적이고 선도적인 역할을 수행하게 하여 정책집행의 효과성을 제고하게 된다(경기개발연구원, 2005: 18-21). 결국, 로컬 거버넌스는 지역사회의 목표를 추구하는 데 다른 행위자들을 포함한 네트워크를 증가시키는 것이고, 공적·사적 영역(publice-private boundaries)을 구별하기 어렵게 하는 방향의 움직임 등과 같은 도시관료제에서의 변화를 강조한다(Kjaer, 2009: 137).

다음으로, 네트워크는 앞에서 언급한 바와 같이 정책분석을 집필한 헤클로에 의해 공공정책 문헌에서 소개되었다. 그는 당시에 대부분의 연구자들이 하고 있었던 조직을 분석하는 대신에 프로그램을 분석할 것을 추천했다. 그리고, 후속 연구에서 그는 정책분석 내의 핵심 개념으로서 정책공동체(policy community)와 이슈 네트워크(issue network)를 형성하도록 이끌었다. 결국, 네트워크 거버넌스란 수많은 상호작용을 통합하는 것이지만 규제, 규범, 그리고 인지와 같은 요인을 통해 형성된 일상적 이해에 근거하여 협상에서 구체적으로 행동하는 자치적인 행위자라는 것이다. 이들은 정책결정을 만들어 내는 데 도움을 주기도 하며, 조정하기도 하며, 일정한 정도의 자기 규제를 달성할 수 있다는 것이다(Bogason & Zolner, 2007: 3-5).

3) 정책 네트워크와 업무 수행 네트워크

정책 네트워크의 논의에서 네트워크 구성 요소는 일반적으로 행위자, 연계, 경계로 생각할 수 있다. 그리고 정책 과정에서는 끊임없이 배제(exclusion)와 상호의존(inter-relationship)이 이루어진다. 여기서 배제란 정책 무대로 외부 행위자들이 진입하는 것을 거부하는 정도에 관한 것이며, 상호의존성은 참여자들 간의 교환 관계에 의해 나타나는 상호의존성 정도를 측정하고자 하는 개념이다.

우선, 정책공동체는 영국에서 발달된 것으로 정책참여자의 결합이 매우 밀접한 형태의 것이다. 1970년대 후반에 주로 영국의 정책 과정 연구를 위해 도입된 것으로 분절화의 경향이 정책공동체에 대한 연구를 이끌었다.[13] 정책공동체는 제한된 수의 특권적인 참여자를 가정하며, 이들 간의 안정적이고 지속적인 관계, 구성원 간의 높은 상호의존성을 강조한다. 로즈는 정책공동체를 관료의 안정성, 매우 제한적인 구성원 자격, 서비스 전달 책임을 공유하는 데서 기인하는 상호 의존 관계, 그리고 다른 네트워크와 의회, 일반대중 등과는 분리되는 것으로 수평적 이익집적을 가지고 참여자 간의 고도의 통합을 특징으로 한다고 정의한다(Rhodes, 1988: 325-345).

이러한 정책공동체 모형은 대부분의 정책결정이 특정의 하위 영역 또는 전문화된 정책 무대에서 이루어진다고 보는 점에서는 하위정부모형과 유사하다. 그러나, 정책공동체 모형에서 가정하는 주요 참여자는 하위정부모형과 차이가 있다. 정책공동체의 주요 구성원은 관료들과 그 소속 행정기관, 개개 정치인과 그들의 집단, 조직화된 이익집단과 그 지도자 및 참모들, 정책에 대해 생각하고 연구하는 대학 및 기타 연구기관과 정부 내의 전문가들이다. 이는 하위정부모형의 행정관료, 정치인, 이익집단을 주축으로 하면

13) 분절화란 기능적인 분화가 증가되는 것을 의미하는 것으로서, 정책과 프로그램 그리고 기관들은 기능적 분화의 관점에서 정의될 수 있다. 기능적 분화란 사회적 변화 과정에서 역할과 제도, 집합체 등이 발전적으로 분리되고 전문화되어 가는 수평적 분화를 의미한다. 즉, 사회적 복잡성이 증가함으로써 더욱 가속화되고, 다수 행위자들 간의 상호의존성 증가와 밀접히 관련되어 있다는 점에서 네트워크 모형의 설명력을 증가시켰다고 할 수 있다.

서 전문가집단을 추가한 것이다. 정책결정의 주요 참여자의 하나로 전문가 집단을 추가한 것은 지식사회에서 비중이 점차 증가하고 있는 전문가의 역할을 잘 파악한 것이다. 이러한 정책공동체의 구성원들은 서로 상대방이 유용하게 활용할 수 있는 자원을 갖고 있다는 이유 때문에 정기적으로 상호 접촉하며, 그 과정에서 각각 자기의 정책 분야 내에서는 어떤 문제가 중요한 문제인지, 그리고 어떠한 해결 방안이 바람직하고 실현 가능한 것인가에 관한 일련의 공통된 이해와 공동체적 감정을 가지게 된다.

그러나, 정책 네트워크에 대한 논의는 학자들 간에 일치된 견해가 있는 것이 아니라, 아직도 계속되는 지속적 담론이므로 자신의 연구 지향에 맞추어서 구성 요소를 포함하여 개념화할 수 있다. 그리고 정책 네트워크에 대한 논의를 최근에는 정책결정 과정에서만이 아니라 정책과정 전체로 확대하는 움직임을 볼 수 있다(Skoke & Harrisburg, 1995: 327). 그런데, 이렇게 정책 네트워크를 정책 과정 전체로 확대하여 해석하는 경우에는 사회복지 서비스 분야에서는 서비스 전달 체계의 문제와 서비스 공급 체계의 문제와 만나게 된다.

사회복지 서비스 전달 체계에는 공공 부문과 민간 부문이 있으며, 그 핵심은 공공 부문의 전달 체계로서, 구성 요소, 핵심 요소, 그리고 상호작용을 보면, 중앙정부와 광역자치단체, 기초자치단체, 그리고 여기에 민간조직을 포함한 구성 요소들 간의 상호작용 속에서 서비스의 생산과 전달이 이루어진다. 따라서, 여기서는 분권화가 중요하며, 전문성의 확보가 중요하다. 결국 앞에서 살펴본 중앙정부와 자치단체 간의 권한 이양과 기능 배분이 서비스의 생산과 전달이라는 측면에까지 연결되며, 이 연결고리를 으리는 정책 네트워크라고 할 수 있다. 이하에서는 한국과 일본의 네트워크의 사례를 검토하고자 한다.

(1) 일본의 지역사회 돌봄서비스 시스템

일본에서는 재가자에 대한 지원을 기본으로 한 지역복지의 전개에는 폭넓은 주민의 참여 하에 복지 부문을 비롯하여 보건, 의료, 교육, 고용 등 생활 관련 제반 시책을 충실하게 정비하기 위해 관련된 다양한 공사의 조직과 단체 등을 유효하게 기능하기 위한 협동화와 네트워크의 형성이 중요한 과제가 되고 있다. 이러한 돌봄서비스 시스템의 특징은 다음의 세 가지로 정리할 수 있다(松原一郎. 1988: 14-19). 첫째, 돌봄서비스의 복합성으로, 이것은 가족을 중심으로 한 '사적 돌봄서비스'와 사적 영영 외에 준비된 '사회적 돌봄서비스'를 포함한 돌봄서비스를 의미한다. 둘째, 돌봄서비스의 지역성으로, 이것은 그 범주와 영역을 지역사회에 설정하고 전개하는 돌봄서비스를 의미한다. 셋째, 돌봄서비스의 체계성으로 이것은 누구라도, 어떠한 사태를 당했을 경우에도 안심하고 복지 서비스를 이용할 수 있는 일관성이 있는 시스템을 의미한다.

이상과 같은 '돌봄서비스의 복합성', '돌봄서비스의 지역성', '돌봄서비스의 체계성' 등의 특징은 재가복지 서비스의 사고방식과 이념을 잘 보여 주며, 이것은 지역 돌봄서비스 시스템의 경우에도 기본적으로 달라지는 것은 아니다. 단지, 새롭게 고려해야만 하는 것으로서, 지역을 기반으로 입소형 시설도 포함한 좀 더 포괄적·통합적 지역 돌봄서비스 시스템이라는 틀 속에서 생각한다는 것, 특히 이러한 20년 정도의 일본의 복지 동향을 반영하여 무엇보다도 사회복지 구조개혁에 의한 사회복지의 변화를 도입할 필요가 있다. 여기서 최근의 지역 돌봄서비스 시스템의 전개를 보아도, 지역복지의 추진, 주민 참여, 사회자원의 종합화와 유효 활용, 네트워크화, 이용자 주체, 자립 지원, 일상생활권역을 중시한 체제가 지향되고 있다. 여기에서는 재가 돌봄서비스의 원칙과 지역에 밀착한 시설 돌봄서비스, 제도적 서비스와 비공식적인 지원을 조합하여, 지역을 기반으로 한 종합적인 돌봄서비스 시스템의 구축 등의 것이 당면 과제가 되고 있다.

최근 일본 사회에서도 지역사회 돌봄서비스를 지탱하는 자원·서비스의 정비가 대폭 진전한 것은 분명하다. 1990년대의 고령자 분야에서는 신·구 골드 플랜에 의한 보건복지 서비스의 양적 확대와 수준의 인상이 이루어졌으며, 아동과 장애인 분야에서도 엔젤 플랜, 장해자 플랜이 계속적으로 책정되어 모두가 수치 목표를 들어서 시책의 실현이 이루어져 왔다. 그 후에도, 2000년도부터의 개호보험 실시와 거기에 맞춘 골드 플랜 21이 책정된 외에, 신엔젤 플랜, 아동·보육에서의 응원 플랜(신신 엔젤 플랜), 신장애인 플랜 등으로 이어졌으며, 특히 장애인 분야에서는 2003년도의 지원비 제도를 거쳐서, 2006년도부터는 시정촌을 실시 책임자로 하는 장해자 자립 지원제도가 시작되었다.

이들 복지 서비스・자원이 확충을 이루는 속에, 2003년에 시행된 지역복지계획도, 복지 3부문을 포괄하는 통합화와 주민 참여를 키워드로 하여, 각 지역에서 책정되었다. 이것은 시정촌에 의한 지역복지 추진 방향에서, 주민 참여하에 복지자원 서비스를 정비하고, 공사 협동에 의해 적절한 서비스와 지원을 제공하려고 하는, 지역 돌봄서비스 시스템 형성을 목표로 하고 있다고 말해도 좋다. 이 계획에서는, 지역에 의해 지탱되는 돌봄서비스 시스템의 구축을 과제로 하고 있는데, 앞으로도 기존의 자원의 유효 활용과 네트워크화뿐만 아니라, 시설 정비와 서비스 자원의 충실이 요구되는 것은 말할 필요도 없다. 그리고, 이러한 지역 돌봄서비스 시스템의 구축과 운영에서 중심이 되는 것은 지역포괄지원센터[14]와 시정촌(市町村)사회복지협의회일 것이다(牧里每治・山本隆 編, 2008: 242-244).

(2) 우리나라의 지역사회복지협의체

우리나라에서 거버넌스적인 관점에 입각하여 민과 관이 협력해 동반자적 관계를 형성하고 서비스의 결정과 제공에 임하는 사례로서 지역사회에 존재하는 지역사회복지협의체를 들 수 있다. 물론, 이것이 일본의 민과 관이 동등하게 협력하고 조정하는 조직인가 아닌가에 대해서는 논란의 여지를 남기고 있지만, 사회복지사업법에 근거하여 구축이 의무화되어 있으며, 실질적으로 그 운영에서 민간 주도적인 측면이 대두되는 등 민관 협력의 모습을 서서히 잘 보여 주고 있어서 지역사회 사회복지 자원의 정책 네트워크로서 기능하고 있다. 이러한 사회복지협의체는 지역사회 복지계획의 수립 등 주요 정책 사항을 심의하고 의결하는 기능을 갖고 있어서 거버넌스로서 기능하며, 복지를 중심으로 하면서 보건 및 고용, 문화 등 복지 수

14) 일본의 재가개호지원센터는 노인복지법에서 시정촌(市町村)이 행해야만 하는 노인복지에 관한 정보의 제공 및 상담 및 지도 등의 실시기관으로서 명기하고 있으며, 시정촌행정의 대체 기능을 담당해 왔다. 또한 지역 주민에 가장 가까운 장소에서 지역의 모든 고령자에 대해 보건, 의료, 복지의 종합상담 창구로서의 역할을 담당하는 등 높은 공익성을 갖고 있으며, 그 특색으로부터도 운영비에는 공비가 투입되고 있었다. 그런데 2000년도부터 개호보험이 시행됨에 따라서 재가개호지원센터를 둘러싼 환경이 크게 변화했다. 그리고, 2005년도에 개호보험법의 개정에 따라 지역포괄지원센터가 설립됨에 따라서 그 기능을 모두 지역포괄지원센터로 이양하게 되었다.

혜자에게 필요한 다양한 서비스를 지역사회를 중심으로 연계망을 구축하는 등 네트워킹 기능을 수행하고 있음을 알 수 있다.

7 결 론

이상에서 검토해 온 바와 같이, 우리나라와 일본은 유사한 지방자치의 유형을 갖고 있으며, 지방분권화를 추진해 온 과정 또한 매우 유사하다. 그러나 그 내용을 자세히 보면, 일본의 경우에는 분권개혁을 추진하기 위해 단계적으로 자치단체의 역량을 강화해 온 것을 알 수 있다. 지방분권일괄추진법은 말할 필요도 없지만, 자치단체의 통폐합을 통해 자치의 3요소인 자기 판단과 자기 책임을 뒷받침할 수 있는 자기 부담을 수행할 수 있도록 재정력을 강화했다. 그러나, 이에 비해 우리나라는 여전히 대부분의 자치단체가 자치 역량을 갖추고 있지 못해 지방분권이 이루어진다고 해도 자기 판단을 뒷받침할 수 있는 자치 부담의 요소를 충족시키지 못하고 있다.

한편, 정책 네트워크와 관련해서는 일본은 보건과 복지, 그리고 의료 서비스의 지역사회 통합이라는 관점에서 오래 전부터 지역사회 네트워크를 추진해 왔음에 비해, 우리나라에서는 21세기 들어서면서 로컬 거너번스의 영향을 받아 그것도 관 주도로 민관 파트너십이 구현되고 이를 구체화하기 위한 지역사회 네트워트가 구축되기에 이르렀다. 그럼에도 불구하고, 우리나라에서도 지역사회복지협의체와 같은 정책 네트워크는 비교적 성공적으로 운영되고 있는 지역사회도 적지 아니 발견되고 있어서, 앞으로 로컬 거버넌스와 정책 네트워크의 활성화가 기대된다.

참고 문헌

강창현(2001). "사회복지서비스 공급 네트워크에 관한 연구: 서울시 노인지역보호서비스의 정부·시장·NGO 간 협력을 중심으로." 연세대학교 행정학과 박사학위 논문.

김병준(2009). 「지방자치론」. 서울: 법문사.

김성호(2000). "한국의 지방이양, 변화와 과제." 「지방이양추진의원회 1주년 워크숍」.

김헌조(2009). 「지방자치론」. 서울: 대영문화사.

박광덕(1993). "정책공동체와 이슈네트워크 이론." 경희대학교 행정문제연구소. 「행정문제연구」. 제1집.

———(1996). "중앙과 지방의 사무배분에 관한 문제점과 방향 제시." 서명대학교 인문사회과학연구소. 「인문사회과학연구」. 제4집: 211-243.

———(1998). 「현대사회복지정책론」. 서울: 박영사.

———(2000). "사회복지서비스에 있어서 기능배분 및 권한 이양." 단국대학교 사회과학연구소 편. 「정책논총」. 제12권 제2호: 87-124.

———(2002). 「사회복지개론」. 서울: 삼영사.

경기개발연구원(2005). 「로컬 거버넌스를 통한 경기도 발전모형 개발」. 경기: 경기개발연구원.

———(2009). 「중앙과 지방 간 사무재배분 방안.경기: 경기개발연구원.

정부혁신지방분권위원회(2008). 「참여정부의 지방분권 2003-2008」. 서울: 대통령자문 정부혁신지방분권위원회.

大森彌(1995) 「現代日本の 地方自治」. 東京: 放送大學教育振興會.

牧里毎治・山本隆 編著(2008). 「住民主體の地域福祉論: 理論と實踐」. 東京: 法律文化社.

本間勝(1985). "市町村の規模能力における事務再配分について(中間報告の紹介)." 「地方行政」. 東京.

西尾勝(1993). 「行政學」. 東京: 東京大學出版會.

松原一郎(1988). 「社會的 care system: 高齢者福祉の計劃と實踐」. 東京: 全國社會福祉協議會.

村松岐夫(1991). 「地方自治」. 東京: 東京大學出版會.

臨時行政調査會答申(1978). "行政事務の配分に關すろ改革意見." 地方自治制度硏究會 編. 「國・地方公共團體の行政改革」. 東京: 行政.

國立國會圖書館(2009.3.17). Issue Brief Number 638. 地方分權改革の動向: 地方分權改革推進委員會における講論を中心に. 東京: 日本國立國會圖書館調査及び立法考査局.

Ashford, Douglas E.(1982). *British Dogmatism and French Pragmatism: Central-Local Policy-making in the Welfare State*. George Allen & Unwin.

Blom-Hansen, Jens(1998). "A New Institutional Perspective on Policy Network." *Public Administration* vol.76, summer.

Bogason, Peter & Zolner, Mette(2007). *Methods in Democratic Network Governance*. New York: Palgrave MacMillan.

Heclo, Hugh(1978). "Issue Networks and the Executive Establishment." Anthony King(ed.). *The New American Political System*. Washington D.C.: American Enterprise Institute for Public Research.

Kenis, Patrick & Volker, Schneider(1991). "Policy Networks and Policy Analysis," Beard Martin & Renate Maytz(eds.). *Policy Networks*. Westview Press.

Kjare, Anne Mette(2009). "Goverance and the Urban Breaucracy." Jonathan S. Davies & David L. Imbroscio(eds.). *Theories of Urban Politics*(2nd ed.). CA: Thousand Oaks, Sage Publications Ltd.

Provan, Keith G. & Millward, H. Brinton(1995). "A Preliminary Theory of International Network Effectiveness: A Comparative Study of Four Community Mental Health System." *American Science Quarterly*. March, 1-33.

Rhodes, R. A. W.(1988). *Beyond Westminster and Whitehall*. London: Urwin Hyman Ltd.

Rose, Richard(1985). "From Government at the Center to Nationwide Government." Yves Meny & Vincent Wright(eds.), *Center-Periphery Relations in Western Europe*. Allen & Unwin.

Skoke, J. E. & Harrisburg, P. S.(1995). "Policy Issue Network and the Public Policy Cycle: A Structural-Functional Framework for Public Administration." The American Society for Public Administration. (eds). *PAR*, vol. 55, no. 4.

Stoker, G.(1998). "Governance as Theory: Five Propositions." *International Social Science Journal*, vol.155. 17-28, UNESCO.

Wright, Deil S.(1988). *Understanding Intergovernmental Relations*. CA: Brooks/Cole Publishing Company.

제 3 장 중앙-지방 간 재정적 관계

이정만
(공주대 행정학과 부교수)

1 서 론

이 장에서는 한·일 비교의 관점에서 양국의 중앙-지방 간 재정적 관계의 특징을 파악하고 지방자치의 관점에서 그 함의를 검토하고자 한다. 그런데 이 책의 전체적 기획 의도가 한국과의 비교를 통해 일본의 지방자치를 체계적으로 소개하고자 하는 데에 있는 만큼 일본의 중앙-지방 간 재정적 관계에다 더 큰 비중을 두고 논의를 전개하고자 한다.

오늘날 현대 국가의 재정은 일반적으로 단일의 정부가 아니라 중앙정부와 복수의 지방정부에 의해 운영된다. 그리고 그 중앙정부와 지방정부는 각자 일정한 독자성을 유지하면서도 상호 밀접한 상호작용을 주고받으면서 재정 기능을 분담해 수행하고 있다. 이렇게 중앙정부와 지방정부 간에 재정적 상호작용이 지속되면서 형성된 일정한 유형의 상호 관계를 중앙-지방 간 재정적 관계라고 할 수 있다.

중앙정부와 지방정부 간의 재정적 상호작용이라는 것도 결국 재정활동의 양대 요소라고 할 수 있는 세입과 세출 영역에서 이루어지기 때문에 중앙-지방 간 재정적 관계도 크게 세입 부문과 세출 부문으로 구성되는 것으로 볼 수 있다. 이렇게 보면 중앙-지방 간 재정적 관계는 중앙정부와 지방정부 간의 세입과 세출에 관련된 권한과 책임의 분담 체계로 이해할 수 있다.

그리고 재정이란 것이 원래 정부 기능 수행을 위한 수입 및 지출과 관련된 활동인 만큼 중앙-지방 간 재정적 관계도 기본적으로 중앙정부와 지방정부 간의 행정사무 권한과 책임의 배분 체계를 반영한다. 또한 중앙-지방 간 재정적 관계는 지방정부의 재정적 자원의 동원 능력과 활동 범위를 규정하는 변수로서 실질적인 지방자치의 수준을 결정하는 중요한 요인으로 작용한다. 이런 관점에서 일본의 중앙-지방 간 재정적 관계에 대한 연구는 일본 지방자치의 전체적인 특징과 그 수준을 이해하는 데에도 도움을 줄 것이다.

중앙-지방 간 재정적 관계는 다양한 국면을 내포하고 있지만 여기서는 한·일 양국의 중앙-지방 간 재정적 관계를 분석하는 척도로서 재정적 자율성 정도를 나타내는 집권·분권의 개념과 재정적 기능 분담의 양상을 나타내는 집중·분산의 개념을 활용하고자 한다.

재정적 집권·분권의 기준이 되는 지방정부의 재정적 자율성은 자율적 결정의 정도와 자율적 결정 대상의 범위라는 두 가지 요소에 의해 좌우되는 것으로 본다. 결국 재정적 집권·분권의 수준은 지방정부의 자율적 결정 권한이 광범위하면서 그 자율적 결정 권한을 실제로 행사할 수 있는 재량적 세입 및 세출의 규모가 클 때 높아지고 반대의 경우는 낮아지는 것으로 해석된다.

한편 집권·분권 척도와는 별도로 중앙정부와 지방정부 간의 재정 기능의 분담 양상을 판단하는 기준이 집중·분산 개념이다. 집중·분산 개념은 지방정부의 재정적 활동량과 관련된 것으로서 전체 공공 서비스의 생산과 공급에서 지방재정이 차지하는 비중을 기준으로 한다. 어떤 정책이나 사업이 광역정부 수준으로 흡수되어 처리되는 것을 집중이라고 하고 반대로 하위정부에 맡겨져 집행되는 것을 분산이라고 한다(西尾勝, 1990: 420-28). 다시 말해 지방정부의 재정적 활동량이 상대적으로 큰 경우를 분산이라고 할 수 있고, 반대로 중앙정부의 재정적 활동량이 큰 경우를 집중이라고 할 수 있다.[1)]

지방정부의 재정적 자율성이 재정 권한의 배분 정도와 관련된 것이라면 재정적 활동량은 지출 책임의 배분과 밀접히 관련된 것이다. 앞에서 본 바와 같이 중앙-지방 간 재정적 관계를 중앙정부와 지방정부 간의 재정적 권한과 책임의 분담 체계로 정의한다면 중앙-지방 간 재정적 관계의 전체적인 특성을 이해하기 위해서는 두 가지 측면을 다 함께 파악할 필요가 있다.

이하에서는 이러한 관점에서 일본의 중앙-지방 간 세원 배분 및 재정 조정과 함께 지방자치단체의 세입·세출구조 등을 우리나라의 그것과 비교·분석하여 그 특징을 밝혀보고자 한다.

2 중앙-지방 간 세원 배분과 과세자주권

중앙정부와 지방정부 간의 조세 수입원의 배분에 따라 지방정부 자주재원의 크기가 결정되기 때문에 중앙-지방 간 세원 배분은 지방정부의 과세자주권과 함께 지방정부의 세입 및 세출의 자율성에 결정적으로 영향을 미친다고 할 수 있다. 또한 중앙정부 이전재원을 주요 수단으로 하는 중앙-지방 간 재정조정도 세원 배분을 감안하여 이루어지기 때문에 재정조정에도 직·간접적으로 영향을 미친다.

1) 국세와 지방세 배분

2007년도 결산 기준으로 일본의 국세와 지방세를 합친 조세 총액은 92조 9,226억 엔이다.[2] 국세와 지방세가 각각 52조 6,558억 인, 40조 2,668억 엔

---

1) 집중·분산의 개념은 원래 사무·권한의 집행과 관련한 정부간 관계(intergovernmental relations)를 설명하기 위해 고안된 개념이다. 이러한 행정사무의 집행 관계를 중심으로 논의된 집중·분산의 개념을 이용해 일본 재정학자 진노 나오히코(神野直彦) 교수는 일본의 중앙-지방 간 재정 관계를 공공 서비스의 집행시에 지방정부의 비중이 높은 분산형이지만, 공공 서비스의 공급과 부담에 관한 대부분의 결정권은 중앙정부가 장악하고 있다는 집권적 분산 시스템으로 파악하고 있다(神野直彦, 1993).

2) 국민소득에 대한 조세 총액의 비율인 조세부담률은 24.8%이다. 우리나라의 2009년도 예상 조세부담률 20.1%보다는 높은 편이지만 조세부담률이 높은 북유럽 국가는 물론이고 전통적으로 조세부담률이 낮은 미국의 26.1%보다도 낮아 OECD 국가에서 재정 규모가 상대적으로 작은 편에 속한다.

〈표 3-1〉 일본의 중앙-지방 간 세원 배분의 추이

(단위: 억 엔, %)

연도	조세 총액	조세 내역				지방교부세 등 이전 후 (실질적 세원 배분)	
		국세	지방세			중앙	지방
			도부현세	시정촌세	계		
1965	48,279	32,785 (67.9)	7,823 (16.2)	7,671 (15.9)	15,494 (32.1)	25,123 (52.0)	23,156 (48.0)
1970	115,239	77,732 (67.5)	21,112 (18.3)	16,395 (14.2)	37.507 (32.5)	58,548 (50.8)	56,691 (49.2)
1975	226,591	145,043 (64.0)	38,692 (17.1)	42,856 (18.9)	81,548 (36.0)	109,051 (48.1)	117,540 (51.9)
1980	442,626	283,688 (64.1)	73,903 (16.7)	85,035 (19.2)	158,938 (35.9)	203,478 (46.0)	239,148 (54.0)
1985	624,667	391,502 (62.7)	102,040 (16.3)	131,125 (21.0)	233,165 (37.3)	288,694 (46.2)	335,973 (53.8)
1990	962,302	627,798 (65.2)	156,463 (16.3)	178,041 (18.5)	334,504 (34.8)	451,860 (47.0)	510,442 (53.0)
1995	886,380	549,630 (62.0)	139,090 (15.7)	197,660 (22.3)	336,750 (38.0)	407,207 (45.9)	479,173 (54.1)
2000	882,673	527,209 (59.7)	155,850 (17.7)	199,614 (22.6)	355,464 (40.3)	377,145 (42.7)	505,528 (57.3)
2001	855,172	499,684 (58.4)	155,303 (18.2)	200,185 (23.4)	355,488 (41.6)	330,078 (38.6)	525,094 (61.4)
2002	792,227	458,442 (57.9)	138,035 (17.4)	195,750 (24.7)	333,785 (42.1)	296,345 (37.4)	495,882 (62.6)
2003	780,351	453,694 (58.1)	136,931 (17.5)	189,726 (24.3)	326,657 (41.9)	282,827 (36.2)	497,524 (63.8)
2004	816,417	481,029 (58.9)	144,870 (17.7)	190,518 (23.3)	335,388 (41.1)	314,162 (38.5)	502,255 (61.5)
2005	870,949	522,905 (60.0)	152,269 (17.5)	195,775 (22.5)	348,044 (40.0)	347,749 (39.9)	523,200 (60.1)
2006	906,231	541,169 (59.7)	163,243 (18.0)	201.819 (22.3)	365,062 (40.3)	347,332 (38.3)	558,899 (61.7)
2007	929,226	526,558 (56.7)	186,642 (20.1)	216,026 (23.2)	402,668 (43.3)	363,874 (39.2)	565,352 (60.8)

자료: http://www.soumu.go.jp/main_sosiki/jichi_zeisei/czaisei/czaisei_seido/pdf/02-06.pdf
주: 지방교부세 등이란 지방교부세에 지방양여세를 더한 것을 말함.

으로 56.7% 대 43.3%의 비중을 보이고 있다(<표 3-1> 참조). 지방세의 비중은 연도에 따라 다소의 차이는 없지 않지만 전반적으로 소폭이나마 증가하는 추세를 보여 왔다. 그러다가 삼위일체 개혁에 의해 세원 이양이 이루어진 2007년도에 상당한 폭의 증가가 있었다.[3] 이렇게 국세의 비중이 줄어들고 지방세의 비중이 증대된 것은 지방의 자주재원이 그만큼 확충된 것으로서 중앙재정에 대한 의존도를 낮추고 과세자주권이 미칠 수 있는 재원의 규모가 확대된 것으로 해석할 수 있다.

이렇게 전체 조세 총액에서 43% 이상을 차지하는 지방세의 비중은 미국이나 독일과 같은 대표적인 연방국가보다는 다소 낮은 편이지만 OECD 소속 연방국가의 평균치 38.4% 이상의 수준이며 단일주권 국가에서는 그 예를 찾기 어려울 정도로 매우 큰 편이라고 할 수 있다. 예컨대 OECD 단일주권 국가의 평균 지방세의 비중 18.6%보다 2배 이상 높은 것으로 나타나고 있다(<표 3-2> 참조).

〈표 3-2〉 국세와 지방세 비중의 국제 비교

(단위: %)

구분	연방국가			단일주권 국가					
	미국	독일	평균 (8개국)	일본	한국	영국	프랑스	이탈리아	평균 (22개국)
국세	55.9	50.3	61.6	56.7	78.8	94.3	76.9	77.9	81.4
지방세	44.1	49.7	38.4	43.3	21.2	5.7	23.1	22.1	18.6

자료: 통계청 자료(http://www.index.go.kr/egams/default.jsp)에다 한국과 일본을 추가함.
주: 일본과 한국은 2007년도 기준이고 그 이외는 2006년도 기준임.

또한 우리나라 지방세 비중 21.2%보다도 2배 이상 높은 수준이다. 이는 일본의 경우가 재정분권의 관점에서 지방정부의 과세자주권이 미칠 수 있는 세원의 규모가 상대적으로 큰 것을 의미한다. 그리고 우리나라의 지방

3) 삼위일체 개혁이란 국고보조부담금의 폐지·삭감, 세원 이양, 그리고 지방교부세의 축소·개혁이라는 상호 밀접히 연관된 3개 재정개혁을 동시적·일체적으로 추진한다는 의미에서 붙여진 명칭이다(이정만, 2008).

세 비중이 최근 거의 21~2%로 답보 상태를 보이는 것과 달리 일본은 최근 세원 이양 등을 통해 지방세 비중이 증가하고 있는 점도 비교되는 부분이다.

이러한 일차적인 세원 배분 후에 중앙정부와 지방정부의 공유재원적 성격을 지닌 지방교부세 등이 배분된 후의 세원 배분을 실질적 세원 배분이라고 할 수 있다. 일본의 실질적 세원 배분은 2007년도 결산 기준 지방정부가 전체 조세의 60.8%를 차지하여 39.2%를 차지한 중앙정부의 실질적 세원 규모를 웃돌고 있다.

이와같이 중앙-지방 간 공유재원으로서 용도가 특정화되지 않은 일반재원의 재정이전, 즉 실질적인 세원 배분 단계에서 일본은 이미 중앙정부와 지방정부 간의 재원 배분 규모의 역전 현상이 나타나고 있다. 우리나라의 경우는 뒤에서 보는 바와 같이 중앙정부의 정책 의도에 의해 용도가 특정화된 형태로 교부되는 국고보조금을 더한 최종적인 세출 단계에서 지방정부의 세출 규모가 중앙정부의 그것을 상회하는 재원 배분의 역전 현상이 나타나고 있다.[4)]

한편 과세 대상별 세원 배분을 보면 2005년도 결산 기준으로 일본은 국세와 지방세가 각각 소득과세의 64.3%, 35.7%, 소비과세의 73.1%, 26.9%, 재산과세의 20%, 80%를 차지한다(出井・參議院總務委員會調査室, 2007: 207). 한국은 2006년도 결산 기준으로 국세와 지방세가 각각 소득과세의 89.7%, 10.3%, 소비과세의 90.3%, 9.7%, 재산과세의 14%, 86%의 비중을 보인다(이영희・김대영, 2008: 26, 29).

결국 전체적으로 소득과세 및 소비과세 세원이 국세에 집중되어 있는 것은 한・일 양국의 공통적인 현상이지만 한국의 경우가 상당히 극단적인 형태의 편중 양상을 보이고 있다. 한편 재산과세의 세원은 한・일 양국에서 공통적으로 지방세의 비중이 높으나 한국의 지방세가 상대적으로 더 재산과세에 편중된 양상을 보인다.

---

4) 우리나라의 경우는 2007년도 예산 기준으로 법령에 의해 교부 총액이 정해져 있는 중앙-지방 간 공유재원이라고 할 수 있는 지방교부세 및 지방교육재정교부금 등을 합친 실질적 지방 세원은 전체 조세에서 47.3% 정도를 차지한다(손희준 외, 2008: 49).

2) 지방세 체계

일본의 지방세는 자치계층 구조에 따라 도부현세와 시정촌세가 있고 법정 세목으로는 도부현세 13개 세목, 시정촌세 13개로 합계 26개 세목으로 구성되어 있다[5](<표 3-3> 참조). 그리고 도부현세 및 시정촌세는 각각 보통세와 목적세로 분류된다.[6] 도쿄도 23구는 우리나라 시·도의 자치구와 유사하게 대도시 특례의 하나로 시정촌세인 고정자산세, 특별토지보유세, 주민세 법인할, 사업소세 등은 구세가 아니라 도쿄도세로 하는 예외를 두고 있다.

이러한 법정 세목 이외에 법정 외의 보통세와 목적세가 존재한다.[7] 법정 외 보통세와 목적세는 각각 317억 엔, 108억 엔으로 세수 규모가 큰 편은

〈표 3-3〉 일본 지방세 체계

도부현세	보통세	도부현민세, 사업세, 지방소비세, 부동산취득세, 도부현담배세, 골프장이용세, 자동차취득세, 경유거래세, 자동차세, 광구세, 고정자산세(특례분)
	목적세	수렵세, 수리지익세
시정촌세	보통세	시정촌민세, 고정자산세, 경자동차세, 시정촌담배세, 광산세, 특별토지보유세
	목적세	입탕세, 사업소세, 도시계획세, 수리지익세. 공동시설세, 택지개발세, 국민건강보험세

자료: http://www.soumu.go.jp/

5) 도부현세와 시정촌세에 중복되는 세목으로 고정자산세와 수리지익세가 있기 때문에 이를 제외하면 24개 세목이 존재한다고 할 수 있다. 그리고 도부현세의 수리지익서, 시정촌세의 공동시설세와 택지개발세는 임의세제로 현재 부과하는 지방자치단체가 없는 것으로 파악되고 있다.

6) 자동차취득세, 경유거래세는 도로특정재원의 일반재원화 조치의 일환으로 2009년도부터 목적세에서 보통세로 전환되었다.

7) 법정 외 보통세는 대부분 원자력 발전과 관련된 것으로서 핵연료세 등이 13개 자치단체에 설치되어 있고, 시정촌세로서는 모래채취세, 별장 등 소유세, 역사문화환경세 등이 7개 자치단체에 설치되어 있다. 법정 외 목적세는 도부현세로서는 대부분 산업폐기물과 관련된 것으로서 현재 29개 자치단체에, 시정촌세는 낚시세, 일반폐기물매립세, 환경협력세 등이 5개 자치단체에 설치되어 있다.

아니지만 법정 외 세목을 인정하지 않는 우리나라 지방세 체계와 비교되는 부분이다. 결과적으로 일본의 지방세가 현재 16개 법정 세목만이 인정되고 있는 우리나라 지방세보다 법정 세목 수 자체도 많은 데다 법정 외 세목도 상당수 존재하는 점에서 좀 더 복잡하고 다양한 세목으로 구성되어 있는 것으로 볼 수 있다.

2007년도 결산 기준 지방세의 총액은 40조 2,668억 엔으로 도부현세가 18조 6,642억 엔, 시정촌세가 21조 6,026억 엔으로 전체 지방세 총액에서 각각 46.3%와 53.7%를 차지하여 기초자치단체인 시정촌세가 다소 많은 편이다. 이는 우리나라 2007년도 지방재정 일반회계 결산 기준으로 시·도세와 시·군세가 각각 약 69%와 31%의 비중을 보이는 것과 비교된다.

그리고 주요 세목별 구성비를 보면 도부현세에서는 도부현민세가 33.3%로 가장 많고, 그 다음으로 사업세 31.2%, 지방소비세 13.8% 순이다. 한편 시정촌민세에서는 시정촌민세와 고정자산세가 각각 47.7%, 40.4%로 대부분을 차지한다. 이렇게 주민세와 사업세 등의 소득과세가 전체 지방세 총액에서 52%로 가장 많고, 그 다음이 재산과세 30%, 소비과세 18%의 순이다(2009년도 예산 기준). 재산과세의 비중이 55% 이상을 차지하고 소득과세의 비중이 20% 이하에 불과한 우리나라 지방세 구조와 비교할 때 소득과세의 비중이 상대적으로 높은 세수 구조라고 할 수 있다.

그런데 지방세 세수의 대부분을 차지하는 이른바 기간세(key tax) 가운데서 고정자산세를 제외한 주민세, 사업세, 지방소비세 모두 국세의 세원과 중복되거나 관련 국세액을 과세표준으로 하는 부가세의 형태로 부과된다. 즉 전체 지방세액에서 부가세 세수가 차지하는 비중이 높다는 것을 의미한다. 이는 독립세 중심의 우리나라 지방세 세수 구조와 다른 점이다. 우리나라는 기본적으로 국세와 세원이 중복되는 지방세목이 적은 데다 부가세의 형태로 부과되는 소득과세의 세수 비중 자체가 크지 않다.

일본과 같이 국세와 연계된 부가세 세수의 비중이 높을 경우는 일방적인 국세 제도의 개정에 의해 지방세가 영향을 받을 수 있는 우려가 있기 때문에 지방세의 자주성, 독립성 차원에서 문제점으로 지적된다. 한편 일반적으로 과세 기반이 넓은 소득 및 소비 관련 조세의 세원이 중앙정부에 편중되어 있는 현실을 고려하면 지방세 확충을 위해서는 중앙정부와 세원을 공동으로 활용하는 부가세 방식을 부정적으로만 보기 어렵다는 견해도 있다(이정만, 2009a: 72-5).

3) 과세자주권

지방정부의 과세자주권이란 지방정부가 필요한 경비를 조달하기 위해 스스로 조세를 자주적으로 부과·징수할 수 있는 권한 내지 능력을 의미한다. 구체적으로는 지방정부가 지방세를 부과하는 과정에서 과세 대상(세목), 과세표준, 그리고 세율 등을 자율적으로 결정할 수 있는 지방정부의 재정 권한을 말한다. 한편 이러한 과세자주권에 대한 제약으로는 세목 내지 과세표준에 대한 과세 부인(tax denial)과 세율에 대한 과세 제한(tax restrict)이 있다.

일본에서는 1990년대의 지방분권 개혁 성과가 입법화된 2000년 이전까지는 현재보다 지방세 세목 및 세율에 대한 통제가 엄격한 편이었다. 지방세 세목에 대해서는 지방세법에 의해 세목을 법정화하고 이 밖의 세목은 구 자치성 대신의 허가를 얻어 보통세만 설정할 수 있도록 했다. 그리고 세율에 대해서도 제한세율을 설정하여 최고세율을 제한할 뿐만 아니라 표준세율을 설정하여 사실상 획일적인 세율 적용을 강요하고 있었다. 일본을 포함한 단일주권 국가에서는 일반적으로 지방세에 대한 중앙정부의 통제가 따르게 마련이지만 일본의 경우는 특히 엄격한 것으로 평가받고 있었다(神野直彦, 1993: 216).

그런데 2000년 지방분권일괄법에 의해 과세자주권의 신장을 위한 개혁조치가 이루어졌다. 기존의 법정 외 보통세에 대한 허가제가 폐지되고 중앙정부의 동의를 필요로 하는 사전 협의제로 변경되었다. 그리고 종전까지 인정되지 않던 법정 외 목적세를 새롭게 창설하고 법정외 보통세와 마찬가지로 사전 협의를 통해 신설할 수 있도록 했다. 또한 표준세율을 적용하지 않을 경우 필요로 했던 사전 신고제를 폐지하여 재량적인 세율 설정을 좀 더 용이하게 했다. 아울러 세율 설정의 자율성을 신장한다는 차원에서 개인주민세 등 일부 지방세에 대한 제한세율을 폐지하거나 완화하는 조치가 추가적으로 이루어져 왔다.

물론 이러한 과세자주권의 확대를 위한 조치에도 불구하고 주요한 세원은 이미 국세와 지방세의 법정 세목으로 정해져 있는 상황에서 세원이 중복되지 않는 새로운 법정 외 세목의 창설이 현실적으로 용이하지 않은 한계가 있다. 그리고 세율 설정에 대해서도 아직 지방정부의 재량을 제한하는 제한세율과 일정 세율을 채택하고 있는 세목도 상당수 있다. 또한 표준세율 미만으로 세율을 설정하는 경우는 교부세 산정에서 불이익을 받는 데다 지방채 발행이 제한되기 때문에 사실상 채택하기 어렵고 실제로도 현재 표준세율 미만의 세율을 적용하고 있는 지방자치단체는 없는 상황이다. 결국 세율 설정의 자율성이라는 것도 실제로는 일부 지방세에 대해 미리 정해진 표준세율 이상으로 초과세율을 설정하는 경우에만 허용되고 있는 것으로 볼 수 있다.

이러한 제약과 한계가 있음에도 불구하고 최근 과세자주권의 신장을 계기로 목적세를 중심으로 다양한 법정 외 세목을 신설하는 지방자치단체가 증가하고 있고 초과세율도 종전보다 적극적으로 활용되고 있다. 특히 법정 외 세목의 신설이 단순히 재원 확보 차원만이 아니라 지구온난화나 환경문제 등에 대한 정책적 대응 수단으로 적극 활용되고 있는 점은 과세자주권의 신장을 통한 지방자치의 활성화 측면에서 긍정적으로 평가된다(出井・參議院總務委員會調査室 編, 2007: 201, 217-9).

한편 우리나라는 앞에서 언급한 바와 같이 엄격한 조세법률주의에 입각해 현재 법정 외 세목의 설정이 인정되고 있지 않다.[8] 다만 16개 지방세 가운데서 11개의 지방세에 대해 일정한 범위 내에서 지방자치단체가 조례에 의해 세율을 재량적으로 설정할 수 있는 탄력세율제도가 도입되어 있다. 그러나 지방자치단체의 소극적인 태도와 세율 설정의 재량성 부족 등으로 탄력세율제도는 적극적으로 활용되지 못하고 있는 실정이다(전상경, 2009: 186, 245-6).

---

8) 한국도 1949년 지방세법 제정 당시에는 특히 필요가 있다고 인정되는 경우에 지방자치단체는 내무부 장관과 재무부 장관의 허가를 얻어 법정 이외의 목적세를 부과할 수 있도록 했다. 그러나 1961년에 전면 개정된 지방세법에서는 이 규정이 삭제되었다. 다만 지방자치단체가 과세 여부를 선택할 수 있는 일종의 임의세목제도를 공동시설세, 지역개발세 등에 적용하고 있다.

3 중앙-지방 간 재정조정과 세출 규모

오늘날 대부분의 국가에서는 중앙정부와 지방정부 간의 세원 배분과 별도로 일정한 기준에 의한 중앙정부의 추가적인 재정이전(fiscal transfers)을 수단으로 하는 재정조정이 이루어지고 있다. 이러한 재정조정에 의해 지방정부의 최종적인 세출 단계의 가용재원의 성격과 규모가 결정된다. 따라서 중앙-지방 간 재정조정 양상에 따라 지방정부의 재정적 자율성 및 활동량은 크게 영향을 받는다.

1) 중앙-지방 간 재정조정제도

일본의 중앙-지방 간 재정조정 수단으로서는 일반보조금인 지방교부세와 특정보조금인 국고보조금, 그리고 그 중간적 성격을 지닌 지방양여세 등이 있다. 이러한 일본의 지방재정조정제도는 구체적인 내용이나 운영적 측면에서는 우리나라 지방재정조정제도와 상당한 차이가 없지 않지만 전체적인 편제나 개별 재정조정 수단의 기본 골격은 유사한 측면이 많다고 할 수 있다.

우선 지방교부세는 우리나라와 마찬가지로 지방자치단체의 필요 재원을 보장해 주는 한편 지방자치단체의 재정적 불균형을 시정하는 이른바 수직적·수평적 재정조정을 위한 일본의 핵심적인 지방재정조정 수단이다. 교부세 재원의 총액은 소득세, 법인세, 주세, 소비세 및 담배세 등 국세 5세의 일정 비율로 법정화되어 있고 특별교부세를 제외한 보통교부세 배분액은 각 지방자치단체의 기준재정수요액이 기준재정수입액을 초과하는 재정부족액을 기준으로 산정된다.

우리나라 지방교부세 총액도 내국세 총액의 일정 비율로 정하는 법정 비율 방식을 택하고 있다. 그리고 개별 지방자치단체에 대한 배분액도 그 구체적인 산정 방식에는 일본과 차이가 없지 않지만 기준재정수요액과 기준재정수입액의 계산을 통한 재정부족액을 기초로 산정되고 있다. 이렇게 한·일 지방교부세제도는 그 명칭에서부터 총액 및 배분액 산정 방식 등

제도의 기본 골격은 매우 흡사한 측면이 많다.

그러나 한·일 양국의 지방교부세제도의 운영 과정 및 제도 운영의 결과에는 상당한 차이가 있는 것도 사실이다. 우선 한·일 양국이 법제도상으로는 동일하게 총액 산정 방식으로 법정 비율 방식을 택하고 있지만 실제의 총액 결정 과정은 다른 양상을 보인다. 우리나라는 법정 비율 방식이 엄격하게 적용되어 산술적 계산에 의해 총액 규모가 결정되어 온 반면에 일본은 법정 총액을 준거로 하면서도 교부세 운용기관인 총무성(구 자치성)과 중앙예산기관 간의 절충을 통해 추가적인 재원 조치에 의해 지방재정계획상의 재정부족액을 보전하는 형태로 결정되어 왔다(이정만, 2004).

이렇게 일본의 교부세 총액이 우리나라와 같이 법정 비율에 따라 기계적으로 정해지지 않고 지방재정 전체의 재정부족액을 고려하여 결정되는 것은 강한 지방재원 보장 원칙에 입각한 교부세 배분액의 산정에 교부세 총액의 산정이 구속되는 구조로 되어 있기 때문이다.

우리나라 지방교부세법에서는 각 지방자치단체에 대한 교부세는 재정부족액을 기초로 교부한다는 규정만을 두고 있는 데에 비해 일본의 지방교부세법에서는 재정부족액을 보전할 만큼 교부하지 않으면 안 된다고 명시하고 있다. 그리고 그 실효성을 담보하는 차원에서 법정의 교부세 총액이 지방자치단체의 재정부족액과 일정 수준 이상의 괴리가 발생하는 경우는 법정 교부세 총액을 조정해야 한다고 규정하고 있다. 이와같이 일본의 교부세 총액은 우리나라와 다르게 법정 비율 방식과 별도로 교부세 배분액의 산정 방식에 의해 재정부족액과 연계되는 구조로 되어 있다.

이렇게 일본에서는 매년도 예산편성 과정에서 법정 교부세율에 의한 교부세 총액과 지방재정 전체의 재정부족액을 합치시키는 절충이 이루어지는데 이 과정에서 절충의 기준점 역할을 하는 지방재정부족액을 제시하는 것이 지방재정계획이다. 지방재정계획이란 전체 지방재정의 규모와 수지에 대한 예정적 계산으로서 중앙예산 당국이 편성하는 중앙정부 예산에 대비하여 지방재정 당국이 작성하는 '지방재정의 예산'이라고 부를 수 있다.[9]

9) 지방재정계획상의 세입은 지방세, 교부세, 국고지출금(보조부담금), 지방채 등 그 종류별로 금액이 집계되고 세출에 대해서는 급여관계비, 일반행정경비, 공채비 등 성질별로 경비의 내역이 표시된다. 다만 중앙정부 예산과 다른 점은 지방재정계획에 표시된 세입 및

이렇게 지방재정 당국이 작성하는 지방재정계획상의 재정부족액을 기초로 중앙예산 당국과의 절충을 통해 지방교부세를 중심으로 국고보조금, 지방채 등을 동원한 지방재정 대책이 종합적으로 구체화되는 절차가 제도화되어 있는 점이 일본 지방재정조정제도의 가장 두드러진 특징의 하나라고 할 수 있다(이정만, 2009b).

실제 일본에서는 지방교부세제도가 도입된 1954년도 이래 오늘날까지 법정 총액이 그대로 교부세 총액으로 결정된 적은 없고 통상 지방재정 당국이 당초 산정한 재정부족액의 규모를 다소 축소 조정하는 가운데 교부세율의 변경이나 새로운 재원 조치를 통해 법정교부세 총액을 증액 조정하는 형태로 절충되어 왔다. 그 결과 교부세 총액은 재정건전화를 위해 지방 세출의 축소·삭감과 함께 교부세 총액을 감축하기 시작한 2000년대 초반까지 지속적으로 증가해 왔으며, 지방재정계획상의 재정부족액에 대해서는 거의 100%에 가까운 강력한 재원 보장 기능을 수행해 왔다. 이는 사전에 정해진 법정교부세율에 의해 산술적 계산에 의해 기계적으로 교부세 총액을 결정하고 통상 지방재정부족액의 약 80% 내외를 보전해 온 우리나라 지방교부세제도와 비교되는 점이라고 할 수 있다(이정만, 2004: 152-5).

한편 용도가 특정되어 교부되는 국고보조금은 중앙정부와 지방자치단체 간에 행정사무의 이해관계 귀속 정도를 기준으로 위탁금, 부담금, 그리고 보조금으로 나누고 각각 다른 경비 부담의 원칙을 적용하고 있다. 이러한 국고보조금의 분류 방식이나 경비 부담 구분 원칙 등 한·일 양국의 국고보조금제도의 기본 골격은 유사하다. 그러나 보조금 산정의 구체적인 기준이나 제도 운영에서는 차이점도 적지 않다. 예컨대 우리나라 지방재정법에서는 아주 간단하게 일반적인 중앙-지방 간 경비 부담 원칙만을 제시하고 있는 반면 일본의 지방재정법에서는 구체적인 사업을 자세히 예시하면서 경비 부담 구분의 원칙과 기준을 명확히 하고 있다(일본 지방재정법 제9

세출은 지방자치단체가 다음 연도에 실제로 수입하고 지출할 금액을 집계한 것이 아니라 일정한 추계적 방식에 의해 '통상적으로 있어야 할 타당한 수준'의 지방행정에 필요한 수입, 경비를 합산한 것으로서 이른바 '바람직한 수준의 세입 및 세출의 총액'이라는 점이다. 그리고 지방재정계획은 자치단체의 모든 재정활동을 대상으로 하는 것이 아니고 보통회계에 해당되는 부분만을 대상으로 하고 있다(岡本全勝, 1995: 32-3).

조, 10조, 12조). 이러한 경비 부담 구분 원칙을 분명히 함으로써 보조사업의 증가에 따른 지방재정의 압박을 억제하고 국고보조사업에 대한 중앙정부의 재원 보장 기능을 제도적으로 확실히 하고자 했던 것이다.

그리고 일본 지방재정법에서는 국고보조사업에 필요한 지방비 부담을 지방교부세 산정에 반영하기 위해 기준재정수요액에 포함시키도록 명시하고 있다(일본 지방재정법 제11조의 2). 이러한 규정은 우리나라에는 없는 것으로서 국고보조사업에 필요한 지방비를 지방자치단체가 충당하지 못함으로써 국고보조사업을 수행하지 못하는 문제를 방지하기 위한 제도적 장치이다. 또한 지방비 부담 능력에 따라 국고보조사업의 편중이 발생하여 지방자치단체 간 재정력 불균형이 심화되지 않도록 하기 위한 재원 보장 장치라고도 할 수 있다. 실제로 일본의 지방교부세는 국고보조사업과 깊은 연관이 있는 투자적 경비와 관련된 보정계수의 신설·강화를 통해 국고보조사업의 지방비 부담을 기준재정수요액에 우선적으로 반영해 왔다.[10)]

한편 일본의 지방양여세는 2005년도부터 폐지된 우리나라의 지방양여금과 유사한 것으로서 국세로 징수한 세액의 전부 또는 일부를 일률적으로 일정 기준에 의해 지방자치단체에 양여하는 재원이다. 현재 지방양여세는 전체 지방 세입의 1% 미만의 규모로서 자동차중량양여세, 지방도로양여세, 석유가스양여세, 항공기연료양여세, 그리고 특별톤(ton)양여세 다섯 가지가 있다. 항구 소재지에 일반재원으로 양여하는 특별톤양여세 이외에는 도로의 유지·정비 경비로 용도가 특정화되어 있다.

그런데 비교적 용도가 포괄적으로 정해져 있는 관계로 일반적으로 지방세, 지방교부세와 함께 일반재원으로 분류된다. 최근 재정구조 개혁의 일환으로 도로 특정재원의 일반재원화 개혁이 논의되는 가운데 도로의 유지·

10) 또한 우리나라에서는 보조사업의 선정은 보조사업자의 신청주의를 원칙으로 하고 있지만 신청이 없더라도 국가의 주요 시책 수행을 위해 부득이한 경우 등 중앙정부의 정책적 판단에 의해 예외적으로 보조사업을 편성할 수 있도록 하고 있다. 그러나 일본의 경우는 전적으로 지방자치단체의 신청에 입각하여 보조사업을 선정하도록 하고 신청주의에 대한 예외 조치를 두고 있지 않다. 이는 보조사업 선정과 관련하여 지방자치단체의 의견을 존중하고 재정적 자율성을 훼손시키지 않기 위한 조치인 한편 보조사업의 효과적 수행을 위해 지방자치단체의 여건과 사업 수행 계획 및 의지를 보조사업 선정에 반영하기 위한 것이라고도 할 수 있다.

정비 경비 관련 지방양여세의 개편 논의가 한창이다.

한국과 일본 양국의 중앙-지방 간 재정조정제도의 차이점의 하나로 또 지적해야 할 것은 지방교육재정에 관한 재정조정이다. 한국의 지방교육재정은 일반적인 지방재정과는 분리되어 지방교육자치의 단위인 시·도의 지방교육비특별회계의 형태로 운영되며 중앙정부의 재정 이전도 지방교부세 등과 같은 일반적 재정조정 경로와는 별도의 교부금이 지방교육비특별회계로 전입된다. 이는 지방교육자치 사무가 지방자치단체의 일반행정기관과 별도로 구성되는 지방교육자치기관에 의해 수행되는 이른바 분리형 지방교육행정 시스템에 따른 결과이다. 이와 달리 일본의 경우는 지방교육재정도 일반적 지방재정에 편입되어 통합적으로 운영되며 중앙정부의 재정이전도 별도의 재원을 두지 않고 지방교부세 등 일반적 재정조정 수단과 일원적으로 운영되고 있다.

2) 중앙-지방 간 세출 규모

앞에서 본 바와 같이 중앙-지방 간 재정조정은 지방자치단체에 대한 중앙정부의 재정이전을 주요 수단으로 한다. 이렇게 국세 및 다른 수입원으로 조달한 재원의 일부를 지방자치단체에 다시 배분하면 최종적인 세출 단계의 재원 배분이 이루어진다. 이러한 재정이전을 통한 재원의 재배분은 앞에서 언급된 세원 배분 이후의 중앙-지방 간 공유재원적 성격을 갖는 세수 이전에 의한 실질적 세원 배분과는 구분되는 실질적 재원 배분이라고 부르기도 한다. 이를 통해 중앙정부와 지방자치단체의 실질적인 가용재원의 규모가 결정된다.

일본의 경우 지방교부세, 국고보조금 등으로 재정이전된 이후의 중앙-지방 간 세출 순계 규모의 비중은 2007년도 결산 기준으로 중앙정부 41%, 지방자치단체 59%로 약 2 : 3의 비중을 보이고 있다. 이는 세입 단계에서 국세 57%, 지방세 43% 약 3 : 2의 세원 배분 비중이 세출 단계에서 역전된 상황이다. 이러한 역전 현상은 세원 배분 후에 중앙정부와 지방정부의 공유재원적 성격을 지닌 지방교부세 등이 배분된 후의 실질적 세원 배분 단계에서 이미 유사하게 나타나고 있다(<표 3-4> 참조).

결국 지방 세출과 지방세 수입의 격차는 국세 수입의 절반 이상에 해당

〈표 3-4〉 일본 중앙-지방 간 재정조정(재원 배분) 추이

(단위: 억 엔, %)

연도	세출 총액		중앙정부 재정이전[11]	순계 비중	
	중앙	지방		중앙	지방
1935	22	21	3	47.5	52.5
1941	81	31	11	69.3	30.7
1961	21,645	23,911	10,279	32.6	67.4
1998	923,131	1,001,975	343,891	37.0	63.0
1999	1,019,345	1,016,291	387,120	38.7	61.3
2000	1,007,263	976,164	377,649	39.6	60.4
2001	939,081	974,317	365,011	37.4	62.6
2002	924,941	948,394	350,045	38.1	61.9
2003	887,920	925,818	329,382	38.0	62.0
2004	916,446	912,479	317,488	40.0	60.0
2005	934,347	906,973	322,145	40.6	59.4
2006	909,468	892,106	310,705	40.5	59.5
2007	879,327	891,476	265,771	41.1	58.9

자료: http://www.soumu.go.jp/menu_seisaku/hakusyo/chihou/21data/21czs1-3.html

주: 중앙정부의 세출 총액은 일반회계와 교부세 및 양여세배부금 특별회계, 국유림사업 특별회계 등 10개 특별회계의 순계 결산액이며 지방자치단체의 세출 총액은 보통회계 세출의 순계액임.

되는 중앙정부의 재정이전에 의해 보충된다. 이렇게 중앙-지방 간 세입 및 세출 비중이 역전될 정도로 대규모의 재정이전이 이루어지는 것이 일본 중앙-지방 간 재정 관계의 큰 특징의 하나이다(권영주, 2009: 263).

그런데 지방재정 세출 비중의 추이를 보면 최근에 소폭이나마 감소하는 추세를 보이고 있음을 알 수 있다. 이는 최근 구조개혁의 일환으로 추진된 삼위일체 개혁에 의해 세원이양액보다 국고보조금 및 지방교부세와 같은 중앙정부의 재정이전이 더 큰 규모로 삭감된 결과에 따른 것으로 보인다.

11) 중앙정부 재정이전은 지방교부세, 지방양여세 및 국고보조금의 합계액이다. 그리고 지방자치단체에서 중앙정부로 이전되는 재원도 없지 않지만 그 규모가 중앙정부 이전재원에 비해 아주 작기 때문에 생략했다. 다만 지방자치단체의 세출 순계를 계산할 때는 세출 총계에서 그 재원을 삭감하여 구했다.

결국 앞에서 본 바와 같이 세입 단계에서 지방자치단체의 자주재원인 지방세가 전체 조세에서 차지하는 비중이 증대된 반면에 최종적인 세출 단계의 가용재원의 비중은 약간 감소한 결과를 보인다. 이는 전반적으로 세입 단계에서의 지방자치단체의 재정적 자립도 내지 자율성은 증대된 반면에 세출 단계에서의 활동량은 다소 축소된 것으로 해석할 수 있다(이정만, 2008: 400).

이와 같은 중앙정부의 재정이전에 의한 재원배분의 역전 현상은 우리나라에서 더 크게 나타나고 있다. 우리나라는 앞에서 본 바와 같이 불과 조세 총액의 22% 정도가 지방세로 배분되지만 2007년도 예산을 기준으로 세출 규모 비중은 지방교육재정을 합치면 지방자치단체의 세출이 전체 세출의 57.7%를 차지하는 것으로 나타나고 있다[12](http://index.go.kr/egams/). 이는 세입 단계에서의 국세와 지방세의 4 : 1의 비중이 최종적인 세출 단계에서는 2 : 3으로 역전된 셈이다.[13]

이러한 전체 정부 지출의 약 60% 내외를 차지하는 한·일 양국의 지방 세출 비중은 연방국가에 비해서는 낮은 편이지만 단일주권 국가에서는 그 예를 찾기 어려울 정도로 높은 수준이다. 그리고 그러한 큰 규모의 지방 세출이 지방자치단체의 자주재원인 지방세로 충당되기보다는 국세로 징수된 세수의 절반 이상을 다시 지방자치단체로 이전하는 대규모의 재정이전에 의해 지탱되고 있는 것은 한·일 양국의 중앙-지방 간 재정 관계의 공통된 특징 중의 하나이다.

3) 중앙-지방 간 세출 기능 분담

위에서 본 중앙-지방 간의 실질적 재원 배분의 결과는 중앙정부와 지방자치단체 간에 중복 계상된 금액을 공제한 세출 순계 규모로서 재정적 측면에서 본 중앙-지방 간 행정사무의 분담 상황을 나타낸 것이다. 물론 법

12) 우리나라의 분리형 지방교육행정 시스템 하에서 지방교육재정 관련 재정이전 금액을 일반 지방재정에 포함시켜 계산하는 것이 타당한지에 대해서는 견해가 나뉜다. 만약 지방재정에서 제외하여 중앙정부의 세출에 포함시키면 중앙-지방 간 세출 비중은 약 56 : 44로 이른바 세입과 세출 규모의 역전 현상은 나타나지 않는다(손희준 외, 2008: 49).

13) 2004년도부터 지방자치단체의 세출 규모가 중앙정부의 세출 순계 규모를 추월하기 시작한 것으로 나타나고 있다.

령상 혹은 행정상의 권한·사무 분담과 일치한다는 보장은 없지만 지방자치단체의 세출 규모는 법령상의 권한 배분과 별도로 실제 지방자치단체에 의해 수행되는 행정사무의 양적 크기를 반영하는 것으로 볼 수 있기 때문이다.

이렇게 보았을 때 한국과 일본의 지방자치단체는 대략 전체 행정사무의 60% 내외를 처리하고 있는 것으로 볼 수 있다. 그러나 행정사무의 성격상 지방자치단체가 처리하는 것이 부적합한 외교·국방 등과 같은 국가사무를 제외한 이른바 내정에 관한 사무에서는 그 분담 비중이 더 높을 것으로 추정된다.

실제로 일본의 경우 국방이나 공채비 등을 제외한 다른 기능의 세출 영역에서는 지방자치단체의 세출이 대체로 70% 이상의 비율을 보이고 있다(http://www.soumu.go.jp/menu_seisaku/hakusyo/chihou/21data/img/z-002.gif). 이는 복지, 의료, 교육, 문화, 환경, 치안, 소방 등 주민 생활과 밀접히 관련이 있는 사무들은 그 결정 권한의 배분과는 별도로 최종적으로는 지방자치단체에 의해 수행되는 비율이 높다는 것을 의미한다. 이러한 현상은 교육 분야 세출까지 합치면 우리나라에서도 유사하게 나타난다고 할 수 있다.

4 지방재정 세입 및 세출 구조

1) 지방재정 세입구조

일본 지방재정의 세입 총액은 계속 증가 추세를 보이다가 2000년도에 접어들어 재정건전화를 위한 지방재정 개혁이 본격화되면서 중앙정부의 이전재원이 감축되는 가운데 전체적인 세입 규모도 감소 추세를 보이고 있다.

그리고 이른바 보통회계[14]의 2007년도 결산을 기준으로 보면 전체 세입

14) 보통회계란 지방자치단체의 지방공영사업회계 이외의 회계로서 일반회계에다 특별회계 가운데 지방공영사업회계를 제외한 회계를 말한다. 지방자치단체별로 일반회계나 특별회계의 범위가 다르기 때문에 재정 상황의 통일적인 파악과 비교를 위해 지방자치단체의 근본적이고 원칙적인 재정활동을 중심으로 전국적으로 통일된 기준에 따라 지방자

〈표 3-5〉 일본 지방재정 세입구조의 추이

(단위: 억 엔, %)

연도	세입 총액	지방세	지방 교부세	지방특례 교부금	지방 양여세	국고 보조금	지방채	기타
1997	998,878	36.2	17.1	-	1.1	14.4	14.1	17.1
2002	971,702	34.4	20.1	0.9	0.7	13.6	13.7	16.7
2003	948,870	34.4	19.0	1.1	0.7	13.9	14.5	16.3
2004	934,422	35.9	18.2	1.2	1.2	13.3	13.2	17.0
2005	929,365	37.4	18.2	1.6	2.0	12.8	11.2	16.7
2006	915,283	39.9	17.5	0.9	4.1	11.5	10.5	15.7
2007	911,814	44.2	16.7	0.3	0.8	11.3	10.5	16.2

자료: http://www.soumu.go.jp/menu_seisaku/hakusyo/chihou/21data/img/z-010.gif

에서 지방세가 44.2%, 지방교부세가 16.7%, 국고보조금이 11.3%, 지방채가 10.5%를 차지한다(<표 3-5> 참조). 지방세의 비중은 2000년대에 접어들어 다소 증가하는 추세를 보이다가 앞에서 언급한 바와 같이 삼위일치 개혁에 의한 항구적인 세원 이양이 이루어진 2007년도에는 큰 폭으로 상승하고 있다. 이로써 우리나라 지방재정 일반회계의 지방세 비중 37.8%보다 상당히 높은 수준으로 상승했다고 할 수 있다(<표 3-5> 참조). 그리고 도도부현 및 시정촌 등 지방자치단체 종류별 지방세 비중의 격차가 우리나라의 시·도와 시·군·구 등 지방자치단체 종류별 지방세 비중의 격차보다 작은 편으로 조사되고 있다.

반면에 지방교부세와 국고보조금은 삼위일체 개혁에 의해 절대 규모와 함께 전체 세입에서 차지하는 상대적 비중이 줄어들고 있다. 앞에서 본 지

치단체의 결산 상황을 재구성하여 작성한 회계이다. 지방재정을 총괄하는 총무성(구 자치성)이 지방자치단체의 재정 상황을 비교하기 위해 편의적으로 만든 통계적 목적의 회계라고 할 수 있다. 다시 말해 사업의 성격상 특별회계로 분류하는 것이 적절한 독립채산적인 공영기업이나 공영사업 관련 회계를 제외하고 실질적인 의미의 일반회계에 속하는 회계의 순계액으로 재구성한 것이다. 총무성에서 작성하는 지방자치단체에 관한 다양한 재정지표도 이 보통회계를 기준으로 산출된다.

방세 비중의 상승도 지방세 규모의 증가뿐만 아니라 이러한 중앙정부 이전재원의 전반적인 감축에 따른 것이기도 하다.

한편 지방채는 1990년대 이후 지속적인 증가 추세를 보이다가 2004년도 전후를 기점으로 지방채 발행액이 감소하면서 상대적 비중도 떨어지기 시작하여 2007년도 현재 전체 세입에서 10.5%를 차지한다. 이는 2000년대에 접어들어 재정구조 개혁의 일환으로 추진된 지방 세출 억제・삭감에 따라 건설지방채와 임시재정대책채[15] 발행액이 감소하면서 나타난 결과이다. 그러나 지방채의 비중이 최근 감소하는 추세를 보이고 있다지만 우리나라 지방채 발행의 규모와 비교하면 매우 높은 편이다.

이렇게 전반적으로 지방세가 증가하는 대신 국고보조금이 축소됨에 따라 지방세 및 지방교부세 등을 포함한 일반재원의 비중도 꾸준히 증가하고 있다. 이는 지방재정의 세출 부문의 재량성이 확대되고 있는 것으로 이해할 수도 있다.

그러나 아직 지방 세입 재원의 30% 이상을 지방교부세, 국고보조금 등의 형태로 중앙정부에 의존하고 있는 데다 실질적인 의미의 중앙정부 지원금의 성격을 갖는 지방채까지 더하면 의존재원의 비중은 더 높아질 것으로 보인다. 재원부족액을 보전하기 위한 특례 지방채나 중앙정부 동의하에 발행한 지방채는 원리 상환금을 지방교부세의 기준재정수요액에 산입시킴으로써 사실상 지방교부세로 보전해 주고 있기 때문이다.

한・일 양국의 지방세입 구조와 관련하여 또 지적할 사항은 우리나라 지방재정의 세외수입 비중이 일본보다 상당히 높으면서 연도에 따라 변동 폭이 큰 점이다. 그것은 우리나라 일반회계의 세외수입은 임시적 세외수입이 90% 가까이를 차지하는데다 그 가운데서 이월금이 60% 이상을 차지하는 사실과 무관하지 않다. 그리고 이월금에는 중앙정부의 이전재원이 포함되어 있기 때문에 우리나라 지방재정의 실질적인 중앙정부 재정에 대한 의존도는 지방교부세나 보조금 등을 합친 것보다 더 높다고 할 수 있다(鞠重鎬, 2001: 18).

15) 임시재정대책채란 지방재정의 재원 부족에 대처하기 위해 투자적 경비 이외의 경비에도 충당할 수 있도록 지방재정법에서 정한 이른바 적채사업 이외의 특례 조치로 발행하는 지방채를 말한다.

〈표 3-6〉 한국 지방재정 세입구조의 추이

(단위: 억 원, %)

구분 \ 연도	1995	1997	1999	2001	2003	2005	2006
지방세	41.8	36.4	34.5	37.3	34.3	36.1	37.8
세외수입	24.6	32.9	29.3	25.6	33.1	29.2	25.9
지방교부세	15.5	13.8	12.9	17.3	15.5	20.1	19.9
지방양여금	5.1	5.7	5.4	6.5	4.4	-	-
보조금	8.8	8.5	14.7	12.6	12.1	13.8	15.6
지방채	4.2	2.6	3.2	1.1	0.6	0.8	0.6
합계	366,671	507,649	537,724	715,088	965,039	997,142	1,090,904

자료: 손희준 외(2008: 34).
주: 일반회계 세입 순계 결산 기준.

2) 지방재정 세출구조[16]

2007년도 일본 지방자치단체 세출을 지출 경비의 목적별로 분류하면 민생비 19.0%, 교육비 18.4%, 토목비 15.0%, 공채비 14.6%, 총무비 10.0% 순이다(http://www.soumu.go.jp/menu_seisaku/hakusyo/chihou/21data/img/h-007.gif). 우리나라 2008년도 이전까지의 기능별 분류에 따라 재구성하면 복지, 교육 및 문화 등의 사회개발비가 약 46% 수준이고 지역경제 관련 경제개발비가 약 26%를 차지한다.[17] 우리나라 지방자치단체의 2007년도 일반회계의 기능별 세출 비중도 사회개발비가 42.1%, 경제개발비가 28.7%로 일본 지방 세출과 대체로 비슷한 비중으로 큰 비중을 차지하고 있는 점은 유사하다.

그러나 우리나라의 일반행정비와 유사한 총무비는 우리나라에 비해 상당히 낮은 수준인 반면 지방채의 원리 상환 비용인 공채비는 14.6%로서 우

16) 지방재정 세출구조에 대한 자세한 내용은 제7장을 참고하기 바람.
17) 우리나라에서는 2008년도부터 성과중심 예산 운영을 강화하기 위해 지방 세출 예산의 분류를 좀 더 세분화하여 일반공공행정, 공공질서 및 안전, 교육, 문화 및 관광, 환경 보호, 사회복지, 보건, 농림해양수산 등으로 구분하고 있다.

리나라의 1.7%에 비해 매우 높은 편이다. 이러한 높은 공채비는 지방재정의 부담을 가중시키고 재정의 경직화를 초래하는 요인으로 작용한다.18)

5 결 론

이상과 같이 우리나라와의 비교 관점에서 검토한 일본의 중앙-지방 간 재정 관계의 특징은 다음과 같이 정리할 수 있다.

우선 중앙-지방 간 세원 배분 측면에서 지방세가 전체 조세에서 43% 이상을 차지함으로써 단일주권 국가에서는 지방세 비중이 매우 높은 유형으로 분류 가능하다. 특히 우리나라 지방세 비중보다도 2배 이상으로서 일단 지방자치단체의 과세자주권이 미칠 수 있는 세원의 규모가 상대적으로 큰 것으로 해석할 수 있다. 그리고 지방세의 세수 체계에서도 소득과세 및 소비과세의 국세 편중 현상은 한·일 양국에서 공통적으로 발견되지만 재산과세 비중이 압도적으로 높은 우리나라와 달리 소득과세의 비중이 지방세수의 50% 이상으로 상대적으로 소득과세의 비중이 높은 지방세 체계를 갖고 있다고 할 수 있다.

또한 최근 지방분권 개혁의 일환으로 법정 외 보통세 창설에 대한 규제를 완화하는 동시에 종전에 인정되지 않던 법정 외 목적세 신설이 허용됨으로써 비록 새로운 세목 설정에 여러 가지 현실적인 제약이 따르고 있음에도 불구하고 전반적으로 과세자주권이 신장되고 있는 것으로 평가된다. 이는 엄격한 조세법률주의에 입각하여 법정 외 세목의 설정이 인정되지 않는 우리나라와 비교되는 부분이다.

두 번째로 중앙-지방 간 재정조정 측면에서 재정조정제도의 전체적인 편제나 개별 재정조정 수단의 기본적인 골격은 우리나라와 유사한 측면이 많

---

18) 일본 지방재정의 누적 채무는 2008년도 현재 교부세 특별회계상 차입금의 지방부담분 34조 엔을 합치면 약 197조 엔으로 GDP 대비 40% 수준, 보통회계 지방 세출액의 2배를 웃돌고 있다(http://www.soumu.go.jp/iken/zaisei.html). 이러한 일본 지방재정의 누적 채무액 규모나 지방채 의존도는 앞에서 본 바와 같이 최근 삼위일체 개혁 등으로 감소 추세로 전환되고 있지만 다른 주요 선진 국가와 비교하면 아직 매우 높은 편으로 재정건전성 회복이 일본 지방재정의 최대 현안 과제로 인식되고 있다.

다고 할 수 있으나 일본의 지방교부세나 국고보조금 등이 상대적으로 강한 지방재정 보장의 원칙에 따라 운영되어 왔다. 특히 한・일 양국의 핵심적인 지방재정조정 수단인 지방교부세의 경우 한・일 양국이 동일한 법정교부세율 총액 방식을 택하고 있지만 실제의 교부세 총액 결정 방식과 지방재정부족액 보전 수준에는 상당한 차이가 발견된다. 일본의 경우는 법정교부세율에 따라 산술적 계산에 의해 교부세 총액이 결정되는 우리나라와 달리 지방재정부족액을 근거로 법정교부세 총액에다 다양한 재원보전 조치를 추가하여 지방재정 계획상의 재정부족액에 대해서는 거의 100%에 가깝게 보전해 왔다.

그리고 이러한 중앙정부의 재정이전에 의해 세입 단계의 약 3 : 2의 국세와 지방세 배분이 세출 단계에서는 거꾸로 2 : 3으로 지방 세출이 오히려 중앙정부의 세출 규모를 상회하는 역전 현상이 발생하고 있다. 이와 같은 중앙-지방 간 세입 및 세출 비중의 역전 현상은 우리나라에서 더 크게 나타나고 있다. 이렇게 중앙정부의 세출 규모를 능가하는 전체 정부 지출의 약 60% 내외를 차지하는 한・일 양국의 지방 세출 비중은 단일주권 국가에서는 그 예를 찾기 어려울 정도로 높은 수준이다. 이러한 높은 지방 세출의 비중은 지방자치단체에 의해 수행되는 행정사무의 양적 크기와 비중을 반영한 것으로 볼 수 있다.

다만 일본의 지방 세출 비중이 최근에 소폭이나마 감소하는 추세를 보이고 있다. 이는 최근 구조개혁의 일환으로 추진된 삼위일체 개혁에 의해 세원 이양보다 국고보조금 및 지방교부세와 같은 중앙정부 재정이전이 더 큰 규모로 삭감된 결과이다. 결국 지방세의 비중은 증대된 반면에 최종적인 세출 단계의 지방재정의 가용재원의 비중은 다소 감소 추세를 보이고 있다. 이는 세입 측면의 재정적 자율성은 증대되었지만 세출 단계에서의 재정적 활동량은 상대적으로 다소 축소된 것으로 해석할 수 있다.

세 번째로 지방재정의 세입구조 측면에서는 앞에서 지적한 바와 같이 최근의 재정개혁에 의해 지방교부세와 국고보조금의 비중은 줄어든 반면에 지방세의 비중이 큰 폭으로 상승하여 45% 가까이를 차지하는 것으로 나타나고 있다. 이렇게 자주재원인 지방세가 증가하는 대신 특정보조금인 국고보조금이 축소됨에 따라 지방세 및 지방교부세 등 일반재원의 비중이 꾸준히 증가하고 있어 전반적으로 지방재정의 세출 부문의 재량성이 확대되고 있는 것으로 볼 수 있다. 이는 최근 전체적으로 지방세의 비중에는 큰 변화 없이 지방교부세와 국고보조금과 같은 중앙정부 재정이전의 비중이 상대적으로 증가하고 있는 우리나라와 비교되는 부분이다.

이와같이 일본의 경우는 최근 지방재정의 세입 및 세출 양 부문에서 지방자치단체의 자율성이 다소 확대되는 변화를 보이고 있다. 우리나라와 비교하더라도 과세자주권이 신장되는 한편 과세자주권과 세출의 재량성이 미칠 수 있는 자주재원과 일반재원의 비중이 증대되는 등 재정분권화 수준이 상대적으로 높은 편이다.

그러나 아직 정부 지출의 60% 내외를 차지하는 지방 세출과 지방세 수입 간에는 여전히 큰 격차가 존재하고 그 부족 재원을 보충하기 위해 중앙정부가 결정 권한을 갖고 있는 대규모의 재정이전에 의존하고 있는 사실에는 근본적인 변화가 없다고 할 수 있다. 그리고 국고보조금이 최근 많이 삭감되었다고 하더라도 주로 중앙정부의 관여는 그대로 남는 보조율의 인하에 의해 이루어졌기 때문에 세출 부문의 재량성도 국고보조금의 삭감액 만큼 신장된 것으로 보기도 어려운 측면이 있다. 따라서 다소 논쟁의 여지는 없지 않지만 아직 일본의 중앙-지방 간 재정적 관계는 집권적 성격이 존속되고 있는 것으로 볼 수 있다.

한편 지방재정의 활동량 측면에서는 한·일 양국 모두가 전체 정부 지출에서 60% 내외를 차지함으로써 단일주권 국가로서는 지방자치단체의 재정적 활동량이 매우 큰 분산형으로 분류할 수 있다. 다만 우리나라는 최근 중앙정부의 재정이전이 증가하면서 지방 세출이 전체 세출에서 차지하는 비중이 늘어나는 반면에 일본은 중앙정부 재정 부담 감축 차원에서 재정이전이 축소되면서 지방 세출의 비중이 다소 줄어드는 양상을 보인다. 이는 우리나라의 경우는 지방재정의 활동량이 상대적으로 증가되면서 분산의 수준이 높아지는 반면에 일본의 경우는 분산의 정도가 다소 낮아지는 추세를 보이는 것으로 해석할 수 있다.

참고 문헌

권영주(2009). "일본의 정부간 관계와 지방행정." 오시영 편저. 「일본의 행정과 공공정책」. 서울: 법문사.

손희준 외(2008). 「지방재정론」. 서울: 대영문화사.

이영희 · 김대영(2008). 「기업 관련 지방세제 개편 방안」. 한국지방행정연구원.

이정만(2004). "지방교부세제도의 한일 간 비교 연구." 「지방정부연구」. 8(2).

———(2008). "일본 삼위일체 개혁의 추진 과정과 성과." 「한국행정학보」. 42(1).

———(2009a). "진노 나오히코의 재정분권론." 한국행정학회 재무행정연구회 편. 「현대 지방재정의 주요 이론」 서울: 대영문화사.

———(2009b). "일본 중앙지방 간 재정 관계의 제도적 기반." 경기개발연구원. 「GRI연구논총」. 11(2).

전상경(2009). 「현대지방재정론」. 서울: 박영사.

岡本全勝(1995). 「地方交付税: 仕組と機能」. 大藏省印刷局.

鞠重鎬(2001). "韓國の財政構造とその財政課題について." 環日本海経済研究所. *ERINA Discussion Paper*. No.0102.

西尾勝(1990). 「行政學の基礎概念」. 東京: 東京大學出版會.

神野直彦(1993). "日本型」税・財政システム." 岡崎哲二・奥野正寛 編. 「現代日本經濟システムの源流」. 日本經濟新聞社.

出井信夫・參議院總務委員會調査室 編(2007). 「図説地方財政データブック(平成19年度版)」. 東京: 學陽書房.

http://lofin.mopas.go.kr/ 한국 행정안전부 재정고 홈페이지

http://www.index.go.kr 한국 통계청 홈페이지

http://www.soumu.go.jp/ 일본 總務省 홈페이지

제 2 부

지방행정 체계

제 4 장 광역자치단체 개편 논의[1)]

하정봉
(계명대 행정학과 조교수)

1 서 론

일본의 광역적 자치단체인 도도부현(都道府縣)은 1871년 메이지(明治)정부가 봉건영주의 영지인 번(藩)을 폐지하고 새로이 3부 302현이 설치되면서 등장했다(廢藩置縣). 같은 해 대규모 통폐합을 통해 3부 72현이 되었고, 1888년 3부 43현으로 개편된 이후 100여 년간 이렇다 할 대규모 개편 없이 현재에 이르고 있다. 그런데 최근 현행 도도부현의 구역 및 권한이 협소하기 때문에 좀 더 강력한 권한을 가진 '도주(道州)'로 확대 개편해야 한다는 이른바 도주제 논의가 활발하게 이루어지고 있다. 이 장에서는 일본의 광역자치단체 개편 논의의 등장 배경, 개편안의 내용, 그리고 그 의미에 대해 알아보기로 한다. 아울러 우리나라에서 논의되고 있는 광역자치단체 개편에 대해 검토하고 이를 일본의 광역자치단체 개편 논의와 비교해 보기로 한다.

1) 이 장은 『한국거버넌스학회보』에 실린 논문을 수정・보완한 것이다. 하정봉(2008), 일본의 광역자치단체 개편 논의와 시사점: 도주제 도입을 중심으로, 「한국거버넌스학회보」, 15(2): 211-240 참조.

2 일본의 광역자치단체 개편 논의

1) 추진 배경

도주제(道州制) 구상은 본래 현행 도도부현을 좀 더 광역적인 도 또는 주로 개편하여 부현 단위를 뛰어넘는 광역행정 수요에 대응하고자 하는 것에서 출발했다. 도주제 도입론은 1950년대 민선 지사제에 대한 불신감, 경제 발전에 따른 광역행정 수요의 증대 등으로 인해 본격적으로 논의되기 시작했지만 일본 경제의 고도 성장이 지속되고 사회가 안정되면서 도도부현 구역개편론은 정부의 공식적 논의에서 자취를 감추게 되었다. 일본의 행정학자 오오스기 사토루(大杉覺, 1994)는 제2차 세계대전 이후 지방제도 개혁에 대해 대규모 개편이 이루어지지는 못했지만 개혁의 필요성이 완전히 부정된 것은 아니라는 점을 지적하면서 이를 '미결정(indecision) 상태'라고 표현했다. 그리고 이는 자민당 장기 집권 체제 하에서 중앙정부를 대표하는 자치성, 지방을 대표하는 지방6단체[2] 간의 역학 관계가 기존 지방제도를 유지하도록 작용했기 때문이라고 진단했다.

수면 아래에 잠복했던 광역자치단체 개편론은 1990년대 지방분권 개혁 과정에서는 연방제(恒松制治, 1993; 古川俊一 編, 1993) 채택,[3] 도주제의 도입을 비롯한 다양한 의견이 제시되었다. 그러나 실제 일본의 지방분권 개혁은 현행 시정촌-도도부현 2층제를 전제로 중앙행정 권한의 지방 이양이 이루어졌는데 이는 광역자치단체의 구역문제가 등장할 경우 지방분권 논의 자체가 좌초될 위험성이 있었기 때문이다. 그런데 1차 지방분권 개혁[4]이

---

2) 전국지사회, 전국도도부현의회의장회, 전국시장회, 전국시의회의장회, 전국정촌회, 전국정촌의회의장회.

3) 도도부현을 폐지하고 전국에 8개의 주정부를 설치하고 각 주가 입법, 사법, 행정권을 보유하게 하며 연방과 주의 공동세제를 창설하는 내용. 연방제 도입을 위해서는 헌법 개정이 필요한데 현실적으로 상당한 장애가 있으며 인종적·문화적으로 단일성이 강한 일본의 풍토와는 맞지 않는다는 지적이 많다.

4) 1차 분권개혁은 1993년 6월 국회에서 '지방분권의 추진에 관한 결의'가 가결되면서 시작되었고, 1999년 7월 '지방분권일괄법'의 성립으로 종결되었다고 할 수 있다. 이로써 중앙

마무리된 2000년대에 들어 다시 도주제 구상이 재등장하는 양상을 보이고 있으며, 2003년 수상의 자문기관인 지방제도조사회가 도주제 도입을 공식적으로 건의하기에 이르렀다.

이처럼 2000년대 이후 일본의 도주제 도입이 추진되는 이유는 무엇일까? 그것은 첫째, 재정 위기에 대한 대응책으로 도주제를 통해 행정의 효율화, 간소화를 추진하고자 하는 것인데 중앙정부의 특별행정기관과 도도부현을 통합하여 정부 규모(인력 및 예산)를 축소하는 행정개혁을 추진하려는 것이다. 현재 일본의 중앙정부 및 지방정부는 대규모 재정적자(2010년 3월 말 추정 총액 1,103조 엔 규모)에 직면하고 있다. OECD 국가들의 GDP 대비 국가 채무 수준은 2008년 기준으로 평균 78.7%인데 비해 일본은 172.1%에 이르고 있어[5] 작은 정부의 추진은 일본의 행정개혁에서 핵심적인 과제라고 할 수 있다.

둘째, 시정촌 합병의 진전이다. 1990년대 지방분권 개혁과 함께 기초자치단체 수준에서 대규모 합병이 추진되었다. 그 결과 1999년 3월 3,232개였던 시정촌 수가 2009년 8월 말 현재 1,775개로 대폭 줄어들었다(http://www.somu.go.jp/). 이러한 시정촌 합병은 중앙정부의 재정적 인센티브에 의해 추진된 것인데 도도부현의 소관 기초자치단체가 감소되면 광역자치단체의 존재 의의가 사라지기 때문에 시정촌 합병이 가속화될수록 도주제 도입의 필요성이 커진다. 또한 시정촌 합병이 증가하면서 정령지정도시, 중핵시, 특례시도 늘어나고 있다. 이러한 거대 기초자치단체는 그 기능 및 역할 면에서 도도부현과 중복되는 측면이 있기 때문에 도도부현의 역할을 재검토할 필요성이 커지고 있다.

셋째, 세계적 규모로 벌어지는 지역 간 경쟁의 격화이다. 치열한 국제경

정부가 지방정부 업무에 관여할 경우에는 법정주의의 원칙, 일반법주의의 원칙, 공정·투명의 원칙을 준수하도록 의무화되었으며 기관위임사무가 폐지되었다. 2차 분권개혁은 2001년 7월 '지방분권개혁추진위원회'가 발족되면서 시작되어 2006년 12월 '지방분권개혁추진법'의 성립으로 법제화가 이루어지면서 일단락되었다. 이는 '삼위일체 개혁'(국고보조부담금, 지방교부세, 세원 이양을 포함하는 세원 배분의 방식)에 초점을 둔 재정개혁이었다. 이러한 의미에서 도주제 도입은 3차 분권개혁이라고 지칭할 수도 있을 것이다.

5) 2006년도 일본의 중앙정부 및 지방정부의 총 세수는 85.5조 엔인데 일본 전체의 세출 총액은 147.2조 엔에 달한다.

쟁에서 앞서가기 위해서는 자립적인 지역정부가 선택과 집중을 통해 지역의 경쟁력을 향상시킬 필요가 있으나 현행 도도부현은 지역적으로 협소하며 권한도 제한되어 있다는 것이다. 일본은 전통적으로 국가 및 지방정부의 산업정책이 시장에 큰 영향을 미쳐 왔는데 시장에 대한 개입은 지원뿐만 아니라 규제라는 수단이 빈번히 활용되었다. 도주제를 통해 좀 더 광역화된 지방정부가 설치되면 경제활동의 범위가 확대되고 불필요한 규제도 상당수 완화 혹은 폐지될 수 있다는 것이다. 그리고 도주제 도입으로 도도부현의 수가 줄어들기 때문에 기업이 정부에 내는 세금(법인세 등)의 인하가 가능해진다. 이처럼 세계 무대에서 경쟁 가능한 지역적 단위를 설정하는 것이 국가경쟁력 향상에도 필수적이라는 것이다.

넷째, 자치 능력의 향상을 들 수 있다. 현재 도도부현이 수행하는 사무의 대부분은 국가가 법령으로 집행을 의무화하고 있을 뿐만 아니라 집행의 세부 사항까지 규제하고 있는 실정이다. 또한 특별행정기관이 수행하고 있는 사무도 지역에서 처리하는 것이 좀 더 효율적인 사무가 많고 지역 주민과의 거버넌스 형성이라는 관점에서도 지역에서 담당하는 것이 바람직하다. 따라서 도주제를 도입함으로써 특별행정기관의 사무를 도주에 이관시켜 행정의 효율성과 주민통제의 확대를 도모할 수 있다는 것이다.[6]

다섯째, 국가 체제의 재정립과 관련하여 도주제는 21세기형 국가 체제 구축 수단이라는 정치적 상징성을 띠고 있다. 이는 입장에 따라 그 지향점에서 차이가 있는데 국가중시론자들은 재정지출의 삭감을 위한 작은 정부 추진의 일환으로 도주제를 도입하고자 하는 것인데 반해 지방분권과 지역주권 중시론자들은 분권형 연방국가 실현을 위해 도주제 도입을 추진하고 있다. 그러나 양자 모두 21세기에 적합한 국가 체제에 대해 기본적으로 지방분권형 국가가 바람직하다는 인식을 공유한다.

2) 추진 주체와 추진 방안

(1) 지방제도조사위원회 및 도주제 비전 간담회

2006년 2월 총리의 자문기관인 지방제도조사위원회는 도주제 개편시 그

---

6) 또한 재정력이 높은 지역과 낮은 지역이 하나의 도주를 형성하도록 함으로써 지역 간 격차의 평준화를 통해 중앙정부의 재정조정을 최소한으로 억제할 수 있다는 것이다.

구역 분할에 대해 전국을 각각 9개, 11개, 13개의 블록으로 하는 세 가지 방안을 제시했다(地方制度調査會, 2006). 이는 각 성청 지방분국의 배치 상황, 교통 및 물류 흐름, 인구 및 경제 규모, 생활양식의 공통성과 같은 문화적 조건 등을 종합적으로 고려한 것이다. 도주의 구역은 복수의 도도부현을 통합한 광역적 단위로 설정함을 원칙으로 하나 홋카이도 및 오키나와의 경우에는 지리적 특성과 역사적 경위를 고려하여 하나의 도주를 설치하도록 했다. 각 도주의 구역 분할 및 구성은 <표 4-1>과 같은데, ( ) 안은 지역 내 총생산액을 나타낸다.[7] 그리고 개편된 도주의 인구 규모는 1,000만 명 내외를 상정하고 있으며, 도주의 기능에 대해 '일정한 권역을 단위로 하는 주요 사회자본 형성계획 및 집행', '광역적인 관점에서 수행되어야 하는 환경보전 및 관리', '광역경제권 단위의 지역경제정책 및 고용정책'을 제시하고 있다. 도주의 재정에 대해서는 지방세 중심의 재정구조를 추구하되 일정 수준의 지역 간 격차 조정도 필요하다고 지적한다. 이와 함께 원칙적으로 도주제 도입은 전국적으로 동시에 추진할 것, 도주에 집행부와 의결기구를 두되 단체장 및 의회 의원은 도주 주민의 직접 선거로 선출할 것, 도주-중앙정부 간 관계에 관한 사항을 조정하기 위한 협의기구 및 도주와 시정촌 관계에 관한 사항을 조정하기 위한 협의기구를 설치할 것 등을 제안하고 있다. 지방제도조사위원회의 도주 구역분할안과 관련하여 주목할 점은 도쿄도를 포함한 수도권의 경제 규모가 여타 지역을 월등히 상회함에도 불구하고 그 분할은 고려되지 않고 있다는 것이다.

지방제도조사회는 지방제도의 개선과 관련된 주요 사항을 심의하는 기관으로 심의위원은 국회위원, 지방자치단체장, 지방의원, 학계 인사 등으로 구성된다. 1952년 법정기구(地方制度調査會設置法)로 설치된 이래 이 조사회는 현재까지 29차에 걸친 지방제도 관련 개혁안을 제출하고 있는데, 건의안의 법적 구속력은 없으나 법정기구의 공식적 견해라는 점, 그리고 위원 구성에 지방 관련 주요 이해관계자가 망라되어 있다는 점에서 도주제 도입 시 기본안으로서의 성격을 갖는다.

한편, 2007년 초 설치된 총무대신(도주제 담당대신도 겸직) 산하의 도주

7) 도쿄도의 도민 총생산액은 83조 6,303억 엔이다.

〈표 4-1〉 도주의 구역 분할 및 구성 예

구분	구역 분할 내용
9도주	北海道(19兆5044億円): 北海道 東北(32兆4200億円): 青森縣, 岩手縣, 秋田縣, 山形縣, 宮城縣, 福島縣 北關東信越(43兆5586億円): 茨城縣, 栃木縣, 群馬縣, 新潟縣, 長野縣 南關東(156兆7627億円): 埼玉縣, 千葉縣, 東京都, 神奈川縣, 山梨縣 中部(72兆7339億円): 富山縣, 石川縣, 岐阜縣, 静岡縣, 愛知縣, 三重縣 關西(82兆2004億円): 福井縣, 滋賀縣, 京都府, 大阪府, 兵庫縣, 奈良縣, 和歌山縣 中國 · 四國(41兆5305億円): 鳥取縣, 島根縣, 岡山縣, 廣島縣, 山口縣, 德島縣, 香川縣, 愛媛縣, 高知縣 九州(43兆4862億円): 福岡縣, 佐賀縣, 長崎縣, 熊本縣, 大分縣, 宮崎縣, 鹿兒島縣 沖繩(3兆5755億円): 沖繩縣
11도주	北海道(19兆5044億円): 北海道 東北(32兆4200億円): 青森縣, 岩手縣, 秋田縣, 山形縣, 宮城縣, 福島縣 北關東(54兆6282億円): 茨城縣, 栃木縣, 群馬縣, 埼玉縣, 長野縣 南關東(136兆6839億円): 千葉縣, 東京都, 神奈川縣, 山梨縣 北陸(21兆3242億円): 新潟縣, 富山縣, 石川縣, 福井縣 東海(63兆7072億円): 岐阜縣, 静岡縣, 愛知縣, 三重縣 關西(78兆9121億円): 滋賀縣, 京都府, 大阪府, 兵庫縣, 奈良縣, 和歌山縣 中國(28兆1378億円): 鳥取縣, 島根縣, 岡山縣, 廣島縣, 山口縣 四國(13兆3927億円): 德島縣, 香川縣, 愛媛縣, 高知縣 九州(43兆4862億円): 福岡縣, 佐賀縣, 長崎縣, 熊本縣, 大分縣, 宮崎縣, 鹿兒島縣 沖繩(3兆5755億円): 沖繩縣
13도주	北海道(19兆5044億円): 北海道 北東北(12兆4998億円): 青森縣, 岩手縣, 秋田縣 南東北(19兆9202億円): 宮城縣, 山形縣, 福島縣 北關東(54兆6282億円): 茨城縣, 栃木縣, 群馬縣, 埼玉縣, 長野縣 南關東(136兆6839億円): 千葉縣, 東京都, 神奈川縣, 山梨縣 北陸(21兆3242億円): 新潟縣, 富山縣, 石川縣, 福井縣 東海(63兆7072億円): 岐阜縣, 静岡縣, 愛知縣, 三重縣 關西(78兆9121億円): 滋賀縣, 京都府, 大阪府, 兵庫縣, 奈良縣, 和歌山縣 中國(28兆1378億円): 鳥取縣, 島根縣, 岡山縣, 廣島縣, 山口縣 四國(13兆3927億円): 德島縣, 香川縣, 愛媛縣, 高知縣 北九州(28兆9496億円): 福岡縣, 佐賀縣, 長崎縣, 大分縣 南九州(14兆5366億円): 熊本縣, 宮崎縣, 鹿兒島縣 沖繩(3兆5755億円): 沖繩縣

자료: 地方制度調査會(2006).

제 비전 간담회는 2008년 3월 중간보고안을 총무대신에게 제출했다. 중간보고는 지방제도조사회안에서 한 걸음 더 나아가 2011년까지 '도주제기본법'을 제정할 것과 추진기관으로서 '도주제추진회의'를 설치한 후 2018년까지 도주제로 완전 이행하는 구체적인 도입 일정을 제시했다. 아울러 도주에 광범위한 조례제정권 및 행정재량권을 부여하는 '지역주권형 도주제'의 도입과 단체장 및 의원의 주민 직접 선출을 제안했다.[8)]

(2) 광역지방자치단체

도주제 도입은 지방제도조사회뿐만 아니라 광역지방자치단체 차원에서도 추진되고 있다. 2003년 전국지사회가 「도도부현의 바람직한 장래상에 관한 연구보고서」를 통해 연방제 및 도주제의 도입을 제안한 이래 광역자치단체를 중심으로 한 도주제 제안 및 검토가 활발히 이루어지고 있다.

<표 4-2>에서 알 수 있듯이 2004년에는 히로시마(廣島)현이, 2005년에는 규슈(九州)지방지사회가 도주제 이행을 위한 방안을 검토했으며, 오키나

〈표 4-2〉 도주제에 관한 도도부현의 주요 제안

시기	단체명	제 안
2003년 3월	전국지사회	도도부현의 바람직한 장래상에 대한 보고서
2003년 3월	오카야마(岡山)현	21세기 지방자치를 생각하는 간담회보고서
2003년 3월	가나가와(神奈川)현	분권 시대 도도부현의 바람직한 방향
2003년 8월	북동북광역정책연구회	보고서: 지역 주권의 실현을 위해
2003년 11월	시즈오카(靜岡)현	내정개혁연구회보고서
2004년 4월	홋카이도(北海道)	도주제 프로그램
2004년 11월	히로시마(廣島)현	히로시마현 분권개혁 추진에 관한 답신
2005년 3월	전국지사회	도주제연구회의 심의 경과
2005년 6월	전국시장회	분권 시대 도시지자체의 바람직한 방향에 대해
2005년 6월	규슈(九州)지방지사회	규슈의 도주제 이행시 과제에 대해
2005년 11월	오키나와(沖繩)현	도주제 등 연구회 중간보고

자료: 地方自治制度研究會 編(2006: 163).

8) 다만 구역 분할 방안 및 세제 관련 사항에 대해서는 전문위원회를 설치하여 추후 검토할 과제로 제시했다.

와(沖縄)현도 도주제에 관한 중간보고를 발표한 바 있다. 특히 아오모리(青森), 이와테(岩手), 아키타(秋田) 등 3현 지사는 도주제를 공동 추진하는 데 기본적으로 합의했으며 가칭 동북주(東北州)의 창설을 목표로 한다. 장기적으로는 동북지방 6현 전체의 통합을 위해 그 전초 단계로 우선 3현 간의 통합을 추진하는 것이라고 할 수 있다.

다양한 도도부현 주도의 도주제 구상 가운데 현재 그 성과가 가시화된 곳이 홋카이도(北海道)이다. 일본 정부는 2006년 11월 '도주제특구추진법'을 제정했는데 이 법은 홋카이도 혹은 3개 이상의 도도부현이 합병한 경우 중앙정부가 특정광역단체로 지정하는 동시에 도주제특별구역 기본 방침을 수립할 것을 규정하고 있다. 이 법의 적용을 받는 최초의 광역자치단체가 홋카이도인데 도주제 이행을 위한 첫 단계로서 의미를 부여할 수 있다. 홋카이도의 경우 이미 확정된 8개 항목[9] 외에도 도주제특별구역 기본 방침에 따라 추가적 권한 이양의 구체적 내용이 확정된다. 그리고 기본 방침의 설정 및 변경시 홋카이도(특정광역단체)의 의견을 수렴하도록 의무화[10]하고 있으며 권한 이양에 따른 소요 재원은 전액 교부금으로 지급된다. 특히 입법권에 대해서는 홋카이도가 개별 법령의 구속력 완화를 신청할 수 있으며 중앙정부는 이에 대해 의무적으로 검토하도록 제도화하고 있다. 홋카이도는 이를 통해 이미 확정된 권한 이외에 추가적인 권한이 중앙정부에서 점진적으로 이양될 것으로 기대하고 있다.

이처럼 광역자치단체가 도주제 도입을 추진하는 이유로는 중복 행정의 해소 및 구역 확대를 통해 규모의 경제를 실현함으로써 정부 지출의 삭감이 가능하며, 지역 실정에 따라 선택과 집중이 가능하다는 점, 그리고 규모의 확대 및 행·재정력 향상에 따른 과제자주권의 강화로 세수 증대가 가능하여 도주 간의 재정력이 상대적으로 평준화될 수 있다는 점 등을 들 수 있다.[11] 다만, 도쿄도를 포함한 관동권 지역은 타지역에 비해 재정력이 현

9) 지정의료기관 등의 지정에 관한 사무, 상공회의소의 감독에 관한 사무, 조리사 양성과정 시설 지정에 관한 사무, 위험 수렵법(마취약 사용)의 허가, 사방사업의 일부, 치산사업의 일부, 개발도로, 2급 지정 하천 관련 사무 등이다.

10) 이 법안은 특별광역단체의 제안에 따른 기본계획 변경이 필요하다고 총리가 인정하는 경우 도주제 특별구역 추진본부의 의결을 거쳐 기본 방침 변경안을 내각에 회부하여 각의 의결을 구하도록 규정하고 있다.

저히 높은 것으로 나타나 도쿄도에 대해서는 '특별주', '수도주' 등과 같이 별도의 제도적 장치가 필요하다고 지적하고 있다.

(3) 경제 관련 단체

경제계의 도주제 도입 제안은 이미 1960년대부터 이루어졌는데 2000년대 들어 좀 더 구체적이며 활발하게 이루어지고 있다. 그 가운데 가장 주도적인 역할을 하는 간사이(關西)경제연합회는 1969년 「지방제도의 근본적 개혁에 관한 의견」이라는 보고서에서 전국을 수개의 블록으로 나누어 도주의 지사는 주민의 직접선거로 선출할 것을 제안했다.[12] 이러한 광역행정 도입 필요성에 대한 경제단체의 제안은 1980년대까지 산발적으로 제기된 바 있으나 앞서 살펴본 바와 같이 지방제도 개편 논의가 고도 성장기의 도래와 함께 소강 상태를 보임에 따라 별다른 주목을 받지는 못했다.

이후 지방분권 개혁이 추진됨에 따라 경제단체의 광역자치단체 개편에 대한 제안이 증가했다. 이 때에도 간사이경제연합회가 중심적인 역할을 했는데 이 연합회는 1991년에 도도부현 연합제도를 제안했으며 2003년에는 「지방의 자립과 자기 책임을 확립하는 간사이 모델의 제안」을 발표했다. 특히 이 제안에서는 광역행정 수요에 대처하기 위해 <표 4-3>과 같이 도주제 이행 방안을 제시했는데 주로 현행 도도부현 제도와 병존하는 형태로 주 제도를 설치할 것을 제안했다.

2005년 간사이경제연합회는 간사이 지방의 도도부현과 공동으로 「분권개혁하 간사이의 바람직한 장래상」을 발표했는데 그 골자는 현행 지방자치법상의 광역연합제도를 활용하여 2개 부(府), 7개 현으로 구성된 '간사이 광역연합'을 신설하는 것이다. '간사이 광역연합' 구상은 도도부현의 폐지를 전제로 하지 않으며 주민의 합의가 이루어진 지역 및 광역단체들부터 먼저

---

11) 도주제 도입을 통한 세제 및 재정상의 효과와 관련하여 아이치(愛知)현(2004)은 현행 권한 및 재정 수준을 기준으로 도주의 합병 범위에 따라 세 가지 안(16도주, 14도주, 7도주)으로 나누어 재정 변화의 추이를 분석했는데 합병 구역이 넓을수록 재정 격차가 축소된다는 결과를 도출했다.

12) 이 보고서는 당시 도도부현제도의 문제점을 첫째, 대규모 프로젝트의 실시가 어렵고 과소·과밀 문제에 대한 대처가 곤란하다는 점, 둘째 도시와 부현 간의 대립·갈등과 이중행정의 폐해로 인한 행정의 비능률 및 주민의 세 부담 증가, 셋째 부현의 행정사무가 점차 중앙정부로 흡수되어 지방특별행정기관이 난립하고 있다는 점을 지적했다.

〈표 4-3〉 도주 이행의 네 가지 방안

유형	내용 및 특징(주와 도도부현 간의 관계)
부현연합형	‣ 부현이 연합하며 사무와 과세권의 일부를 이관하여 주를 설립
부현특별구형	‣ 부현이 연합하여 주를 설립한다. 부현은 주의 특별구로서 일부의 사무와 과세권을 보유하며 직접 선출하는 단체장과 의회를 보유
부현행정구형	‣ 부현이 합병하여 주를 설치한다. 부현을 주의 행정구역으로 남겨 놓되 직접 선출하는 단체장과 의원을 두지 않고 과세권도 보유하지 않음
부현합병형	‣ 부현이 합병하여 주를 설립하며 부현은 폐지

자료: 關西経済連合會(2003).

발족하고 향후 추가 가입을 추구하는 내용이다. 이는 전면적인 도주제의 도입을 위해서는 상당한 시간과 노력이 필요하기 때문에 현 상황에서 실현 가능성이 높은 광역연합 방식을 통해 간사이경제권 활성화를 추구하는 것이 현실적 방안인 동시에 도주제 도입을 앞당길 수 있다는 판단에서이다.

한편, 규슈경제동우회는 2005년 '규슈자치주 구상'을 발표했는데 이 구상은 자립적인 경제권을 구축하기 위해 규슈 및 오키나와의 8개 현이 합병하여 중앙정부의 특별행정기관(경제산업국, 규슈지방정비국, 규슈운수국, 규슈농정국, 규슈산림관리국 등)을 통합하는 내용을 담고 있다. 규슈자치주는 2층제를 기본으로 하고 의회의원(정수는 200명, 임기 4년)은 주민의 직접선거로 선출하도록 하며 주 의회는 자치주헌장 및 조례를 제정하고 주 내각에 대한 감독권을 갖도록 했다. 그리고 주의 수상은 주민의 직접선거 혹은 주의원의 간접선거로 선출하도록 하고 수상과 각료에 대한 정책자문기구를 둔 것이 특색이다. 아울러 기본적인 행정 권한은 기초자치단체인 시정촌이 가지며 주의 역할은 시정촌만으로는 감당하기 어려운 광역적 사업과 기초자치단체 간 조정 및 중앙정부와의 조정 등을 담당하도록 했다. 따라서 주는 중앙정부의 특별행정기관의 기능을 이양받는 광역자치단체로서의 역할을 담당하게 되는데, 규슈자치주가 탄생할 경우 네덜란드에 필적하는 인구 및 면적을 보유하게 되고 역내 총생산액도 네덜란드의 72.4% 수준에 이르러 자립적인 지역 경영이 가능할 것으로 기대하고 있다.[13]

이처럼 경제 관련 단체들이 광역자치단체의 개편에 대해 적극적인 관심을 나타내고 있는 것은 지방자치단체 효율화를 통한 조세 부담의 경감(세출 삭감), 그리고 규제 완화와 이를 통한 지역경제 활성화에 대한 기대 때문이다.[14] 한편, 지금까지 살펴본 각 추진 주체별 도주제 도입 방안들을 비교하면 기본적인 구상에는 거의 차이가 없으나 도입 기대 효과면에서는 각 주체별로 차이를 보인다고 평가할 수 있다.

3) 도주의 권한 및 기존 광역행정제도와의 차이점

도주제가 도입되면 현행 중앙정부-도도부현-시정촌의 권한 관계의 근본적인 재조정이 불가피하다. 도주제 비전 간담회(2008) 및 전국경제동우회 외(2005)의 안을 중심으로 중앙정부, 도주, 시정촌의 역할 분담을 검토해 보면 먼저 중앙정부는 외교, 통상 등 국제 사회에서 국가의 존립과 관계되는 업무에 더 집중할 필요가 있다는 것이다. 즉, 중앙정부 기능은 황실 관련 사무, 외교 및 국제 협조, 안전 보장 및 치안, 통상정책, 국정선거, 통화·이자율·도량형 등에 관한 사항, 최저 생활 보장, 전국적 통계조사에 관한 사항에 국한된다.

새로이 신설되는 도주는 기초자치단체 범위를 뛰어넘는 광역적 행정 수요의 처리, 기초자치단체 간 재정조정, 특별행정기관으로부터 이관된 사무를 담당하도록 한다. 이러한 사무에는 대형 하천, 광역도로, 공항·항만의 정비와 같은 사회간접자본 관련 사무, 지역 내의 치안 유지 및 재해 대책, 교육과 관련된 기본 정책(고등교육기관 포함)의 수립, 광역적 공해 대책 및 환경 보전 등의 사무가 포함된다. 특히 지역경제 활성화를 위한 지역 개발, 고용 대책, 투자 유치, 관광 진흥 등의 권한을 담당해야 할 필요가 있다.

기초자치단체는 지역 밀착형 대인 서비스의 제공에 주력할 필요가 있다.

---

13) 비수도권이면서 4대 공업지대에 속하여 산업 기반을 어느 정도 갖추고 있는 간사이, 규슈지역의 경제단체가 도주제 관련 제안을 주도하고 있는 것은 도주제 도입으로 경쟁력 있는 지역 창설이 가능하기 때문이라고 할 수 있다.

14) 2007년 3월 일본경제단체연합회가 「도주제 도입을 위한 제1차 제언」을 발표했는데 2015년까지 도주제 도입을 제안한 바 있다. 참고로 2000년 이후 2007년까지 경제단체의 도주제 관련 제안 횟수는 총 13회에 이른다.

주민 생활과 밀접한 서비스로는 소방, 지역방재 등 주민 안전과 관련된 사무, 아동복지 및 고령자 복지와 같은 사회복지 서비스, 생활폐기물의 수집 및 처리, 공해 방지 대책과 같은 환경 서비스, 초중등학교 관련 사무, 일부

〈표 4-4〉 국가와 지방정부 간 역할 분담 예

권한	국가(중앙정부)	지방정부	
		광역자치단체(도주)	시정촌
외교·국방·안전	• 외교 • 국방 • 안전 보장	• 경찰 • 광역방재 • 위기관리	• 소방 • 방재
국토 토지 이용		• 산림, 하천수계, 해안 수자원 보전 • 광역토지 이용, 광역 도시계획	• 준용하천 등 보전 • 도시계획 • 마을만들기
교통 사회자본	• 제1종 공항 • 고속열차 노선 • 해상보안, 항공보안	· 고속자동차 도로 · 기간도로, 항만, 공항 · 정보통신 기반 정비	• 일반도로, 농도, 임도, 어항 등 • 상하수도, 공영주택, 도시공원, 문화시설
경제·노동	• 통화 • 금융 • 도량형 • 농산물 등 기초 연구개발	• 中企 지원, 신산업, 관광, 기업 유치 • 농산물 등 연구개발 • 직업 소개 및 훈련 등 • 전문적인 인재 육성	• 상점가 대책 • 관광시설 정비 • 경관 보호
복지·보건·환경	• 공적 연금, 공적 보험 • 전염병 예방 • 약품 규제, 의사 면허 • 지구환경 대책	• 의료계획의 책정 • 산업폐기물 대책 • 환경감시, 규제	• 보건복지(고령자, 장애자) • 보육원, 생활 보호 • 쓰레기, 분뇨, 생활환경의 보전
교육·과학·문화	• 교육의 기본 정책 • 항공우주과학 연구 등 고도 과학기술, 학술	• 문화 • 대학 • 고교 및 특수학교	• 초중학교·유치원 • 생애학습, 청소년 육성 • 지역문화 진흥
기타	• 사법, 국적, 세관 • 출입국관리 • 여권	• 시정촌에 대한 지원	• 호적 • 주민기본대장 • 외국인 등록

자료: 全國経濟同友會 外(2005: 13).

문화 관련 사무가 포함된다. 그 밖에 하수도, 공원, 가로의 정비 등 생활환경 개선과 관련된 사무도 기초자치단체가 담당해야 할 것들이다(<표 4-4> 참조). 도주제 하의 대도시(정령지정도시급)에 대해서는 현행 제도를 유지하는 방안과 도주의 권한과 규모를 감안하여 새로운 제도를 신설하는 방안이 검토되고 있다.

한편, 도주제의 의미는 현재 논의되고 있는 도주제 구상과 현행 광역행정 제도인 광역연합 및 도도부현 합병과의 비교를 통해 좀 더 명확해질 수 있다. 1995년 도입된 광역연합 방식은 현행 도도부현을 유지한 채로 부현의 구역을 넘어서는 일부 광역적 문제를 지방자치법상의 특별지방공공단체인 광역연합을 통해 해결하는 방식이다.[15] 이 광역연합 방식은 현행법으로 보장되어 있는 만큼 실현가능성이 높으나 구성 단체 간의 이해 충돌시 해결이 어렵고,[16] 책임 소재가 불분명하며, 행정의 중복성도 높다는 단점이 있다. 이러한 문제점 때문에 아직까지 현간에 광역연합이 실시된 사례는 없는 실정이다.

도도부현 합병은 인접 부현과의 합병을 통해 구역을 확대하는 것으로 보통지방공공단체의 성격은 유지된다.[17] 이 도도부현 합병은 현행 지방자치법에 근거 규정이 마련되어 있으며, 조건이 갖추어진 지역부터 자발적으로 도입이 가능하다는 장점이 있다. 하지만 도도부현 합병 방식이 채택될 경우 구역의 규모는 확대되어 효율성 면에서는 효과가 기대되지만 특별지방행정기관의 권한을 이양받기 어렵고 재정적인 면에서도 현행 도도부현 수준을 벗어나기 어렵다는 단점이 있다. 이에 반해 도주제는 새로운 법률의 제정이 필요하다는 점에서 실현가능성 면에 장애가 있으나 앞서 언급한 바와 같이 중앙정부의 권한과 재원의 획기적 이양이 가능하고 특별지방행정기관 역시 도주에 흡수·통합됨으로써 도주 중심의 독자적인 지역 발전을 추진할 수 있다.

---

15) 광역연합의 재원은 구성단체 분담금 등으로 충당된다.

16) 사업 집행에서도 실질적으로 구성단체의 의향에 좌우되며, 이로 인해 조정 및 의사 결정에 상당한 시간과 비용이 발생한다.

17) 과거에는 주민 과반수의 동의가 필수 조건이었으나 2004년 법 개정으로 도도부현 의회의 결의에 의한 신청과 신청 내용에 대해 국회의 승인만으로 가능하도록 간소화되었다.

3 한국의 광역자치단체 개편 논의

우리나라에서도 지방자치계층 및 지방자치단체 구역 개편의 필요성과 그 방안에 대해 다양한 논의가 전개되어 왔다. 현행 제도의 문제점으로는 계층 간의 기능 중복으로 인한 행정의 비능률성, 생활권과 행정권의 불일치, 시·도와 시·군 간의 갈등 빈발 등이 지적되었고 그 대안으로서 도폐지론(시·군 통합을 포함), 도와 시·군의 기능 개편론, 도와 광역시의 통합론, 자치구의 폐지 또는 행정구 제안, 그리고 인구 50만 명 이상 대도시의 특정시 도입 등 여러 가지 방안이 제시된 바 있다. 특히 광역자치단체를 둘러싼 논의는 자치구 폐지를 논외로 할 때 비교적 최근 들어 논의가 활성화되고 있는데 광역자치단체 간 통합을 통한 광역자치단체 역할 강화론과 기초자치단체의 통합과 광역자치단체의 폐지를 골자로 하는 광역자치단체 폐지론이 대립하고 있다([그림 4-1] 참조).

광역자치단체 강화론 가운데 이동우 외(2003)는 통근권에 기초하여 28개의 기초생활권으로 나누고 그에 따른 기초경제권 개편 대안을 제시했으며, 자립적 지역 발전을 위한 새로운 공간 단위로서 5대 광역경제권 및 3대 초광역경제권을 제시하고 있다. 5대 광역경제권은 광역수도권, 광역부산권, 충청권, 호남권으로 구분되고, 3대 초광역경제권은 광역수도권, 동부권, 서부권으로 구분했다. 특징적인 현상은 수도권에 강원도를 포함시키고 있으며, 수도권에 대응하는 지방경제권(또는 행정 체제) 개편 구상을 담고 있다는 것이다. 그리고 국가균형발전위원회(2007)에서 제시한 광역개편안은 수도권, 중부권, 서남권, 대구경북권, 동남권 등으로 5대 광역권과 2개 지역권으로 구분한다. 이 안의 특색은 강원도를 수도권에서 제외하여 별개로 구분하며, 제주특별자치도도 별개의 지역권으로 분리했으며, 광역경제권에 관한 개편 구상이지만 자치구역 개편으로 연결되어야 한다는 점을 명시적으로 주장하고 있는 점이다.[18] 이러한 광역자치단체 역할 강화론(초광역지

18) 이명박 정부의 5+2 광역경제권 구상은 구역의 분할 등에서 국가균형발전위원회안과 매

[그림 4-1] 광역지자체 강화론과 폐지(기초지자체 통합)론

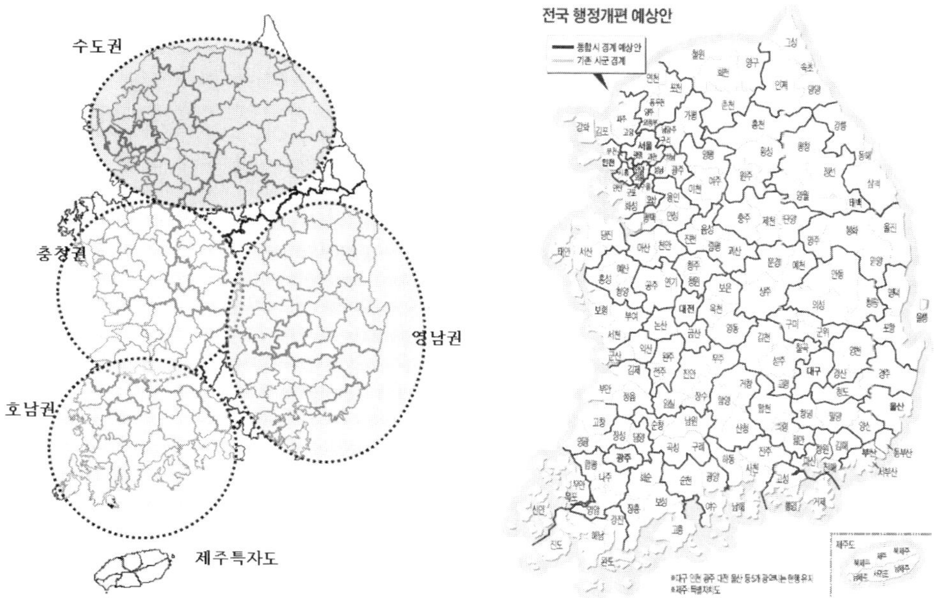

자료: 5개 초광역자치단체 개편안(좌), 17대국회 행정구역 개편 예상안(우, 조선일보, 2006. 2. 6).

방정부, 준연방제 도입론)[19]의 배경에는 현행 도의 능력과 구역으로써는 대폭적인 자치권 이양이 어려울 뿐만 아니라 경쟁력 있는 경제 단위로서도 협소하다는 인식이 전제되어 있다.

광역자치단체 강화론이 주로 학계를 중심으로 제기되는데 반혀 폐지론은 주로 정치권을 중심으로 제기되었다. 2006년 당시 노무현 대통령과 한나라당 박근혜 대표가 지역구도 개편을 위한 행정구역 개편 원칙에 합의한 바 있고,[20] 2008년 9월에는 이명박 대통령과 정세균 민주당 대표가 지방자

우 유사한 성격이라 할 수 있으며, 기존의 광역지방자치단체의 구역 및 권한 개편과 무관한 산업 프로젝트 추진 단위라는 의미가 부여되어 있다.

19) 이회창 자유선진당 총재는 현행 광역지자체를 5~7개의 연방제 수준의 단위 독립국가화하고 국방·외교를 제외한 모든 권한을 부여하는 '강소국 연방제'를 주장하고 있다.

20) 17대 국회에서는 여야 합의안이 나왔고 국민투표를 통해 결정한다는 방법론까지 합의했으나 지방선거를 앞두고 유야무야되었다.

치계층 및 구역 개편을 추진하기로 합의하면서 최근 정치권과 행정안전부를 중심으로 지방자치계층 축소 및 기초자치단체 통폐합을 위한 전면적인 개편이 추진되고 있다. 그 결과 2010년 3월에 마산, 창원, 진해시의 통합 법률안이 국회에서 통과되어 기초지자체 통합이 가시화되고 있으며, 국회 지방행정체제개편특위(위원장 허태열 한나라당 의원)는 2014년 지방선거 전 기초자치단체 통합 및 광역시 자치구를 폐지하는 방침을 밝힌 바 있다.

이처럼 지방자치계층 및 구역 개편에 나서고 있는 한나라당과 민주당의 궁극적인 목표는 현행 시·군을 통합하여 60~70여 개의 광역시로 개편하는 한편 궁극적으로 도를 폐지하여 자치계층을 축소하는 데 두고 있다. 광역 폐지론의 배경에는 현행 도 기능의 모호성, 주민생활권의 광역화, 행정계층 축소 및 지자체 통폐합을 통한 행정비용의 절감 등을 들 수 있다. 그리고 민선 자치 부활 이후 상당한 성과가 있었음에도 불구하고 여전히 단체장 및 의원들의 비리가 끊이지 않고 있으며 주민 참여가 활성화되지 못한 점도 도 폐지 및 전면적인 기초지자체 통폐합론의 배경으로 지적할 수 있다.

4 한·일 광역자치단체 개편 논의 비교

한·일 간 광역자치단체 개편 논의에서 가장 큰 차이점은 한국의 경우 광역자치단체 역할 강화론과 폐지론이 대립하고 있는데 반해 일본의 경우에는 광역자치단체 역할 강화론(도주제 도입론)만이 주로 논의되고 있다는 점이다.[21] 일본에서 광역 폐지론이 거의 논의되지 않고 있는 것은 한·일 간의 지방자치 역사의 차이, 지방 관련 단체 및 지방정치의 제도화 정도, 지방분권화 수준, 지방자치의 주민정착도 등 여러 가지 요인에 의한 것이라 사료된다.

광역자치단체 강화론을 대상으로 한 비교에서는 추진 배경, 광역권의 규

21) 일본의 경우에도 1950년대 당시의 도주제안은 민선지사제의 폐지를 전제로 하는 것으로 민선지사를 유지하면서 부현의 구역 확대를 도모하는 부현통합안과 대립 관계에 놓여 있었다.

모, 추진 주체, 추구 목표 등 양국 간에 비교 가능한 항목에 국한하여 분석해 보기로 하는데 첫째, 개편 추진의 배경과 관련하여 일본의 도주제 도입론은 단순히 광역적 행정을 위해 필요한 것이 아니라 지방행정의 효율화, 실질적 분권의 달성, 지역경제 활성화, 국가 체제의 개혁이라는 포괄적인 목적을 가지고 있다. 특히 1990년대 1차 분권개혁에서 기관위임사무의 폐지와 중앙정부 권한의 일부 지방 이양 그리고 2차 삼위일체 개혁에서 재원의 일부가 지방으로 이양되는 성과가 있었으나 현행 도도부현 체제로써는 더 이상의 지방분권 추진이 어렵다는 인식이 광범위하게 자리잡고 있다. '분권의 수용 주체'로서 현행 도도부현은 그 능력과 기능 및 구역이 협소하기 때문에 좀 더 광역적인 도주의 도입이 필요하다는 것이다. 우리나라의 경우 국가균형발전위원회의 구상은 지역 간 균형 발전을 위한 초광역적 혁신거점의 육성에 두어져 있었으며, 이명박 정부의 5+2 광역경제권 구상 역시 글로벌 경쟁력을 확보할 수 있는 광대역 경제권 구축에 그 중점이 두어져 있다. 다만 일본 사례에서 광역자치단체 폐지론이 논의되지 않고 있는데서 알 수 있듯이 우리나라에서 논의되고 있는 광역자치단체의 폐지 방안은 분권의 담당 주체가 불명확하게 되기 때문에 분권화와 지역 개발이라는 광역행정 도입 취지에 역행하는 면이 있어 신중한 접근이 요구된다고 하겠다.22)

둘째, 광역개편론의 구체적인 추진 대안에 대해 살펴볼 필요가 있다. 현행 광역자치단체의 규모(인구, 면적)와 개편 구상이 실현될 경우의 규모를 비교한 것이 <표 4-5>이다. 양국 모두 구역 설정에 관해 다양한 안이 존재하지만 일본은 지방제도조사회의 3개안을, 한국의 경우는 선행 연구에서 언급된 안들을 중심으로 비교했다. 표에서 보듯이 현행 광역자치단체의 총수는 일본이 3배 정도 많지만 평균 인구는 유사한 수준이다. 그런데 현재 논의되는 광역 개편이 실현될 경우 평균 인구면에서 일본의 9도주안과 한

22) 현재 우리나라 기초자치단체의 평균 인구 규모는 약 21만 명이다. OECD 선진국 가운데 영국이 약 12만 명으로 가장 규모가 크며 미국은 약 5천 5백 명, 프랑스는 약 1천 7백 명에 불과하다. 최근 3,600개 기초지자체를 절반으로 통합한 일본의 인구 규모도 6만 7천 명 정도이다. 기초자치단체 규모의 최적 수준은 서비스 종류에 따라 달라지기 때문에 일반화시키기 어렵지만 다수의 연구들은 10~30만 명 규모가 적정하다고 지적한다. 이렇게 보면 인구 규모면에서 우리나라의 기초자치단체는 이미 초효율화되어 있는 셈이다.

〈표 4-5〉 광역자치단체 확대 개편 후 규모 비교

현재 규모					개편 후 규모			
국가	광역 자치단체	총수 (개)	평균 인구 (천 명)	평균 면적 (㎢)	구분	총수 (개)	평균 인구 (천 명)	평균 면적 (㎢)
한국	특별시·도	16	2,902	6,204	초 광역권	7(5+2)	6,722	14,239
						5	9,454	19,935
						3	15,756	33,226
일본	도도부현	47	2,690	8,039	도주	13	9,826	28,222
						11	11,613	33,353
						9	14,194	40,765

국의 3대 초광역권이, 그리고 13도주안과 5대 초광역권이 각각 유사한 것으로 나타났다. 그리고 도주제 구역 분할에서 홋카이도와 오키나와는 그 지리적 위치로 인해 별도의 구역으로 취급하고 있는데, 우리나라 제주특별자치도의 경우에도 별도의 구역 단위로 취급할 필요가 있다.

셋째, 일본의 도주제 추진에서는 정부 산하기관뿐만 아니라 광역자치단체, 경제계 단체, 정당 등 다양한 주체가 참여하고 있는데 반해 우리나라의 경우 정치권의 참여가 상대적으로 활발하나 지방자치단체, 경제계 등의 참여가 상대적으로 미약하다고 할 수 있다. 이는 일본의 도주제 도입이 포괄적 목적을 지니고 있기 때문이기도 하지만 새로운 제도 도입과 관련하여 이해 당사자들이 충분한 논의를 진행하고 있는 것으로 이해할 필요도 있다. 즉, 다양한 논의를 통해 국민적 공감대를 확산시키고 있으며, 각 주체별로 도주제의 내용에 대해 상당한 의견 접근이 이루어지고 있다. 이는 도주제 도입에 대한 저항을 줄이는 역할과 동시에 이해관계자들의 의견을 충분히 반영시킴으로써 정책의 실현가능성을 높이는 역할을 하고 있다.

넷째, 기존 광역행정 체제의 한계에 주목할 필요가 있다. 일본의 경우 도주제특구제도 등 현재 시행되고 있는 제도의 경우 중앙정부 권한의 대폭적 이양에 많은 한계를 가지고 있다. 특히 재정 측면에서 중앙정부에 대한 의존을 벗어나기 어렵기 때문에 이러한 문제점을 해결하기 위한 방안으로 도주제가 추진되고 있다. 현재 우리나라에서도 광역경제권과 관련하여 권역별 광역경제발전위원회가 구성되어 있는데 일본의 광역연합 운영 실태에서 알 수 있듯이 복수의 지방자치단체 간 의사결정 및 집행에는 상당한 비용이 발생하고 있음에 유의할 필요가 있다. 효율성을 중시하여 중앙정부의 하부기관이 광역경제권 운용을 담당하는 방안도 고려할 수 있으나 이 경우에는 주민의 의사를 반영하기 어렵다는 민주성의 문제가 대두될 수 있다.

5 결 론

세계화가 진전되고 EU가 통합되어 감에 따라 다수의 광역지방자치단체가 존재하는 유럽 대륙의 중앙집권형 국가들에서도 기존의 행정구역을 통합하는 경향이 나타나고 있다. 소규모 기초자치단체 간의 합병은 물론이고 광역자치단체 간의 합병을 통해 지역의 경쟁력 강화에 나서고 있는 것이다(하혜수 외, 2007). 유럽의 광역자치단체 확대 움직임의 배경에는 일본 도주제 추진 사례와 마찬가지로 지방분권 및 지역의 경쟁력 강화를 들 수 있는데, 이와 같은 각국의 동향을 감안할 때 우리나라의 광역자치단체에 대해서도 좀 더 광역적 행정 체제 도입의 필요성이 증대하고 있다고 판단된다.

이상에서 살펴본 일본의 도주제 추진 사례는 21세기에 대비한 일본의 국가전략이라는 성격을 가지고 있다. 주지하다시피 일본은 중앙집권적 체제 하에서 국가 주도로 고도 경제 성장 및 선진국 진입에 성공한 국가이다. 그러나 세계화의 흐름 속에서 더 이상 중앙집권 체제를 유지하는 것은 국가 경쟁력의 상실로 이어질 우려가 크다는 공감대 속에서 중앙집권을 대신할 새로운 국가경영 체제로서 도주제가 부상하고 있는 것이다. 이러한 의미에서 일본보다 강력한 중앙집권 체제라고 할 수 있는 우리나라의 경우 일본의 광역자치단체 강화 논의는 21세기에 적합한 경쟁력 있는 국가 운영 체제가 무엇인가라는 질문을 제기한다고 할 수 있다.

참고 문헌

국가균형발전위원회(2007). 「참여정부의 지방분권과 국가균형 발전정책」. 제4회 지역혁신박람회 개막식 정책보고.

대통령직 인수위원회(2008). 「새 정부의 창조적 광역발전 전략」. 제17대 대통령직 인수위원회 기획조정분과.

이달곤(2005). 지방행정 체제의 개편에 대한 발제: 계층과 구역을 중심으로. 「한나라당 지방행정개혁 국민대토론회 발표 논문」.

이동우·김광익·박은관·문정호 외(2003). 「자립적 지역 발전을 위한 지역 단위 설정 연구」. 서울: 국토연구원.

최영출·최외출(2005). 영국의 단층자치단체 개혁 사례와 정책적 시사점. 「지방행정연구」. 19(3): 153-184.

하혜수(2005). 영국 단층제 개혁의 시사점과 우리나라 개혁 추진시 고려 요인에 관한 연구. 「지방정책연구」. 3(1): 31-53.

하혜수·최영출·하정봉(2007). 「대도시권 정부 체제에 대비한 분권화 전략」. 수원: 경기개발연구원.

한국지방행정연구원(2005). "행정구역의 개편 논의와 대응 방안." 「*Krila Focus*」. 2005-01.

古川俊一 編(1993)「連邦制: 究極の地方分權」. 東京: ぎょうせい.

關西経濟連合會(2003). 「地方の自立と自己責任を確立する關西モデルの提案」.

關西分權改革研究會(2005). 「分權改革における關西のあり方」.

九州経濟同友會九州はひとつ委員會(2005). 「九州自治州構想」.

內閣官房道州制ビジョン懇談會(http://www.cas.go.jp/jp/seisaku/doushuu/index.html).

道州制.com(http://www.doshusei.com/)

道州制ビジョン懇談會(2008). 「中間報告書」.

分權時代の滋賀縣のあり方研究會(2005). 「報告書: 分權時代の滋賀縣のあり方」.

大杉覺(1994). "行政改革と地方制度改革." 西尾勝·村松岐夫 編. 「講座行政學 第2卷: 制度と構造」. 東京: 有斐閣.

室井力 編(2002). 「現代自治体再編論」. 東京: 日本評論社.

愛知縣分權時代における縣の在り方檢討委員會(2004). 報告書.

日本経濟団体連合會(2007). 「道州制導入に向けた第1次提言: 究極の構造改革を目指して」.

全國経濟同友會·地方行財政改革推進會議·行政改革部會(2005). 「報告書: 新しい

地域主權型システム實現に向けた提言」.
全國知事會(2003).「都道府縣のあり方硏究會報告書」.
田村秀(2004).「道州制・連邦制: これまでの議論・これからの展望」. 東京: ぎょうせい.
地方自治制度硏究會 編(2006).「道州制ハンドブック」. 東京: ぎょうせい.
地方制度調査會(2006).「道州制のあり方に關する答申」.
總務省ホーム・ページ(http://www.somu.go.jp/)
總合硏究開發機構(2005).「廣域地方政府システムの提言: 國・地域の再生に向けて」. 東京: NIRA硏究報告書0502.
恒松制治(1993).「連邦制のすすめ」. 東京: 學陽書房.

제 5 장 대도시 제도

허 훈
(대진대 행정학과 교수)

1 서 론

도시는 성장하기도 쇠퇴하기도 하지만 20세기 이후에는 성장하는 도시를 더 많이 관찰할 수 있었다. 도시가 성장하다 보면 원래 그 도시가 잉태되었던 국가 혹은 광역자치단체의 성장 속도보다 행정 서비스의 면에서나 기능적인 면에서나 재정적인 면에서 빠를 수 있다. 이렇게 성장하는 도시는 도시 발전의 모든 측면에서 과거와는 다른 행정 시스템이 필요하게 된다. 그래서 나타나게 된 것이 특별시 제도 혹은 자치시제도라고 할 수 있다. 이러한 예가 영국의 대런던시(Great London Ctiy), 일본의 도쿄도(東京都), 서울의 특별시 제도 등이다. 또 이들 도시보다는 작지만 대도시의 특성을 가지면서 도시 정비 등의 행정 수요를 자치적으로 수행하는 권한을 갖는 일본의 정령지정시 등이 나타나게 되었다. 이들 자치시라고 할 수 있는 도시들은 본래 기초자치단체로서의 기능을 가지고 있었으나, 도시 성장에 따라 과거에 광역자치단체가 수행했던 도시계획, 주택계획, 건설계획 등의 행정 기능을 직접 수행하도록 권한이 증대되었다.

최근 한국의 경우에도 점차 100만 이상의 대도시가 늘어나고 있고(수원시, 창원마산진해통합시 등), 또 50만 이상 대도시로 성장하게 된 수원, 성남, 용인, 청주, 전주 등 13개(2009년 연말 기준) 도시의 경우도 도시 성장에 따라 도시 기능을 자치적으로 수행할 필요성이 커지고 있다. 도시의 양적·질적 성장에 따라 제각각 자신이 속해 있던 광역자치단체의 간섭을 벗어나 직접 수행해야 할 기능도 늘어나게 되었다. 물론 100만 이상이 되면 울산광역시의 경우처럼 광역자치단체로 만들어 주면 된다고 할 수 있다. 하지만 100만 이상 도시를 모두 광역자치단체로 지정하게 되면 광역자치단체는 껍데기만 남게 되거나 필요없게 될 수도 있다. 그래서 광역자치단체가 아닌 대도시에 어떤 권한과 기능을 부여하느냐 하는 문제가 발생하는 것이다.

일본은 메이지유신(明治維新) 이후 근대정부를 수립한 후부터 도쿄, 교토, 오사카 등의 역사도시와 요코하마, 고베 등 개항도시의 발전에 따라 대도시 문제를 우리보다 먼저 경험했다. 1946년에 수도 도쿄를 부(府)에서 도(都)제로 변경하고 다른 광역자치단체인 부·현과 구별했으며, 1956년에는 기초자치단체인 대도시는 '정령지정도시'로 만들었다. 1980년대 이후에는 일반도시보다는 크지만 정령지정도시보다는 작은 도시들을 중핵도시, 특정시 등으로 지정하는 자치도시 제도를 발전시켰다. 이러한 대도시 자치제도를 통해 도시 성장으로 인해 발생하는 광역자치단체와 해당 도시와의 기능 중복 등의 문제를 풀고자 한 것이다. 이러한 일본의 경험은 한국의 도시 발전과 이로 인한 도시행정 시스템의 발전에도 좋은 참고가 된다. 이 장에서는 한국의 도시 성장에 따른 도시제도를 살펴본 후, 일본의 자치도시 제도를 비교하면서 한국의 대도시 제도에 대한 시사점을 찾아보고자 한다.

2 한국 도시의 성장과 대도시 제도

1) 한국의 도시 성장과 대도시

한국은 싱가포르나 룩셈부르크 등 도시국가를 제외하고는 세계 최고 수준의 도시화율을 보이고 있다. 1955년에 31%의 도시화율을 보였던 한국은

2005년에 이미 도시화율이 90%를 넘어섰고, 2008년에는 90.5%를 보여 주고 있다.[1)]

한국의 도시 지정의 역사를 살펴보면(<표 5-1> 참조), 정부 수립 전인 1947년까지 도시가 14개에 불과했으나, 정부 수립 직후인 1949년에 수원, 여수 등 5개 '부(府)'(시)가 지정된 것을 시작으로 꾸준히 증가하게 되었다.[2)] 특히 1980년대에 도시화가 급격히 진행되었는데, 이 때 제천시를 시작으로 30개의 시가 지정되어 도시부에 대한 인구 집중이 가장 심했던 시기임을 알 수 있다.

대도시의 경우를 살펴보면 100만 이상의 도시는 1948년 건국 직후에 인구 170만 7천 명의 '서울시' 한 곳밖에 없었다. 하지만 한국전쟁 직후에는 서울의 인구도 100만이 무너졌다. 그후 전후 복구가 진행되고 나서인 1955년에 157만 4천 명 수준으로 회복되었고, 부산시도 같은 해 100만 인구를 넘어섰다. 전후 1955년까지 인구 100만 이상의 대도시는 서울과 부산의 두 곳밖에 없었다. 그러나 1960년대의 근대화 시기를 지나자 대구, 인천, 광주 등도 100만 이상의 대도시로 성장하게 되었다.

이들 도시의 성장에 따라 대도시 제도가 필요하게 되어, 수도 서울에는 특별시의 지위를 부여했고 다른 대도시는 직할시로 지정하게 되었다. 1962년에는 '서울특별시 행정에 관한 특별조치법'이 제정되어 수도 서울의 특례를 인정했으며, 1963년에는 '부산직할시 설치에 관한 법률'에 의해 부산시를 보통시에서 사무, 조직 등에 관한 특례를 갖는 직할시로 승격시키게 되었다. 그 후 차례로 대구(1981), 인천(1981), 광주(1986), 대전(1989) 등 인구 100만 이상의 대도시가 해당 도(道)에서 분리되어 직할시로 승격되었다. 이 직할시는 1991년에 지방자치가 부활하면서 그 명칭이 자치 시대에 맞지 않았기 때문에 광역도시로 명칭이 바뀌게 되었다.

일반시의 경우에는, 지방자치가 부활한 1991년에 그 숫자가 64개였으나,

---

1) 1955년의 자료를 보면 남한에 있는 인구 2만 명 이상 도시는 77개였으며, 도시 인구는 660만 명을 약간 넘는 정도로서 31%의 도시화율을 기록했다(네이트백과사전, '한국의 도시' 항목).

2) 1949년 8월 전까지는 한국은 도시를 '부(府)'라고 지칭했다. 서울시를 예로 들면 구한말까지는 한성부, 일제 강점기에는 경성부, 미군정기에는 서울특별자유시, 1공화국 시기인 1949년 이후에는 서울특별시가 되었다.

〈표 5-1〉 대한민국 도시의 설치 연도

설치 연도	도시명	비고
1914	서울(경성), 인천, 군산, 목포, 대구, 부산, 마산	부(府)로 지정
1935	대전, 전주, 광주	부(府)로 지정
1939	진주	부(府)로 지정
1946	춘천, 청주	부(府)로 지정
1947	이리	부(府)로 지정
1949	수원, 여수, 순천, 포항, 김천	부(府)로 지정
1949. 8.15	부(府)를 시(市)로 개칭	
1955	제주, 강릉, 경주, 충무, 진해, 원주	
1956	충주, 삼천포	
1962	울산	
1963	의정부, 천안, 안동, 속초	
1973	성남, 부천, 안양	* 성남은 성남출장소가 시로 승격 * 부천은 부천군 소사읍이 시로 승격, 부천군은 자연 폐지되어 시흥군, 김포군, 옹진군으로 분할 변경
1978	구미	
1980	제천, 동해, 창원, 영주	
1981	광명, 송탄, 동두천, 태백, 정주, 남원, 금성, 영천, 김해, 서귀포	* 금성은 나주군 나주읍 일대를 관할하여 나주시가 아닌 금성시로 승격, 훗날 나주시로 개명 * 송탄은 후에 평택시에 병합
1986	과천, 안산, 평택, 구리, 삼척, 공주, 대천, 온양, 여천, 점촌, 상주, 송정	* 여천은 여수시와 병합 * 송정은 광주광역시 관할
1989	오산, 의왕, 시흥, 군포, 미금, 하남, 서산, 김제, 동광양, 경산, 장승포, 밀양	* 동광양은 광양시로 개명 * 장승포는 거제시로 개명
1992	고양	
1996	파주, 용인, 이천, 논산, 양산	도농복합형 시로 승격
1998	안성, 김포	
2001	화성, 광주	* 광주는 경기도 광주를 의미함
2003	계룡, 양주, 포천	* 계룡은 계룡출장소가 시로 승격

* 시로 승격된 도시는 총 87개 도시에서 7개 도시의 특별·광역시 승격(서울, 부산, 대구, 인천, 대전, 울산, 광주), 3개 도시의 병합(송탄시→평택시, 여천시→여수시, 송정시→광주광역시), 그리고 제주도의 특별행정구역 개편으로 제주시와 서귀포시가 폐지되어 2009년 현재 대한민국 도시의 수는 총 75개임.

그 이후 2003년까지 13개의 '군(郡)'이 시로 승격됨에 따라 그 수가 증가하게 되었다(<표 5-1> 참조). 서울특별시나 부산광역시 등의 7개 특별·광역시를 제외하면 2008년 현재 일반도시의 수는 75개에 이른다. 이들 일반시 가운데서 인구 50만 이상의 도시가 점차 늘어나면서 우리나라 도시 제도에 대한 새로운 고찰이 필요하게 되었다.

2) 한국 대도시의 특례 제도

대도시 제도를 도입하는 이유는 인구 규모나 도시화의 특성으로 인해 일반시와는 다른 행정 수요의 질적 및 양적 특수성을 인정하게 되었기 때문이다. 대도시는 단순히 인구만 많은 것이 아니라 도시가 수행하는 경제사회적 기능과 문화역사적 전통, 그리고 국가 및 사회에서 가지는 위상이 다르기 때문에 도시 제도를 정할 때 이러한 특성들이 종합적으로 반영되어야 한다. 우리나라에서는 인구 50만 이상의 대도시가 그러한 특성을 가지는 것으로 보기 때문에 이들 대도시에 차별적 권한을 주게 되었던 것이다. 즉 1988년 지방자치법의 개정을 통해 인구 50만 이상의 대도시를 특례시로 인

〈표 5-2〉 우리나라 대도시 제도와 근거

구분		수도	인구 100만 이상 도시	인구 50만 이상 도시
명칭		특별시	광역시(직할시)	특례시
특례 범위	법적 지위	광역자치단체	광역자치단체	기초자치단체
	조직구조	자치구, 기구, 인사	자치구, 기구	행정구
	행정 운영	사무배분, 재원배분, 감독 범위	사무배분, 재원배분, 감독 범위	사무배분, 재정 운영, 감독 범위
특례 인정 근거		특별법 제정과 지방자치법 규정	특별법 제정과 지방자치법 규정	지방자치법 규정
해당 시		서울	부산, 인천, 대구, 대전, 광주, 울산	수원, 성남, 부천, 안양, 청주 등 13개
연혁		1962(1991년 타법 개정)*	1991(1963)	1988

* 구법인 '서울특별시 행정에 관한 특별조치법'은 1991년 지방자치의 부활에 따라 폐지되고 '서울특별시 행정특례에 관한 법률'로 대체되었다.

자료: 최창호(2006: 175)에서 수정.

정하는 제도를 도입하고자 했고, 이 제도에 의해 2004년부터 특례시가 지정되었다. 이렇게 됨으로써 조직 및 사무상의 특례를 부여받는 대도시 제도는 <표 5-2>에 보듯이 특별시, 광역시, 특례시 등의 세 종류가 되었다. 특별시는 수도 서울 한 곳뿐이고, 광역시는 6곳, 특례시는 13곳이다(남양주는 2009년 1월에 지정).

이들의 특성을 살펴보면, 우선 서울특별시는 수도의 특성상 국가의 상징이 되는 대표적 도시로서의 책무를 갖게 되며, 반면 인구 규모가 가장 큰 대도시로서 도시문제를 자주적으로 해결할 수 있는 자치 권한을 갖도록 되어 있다. 서울특별시는 수도로서의 지위에 따라 두 가지 양면적인 특성을 갖게 된 것이다. 첫째 특성은 서울특별시를 국무총리 소속하에 두어 국가의 수도정책의 틀 안에 놓이게 했다. 둘째의 특성은 그 운영면에서는 광역자치단체로서의 지위를 부여하여 중앙 행정기관의 감독권을 한정하고 있고, 사무배분·재원배분 등의 특례를 주어 대도시 문제를 자주적으로 해결하도록 하는 권한을 주고 있는 것이다. 일본에서는 도쿄도 제도가 이와 유사하다.

광역시(과거 직할시)는 일본의 부(府; 오사카부, 교토부)에 해당하는 것인데, 광역자치단체인 '도'로부터 분리시켜 도시행정을 특화하여 수행하도록 하는 제도라 할 수 있다. 광역시가 필요한 이유는 도의 행정과 광역시의 행정을 차별화하여 별도의 주체성을 인정하고 거대도시 문제를 전문적으로 해결하게 하기 위한 것이다. 광역시는 역시 광역자치단체로서 자치구와 군을 둘 수 있으며, 사무 및 재원 배분상의 특례를 갖게 되며, 도와 마찬가지로 국가의 지도 및 감독을 받게 된다.

특례시는 <표 5-3>에서 보듯이 1988년 인구 50만 이상 시에 대한 특례규정이 신설된 이후 2009년 1월 현재까지 총 13개의 시가 설치되었다. 수원시, 성남시, 고양시, 부천시, 안양시, 안산시, 용인시, 청주시, 천안시, 전주시, 포항시 및 창원시, 남양주시(2009) 등이다. 향후 김해시, 의정부시 및 화성시 등이 조만간 인구 50만 이상 시로 승격될 것으로 전망되고 있다. 한국도시들의 거대도시화는 현재 진행형이다. 게다가 2009년에 활발하게 논의되는 시·군 통합이 현실화하게 되면, 인구 50만이 아니라, 인구 70만 이상의 거대도시로 전국이 뒤덮여질지도 모르는 상황이다.

〈표 5-3〉 인구 50만 이상 시의 현황(2008.1.1 기준)

구분		인구(명)	면적(㎢)	승격 시기
수원시	경기도	1,067,702	121	1988
성남시		953,960	142	1989
고양시		924,839	267	1996
부천시		864,037	53	1988
용인시		800,294	591	2005
안산시		705,040	148	2002
안양시		624,197	59	1992
남양주시*		506,199	458	2009
청주시	충청북도	633,286	153	1995
천안시	충청남도	531,956	636	2008
전주시	전라북도	623,926	206	1989
포항시	경상북도	505,555	1,128	1995
창원시	경상남도	503,930	293	1997

*남양주시는 2009년 1월 1일을 기준으로 지정되었고, 통계 수치도 이와 같음.

이들 특례시는 지방자치법에 의해 일반시들과 달리 두 가지 중요한 특례를 갖게 되었다. 첫째는 사무상의 특례로서 지방자치법 제10조가 정하는 바에 따라 도가 수행하는 사무 중 일부를 직접 처리할 수 있게 한 것이다. 이들 도시에 도의 처리사무 중 18개 분야 40개의 사무를 직접 처리할 수 있는 권한을 부여한 것인데. 이는 대도시적인 특성을 인정하고 행정의 효율성을 높여 주자는 취지이다. 18개 분야 40개의 사무는 지방자치법 및 동법 시행령 10조의 규정에 따라 시행령 별표 3에 예시되어 있다(<표 5-4> 참조).

둘째는 조직상의 특례로서 지방자치법 제3조가 정하는 바에 따라 자치구가 아닌 일반구를 설치할 수 있게 한 것이다. 이 때의 구는 행정적인 사무처리 권한을 갖는 것이고, 광역시에 설치한 구처럼 지방자치의 단위가 되는 것은 아니다. 이는 위에서 설명한 사무특례에 대응하도록 기구 설치를 허용한 것으로 조직상의 분업을 위해 설치한 것이다. 즉, 이들 대도시가 하

〈표 5-4〉 인구 50만 이상의 시가 직접 처리할 수 있는 도의 사무 (제10조 관련)(지방자치법 시행령 별표 3의 내용)

사무 분류	사무 내용
보건의료에 관한 사무	병원급 이상 의료기관 설치 및 지도·감독
지방공기업에 관한 사무	가. 지방공사의 설립·운영 나. 지방공단의 설립·운영
주택 건설에 관한 사무	가. 시·도 조례로 정하는 일정 규모 이상의 주택건설사업계획의 승인(지방자치단체가 사업 시행자가 되는 경우는 제외한다) 나. 대지조성사업계획의 승인 및 준공검사(지방자치단체가 사업 시행자가 되는 경우는 제외한다)
토지구획정리사업에 관한 사무	가. 토지구획정리사업에 따른 환지계획 인가 나. 부담금 및 보조금의 집행 잔액 허가
도시계획에 관한 사무	가. 행정청이 시행하는 도시계획사업 실시계획 인가 및 변경 인가와 행정청이 아닌 자에 대한 도시계획사업 시행 허가 승인 및 변경 승인 나. 도시계획사업 실시계획 인가 고시 다. 경미한 도시계획의 변경 결정 라. 도시계획의 지적 승인사무 마. 도시계획사업에 대한 준공검사
도시재개발사업에 관한 사무	가. 재개발사업 시행자 지정 신청 나. 재개발사업 시행의 지도·감독
환경보전에 관한 사무	가. 배출시설의 설치 허가 및 변경 허가 나. 환경오염물질의 제거 명령 다. 산업폐기물 재생이용업자의 신고 수리 및 관리 라. 축산폐수정화시설의 설계시공업의 등록 및 지도·감독 마. 비산먼지시설의 개선명령 바. 비산먼지시설사업의 중지 및 시설 등의 사용중지·사용제한명령
건설기계관리에 관한 사무	가. 건설기계 등록 및 등록 말소 나. 건설기계 등록 사항의 변경 신고 등
자동차 운송사업에 관한 사무	가. 자동차 운송사업(전세버스·일반구역화물자동차 및 특수여객자동차 운송사업만 해당한다) 면허와 이에 관련되는 사무 나. 자동차 운송사업(택시만 해당한다) 계획 변경 인가
지방공무원 인사 및 정원관리에 관한 사무	행정안전부령으로 정하는 기준 정원 범위에서의 6급 이하 정원 책정 사무

지적에 관한 사무	가. 토지의 지번 경정 승인 나. 지적공부의 반출 승인 다. 축척 변경 승인 라. 지적측량검사 마. 지적측량 대행법인의 지도·감독
열 사용 기자재에 관한 사무	열 사용 기자재 제조업의 허가
식품제조업(유가공품제조업 및 식육제품업만 해당한다)에 관한 사무	가. 허가·변경 허가 및 시정명령 나. 시설의 개수명령 다. 폐기처분 라. 허가 취소
묘지·화장장 및 납골당의 운영관리에 관한 사무	가. 묘지·화장장 및 납골당의 허가 나. 묘지·화장장·납골당의 구역 및 시설 변경과 폐지의 허가 다. 시체운반업의 허가
사회복지시설에 관한 사무	사회복지시설 수혜자로부터의 비용 수납의 승인
고압가스에 관한 사무	고압가스제조업 허가
도시가스에 관한 사무	도시가스 공급시설의 설치공사계획 승인 및 변경 승인
지방채 발행 승인 신청	

부행정기관을 일반구로 하든지 대동제로 하든지 그 조직 운영을 탄력적으로 선택하여 설치할 수 있도록 한 것이다.

3) 한국 대도시 제도의 문제점과 사회적 이슈

한국은 고도 경제 성장에 따라 도시의 성장 속도가 빠르고, 도시행정 수요도 양적·질적으로 급증하고 다양한데 비해, 대도시 제도가 미흡하여 이를 뒷받침하지 못하고 있다는 지적이 많이 제기되고 있다. 그 이유는 다음과 같다.

첫째 가장 큰 문제로 대두되고 있는 것은 광역시의 문제이다. 도로부터 도시 부분을 분리하여 광역시를 설치하는 것은, 잔여 도의 행·재정력을 급격히 약화시켰고, 또한 역사적으로 공동체 의식을 공유하고 있던 주민의 정서에도 부합하지 않고 있다(최창호, 2006: 177). 게다가 세계화 추세에 따라 각 국가 간에 지방정부 차원에서 경쟁이 심화되는 상황에도 맞지 않는 것으로 지적된다.

둘째 문제는 특례시 제도에서 나타나듯이 획일적인 도시 제도상의 문제이다. 도시 중에는 인구 5만을 겨우 넘는 작은 시가 있는가 하면, 인구 50만을 초과하여 100만을 넘는 대도시도 탄생했다. 인구 50만 이상의 대도시라고 해도 도시 규모의 차이에 따라서 행정 수요가 크게 다름에도 불구하고 획일적인 도시행정 체제로 인해 복잡한 도시문제에 대응하는 데 비효율적이다. 이런 문제 등으로 인해 개발 권한이나 환경 보전 등을 놓고 일부 대도시와 광역자치단체와의 갈등이 발생하기도 한다(경기도와 수원시의 광교테크노밸리사업 갈등, 경기도와 성남시의 판교 개발 방향 갈등 사례 등).

셋째 문제는 기왕에 부여된 자치권이 그리 크지 않다는 것이다. 도시행정의 특수성을 인정하고 있다고는 하나, 중앙정부의 기능과 광역자치단체의 기능을 기초자치단체로 이양하는 것만으로는 대도시들이 늘어나는 행정 수요와 질적으로 다른 대도시 문제에 능동적이고 자율적으로 대처하는 데 한계가 있다.

이에 따라 광역시를 제외한 대도시들은 2003년 4월 3일에 전국대도시시장협의회를 결성하여 대도시 문제를 해결하기 위해 자율성과 독립성을 달라고 주장하기에 이르렀다. 이들의 주장은 대도시가 광역시에 버금가는 인구 규모를 갖고 있어 중소 규모의 도시보다 행정 수요가 급증했는데도 불구하고 중소 규모의 도시와 동일한 법을 적용받고 있어 시민에게 양질의 행정 서비스를 제공하지 못한다는 것이다. 이들은 대도시의 효율적인 행정을 위해서는 광역자치단체와 대등한 관계에 있는 일본의 지정도시와 같은 특정시 제도를 도입해야 한다고 주장했다.

3 일본의 대도시 제도

1) 일본 대도시 제도의 종류

일본의 대도시 제도에는 광역자치단체로서의 지위를 갖는 도(都) 및 역사도시로서의 부(府)와 기초자치단체로서의 대도시 제도가 있다. 수도 도쿄가 도제(都制)로 운영되고 있고, '부'로서는 오사카부, 교토부 등이 있다. 기초자치단체로서의 법인격을 유지하는 가운데 대도시 제도로 도입된 것은 정령지정도시, 중핵시, 특례시 등 소위 자치도시라고 부르는 세 종류가 있다. 이들 자치도시는 일본의 지방행정 계층에서 보면, 광역자치단체인 도・도・부・현에 아래에 있는 시・정・촌과 같은 기초자치단체의 성격을 갖고 있다. 다만, 이들 자치도시는 시・정・촌보다는 사무의 범위와 권한이 크고 자율성이 높을 뿐이다. 세 종류의 자치도시들은 그 성립 배경이 차이가 있고, 그 특례의 정도가 다르게 설계되어 있다.

2) 지정도시 제도 도입의 배경과 역사

일본의 도시 발전 역사는 메이지 시대(1868년 메이지유신)로 거슬러 올라간다. 도쿄가 근대 행정수도로서 발전했고, 과거 봉건 시대의 중심지였던 오사카, 나고야, 교토 등과 개항지인 요코하마와 고베 등이 대도시로 발전해 왔다. 이에 따라 대도시 문제를 해결하기 위해 1800년대 후반부터 특별시 제도를 도입해야 한다는 주장이 제기되었다. 이에 따라 1889년에 도쿄, 교토, 오사카시의 특례를 위한 법률을 제정하여 이들 세 도시를 특례시로 운영하기도 한 적이 있다.[3]

1900년대에 들어서서는 양차 대전 등으로 인해 특별시운동이 퇴조했지만, 1943년에 도제(都制) 도입으로 도쿄가 이를 적용받게 되었고, 1947년에는 지방자치법 개정으로 특별시제도가 법적으로는 다시 부활했다. 이 때의 특별시 제도는 인구 50만 이상의 시를 법률에 의해 특별시로 지정하고, 이

3) 이 법이 1898년에 폐지되어 3대 도시는 다시 일반시로 환원되었다 (손상락 외, 2003: 71).

특별시를 광역자치단체(부, 현)의 구역 외로 분리하여 부·현과 일반시의 성격을 동시에 갖게 하는 것이었다. 이러한 특별시 제도는 표면적으로는 대도시들이 주장한 이중행정, 이중감독의 폐단을 줄이자는 것이었지만, 전후에 도시 재생과 교육비 부담으로 인해 재정적 압박이 커진 대도시들의 불만을 국가가 해소해 주고자 도입한 제도였다(宮本憲一, 2005). 하지만, 이 특별시의 설치가 별도의 법(일본 헌법 제95조가 정한 하나의 지방공공단체만 적용되는 특별법)에 의해 규정되어 있었기 때문에, 이들 특별시가 속한 부·현에서는 별도의 특별법 제정을 반대하는 운동을 전개했다. 이들은 특별시 제도의 실시는 부·현을 세분화하여 또 다른 광역자치단체를 만드는 것이 되고, 그뿐만 아니라 특별시 이외의 잔존 지역을 가지고는 부·현의 재정이 극히 악화된다고 주장했다. 그리고 이중행정 및 이중감독의 문제는 특별시 제도를 도입하지 않더라도 기능 및 사무재배분을 통해 해결할 수 있다고 주장했다. 이러한 반대운동의 결과 특별시를 지정하는 특별법은 제정되지 않고, 1956년에 지방자치법을 개정하여 기능 및 사무배분을 통해 특례를 인정하는 지정시 제도를 창설하게 되었다. 당시에 자민당 정권은 부, 현이 정치적 기반이었기 때문에 특별시를 주장하는 대도시들의 주장을 들어 줄 수 없었다고 한다(宮本憲一, 2005). 이로써 1956년에 오사카, 나고야, 교토, 요코하마, 고베가 지정도시로서 위상을 갖게 되었고, 2009년 현재 총 13개의 정령지정도시가 지정되어 있다(<표 5-5> 참조).

3) 중핵시 제도의 도입 배경

정령지정도시 제도가 도입된 이후 1960~70년대의 고도성장기를 거치고, 도시화율이 급증하게 된 1980년대를 맞는 동안 일본의 지정도시는 그 수가 늘었다 해도 큰 변화는 없었다. 하지만, 이 무렵에 일본의 도시는 비약적으로 성장했다. 지정도시 이외에도 각 현의 중심도시들인 사이타마현의 우쓰노미야시, 니가타현의 니가타시, 시즈오카현의 시즈오카시 등 상당수의 도시가 인구와 경제력이 늘어남에 따라 도시 문제도 증가하게 되었다.

1989년 7월에 열린 '전국시장회'는 인구 30만 이상의 도시로서 권역 내에 거점성이 높은 도시에 대해 지방자치법상 대도시에 관한 특례에 의해 취해지고 있는 기능 및 사무배분의 특례를 인정해 줄 것을 주장했다. 조 같은 해 12월에는 행정개혁추진심의회가 지역의 중심도시로서 일정한 조건을 충족하는 도시는 도·도·부·현으로부터 사무 권한을 이양해 주어야 한다는 제언이 나왔다(손상락 외, 2003: 72). 이에 따라 1994년 4월에 지방자치법이 개정되고 중핵시 제도가 창설되었으며, 1996년에 요건을 갖춘 시즈오카시 등 12개 도시가 중핵시로 지정되었다.

중핵시 제도는 인구 30만 이상의 각 지역별 거점도시를 개성적이고 매력 있는 도시로 육성하고, 이를 통해 도쿄 일극집중(一極集中)을 시정하고 다극분산형 국토로 만들고자 하는 국가의 의도가 상당히 반영되어 있었다. 이러한 제도 도입의 목표를 어느 정도 달성하고 있는 것으로 평가되는 중핵시는 2003년 현재 총 35개 도시가 지정되어 있다(<표 5-5> 참조).

4) 특례시 제도의 도입 배경

특례시 제도의 도입은 지정도시나 중핵시처럼 자치도시를 만들고자 하는 취지는 동일하나, 성장하는 일반시 모두에게 자치권을 확대해 주지 못한다는 점에서 고안되었다. 특례시 제도를 이해하기 위해서는 1990년대에 일었던 일본의 지방분권과 행정개혁의 흐름을 먼저 읽어야 한다. 1990년 일본의 총리가 설치한 행정개혁추진심의회에서 국제화에 능동적으로 대처하기 위해서는 지방분권이 선행되어야 한다고 제시함에 따라, 1993년 6월 일본 국회는 '지방분권 추진에 관한 결의'를 채택했다.

그리고 이를 실천하기 위한 법적·제도적 기반으로서 1999년 7월에 '지방분권일괄법'을 제정했고, 이 법을 집행하기 위한 지방분권추진위원회를 설치했다. 2000년 4월부터 이 법이 본격적으로 시행되면서, 이 위원회는 시·정·촌으로서의 기능 및 사무 이양을 적극적으로 추진하고자 했다. 하지만, 규모가 작은 기초자치단체에 이 모든 기능을 이양하는 데는 무리가 있다는 중앙관료들의 의견이 있어서, 중핵시보다 조금 작은 규모인 인구 20만 이상의 도시에게만 특례를 인정하게 되었다. 이것이 2000년 11월에 시행된 특례시 제도이다.

2003년 현재 지정된 특례시는 <표 5-5>에서 보듯이 39개 도시이며, 곧 18개 도시가 추가로 지정될 예정이다.

〈표 5-5〉 일본의 자치도시 지정 연도

지정 시기	분류	도시명
1956.9.1	정령지정도시	요코하마, 나고야, 교토, 오사카, 고베(5)
1963.4.1	정령지정도시	기타큐슈(1)
1972.4.1	정령지정도시	삿포로, 가와사키, 후쿠오카(3)
1980.4.1	정령지정도시	히로시마(1)
1989.4.1	정령지정도시	센다이(1)
1992.4.1	정령지정도시	지바(1)
1996.4.1	중핵시	우쓰노미야, 니가타, 도야마, 가네자와, 기후, 시즈오카, 하마마쓰, 사카이, 히메지, 오카야마, 구마모토, 가고시마(12)
1997.4.1	중핵시	아키타, 고리야마, 와카야마, 나가사키, 오이타(5)
1998.4.1	중핵시	도요타, 후쿠야마, 고치, 미야자키(4)
1999.4.1	중핵시	이와키, 나가노, 도요바시, 다카마쓰(4)
2000.4.1	중핵시	아사히가와, 마쓰야마(2)
2000.11.1	특례시	하코다테, 모리오카, 오다와라, 야마토, 후쿠이, 고후, 마쓰모토, 누마즈, 욧카이치, 구레(10)
2001.4.1	중핵시	요코스카(1)
	특례시	하치노에, 야마가타, 미토, 마에바시, 다카사키, 가와구치, 히라즈카, 시미즈, 후지, 카스가이, 오오츠, 도요나카, 스이타, 히라카타, 이바라키, 야오, 네야가와, 아마가사키, 구루메, 사세보(20)
2002.4.1	중핵시	나라, 구라사키(2)
	특례시	도코로자와, 아즈키, 이치노미야, 기시와다, 아카시, 가코가와, 시모노세키(7)
2003.4.1	정령지정도시	사이타마(1)
	중핵시	가와고에, 후나바, 사가미하라, 오자키, 다카쓰키, 시즈오카(6)
	특례시	고시가야, 지가사키, 다카라즈카(3)
합계	정령지정도시	13
	중핵시	35
	특례시	39
지정 후보도시	중핵시	하치오지, 히가시오사카(2)
	특례시	아오모리, 후쿠시마, 가스가베, 아게오, 소카, 이치카와, 마쓰도, 가시와, 이치하라, 하치오지, 후추, 조후, 마치다, 후지사와, 히가시오사카, 니시노미야, 도쿠시마, 나하(18)

자료: 채원호(2003: 64)에서 수정하여 작성함.

4 자치도시 제도의 지정 조건과 특례

1) 정령지정도시의 지정 요건과 특례

먼저 정령지정도시는 대도시에 관한 특례 제도로서 내각이 제정하는 정령에 의해 지정되고, 인구 50만 이상이 되어야 한다(지방자치법 제252조 19). 그러나 실제로는 대부분 인구 100만 전후의 시가 지정되고 있다. 인구 조건 이외에도 제1차 산업에 종사하는 인구가 10% 미만이고, 도시 면적은 200㎢ 이상이며, 경제·사회·문화 등의 면에서 도시적 형태를 갖추어야 하며, 광역자치단체로부터 이양된 사무를 처리할 수 있는 행·재정 능력을 갖추어야 하기 때문인 것으로 보인다. 그 밖에 중요한 요건은 지정도시가 되고자 하는 대도시와 그 시가 소속한 광역자치단체와의 의견이 일치해야 하며, 대도시가 원한다 하더라도 광역자치단체 의회가 반대하면 지정될 수 없으며, 이는 중핵시 및 특례시의 경우에도 마찬가지이다.

광역자치단체에서 지정도시로 이양되는 사무 내용의 특례는 <표 5-6>에서 보듯이 시민의 일상생활과 밀접한 관련이 있는 18개 항목의 사무 중 일부 또는 전부로 규정되어 있다(지방자치법 제252조 19). 그 외 개별법에 의해서도 사무가 이양되는데, 즉 도로법 제17조에 의해 지정도시 내의 지방도 및 국도관리사무가 지정도시로 이양된다. 또 택지 조성에 관한 사무, 지정도시 내의 건축물 용지 하수 채취 허가, 유통업무지역 내 기준 외 시설의 건설 허가 등도 개별법에 의해 이양된다.

행정감독상의 특례로서는 지정도시가 되면 일반시와는 달리 광역자치단체장의 감독을 받지 않고, 자율적으로 사무를 처리할 수 있게 된다. 즉 지정도시는 법령에 의해 광역자치단체의 인가, 허가, 승인 및 기타 유사 처분을 필요로 하거나 이들 사무의 처리에 대해 광역자치단체장의 개선, 정지, 제한, 금지 및 기타 유사 지시나 명령을 받도록 되어 있는 것에 대해 정령(政令)으로 정하는 것에 대해서는 관련 행정절차를 거칠 필요가 없고, 또 이들 지시, 명령에 관한 법령의 규정을 적용받지 않는다. 다만, 이러한 특례

〈표 5-6〉 일본의 자치도시 제도의 유형과 특례

구분	지정도시	중핵시	특례시
대상 도시 여건	인구 50만 이상/기존 지정도시와 동등한 여건	인구 30만 이상/면적 100㎢ 이상	인구 20만 이상
사무배분 특례	지방자치법 252조 19호 1항에 열거하는 사무/개별법에서 지정시 특례로 지정된 사무-도도부현 권한의 80~90%	원칙적으로 지정시에 이양된 사무를 처리함(단, 도도부현에서 처리하는 것이 유리한 경우 제외)-지정시 권한의 70%	원칙적으로 중핵시에 이양된 사무를 처리함(단, 도도부현에서 처리하는 것이 유리한 경우 제외)-중핵시 권한의 20%
행정감독 특례	부·현지사의 감독 없고, 주무대신의 감독	원칙적으로 특례 없음. 단, 복지 관련 사무만 지정도시처럼 인정	원칙적으로 특례 없음.
행정조직 특례	행정구 설치 가능	없음(단, 지소, 출장소 설치 가능)	없음(단, 지소, 출장소 설치 가능)
재정상 특례	지방교부세 산정이 달라짐/지방도로양여세 증액/특별세 및 법정외세 등의 자주재원 노력 가능	지방교부세 산정이 달라짐.	지방교부세 산정이 달라짐.
지정 절차	정령으로 지정/정령의 입안은 해당 시의 신청에 의함(광역자치단 의회의 동의 필요)	정령으로 지정/총무대신의 지정 요청에 의함(광역자치단 의회의 동의 필요)	정령으로 지정/총무대신의 지정 요청에 의함(광역자치단 의회의 동의 필요)

자료: 손상락 외(2003: 83)를 수정하여 작성.

를 받는 대신에 주무대신의 감독과 행정처분을 받게 된다.

재정상의 특례로는 광역자치단체로부터 경유거래세교부금, 석유가스양여세, 복권발매수익금 등의 세원이 이양되고, 지방도로양여세, 자동차취득세교부금 등이 증액된다. 또한 전술한 사무 이양에 따라 인구나 지정도시의 특수한 사정을 고려한 기준재정수요액 산정 방식으로 지방교부세가 증액된다. 또한 광역자치단체장의 허가를 받아 발행하던 지방채를 총무대신의 허가로 발행할 수 있고, 한 건의 한도액도 광역자치단체와 동일하게 적용받는다.

조직상의 특례로서는 행정구를 설치하여 구청을 운영할 수 있으며, 시장과 구청장의 사무 분담으로 효율적이고 주민에 친밀한 행정을 전개할 수 있게 된다.

2) 중핵시 지정 요건과 특례

일본 지방자치법 제252조 23호가 정한 중핵시의 요건은 면적이 100㎢ 이상이어야 하며, 인구는 30만 이상이어야 하고(인구 50만 이상은 면적 요건이 없음), 인구 50만 미만인 시의 경우에는 해당 시를 포함한 지역에서 중핵적인 역할을 담당해야 한다.

지방자치법 제252조 22조의 1에 규정된 중핵시의 사무상의 특례로서 일반시가 처리할 수 있는 사무 외에 정령으로 지정하는 기능과 사무를 처리할 수 있도록 하고 있다. 즉 지정도시가 처리할 수 있는 사무 중에서 광역자치단체가 해당 구역에 걸쳐 일체적으로 처리해야 하는 사무와 기타 중핵시에서 처리하는 것이 효율적이지 않은 사무 이외의 사무 중에서 정령이 정하는 바에 따라 처리할 수 있다. 또한 중핵시가 그 사무를 처리할 때 광역자치단체장의 지시, 명령을 받아야 하는 것 중에서 정령으로 지정하는 것에 대해서는 정령이 지정하는 바에 따라 이러한 것들의 지시, 명령에 관한 법령의 규정을 적용하지 않는다. 이 경우 광역자치단체장의 지시를 받지 않는 대신에 주무대신의 지시, 명령을 직접 받도록 되어 있다.

3) 특례시 지정 요건과 특례

특례시의 지정 요건은 지방자치법 제252조 26호에 규정되어 있는데, 인구 20만 이상의 시라는 기준만 있을 뿐 다른 특별한 요건을 규정되어 있지 않다.

특례시에 주어지는 권한은 중핵시가 처리할 수 있는 사무 중에서 광역자치단체가 해당 구역에 걸쳐 일체적으로 처리하는 것이 특례시가 처리하는 것보다 효율적인 사무이거나 기타 특례시가 처리하는 것이 적당하지 않은 사무 이외의 것 중에서 정령으로 정하는 바에 따라 처리할 수 있다. 또한 특례시가 그 사무를 처리할 때 광역자치단체장의 개선, 정지, 제한, 금지 및 기타 유사 지시나 명령을 받도록 되어 있는 것에 대해 정령으로 정하는 것에 대해서는 관련 행정절차를 거칠 필요가 없고, 또 이들 지시, 명령에 관한 법령의 규정을 적용받지 않는다. 또한 중핵시와 마찬가지로 광역자치단체장의 지시, 명령을 받지 않는 대신에 주무대신의 지시, 명령을 직접 받도록 되어 있다.

5 일본 자치도시 제도의 의의와 문제점

1) 일본 자치도시 제도의 목표

일본의 자치도시 제도는 광역자치단체로 하여금 기초자치단체인 대도시들에 대한 개입을 적게 하고, 이들 자치도시들에 지방자치 권능을 차등적으로 부여하기 위해 도입된 것이다. 즉 지방자치와 분권을 확대하기 위한 수단으로 일반시보다 자치 권한이 확대되고 재정자주성을 확대해 주는 것이었다. 이는 도시의 유기체적 성격을 인정한 것으로 도시의 성장 정도에 따라 국가나 차상위 자치단체의 간섭을 차츰 줄인다는 생각에서 나온 것이다. 일본은 지방자치법의 개정에 의해 이러한 생각을 수렴하고, 이를 근거로 하여 정령을 개정하여 대도시들의 특성에 맞게 자율성과 독립성을 부여하는 지방행정 체계를 수립했다.

지정도시는 공간적으로 광역자치단체에 속해 있지만 소속 광역자치단체에 비해 약 8~90% 정도의 권한을 갖고 있는 것으로 평가받는다. 중핵시는 지정도시만큼의 권능을 갖고 있지 않지만, 준지정도시에 해당하는 정도로 지정도시 권한의 약 70% 정도를 갖는 것으로 평가된다. 특례시는 준중핵시라고 할 수 있다. 따라서 일본의 지방행정 체계는 이들 자치도시 제도를 통해 2계층제 하에서도 광역자치단체의 기초자치단체 간여의 정도를 어느 정도 줄이고 있으며, 또한 지방분권의 확대를 도모하고 있다.

다카요리 교수는 이러한 자치도시 제도의 목표를 세 가지로 보고 있다(高寄昇三, 2009).

첫째, 획일적인 지방 제도 및 통제적 운영의 구습을 타파하기 위한 것이라는 점이다. 즉 지정도시 제도를 통해 국가와 지방 간의 지방분권만이 아니라 부・현과 지정도시 등 지방자치단체 간 지방분권의 확립에도 목표를 두고 있다. 이는 과거 부・현 거점 방식에 의해 획일적인 지방행정을 실시하던 것을 막고자 하는 것이다. 소비자행정을 예로 들면, 국가는 소비자청을 설치하는 것만으로 집행이 되지 않기 때문에 보조금을 주어 부・현마다 소비자센터를 두게 했다(필치규제). 그리고 훈령, 통달을 통해 시정촌의 소비자행정을 부・현의 소비자센터가 감독하게 한 것이다. 그러나 식품 공해나 식품에 의한 전염병의 문제는 생활 현장에서 일촉즉발하는 것이기 때문에 현장의 판단에 자율성을 주는 것이 필요하다. 게다가 식품 안전에 대한 자체 연구나 처방을 할 수 있는 시스템을 갖춘 일정 규모 이상의 자치단체에는 소비자 행정 권한을 직접 부여해도 좋다는 이유이다.

둘째, 부・현 경유에 의한 간접통제 시스템을 탈피하고자 하는 것이다. 예를 들어 고베지진 당시 재해 현장에서 자위대 파견을 요청했지만, 부・현 경유 방식에 의해 일을 처리하는 시스템이기 때문에 자위대가 필요한 때에 도착하지 못했다. 광역자치단체의 논리는 '산도시메리'(칠을 할 때 세 번 칠하기를 말하는 것으로 심사숙고한다는 뜻), 즉 시정촌의 자기심사, 도도부현의 재심사, 중앙정부의 최종 심사가 필요하다는 것이다. 하지만 자치도시를 도입한 이유는 이러한 광역자치단체의 주장과는 달리 사업 등의 결정을 최적화하기 위해서는 민주화와 과학화가 필요한 것이지 권력적인 방식에 의한 심사가 필요한 것은 아니라는 점이다.

셋째, 대도시 재정 빈곤의 메커니즘을 변화시키고자 하는 것이다. 일본에서는 대도시가 다른 도시보다 재정적으로 부유하기 때문에(부유단체론), 국가가 재원 조정을 해야 한다는 생각이 다이쇼(大正) 시대나 쇼와(昭和) 시대 혹은 전쟁 후의 샤프(Carl S. Shoup) 권고에 의한 재정개혁의 시기에 지속되어 온 까닭에 대도시 재정은 희생되어 왔다. 대도시는 항상 수평적 재원 조정의 희생양이 되었고, 그러는 사이에 도시 정비의 부담은 커지고 인구는 늘어 행정 및 교육재정이 비약적으로 증가해 재원은 축소되고 재정 수요는 증가하는 악순환이 계속되어 왔다. 이러한 대도시의 재정 악화를 시정하기 위해 획일적 지방세 제도를 바꾸어 대도시들에 특별세, 초과과세, 불균일과세, 법정외세 등을 허용해 주어 자주재원을 확충하도록 해 주기도 했다. 이 밖에 지방채 발행의 자유화를 검토하는 것도 대도시의 재정 수요를 인정하는 등 재정분권을 어느 정도 허용하겠다는 것이다.

이러한 목표들이 성공하기 위해서는 일본에서도 역시 중앙정치가와 관료들의 중앙통제에 의한 지방 지배라는 의식이 선결되어야 한다는 지적이 있어 왔다(高寄昇三, 2009: 20), 일본의 자치도시 제도는 중앙통제를 줄이고, 재정분권까지 고려하여 대도시 문제를 풀려고 하는 실질적인 지방분권 확대의 노력이라고 평가할 수 있다. 하지만 일본의 자치도시 제도가 긍정적인 기능만을 갖고 있는 것은 아니다.

2) 일본 자치도시 제도의 문제점

일본의 자치도시 제도는 다음과 같은 문제점이 있는 것으로 평가된다.

첫째, 도시 규모의 확대로 인한 역내 집권의 문제이다. 자치도시 제도가 부·현에 대해 자치권을 강화한 것이라 해도 지정도시 내부적으로는 집권화 경향이 강화되고 있다. 요코하마시의 2007년 인구가 367만 명을 넘고, 행정구로 설치된 18개 구 중에서 인구가 가장 많은 고후쿠구가 32만 명이다. 자치권을 갖지 않는 구가 30만 명을 넘는 것은 다른 도시의 경우에는 중핵시가 될 인구 요건이다. 이것은 지정도시 지역 내에서의 분권이 필요하다는 것을 역설한다.

둘째, 행정조직의 비대화로 인해 대규모 관료제화되어 가고 있는 경향이다. 전 세계적으로 작은 정부를 지향하고 있는 것과 달리 일본은 행정 수요의 증대에 대응하기 위해 행정구 설치와 사무 권한 확대에 따른 본청 조직의 강화가 눈에 띈다. 요코하마시의 경우 2007년 공무원 수가 26,716명이고, 본청이 7,848명, 구청이 7,051명이다. 18개 행정구의 공무원 수가 본청의 그것보다 그렇게 적지 않다. 요코하마시로서는 광역행정 수요와 더불어 구와 마을 단위의 협역행정 수요까지 모두 처리하기 위해 대규모 관료제를 초래하게 되었다고 볼 수 있다.

셋째, 각 지역의 광역적인 차원에서 중심 역할을 하고 있는 대도시를 특정시로 격상시키는 경우 그 밖의 주변 지역으로부터 특정시로 인구 및 산업 등의 기능이 집중하는 현상이 일어나 지역 내에서 불균형 발전이 일어날 가능성이 크다는 점이다. 이러한 현상은 전국적으로 나타나는데, 교토시가 교토부에서 차지하는 인구 비율이 2004년도에 52.6%이고, 미야기현에서 센다이가 차지하는 비중은 42%, 가나가와현에서 요코하마시는 40%이다. 이러한 수치는 도시 발전에 따라 점점 커지고 있다(上野眞也, 2007: 6).

넷째, 기초자치단체 간에 재원 배분상의 불균형을 초래할 것이 우려된다.

특정시가 되면 해당 도시는 재정적인 측면에서 자율성을 부여받는데 도세징수교부금과 재정보전금 등을 광역자치단체와 동등한 지분으로 받게 되고(손상락 외, 2003: 79-80), 그 밖에도 석유가스양여세, 경유취급교부금, 지방도로양여세 증액 등의 특례 조치를 받게 되었다. 이렇게 됨으로써 국가가 불균형 시정 조치를 취하지 않는 이상 특정시와 일반시, 정, 촌 간에 재원 배분상의 불균형을 심화시킬 가능성도 있다.

이 밖에 광역자치단체의 공동화 문제나 중재 조정 기능의 약화 등도 지적되는 문제이다. 하지만 우리나라의 도시 발전이 현재 진행형인데다, 그간의 대도시 제도가 미흡하다는 판단에 비추어보면 일본의 자치도시 제도가 몇 가지 문제점이 있다고 해도 약간의 시사점을 얻을 수는 있을 것이다.

6 결론: 일본 대도시 제도의 시사점

한국의 지방행정 체제상 인구 100만 이상의 대도시는 도(道)라고 하는 광역자치단체로부터 분리시켜 광역자치단체로 만들어 왔다. 부산과 울산은 경상남도로부터, 인천은 경기도로부터, 대구는 경상북도 등에서 분리된 것이다. 지방분권의 역사가 일천했던 한국의 지방자치사에서는 이렇듯이 도로부터 광역시를 분리할 때 관선 도지사나 지방의 입장에서는 일본의 부·현처럼 반대 주장을 하기 어려웠던 것으로 보인다. 지방의 힘으로써는 도와 분리하여 광역시가 설치되는 것을 막지 못하고 중앙정치와 중앙정부의 주장에 따를 수밖에 없었다.

그리하여 우리나라는 1986년 무렵부터 인구 100만 이상의 대도시는 광역시로서 나머지 일반시는 기초자치단체로 성장하게 되었다. 그후, 수도권의 발전에 따라 수원, 성남, 부천시 등이 속속 인구 50만을 넘어 100만에 육박하게 되자 이들 도시와 광역자치단체와의 관계를 어떻게 설정하느냐 하는 것이 숙제로 남게 되었다. 하지만 인구 100만 가까이 성장한 대도시들을 더 이상 광역시로 만들 수 없다는 데 고민이 있다. 2009년 12월 현재 한국의 자치단체 수가 광역자치단체 16개, 기초자치단체 230개이고 이 가운데 대도시는 광역시가 7개, 도시는 75개이며, 이 중 인구 50만 특례시가 13개이다. 이 중 도에 광역시가 없는 곳은 전라북도와 충청남도, 강원도, 제주특별자치도 등 4곳이다. 현재 특례시가 가장 많은 곳은 경기도로서 수원 등 7개가 있는데 만약 이 중 100만을 넘거나 근접한 수원, 용인, 고양 등을 광역시로 지정한다면 경기도는 더 이상 존재하기 어려울 것이다. 게다가 2009년에 거론되고 있는 시·군 통합의 결과 성남, 하남, 광주 등이 통합된다면 현재의 울산광역시보다 더 큰 도시가 탄생하게 된다(2010년 1월 현재 성남시의회의 찬성 표결로 인해 통합이 가시화되고 있다. 행정안전부는 2010년 1월 '지방자치단체 통합 및 지원특례 법안'을 국회에 제출해 놓은 상태이다). 이러한 통합시까지 고려한다면 그 문제는 더욱 크다. 또, 충청남도라고 해도 이미 대전광역시가 분리된 상황에서 인구 53만 명의 천안시와 인구 30만의 아산시가 통합하여 주변 인구를 끌어들여 100만을 넘기고 이를 광역시로 지정한다면 도의 약화는 불을 보듯 뻔하다.

따라서 도시의 발전에 따라 늘어나는 도시 정비, 환경 보존, 산업 및 문화 발전의 행정 수요를 자율적으로 감당하게 하기 위해서는 일본처럼 다양한 자치시 제도의 도입이 필요한 상황이다. 하지만 이제까지의 한국 대도시 제도는 일본과 비교해 볼 때, 종류도 적고, 자치권의 이양 등도 부족한 것이 사실이다. 이러한 점에 비추어 향후 대도시 제도의 정비를 위한 몇 가지 방향을 도출할 수 있다.

첫째, 광역도시 제도에 대한 재검토 혹은 역사적으로 분리되었던 도와의 통합이다. 예를 들어 1980년대에 직할시로 해당 도와 분리되었던 대구(1981), 인천(1981), 광주(1986), 대전(1989) 등과 1997년에 경상남도에서 분리된 울산 등을 다시 해당 도와 통합하는 것이다. 현재 전 세계적으로 지역 간 경쟁이 심화되고 있으며, 메가시티 리전(Megacity Region: 광역경제권) 등이 새로운 생존전략으로 대두되고 있는 것도 도-광역시 통합의 필요성을 말해 준다.

둘째, 다양한 자치도시 제도를 도입해야 할 것이다. 앞에서 제안한 것처럼 도와 광역시가 통합되고 난 후 과거 광역시와 100만 이상의 도시에는 일본의 지정도시와 같은 자치도시의 위상을 부여하는 것이다. 이렇게 되면, 기존 광역자치단체가 약화된 것을 교정하면서도 대도시행정의 특수성을 해치지 않을 수 있다. 즉 광역자치단체는 아니지만, 도시적 성격의 기능 및 사무를 자율적으로 처리하는 권한을 주는 방향으로 설계하는 것이다. 이렇게 되면, 수도로서의 위상을 갖는 서울특별시를 제외한 기존의 광역시 6개와 인구 100만을 넘는 수원 등을 우선 지정할 수 있다.

셋째, 현재의 인구 50만 이상의 특례시는 그 지정 요건을 강화하되, 재정적 자주권을 강화하여 주는 방향이다. 특례시에서 나타나는 대도시로서의 문제점을 해결하기 위해서는 어느 정도의 자주재원과 재정자주 운영이 필요한 상황임에 비추어볼 때 현재의 재정자주권은 매우 미약한 상황이다.

넷째, 인구 30만 이상의 도시이면서 지역의 거점이 되는 자족도시(가칭)로 선정하여 행·재정적 자주권을 어느 정도 부여하는 것이다. 이 때 일본의 인구 20만 이상의 특례시를 참조할 수 있다.

참고 문헌

손상락·이시화·윤병구(2003). "일본의 자치도시제도에 관한 연구: 한국에 주는 정책적 함의." 국토연구원. 「국토연구」. 제39권. 67-84.

채원호·오영균(2003). "한국의 지정시제도 도입에 관한 연구: 일본의 특례도시제도가 주는 교훈." 서울행정학회, 서울행정학회. 「하계학술대회 발표논문집」. 59-76.

최창호(2006). 지방자치학. 서울: 삼영사.

高寄昇三(2009). 「政令指定都市がめざすもの」. 東京: 公人の友社

宮本憲一(2005). 「日本の地方自治その歷史と未來」. 東京: (株)自治体研究社

上野眞也(2007). 「政令指定都市をめざす地方都市」. 東京: 成文堂.

初村尤而(2003). 「政令指定都市-中核市と合併」. 東京: (株)自治体研究社

秋月謙吳(2003). 「行政·地方自治」. 東京: 東京大學出版會.

제3부

지방정부의 구성 및 운영

제 6 장 단체장과 조직인사관리

권경득
(선문대학교 행정학과 고수)
임정빈
(성결대학교 행정학부 전임강사)

1 서 론

각국의 지방자치의 특성은 법률적 체계, 정치경제·사회문화적 환경 및 지방자치의 역사와 수준에 따라 구별된다. 한국과 일본의 경우, 지방자치의 법·제도론적 관점에서 보면 단체장의 지위와 권한, 집행기관의 조직 및 인사관리에서 유사한 점도 많지만 차별적인 특징이 나타나고 있다. 단체장의 경우, 지방자치단체를 대표하는 지위와 권한, 단체장 우월주의 및 중앙정부의 업무를 위임·관리하는 측면에서 유사성이 있지만 단체장의 연임제한 규정, 의회해산권 등에서는 차이점을 보인다. 지방자치단체의 조직 및 인사권의 경우, 헌법에 의해 포괄적으로 규정하고 있지만 지방자치법을 비롯한 관련 법령에 의해 세부적인 사항까지 규정하고 있어 제한된 조직 및 인사권을 부여받고 있는 실정이다.

한국과 일본 지방자치단체의 단체장과 집행기관의 조직 및 인사관리를 수평적으로 비교하는 것은 한계가 있을 수 있다. 그러나 한·일 지방자치단체 간의 비교 연구를 통해 지방자치제도의 발전과 우리의 실정에 맞는 자치단체장의 지위와 권한을 규정하고, 지방자치단체의 조직 및 인사행정 체계를 구축하는 데 의미 있는 시사점을 제공할 수 있을 것으로 기대된다.

2 한 · 일 지방자치단체의 단체장

이 절에서는 한 · 일 양국의 지방자치단체의 현황을 살펴보고, 자치단체장의 지위와 권한, 자치단체장과 지방의회와의 관계 및 자치단체장에 대한 통제를 중심으로 살펴본다.

1) 한국 지방자치단체의 단체장

(1) 지방자치단체 현황

한국의 지방자치단체는 광역자치단체와 기초자치단체로 구성된다. 2010년 현재 1개 특별시, 6개 광역시, 8개 도, 1개 특별자치도의 16개 광역자치단체와 75개 시, 86개 군, 69개 자치구의 230개 기초자치단체로 구성되어 있다(<표 6-1> 참조).

우리나라의 현행 지방자치단체는 몇 차례의 자치구역 개편(시 · 군 통합) 과정을 거치면서 이루어졌다. 제1차 시 · 군 통합은 1994년 8월 시 · 군 통합의 기본법인 '경기도 남양주시 등 33개 도농 통합 형태의 시 설치에 관한 법률'이 제정되어 1995년 1월 1일자로 33개의 도농통합시가 설치되었다. 제2차 시 · 군 통합은 1994년 12월 '전라남도 광양시 등 2개 도농 복합 형태의 시 설치에 관한 법률'이 제정되어 동광양시와 광양군이 광양시로, 울산시와 울산군이 울산광역시로 통합되었다(1997. 7. 15). 제3차 시 · 군 통합은 1995년 5월 '경기도 평택시 등 5개 도농 복합 형태의 시 설치 등에 관한 법률'이 제정되어 이루어졌다. 제4차 시 · 군 통합은 '전라남도 여수시 도농 복합 형태의 시 설치 등에 관한 법률'(1997. 12. 17)이 공포되어 여수시, 여천군, 여천시가 여수시로 통합되었다.

2006년 7월 1일에는 '제주도특별자치도 설치 및 국제자유도시 조성을 위한 특별법'(2006. 2)에 근거해 종래의 제주도가 제주특별자치도로 새롭게 출범했다. 종래의 제주도는 1개 광역자치단체(제주도)와 2개 시(제주시, 서

〈표 6-1〉 한국 지방자치단체 현황

(단위: 개)

구분	광역자치단체					기초자치단체			
	계	특별시	광역시	도	특별자치도	계	시	군	구
계	16	1	6	8	1	230	75	86	69

자료: 행정안전부(2010).

귀포시), 2개 군(북제주군, 남제주권)의 4개 기초자치단체로 구성되었다. 그러나 제주특별자치도가 출범하면서 제주시와 부제주군을 통합해 제주시로, 서귀포시와 남제주권을 통합해 서귀포시로 2개 행정시(行政市) 체제르 변화되었다. 따라서 종래의 기초·광역 2계층의 자치계층 구조가 제주특별자치도의 단일 계층구조로 재편되었다. 통합 제주시와 서귀포시는 행정시의 법적 지위를 부여받으며, 이들 두 도시의 시장은 제주특별자치도 도지사가 임명한다.

제주특별자치도는 일반도와는 구분되는 다양한 특례의 자치 규정을 가지고 있다. 예를 들면, 일반도의 정무부지사 대신 환경부지사제 운영, 특별지방행정기관의 권한 이양, 지방경찰단 설치, 기구 설치 및 인사관리의 자율성 확보, 교부세의 법정률화, 균형개발 특별회계에의 제주 계정 설치, 재정의 자율성 확보 등이 있다. 이 밖에도 정부 정책이나 제도의 운영을 제주도의 실정에 맞게 조정할 수 있는 다양한 특례를 가지고 있다(강용기, 2008: 146).[1)]

최근 행정안전부는 '주민의 삶의 질 개선과 지역경쟁력 강화를 위한 자치단체 자율통합 지원계획'(2009. 9. 2)을 발표하고, 자치단체장, 지방의회 및 주민들로부터 통합건의서를 받았다. 전국 18개 지역 34개 시·군에서 통합건의서가 접수되었다. 그 중 여론조사와 지방의회 의결을 통해 창원·마산·진해시가 행정안전부에 통합의견서를 제출했다(2009. 12. 11). 성

1) 제주특별자치도에서는 자치단체장과 지방의회의 관계에 대해 지방자치법의 구정과는 다른 형태의 조직을 설치할 수 있도록 하여 지방자치단체 형태(유형)의 다양화를 제주도에서 시도할 수 있도록 규정하고 있다(제주특별자치도 설치 및 국제자유도시 조성을 위한 특별법 제13조).

남·광주·하남시의 경우에도 3개시 지방의회가 3개 도시 행정구역통합안을 찬성·의결했다(2010. 1. 22). 이들 두 지역의 통합시가 출범하기 위해서는 정부가 제출한 '지방자치단체 통합 및 지원특례법안'이 통과되어야 한다. 통합법안이 통과되고 통합 절차가 순조롭게 진행되면, 2010년 6월 2일 지방선거에서 통합시장이 선출되고, 7월 1일에는 통합시가 출범하게 된다.

(2) 지방자치단체장

① 자치단체장의 지위와 권한

우리나라 지방자치단체장은 지방자치단체의 목적을 적극적으로 실현하는 최고 집행기관으로서 해당 자치단체를 대표하며 교육·학예사무를 제외한 지방자치단체의 일반적 집행 업무를 총괄한다(지방자치법 제101조). 자치단체장은 지방자치단체의 수장으로서의 지위와 행정수반(집행기관의 장)으로서의 지위를 가진다(최창호, 2009). 또한, 중앙정부는 일반적인 국가사무를 자치단체장에게 위임하여 처리하고 있다(기관위임사무). 이 경우 자치단체장의 지위는 국가(또는 상급 자치단체)의 하급행정기관으로서의 지위를 갖는다. 지방자치법 제93조에 따르면 지방자치단체의 장은 특별시에 특별시장, 광역시에 광역시장, 도와 특별자치도에 도지사를 두고, 시에 시장, 군에 군수, 자치구에 구청장을 두는 것으로 구성된다. 자치단체장은 주민이 보통·평등·직접·비밀선거에 따라 선출한다. 자치단체의 장의 임기는 4년으로 하며, 지방자치단체장의 계속 재임(在任)은 3선까지만 가능하도록 되어 있다. 자치단체장은 법률이 정하는 바에 따라 겸임을 금지하고,[2] 사임하려면 지방의회의 의장에게 미리 사임일을 서면으로 적어 알리도록 되어 있다.[3]

지방자치단체장의 대표적인 권한은 지방자치단체를 대표하고, 그 사무를 총괄하는 지방자치단체의 통할대표권이라 할 수 있다. 자치단체장의 권한은 지방의회 경우와는 달리 열거주의에 의하지 않고 개괄주의에 의하기 때

2) 지방자치법 제96조는 지방자치단체장이 겸임할 수 없는 직(職)을 구체적으로 규정하고 있으며, 지방자치단체장은 재임 중 그 지방자치단체와 영리를 목적으로 하는 거래를 하거나 그 지방자치단체와 관계가 있는 영리사업에 종사할 수 없다고 규정하고 있다.

3) 우리나라의 경우, 이완구 충남도지사가 광역자치단체장으로는 처음으로 세종시 원안 추진에 대한 책임을 지고 2009년 12월 13일부로 충청남도 지사직에서 사임했다.

문에 매우 광범위하다. 더구나 자치단체장은 지방자치단체 사무의 실제적 집행권자도 되기 때문에 그 권한이 막강하다(최창호, 2009). 자치단체장의 권한을 구체적으로 살펴보면 다음과 같다. 첫째, 사무와 법령에 따라 지방자치단체장에게 위임된 사무를 관리하고 집행하는 권한을 가진다(지방자치법 제103조, 제104조). 둘째, 소속 행정청·관할 자치단체에 대한 지도·감독권과 소속 직원에 대한 지휘·감독권을 가지고 있다(동법 제105조, 제166조, 제167조). 셋째, 규칙제정권과 법령과 조례·규칙으로 정하는 바에 따라 그 임면·교육훈련·복무·징계 등에 관한 사항을 처리하는 권한도 가지고 있다(동법 제23조, 제105조). 넷째, 지방의회에 조례안·예산안을 제출하며, 기타 지방의회의 의결 사항에 대한 의안을 제안하는 권한을 가진다(동법 제66조, 제127조).

이와같이 우리나라 자치단체장은 예산의 편성과 집행, 소속 공무원에 대한 인사 등에서 강력한 권한을 행사하며, 지방의회 의결에 대한 거브권을 가지고 있다. 이를 통해 자치단체장은 자치단체의 운영에 결정적인 역할을 하는 집행조직과 집행기관의 운영에 필요한 지식과 정보를 장악하고 있다. 또한, 중앙정부의 위임사무가 많은 상황에서 자치단체장의 정치적 영향력과 행정 권한은 절대적이라 할 수 있다(김병준, 2009: 172).

② 자치단체장과 지방의회의 관계

우리나라 자치단체장과 지방의회는 독립하여 자신의 직무를 수행하되, 평상적으로 상호 접촉하며 협조 또는 견제의 관계를 가진다. 자치단체장은 그 업무 수행 시에 지방의회와 다음과 같은 관계를 가지고 있다. 첫째, 자치단체장은 급히 의결해야 할 사안이 발생하면 지방의회 임시회의를 소집해 곧바로 의안에 대해 의결할 것을 요구할 수 있다(지방자치법 제45조). 둘째, 자치단체장은 지방의회의 의결에 대한 재의 요구와 제소를 할 수 있다. 자치단체장은 지방의회의 의결이 월권이거나 법령에 위반되거나 공익을 현저히 해친다고 인정되면 그 의결 사항에 대해 재의를 요구할 수 있다. 그러나 자치단체장의 재의 요구에 대해 지방의회가 재적 의원 과반수의 출석과 출석 의원 3분의 2 이상의 찬성으로 같은 의결을 하게 되면 그 의결 사항은 확정된다(동법 제107조). 자치단체장은 지방의회의 재의결 사항이 법령에 위반된다고 판단되는 때에는 대법원에 소(訴)를 제기할 수 있고, 필요하다고 인정되는 때에는 그 의결의 집행을 정지하게 하는 집행정지 결정을 신청할 수 있다(동법 제107조, 제172조). 또한, 자치단체장은 지방의회의 의결이 예산상 집행할 수 없는 경비를 포함할 경우 재의를 요구할 수 있다(동법 제108조). 셋째, 자치단체장은 지방의회 의장의 추천에 의한 사무기구 직원들에 대한 인사권이 있다. 즉, 지방의회 의장의 추천에 의해 지방의회 사무직원을 임명할 수 있다(동법 제91조 제2항). 넷째, 자치단체장은 지방의회가 성립되지 아니한 때(의결정족수에 미달하게 될 때)와 지방의회의 의결 사항 중 주민의 생명과 재산 보호를 위해 긴급하게 필요한 사항으로서 지방의회를 소집할 시간적 여유가 없거나 지방의회에서 의결이 지체되어 의결되지 아니할 때에는 선결처분(先決處分)을 할 수 있다. 단, 선결처분은 지체없이 지방의회에 보고하여 승인을 받도록 되어 있다(동법 제109조).

이와같이 우리나라 자치단체장은 지방의회에 대해 재의 요구권과, 제소권 및 선결처분권을 가지고 있으며, 특히 행정안전부 장관이나 시・도지사의 요구에 의한 재의 요구나 제소는 자치단체장(집행기관)이 지방의회에 비해 우위에 있음을 보여 준다.

③ 자치단체장에 대한 통제

우리나라 자치단체장(집행기관)에 대한 통제는 지방의회에 의한 통제(입법적 통제), 국가 및 상위기관에 의한 통제(행정적 통제), 및 주민의 통제 등으로 구분할 수 있다. 지방의회의 통제는 ① 의결권을 통한 의결 과정에서의 통제, ② 행정사무의 감사 및 조사를 통한 견제, ③ 주민청원의 심사 및 처리를 통한 견제 등으로 구분된다. 국가나 상위 자치단체에 의한 통제는 ① 국가 및 상위 자치단체의 지원 및 지도 감독, ② 위법 부당행위의 시정명령(취소, 정지), ③ 직무이행명령, ④ 지방자치단체의 자치사무에 대한 감사 등으로 구분된다. 반면에 주민에 의한 통제로는 선거에 의한 자치단체장의 선출, 주민에 의한 직접청구(조례제안청구, 주민감사청구), 주민소환제도 등이 있다. 그러나 우리나라는 일본에서 채택・운영하고 있는 지방의회에 의한 자치단체장의 불신임제도는 채택하고 있지 않다.

우리나라 자치단체장(집행기관)은 지방의회와의 관계에서 우월적 입장에 있지만 중앙정부로부터 강한 통제를 받고 있는 실정이다. 각종 법・제도와 행정적 규제에 의해 제약을 받는 것은 물론 중앙정부의 사무를 처리하는 데도 구체적이고도 강력한 통제를 받고 있다.

2) 일본 지방자치단체의 단체장

(1) 지방자치단체 현황

일본의 자치계층 구조는 광역자치단체로서 도·도·부·현(都·道·府·縣)이 있고, 기초자치단체로서 시・정・촌(市・町・村)이 있다. 2008년 7월 현재 도도부현은 47개, 시정촌은 1,787개이다. 도도부현의 경우 1개 도(都), 1개 도(道), 2개 부(府), 43개 현(縣)으로 구성되어 있고, 시정촌은 783시(市), 811정(町), 193촌(村)으로 구성되어 있다. 도도부현의 호칭의 차이는 연혁적인 이유에 기인한다. 지방자치단체의 사무에 대해 도(都)와 도(道)에 관해서는 약간의 특례가 있으나 부(府)와 현(縣)에서는 본질적 차이는 없다. 시정촌의 경우 1880년대 71,314개에서 점차 감소하여 오늘에 이른다. 감소된 시기별로 살펴보면, 1889년 명치 대합병으로 15,820개로 감소했고, 제2차 세계대전 직후인 1945년 10,520개로 감소했으며, 1954년부터 1962년의 쇼와(昭和) 대합병으로 3,466개로 줄어들었다. 1999년 이후에는 '시정촌의 합병의 특례에 관한 법률'을 대폭 개정하여 1,787개로 재편되었고, 2010년 3월까지 기초자치단체가 1,730개로 합병될 예정이다(市: 786개, 町: 757개, 村: 187개).

일본은 인구의 도시 집중에서 비롯된 급격한 도시화에 대처하기 위해 지정시, 중핵시, 특례시 등의 제도를 도입하여 일반도시에 비해 특례를 둠으

〈표 6-2〉 일본 지방공공단체 현황

(단위: 개)

구분	광역자치단체(도도부현)					기초자치단체			
	계	도(都)	도(道)	부(府)	현(縣)	계	시	정	촌
계	47	1	1	2	43	1,787	783	811	193

자료: http://www.metro.tokyo.jp/KOREAN/PROFILE/overview05.htm

로써 행정을 효율적으로 처리하는 자치행정 체계를 운영하고 있다. 2008년 7월 현재, 지정도시는 17개, 중핵시는 39개, 특례시는 43개이며, 이들 도시는 광역자치단체인 도도부현이 가지고 있는 권한의 일부를 이양받아 처리하도록 하고 있다. 시(市) 중에서 정령으로 지정한 인구 50만 명 이상의 시(市)를 지정도시[4]라고 하며 대도시 문제에 대처하기 위해 일반시와 다른 특례 조치가 인정된다. 그리고 정령에서 지정한 인구 30만 이상의 시(市)를 중핵시라 하며 지정도시가 처리 가능한 사무 중 도(都), 도(道), 부(府), 현(縣)이 일괄적으로 처리하는 것이 효율적인 사무를 제외한 업무를 처리할 수 있다(39개 중핵시가 지정되어 있음). 반면에 정령에서 지정한 인구 20만 이상의 시를 특례시라 하며 중핵시에 이양된 사무의 일부를 처리할 수 있다(43개 특례시가 지정되어 있음).

(2) 지방자치단체장

① 자치단체장의 지위와 권한

일본의 지방자치법 제139조는 도도부현(都道府縣)에 지사를 주고, 시정촌(市町村)에 시정촌 장(長)을 둔다고 규정하고 있다.[5] 지방자치단체장의 임기는 4년이며, 연임 제한의 규정은 없다. 지방자치단체장은 중의원 의원 또는 참의원 의원과 겸임할 수 없으며, 지방의회 의원, 상근 직원 및 단시간 근무 직원과 겸임할 수 없도록 규정하고 있다.

일본 자치단체장의 역할은 다원적이지만, 가장 중요한 역할은 행정의 총괄자 혹은 책임자로서 지방행정을 총괄하는 입장에 있다. 자치단체장의 지위와 권력은 집행기관의 장(長)이라는 데에서만 비롯되는 것은 아니다. 자치단체장은 법적으로 지방자치단체를 대표하는 데 머물지 않고 지방자치단체를 상징하는 존재로서 의미를 가지고 있다. 지역 주민의 기대와 요구는

---

4) 오사카(大阪), 나고야(名古屋), 교토(京都), 요코하마(橫濱), 고베(神戶), 기타큐슈(北九州), 삿포로(札幌), 가와사키(川崎), 후쿠오카(福岡), 히로시마(廣島), 센다이(仙台), 지바(千葉), 사이타마(埼玉), 니가타(新潟), 시즈오카(靜岡), 하마마쓰(浜松), 사카이(境) 등 17개 시가 지정되어 있다.

5) 일본의 도도부현은 한국의 시·도에 비해 독자적 지위와 권한이 강하다. 일본의 경우 지방자치단체의 조례의 규정 범위가 넓다(권리의 제한, 의무 부과 행위, 벌칙 부과 등). 그리고 지방자치단체장은 의회소집권과 의회해산권을 가지고 있으며, 지방의회는 단체장에 대한 불신임권을 가지고 있다.

자치단체장에게 집중되는 경향이 있으며, 이러한 지역 주민의 기대와 지지는 자치단체장이 권력을 유지하는 기반이 되기도 한다. 지역 주민의 기대가 적정한 수준으로 충족되는 한 자치단체장의 지위는 확고하다고 할 수 있다. 일본 자치단체장의 재임 기간은 4선 이상의 다선인 경우가 많아서 자치단체장의 지위는 비교적 안정성이 높다(4선 내지 5선은 보통이며, 때로는 6선 내지 7선에 이르는 경우도 있음)(임정빈 외, 1999: 50).

자치단체장은 기본적으로 국가의 법규와 지방자치단체의 조례에 근거하여 행정 업무를 수행한다. 물론 자치단체장과 집행기관은 상위기관으로부터의 지시·명령에 기초하여 행정 업무를 수행해야 하는 일정한 제약을 받고 있다. 그리고 자치단체장과 집행기관이 당면한 행정 업무를 수행하기 위해 좀더 자유롭고 유연한 대응을 필요로 할 경우에는 행정지도를 활용하고 있으며(新藤宗幸, 1996), 그 대표적인 예가 요강행정(要綱行政)이라 할 수 있다.6)

일본 지방자치법 제147조는 자치단체장이 "지방자치단체를 총괄하고, 이를 대표한다"고 규정하고 있다. 자치단체를 통할하고 이를 대표하는 것이 가장 중요한 자치단체장의 권한이다. 자치단체장은 자치단체의 사무를 관리·집행하며, 다음과 같은 사항을 관장하게 되어 있다. ① 지방의회의 의결을 거쳐야 할 사안에 대한 의안 제출, ② 예산 편성 및 집행, ③ 지방세 부과 징수, 분담금·사용료·가입금 또는 수수료 징수 및 과태료 부과, ④ 결산에 대한 지방의회의 승인, ⑤ 회계 감독, ⑥ 재산의 취득·관리 및 처분, ⑦ 공공시설의 설치·관리 및 폐지, ⑧ 증서 및 공문서의 보관, ⑨ 기타 사무의 집행 등이다. 또한 자치단체장은 보조기관인 직원을 지휘·감독하고, 관리 대상 행정청의 처분이 법령, 조례 또는 규칙에 위반될 때, 그 처분을 취소하거나 정지시킬 수 있으며, 자치단체 구역 내의 공공단체 등의 활동을 종합적으로 조정하기 위해 이들 기관들을 지휘·감독할 수 있다.

---

6) 행정지도란 어떤 특정한 목적 실현을 위해 법령의 근거를 기본적인 배경으로 하거나 또는 사안에 직접 적용할 법적 근거가 없더라도 간접적으로 관련된 법적 근거를 원용하여 특정 상대의 행정을 조작하는 관료제의 행동이다. 대표적 예가 요강행정으로 대도시 인구 급증 지역에서 토지이용 규제를 추진하는 수단으로 도입하여 주민의 이익을 옹호하는 행정지도이다(新藤宗幸, 1996).

일본의 자치단체장은 지방의회와의 관계에서 수장주의(首長主義)를 채택하고 있다.[7] 수장주의는 행정기관의 장(長)인 자치단체장이 지방의회에 의안을 제출하는 권한을 보유하고 있으며, 지방의회는 자치단체장의 불신임을 의결하는 것이 가능하다. 지방의회가 자치단체장의 불신임을 의결하는 경우에는 재적 의원 2/3 이상의 출석과 출석 의원 3/4 이상의 동의가 필요하다(단, 지방의회 해산 후 첫 지방의회에서의 불신임 의결은 과반수로 채택함). 자치단체장은 불신임 의결 후 10일 이내에 지방의회를 해산할 수 있다. 일본 지방자치단체의 수장주의는 대통령제에 의원내각제의 한 형태를 가미한 것이다. 그러나 이러한 절충적 성격은 현실적으로 자치단체장의 권력을 현저히 강화시키는 결과를 초래했다고 볼 수 있다(阿部齊・新藤宗幸, 1999; 임정빈 외, 1999: 45-46).

지방의회에 부여되어 있는 자치단체장에 대한 불신임의결권은 지방의회가 자치단체장을 통제하는 데 큰 무기가 될 수 있다. 그러나 실질적으로 광역자치단체장(지사)에 대한 불신임이 지방의회에서 가결된 경우는 한 번도 없었고, 단지 기초자치단체장(시장)에 대한 불신임이 가결된 경우가 몇 차례 있었다. 자치단체장은 의안제출권을 충분히 활용하여 지방의회에 적극적으로 의안을 제출하고 있다. 자치단체장이 제출한 의안은 수정되거나 부결될 가능성이 상대적으로 낮으나 지방의원이 제출한 의안은 수정되거나 부결될 가능성이 상대적으로 높은 것으로 나타나고 있다(阿部齊・新藤宗幸, 1999; 임정빈 외, 1999).

② 자치단체장과 지방의회의 관계

일본의 지방자치단체는 자치단체장과 지방의회의 이원적 대표제로 구성되어 상호 견제와 균형을 유지하도록 되어 있다. 자치단체장의 의안제출권이나 지방의회의 불신임의결권도 이러한 관계의 일부이다. 그러나 실제로는 자치단체장과 지방의회의 관계는 결코 대등하지 않으며, 자치단체장이 우월적 입장에 있다. 지방의회에 대한 자치단체장의 우월적 입장은 다양한 형태로 제도화되어 있다. 이를 구체적으로 살펴보면 다음과 같다.

---

7) 집행기관의 장인 자치단체장을 의회로부터 독립하여 직접 민선으로 선임하는 제도(大森彌 編, 1998).

첫째, 자치단체장에게는 일시적 거부권으로서의 의미를 갖는 '재의청구권(再議請求權)'이 인정된다. 지방자치법은 이 재의청구권에 대해 상세한 규정을 두고 있는데, 특히 중요한 것은 일반적 재의청구권(一般的 再議請求權)과 위법 의결(違法議決)의 재의청구권이다. 전자는 조례·예산 의결에 대해 자치단체장이 반대 사유와 함께 10일 이내에 재의를 청구할 수 있는 권한을 의미한다. 자치단체장이 재의를 요구한 사안에 대해 지방의회에서 출석 의원 2/3 이상으로 재의결하면 의결이 확정되고, 그렇지 않으면 의결은 성립되지 않는다. 반면에 후자는 지방의회의 의결이나 선거를 자치단체장이 위법이라고 판단했을 경우, 재의·재선거를 청구할 수 있는 것을 의미한다(阿部齊·新藤宗幸, 1999).

둘째, 자치단체장은 지방의회에 예산안을 제출하는 권한을 가지고 있다. 이는 자치단체장에게만 인정된 권한이며, 지방의회 의원과 지방공영기업의 관리자는 예산을 지방의회에 제출할 수 있는 권한이 없다. 예산안을 둘러싸고 자치단체장과 지방의회가 대립하는 경우에는 자치단체장에게 난국을 타개하기 위한 약간의 권한이 인정된다.

셋째, 자치단체장의 권한에는 긴급한 경우에 지방의회를 대신하여 지방자치단체의 주요 사항을 결정할 수 있는 권한이 포함되어 있다. 이것을 '전결처분(專決處分)'의 권한이라고 한다(松本英昭, 2003). 자치단체장이 전결처분을 할 수 있는 것은 다음의 네 가지 경우이다. ① 지방의회가 성립되어 있지 않을 경우, ② 지방의회가 개회할 수 없는 경우, ③ 지방의회를 소집할 여유가 없는 경우, ④ 지방의회가 의결해야 할 사안을 의결하지 않는 경우에는 자치단체장에게 본래 지방의회가 의결해야 하는 안건에 대한 전결처분권이 인정되어 있다. 전결처분은 긴급성만 인정되면 조례와 예산을 포함한 지방의회의 모든 의결 사항이 그 대상이 되며, 자치단체장은 차기 지방의회에 보고하여 승인을 얻어야 한다. 지방의회의 승인을 얻지 못할 경우에는 자치단체장에게 정치적 책임감이 부과될 뿐 전결처분 그 자체는 합법적이고 유효하다.

③ 자치단체장에 대한 통제

일본 지방자치단체장에 대한 통제는 우리나라와 같이 지방의회에 의한 통제(입법적 통제), 국가 및 상위 자치단체에 의한 통제(행정적 통제) 및 주민에 의한 통제로 구분할 수 있다. 자치단체장에 대한 지방의회의 통제는 의결권, 감시적 권한 및 의견표명권 등을 통해 이루어진다. 지방의회의 의결권은 조례 제정 및 개폐, 예산 의결, 결산 승인 등이 있다. 지방의회의 감시적 권한은 집행기관에 대한 검사권(행정 서류 및 계산서의 검열, 보고의 청구, 감사의 청구 등), 조사권(출두의 청구, 증언의 청구), 설명 요구 및 의결 진술의 권한, 중요한 인사(부지사·조역, 출납장·수입역 등)에 대한 동의권, 자치단체장에 대한 불신임권 의결권 등이 있다. 지방의회의 의결표명권은 공익에 관한 사건에 대해 관계 행정청에 의견서를 제출하거나 진정이나 청원을 수리하는 권한이다. 이 중에서 지방의회의 조사권은 강력한 통제 방식이라 할 수 있다. 일본 지방자치법 제100조는 "지방의회는 당해 지방자치단체의 사무에 관해 조사하고 선거인 그 밖의 관계인의 출두 및 증언 및 기록을 청구할 수 있다"고 규정하고 있다. 이를 일명 '100조 조사권'이라고 부르며, 조직되는 위원회를 '100조 위원회'라고 한다. 지방의회의 조사권에는 의안조사, 정치조사 및 사무조사가 있다.[8)]

국가나 상위 자치단체에 의한 통제는 자치대신 또는 도도부현 지사에 의한 기술적 조언·권고 및 자료 제출 요구, 재무 감시, 내각총리대신의 사무처리 및 집행에 대한 시정 개선 요구 조치, 도부현 지사에 의한 시정촌 사무 처리 및 집행조사, 지방자치단체의 감사위원에 의한 사무검사 또는 감사 및 사무검사·감사 협력 등이 있다(일본 지방자치법 제245조~제246조의 4). 주민에 의한 통제로는 선거를 통한 자치단체장의 선출이 있으며, 주민에 의한 직접 청구로 조례의 제정 및 개폐청구권과 사무감사청구, 주민에 의한 감사청구 및 주민소송(정지청구, 취소 또는 무효확인 청구, 위법확인의 청구, 대위청구), 자치단체장에 대한 주민해직청구(주민소환) 등이 있다.

8) 의안조사는 현재 의제로 된 사항과 장래 의제가 되는 사항을 기초 자료로 수집하기 위한 조사이다. 정치조사는 여론의 초점이 되고 있는 사건의 실정을 명확히 하기 위한 조사이다. 반면에 사무조사는 지방자치단체의 주요 사무의 집행 상황에 관한 것을 전부 포함한다. 그러나 기관위임사무나 국가의 사무집행에 대해서는 조사권을 적용하지 않고 있다(지방자치단체국제화재단, 2001: 393-394).

3) 한 · 일 자치단체장의 비교

한 · 일 지방자치단체는 광역자치단체와 기초자치단체로 구성되어 있다는 점과 법률상 각 지방자치단체는 대등한 관계를 구축하고 있으나, 실질적으로는 기초자치단체가 광역자치단체의 관리 · 감독을 받고 있다는 점 등이 유사하다. 또한, 자치단체장의 지위, 역할 및 권한에서도 유사한 부분이 많다. 자치단체장이 지방자치단체를 대표하는 지위를 가지고 있고, 임기는 4년이다. 사무의 관리 및 집행권과 직원에 대한 임면권을 가지고 있고, 중앙정부의 업무를 위임 · 관리하고 있다. 지방의회와의 관계에서도 한 · 일 자치단체장은 우월적 입장을 유지하고 있다.

한 · 일 지방자치단체장 간에 차이점으로는 한국의 경우, 자치단체장은 3선까지 연임할 수 있는 제한이 있으나 일본의 경우에는 자치단체장의 연임 제한 규정이 없다. 또한, 일본의 경우에는 지방의회에 자치단체장에 대한 불신임의결권이 있고, 자치단체장에게는 의회해산권이 있다. 자치단체장이 사임할 때, 한국의 경우 지방의회 의장에게 사임일을 적은 사임통지서를 제출하고, 사임 통지가 된 날에 사임하면 된다. 그러나 일본의 경우에는 도도부현 지사는 퇴직 희망일 전 30일, 시정촌장은 퇴직 희망일 전 20일까지 지방의회 의장에게 사임통지서를 제출하도록 되어 있다. 자치단체장에 대한 통제에서는 한 · 일 지방자치단체가 유사한 통제 방식을 활용하는 것으로 나타나고 있다.

3 한 · 일 지방자치단체의 조직관리

이 절에서는 한 · 일 지방자치단체의 조직관리를 집행기관의 조직 체계와 자치조직권(기구 및 정원관리)을 중심으로 살펴본다.

1) 한국 지방자치단체의 조직관리

(1) 집행기관의 조직 체계

지방자치단체의 집행기관은 지방의회(의결기관)가 결정한 의사에 따라 지방자치단체의 존립 목적을 구체적 · 적극적으로 실현하는 기관으로 지방자치단체의 의사를 대외적으로 표방하는 권한을 가진다. 집행기관은 지방자치단체의 사무뿐만 아니라 국가 또는 상급자치단체로부터 위임받은 사무(기관위임사무)를 처리한다. 우리나라 지방자치법에서는 집행기관을 단체장 외에 보조기관, 행정기구, 소속 · 하급기관 등으로 규정하고 있다(지방자치법 제110조~제112조).

보조기관은 단체장의 직무를 내부적으로 보조하여 그 목적을 실현하는 조직이다. 반면에 행정기구는 지방자치단체의 행정사무를 분장하기 위해 조례로 정해 설치하고 있다. 또한 지방자치단체장의 지휘 · 감독 아래 어느 정도 독자성을 가지고 자치단체의 사무를 기능별 또는 지역별로 분담 · 처리하는 소속 및 하급 행정기관이 있다.[9]

① 보조기관

보조기관은 지방자치단체장의 의사 결정이나 그 과정을 보조함으로써 행정기관의 목적 달성에 공헌하는 기관을 의미한다. 즉 보조기관은 독립적으로 사무를 집행할 권한은 없고, 행정청을 보조함을 목적으로 하는 행정기관을 의미한다. 우리나라 지방자치단체의 보조기관으로는 부자치단체장, 행정기구 및 지방공무원이 있다. 부단체장은 당해 지방자치단체장을 보좌하여 사무를 총괄하고 소속 공무원을 지휘 · 감독한다(지방자치법 제110조). 부단체장의 수는 자치단체의 규모와 수준에 따라 다르게 두고 있다. 광역자치단체는 부단체장을 2인 이상을 둘 수 있는 데, 행정부시장 · 행정부지사, 정무부시장 · 정무부지사 등이다. 기초자치단체의 부단체장은 1인을 둘 수 있으며 부시장, 부군수, 부구청장 등으로 임명된다(동법 제110조).

행정기구는 행정사무를 분담하여 처리하기 위한 기구로 구체적으로 실 · 국 · 과 · 담당 등을 의미한다. 행정기구의 설치와 지방공무원의 정원은 인건비 등 대통령령으로 정하는 기준에 따라 지방자치단체의 조례로 정한다(동법 제112조).

9) 소속 및 하급 행정기관은 지방자치단체장에 소속되면서도 행정사무를 자기 명의로 처리하는 일종의 행정청이다.

② 소속 및 하부 행정기관

소속 행정기관이나 하부 행정기관은 자치단체장과 부단체장의 지휘를 받아 지방자치단체의 다양한 필요성을 충족시키기 위한 독립 조직으로 운영되는 기관이다. 소속 행정기관의 조직은 직속기관, 사업소, 출장소, 합의제 행정기관, 자문기관 등이 있다. 지방자치단체는 그 소관 사무의 범위 내에서 필요하면 대통령령이나 대통령이 정하는 바에 따라 지방자치단체의 조례로 자치경찰기관(제주특별자치도), 소방기관, 교육훈련기관, 보건진료기관, 시험연구기관 및 중소기업지도기관 등을 직속기관으로 설치할 수 있다(지방자치법 제113조). 그리고 지방자치단체는 특정 업무를 효율적으로 수행하기 위해 필요하면 대통령령으로 정하는 바에 따라 조례로서 사업소를 설치할 수 있으며, 원격지 주민의 편의와 특정 지역의 개발을 촉진하기 위해 출장소를 설치할 수 있다(동법 제114조, 제115조).

또한 지방자치단체는 그 소관사무의 일부를 독립하여 수행할 필요가 있으면 법령이나 그 지방자치단체의 조례로 정하는 바에 따라 합의제 행정기관을 설치할 수 있다(동법 제116조). 합의제 행정기관이란 다수로 구성되어 다수의 합의에 의해 결정하고 집행기관인 자치단체장이나 교육감, 의결기관인 지방의회로부터 독립하여 직무를 수행하는 행정기관을 말한다(이기우・하승수, 2007). 지방자치단체의 인사위원회와 소청심사위원회가 합의제 행정기관의 예라고 할 수 있다. 하부 행정기관은 행정시의 시장, 행정구의 구청장, 읍에 읍장, 면에 면장, 동의 동장을 의미한다. 하부 행정기관의 장은 일반직 지방공무원으로 임명한다(동법 제118조).

(2) 자치조직권(기구 및 정원관리)

자치조직권은 지방자치단체의 조직을 자주적으로 정하는 권한으로 행정기구설치권과 정원관리가 주요 내용을 이룬다. 우리나라의 경우 지방자치단체의 자치조직권은 상당한 제약을 받고 있다. 지방자치단체의 행정사무를 분장하기 위해 필요한 행정기구를 두되, 시・도에서는 대통령령이 정하는 범위 안에서 조례로 정하고 있다. 시・군・자치구에서는 시・도지사의 승인을 얻어 조례로 정하도록 하고 있다. 이와같이 우리나라는 지방자치단체의 행정기구 설치와 운용을 대통령령에 위임하고 있으며, 기초자치단체의 경우, 대통령령의 기준과 광역자치단체의 승인이라는 이중의 제한과 규제를 하고 있다. 또한 지방자치단체의 조직과 운영은 "대통령령의 범위 안에서 조례로 정한다"고 규정하고 있으면서도 행정안전부령인 '지방자치단체의 행정기구와 정원에 관한 규정 시행규칙'이라는 규정을 통해 지방자치단체의 자율성을 제약했다.

그러나 2007년부터 총액인건비제도가 도입됨으로써 지방자치단체는 총액인건비를 기준으로 기구와 정원을 자율적으로 관리하는 조직관리 시스템을 구축했다. 총액인건비제는 지방자치단체가 기구 및 정원 운영에 수반되는 인건비성 경비를 기준으로 행정기구 및 정원을 자율적으로 관리하고 그 결과에 대해서는 스스로 책임을 지는 제도이다(<표 6-3> 참조). 즉, 총액인건비제는 지방자치단체가 행정기구 및 정원을 행정안전부가 산정 통보한 '총액인건비 기준액'을 가이드라인으로 자율적으로 관리하는 제도로서 법령상 기구 설치 및 정원 책정 기준, 행정안전부 장관의 기구 및 정원 승인권 등 중앙의 통제를 폐지하고, 자율성 확대에 따르는 책임성 확보를 위해 지방의회의 통제, 조직평가·진단제도 도입, 인센티브 부여 등을 주요 내용으로 한다(정부혁신지방분권위원회, 2008: 23). 총액인건비제는 법령에 표준 정원을 규정하고 그 한도 내에서 조직을 운영 관리하는 표준정원제에 비해 자율권이 대폭 확대되었다. 최초 총액인건비의 산정은 인건비 관련 경비(19개 항목)의 합계액을 인력 운영의 효율성 정도에 따라 보정하고 인구 증감분 및 처우개선분 등을 반영하여 산정한다(임승빈, 2009: 98).

〈표 6-3〉 총액인건비 도입에 따른 자치조직권의 강화

구분	역할	주요 특징
자율성 확보		○ 총액인건비제 운영 및 기구·정원 승인권 이양
	중앙정부	-공무원 인건비 총량 결정
	지방정부	-인건비 범위 내에서 행정기구 수와 정원 수 자율 결정
책임성 확보		○ 지방조직 관리 시스템 구축
	중앙정부	-조직평가 및 인센티브제 강화
	지방정부	-조직 운영 상황 공시 -지방의회 의결권 강화

자료: 지방행정연구원(2006: 31).

2) 일본 지방자치단체의 조직관리

(1) 집행기관의 조직 체계

지방자치단체의 집행기관이란 독자의 집행권을 가지고 담당하는 사무에 관해 지방자치단체가 스스로 의사를 결정하고 외부에 표시할 수 있는 기관을 말한다. 지방자치단체의 집행기관은 지방의회의 의사결정 사항을 집행함과 동시에 그 권한에 속하는 사항에 대해서는 스스로 의사결정을 하여 이것을 외부에 표시하고 집행한다(한국지방자치단체국제화재단, 2008). 집행기관은 해당 지방자치단체의 조례, 예산 및 그 밖의 지방의회 의결에 근거한 사무와 법령, 규칙 및 그 밖의 규정에 근거한 해당 자치단체의 사무를 스스로의 판단과 책임으로 성실하게 관리하고 집행할 의무를 가진다(일본 지방자치법 제138조 2). 일본 지방자치단체 집행기관은 직접선거에 의해 선임되는 장(長) 아래 보조기관(부지사와 조역)을 두며, 행정위원회로서 교육위원회, 선거관리위원회, 인사위원회 및 감사위원을 두고 있다. 집행기관의 부속기관으로는 자치분쟁위원회, 심사회, 심의회 및 조사회 등이 있다. 각각의 집행기관은 독립된 권한을 가지고 있으며, 자치단체장이 집행기관 전체의 종합적인 조정을 행하는 행정 시스템으로 구성되어 있다(한국지방자치단체국제화재단, 2008).

① 보조기관

보조기관은 자치단체장이 그 권한에 속하는 사무를 관리 집행할 때 이를 보조하는 것으로 법적으로는 자치단체장의 내부적인 기관이다. 일본 지방자치법은 자치단체장의 보조기관으로서 부지사 또는 부시정촌장, 회계 관리자, 직원, 출납원, 그 밖의 회계직원을 두고 상설이나 임시의 전문위원을 둘 수 있도록 하고 있다(일본 지방자치법 제161조, 제168조). 도도부현(都道府縣) 지사의 보조기관으로는 부지사 1명을 두되, 지사가 지방의회의 동의를 얻어 선임하고, 시정촌(市町村) 장의 보조기관으로 조역(助役) 1명을 두되 시정촌장이 지방의회의 동의를 얻어서 선임하며, 그 임기는 4년이다. 지방자치단체의 부지사와 조역의 정수는 당해 지방자치단체의 조례에 의해 증가할 수도 있고, 부지사와 조역을 두지 않을 수도 있다(일본 지방자치법 제161조, 제167조). 부지사와 조역은 보조기관의 정점에 위치한다.

일본은 1947년 지방자치법에 의해 지방자치단체에 행정위원회제도를 도입했다. 집행기관으로 법률이 정하는 바에 따라 지방자치단체에 설치해야 되는 위원회로는 교육위원회, 선거관리위원회, 인사위원회(또는 공평위원회), 감사위원 등이 있다. 그리고 집행기관으로 법률이 정하는 바에 따라 도도부현에 설치되어야 하는 위원회로는 공안위원회, 지방노동위원회, 수용위원회, 해구(海區) 어업조정위원회, 내수면 어장관리위원회 등이 있다. 반면에 집행기관으로서 법률이 정하는 바에 따라 시정촌에 설치해야 되는 위원회로서는 농업위원회 및 고정자산평가심사위원회 등이 있다. 지방자치단체의 위원회 위원 또는 위원은 법률에 특별한 규정이 있는 것을 제외하고는 비상근으로 하고 있다(일본 지방자치법 제180조의 5).

② 보조조직

지방자치단체장의 권한에 속하는 사무 처리를 위해서는 사무분장 조직이 필요하다. 사무분장조직에는 내부조직(본청)과 지역적 사무를 분장하는 출선기관(出先機關)의 조직으로 구분할 수 있는데 이를 보조조직이라고 총칭한다(한국지방자치단체국제화재단, 2008). 본청조직의 경우, 자치단체장은 그 권한에 속하는 사무를 분장시키기 위해 필요한 내부조직을 설치할 수 있으며(부・국), 하위 내부조직의 설치 및 그 분장하는 사무에 대해서는 조례로 정하도록 되어 있다(일본 지방자치법 제158조). 출선기관은 행정기관이 그 소관 사무를 지역적으로 분장시키기 위해 현지에 설치하는 기관을 말한다. 출선기관은 도도부현의 지청 및 지방사무소, 시정촌의 지소 또는 출장소 등의 종합출선기관과 종합출선기관을 제외한 특정의 사무(징세, 보건, 하천관리 등)를 분장하기 위해 설치하는 특별출선기관으로 구분한다.

(2) 자치조직권(기구 및 정원)

도도부현 지사는 필요가 있다고 인정하는 때에 지방자치법 제158조의 규정에 따라 조례로써 부・국의 수를 증감할 수 있다. 또한, 도도부현은 공공사업의 경영에 관한 사무를 처리시키기 위해 조례로써 필요한 조직을 설치할 수 있다. 시정촌장의 경우에도 그 권한에 속하는 사무를 분장시키기 위해 조례로써 필요한 부・과를 설치할 수 있다(<표 6-4> 참조). 지방자치단체의 정원관리는 구체적으로 당해 지방자치단체의 사무를 분석하여 사무

〈표 6-4〉 일본 지방자치단체의 자치조직 권한

구분	주요 특징
근거	• 지방자치법에서 지방자치단체의 조직관리의 기본 원칙 규정 -지방공무원법, 경찰법, 지방교육행정조직 및 운영에 관한 법률, 지방공기업법 등에 규정
기구 설치	• 도도부현: 지방자치법에 근거 -부·국의 종류 및 수 규정(도 11국, 도 9부, 부현 6-9부: 예시적 조항임) -초과시 총무대신에 신고 -하위조직은 도도부현 지사 관장 • 시정촌: 조례로 부·과 설치
정원 관리	• 지방자치단체 정원: 조례(의회 결정) -교육직, 경찰직은 법률로 규정 -예산 정수와 조례 정수로 구분 • 일반행정 부문 정원: 총무성이 행정 수요 지표를 통해 정원 모델을 개발하여 지방자치단체에 권고
종합	• 법률 범위 내에 자율적 기구 설치 • 총무성 권고 범위를 참조하여 지방자치단체 조례로 결정

자료: 정부혁신지방분권위 내부자료(2004); 임승빈(2009: 99) 재인용.

량에 맞는 인원 수를 산정하는 방법과 유사 지방자치단체와 비교하는 방법이 있다. 그러나 지방자치단체들 간에는 규모, 도시적 형태, 정원관리의 대상인 직원의 업무 내용 등에 많은 차이가 있기 때문에 모든 지방자치단체에 적용할 수 있는 표준적인 정원관리 방식이 존재하지 않는다(강성철 외, 2004).

3) 한·일 지방자치단체 조직관리의 비교

우리나라 지방자치단체의 조직 체계는 자치단체장, 보조기관, 소속 행정기관 및 하부 행정기관 등으로 구성되어 있다. 일본의 경우에도 자치단체장, 보조기관 및 보조기구로 구성되어 있다. 우리나라 지방자치단체의 기구 및 정원관리는 표준정원제도와 '지방자치단체의 행정기구와 정원 기준에 관한 규정(대통령령)'에 의함으로써 지방자치단체가 자율적으로 행정기구 및 정원관리를 하기가 어려운 실정이었다. 표준정원제는 중앙정부가 지방자치단체의 행정기구와 정원관리에 대해 승인권을 행사하는 중앙집권 체제의 산물로서 많은 운영상의 문제점을 내포하고 있었다.

그러나 2007년부터는 지방자치단체의 자율성을 확보하기 위해 총액인건비제를 운영하고 행정기구 및 정원승인권을 지방자치단체로 이양했다. 따라서 중앙정부는 공무원 인건비의 초량을 결정하고 지방자치단체는 인건비의 범위 내에서 행정기구의 수와 정원 수를 자율적으로 결정하고 있다. 다만, 지방자치단체의 책임성 확보를 위해 중앙정부는 지방자치단체의 조직관리 시스템을 평가하고 인센티브제를 강화하고 있으며, 지방자치단체는 조직 운영 상황을 공시하고 지방의회의 의결권을 강화하고 있다. 일본의 경우에는 헌법에 의해 법률이 지방자치단체의 조직관리의 대강만을 정하도록 되어 있으나 지방자치법 등의 법률과 지방자치단체의 조례와 규칙 등으로 세부적 항목까지 규정하는 등 제한된 조직관리 권한을 부여하고 있다. 그러나 실질적으로 광역자치단체의 행정기구의 수 중에서 상위 직급의 기구 수를 제한하고 있으며, 기초자치단체에는 이를 적용하지 않고 있는 실정이다.

4 한 · 일 지방자치단체의 인사관리

여기에서는 한 · 일 지방자치단체의 인사관리를 지방공무원과 자치인사권으로 나누어 살펴본다.

1) 한국 지방자치단체의 인사관리

(1) 지방공무원

우리나라의 지방공무원은 계급제와 직업공무원제를 근간으로 하며, 폐쇄형 충원 체제를 유지하고 있다. 지방공무원의 종류는 국가공무원의 종류 구분과 대동소이하다. 지방공무원은 직무 내용에 따라 임용 자격, 실적주의, 신분 보장, 보수 등을 달리하는 경력직 공무원과 특수경력직 공무원으로 구분된다. 경력직 공무원으로는 일반직 공무원, 특정직 공무원, 기능직 공무원으로 구분되고, 특수경력직 공무원은 정무직 공무원, 별정직 공무원, 계약직 공무원 및 고용직 공무원으로 구분된다. 2008년 현재 우리나라 지

〈표 6-5〉 지방공무원 직종별 현황(2008년 1월 현재)

(단위: 명)

구분	정무직	별정직	일반직	고위공무원	연구직	합계
계	252 (0.1%)	4,131 (1.5%)	191,560 (67.8%)	39 (0.0%)	2,828 (1.0%)	282,476 (100.0%)
구분	소방직	기능직	경찰직	지도직	교육직	
계	30,417 (10.8%)	47,128 (16.7%)	127 (0.0%)	4,735 (1.7%)	1,269 (0.4%)	

자료: 행정안전부(2008: 264).

방공무원의 정원은 282,476명이다. 지방자치단체의 종류별로 보면 광역지방자치단체의 정원이 78,302명(27.7%)이고, 기초지방자치단체의 정원이 204,174명(72.3%)이다. 직종별로는 일반직이 191,560명(67.3%)이고, 별정직이 4,131명(1.5%), 기능직이 47,128명(16.7%), 소방직이 30,417명(16.7%)을 차지한다(<표 6-5> 참조).

(2) **자치인사권**

① 인사권

자치단체장은 법률에 주어진 범위 내에서 부시장, 부지사, 부군수, 부구청장 등의 임면권과 기타 공무원에 대한 인사권을 가지고 있다. 그러나 '지방자치단체의 행정기구와 정원 기준 등에 관한 규정' 시행규칙에 자치계층별로 지방자치단체의 공무원을 종류별(일반직, 기능직, 별정직·정무직) 정원을 책정하고, 지방자치단체 공무원의 직급별 정원을 규정하여 지방정부의 인사관리의 자율성을 제약하고 있다. 지방공무원의 임용 기본 원칙으로 실적주의를 채택하고 있다. 지방공무원은 능력과 실적에 의해 임용되며, 형의 선고, 징계 또는 법이 정하는 사유에 의하지 아니하고는 그 의사에 반하여 휴직, 강임 또는 면직을 당하지 아니한다(지방공무원법 제60조). 이러한 규정은 정치적 이유, 정실 및 기타 직무 이외의 이유로 신분상의 불이익을 받지 않도록 공무원의 신분을 보장하는 것이다.

② 인사위원회 및 소청심사위원회

인사위원회는 지방자치단체에 임용권자별로 설치하도록 되어 있다. 임용권을 위임받은 자는 제외되지만 특별시·광역시·시의 구청장을 비롯해 자치단체장이 필요하다고 인정하는 소속 기관의 장은 인사위원회를 둘 수 있다(지방공무원법 제7조 1항). 인사위원회의 구성은 임기 2년의 5인 이상 7인 이하의 위원으로 구성하되, 지방정부의 공무원과 인사행정에 관한 학식과 경험이 풍부한 자 중에서 지방자치단체장이 임명 또는 위촉한다. 인사위원을 임명하는 경우 당해 지방자치단체의 공무원 이외에 3인(위원이 7인 미만인 경우에는 2인)을 위촉해야 한다.[10] 인사위원회의 위원장은 해당 시·도의 부시장, 부지사, 부군수, 부구청장이 되며 부위원장 1인은 인사위원 중에서 호선한다(지방공무원법 제9조).

인사위원회의 기능을 살펴보면 다음과 같다(지방공무원법 제8조). ① 공무원 충원계획의 사전 심의 및 각종 임용시험의 실시, ② 임용권자의 요구에 의한 보직관리 기준 및 승진·전보임용 기준의 사전 의결, ③ 승진임용의 사전 심의, ④ 임용권자의 요구에 의한 공무원의 징계 의결, ⑤ 지방자치단체장이 지방의회에 제출하는 공무원의 인사와 관련된 조례안 및 규칙안의 사전 심의, ⑥ 기타 법령의 규정에 의해 그 관장(管掌)에 속하는 사항을 처리한다. 인사위원회의 회의는 위원장이 필요하다고 인정하는 때에 소집하며, 재적 위원 3분의 2 이상의 출석과 과반수의 찬성으로 의결한다. 인사위원회의 운영에 관한 사항은 대통령령으로 정하도록 규정했다(지방공무원법 제10조).

또한, 지방공무원의 징계와 기타 그 의사에 반하는 불이익 처분에 대한 소청을 심사·결정하기 위해 특별시·광역시·도에 임용권자별로 지방공무원 소청심사위원회를 설치하도록 되어 있다(지방공무원법 제13조). 소청심사위원회는 위원 7인으로 구성되며 위촉되는 위원의 임기는 2년이며 연임할 수 있다. 위원은 법관·검사 또는 변호사의 직에 있는 자, 대학에서 법률학을 담당하는 부교수 이상의 직에 있는 자 중에서 4인 이상을 위촉해야 하고, 나머지는 소속 국장급 이상의 공무원 가운데서 시·도지사 또는

---

10) 인사위원회 외부 인사 추천 기준(지방공무원법 제7조 3항)을 살펴보면 다음과 같다. ① 법관·검사 또는 변호사의 자격이 있는 자, ② 대학에서 법률학·행정학 또는 교육학을 담당하는 부교수 이상의 직에 있거나 초등학교·중학교·고등학교 교장의 직에 있는 자, ③ 공무원으로 20년 이상 근속하고 퇴직한 자 등이다.

교육감이 임명 또는 위촉한다(지방공무원법 제14조 제1항). 인사위원회 위원, 정당법에 의한 당원 및 지방의회 의원은 소청심사위원회 위원이 될 수 없다.

2) 일본 지방자치단체의 인사관리

(1) 지방공무원

일본의 지방공무원의 인사관리의 기본을 정하는 법률은 지방공무원법이다. 지방공무원법은 지방자치단체의 인사관리 운영에 대한 기준을 제시하고 있다. 일본의 지방공무원법은 국가공무원법에 준해 제정되었으나, 각 지방자치단체의 실정에 맞게 자율적으로 운용한다는 정신에 따라 법령에 특별한 규정이 있는 경우를 제외하고 인사관리의 구체적인 사항의 대부분은 당해 지방자치단체의 조례에 맡기고 있는 것이 특징이다.

일본의 지방공무원은 일반직과 특별직으로 구분되어 있다.[11] 일반직과 특별직의 구별 기준은 실적주의의 적용 여부 유무 및 종신직의 여부에 있다(한창화, 1997: 140). 지방공무원법의 규정은 일반직에 속하는 지방공무원(직원)에 대해서만 적용되고, 특별직[12]에는 적용되지 않는다. 일반직에 속하는 공무원이라도 교육직원(교육공무원특별법, 지방교육행정의 조직 및 운영에 관한 법률), 기업직원(지방공영기업법, 지방공영기업노동관계법), 단순노동 직원(기능노무직), 경찰직원(경찰법), 소방직원(소방조직법) 등에 대해서는 그 직무와 책임의 특수성에 근거하여 특례가 정해져 있고, 지방공무원법의 규정이 전면적으로 적용되는 것은 아니다. 일반직 공무원에게는 특정 조항을 제외하고는 노동기준법, 노동안전위생법 등이 적용된다.[13]

11) 특별직에는 취임 시에 선거 또는 지방의회의 선거, 의결 또는 동의를 필요로 하는 직책인 자치단체장, 의회 의원, 부시정촌장, 감사위원, 교육위원회 의원 등을 비롯하여 학식과 경험 등을 갖고 지방자치단체의 업무에 참여하는 심의회 및 심사회 위원, 조사원, 촉탁원 등이 있으며, 이 밖에 지방공영기업의 임원 등이 있다.

12) 특별직에 속하는 직(職)은 ① 직접·간접으로 주민의 신임에 의해 취임하는 직(장, 의원, 부지사, 조역 등), ② 자유 임용을 하는 직(장의 비서), ③ 비상근적인 직(임시 또는 비상근 위원, 고문, 조사원, 소방 단원 등), ④ 실업대책사업 등으로 고용되고 있는 자이다(지방공무원법 제3조 제3항). 이들 직(職)은 적용 법규도 다르고, 인센티브 장치 등이 일반직과는 다르다(한창화, 1997: 140).

13) 일본 국가공무원의 경우에는 노동기준법, 노동안전위생법 등의 적용이 배제되어 있다.

일본 지방공무원법 제17조 2항은 “직원은 이 법률에서 정한 사유가 아닌 경우에는 그 의사에 반해서 강등되거나 면직되지 않으며, 이 법률 또는 조례에서 정하는 사유가 아닌 경우라면 그 의사에 반해서 강등되지 않는다” 고 규정하고 있어 지방공무원은 강력한 신분 보장을 받고 있다. 2003년 4월 현재 일반직에 속하는 지방자치단체의 총직원 수는 3,117,004명이다. 지방자치단체별로 살펴보면, 도도부현이 1,630,316명(52.3%)이고, 시정촌 등(특별구, 일부 사무조합 등을 포함)이 1,486,688명(47.7%)으로 나타나고 있다.

일본 지방공무원의 부문별 구성을 살펴보면(<표 6-6> 참조), 국가의 법령 등에 근거를 둔 직원 배치 기준 등에 의해 지방자치단체가 주체적으로 직원 배치에 대한 조정을 하기가 곤란한 교육, 경찰, 소방 등 특별행정 부문이 1,589,935명(51.0%)으로 전체의 거의 절반 정도를 차지한다. 또한, 국가의 법령 등에 의한 기준 등이 정해져 있는 경우가 많고 직원 배치가 직접 주민 서비스에 영향을 미치는 복지 관련 분야에 435,463명(14.0%), 독립채산제를 기준으로 해서 기업 경영의 관점에서 정원관리를 하는 공영기업 등 회계 부문(병원, 수도, 교통, 하수도, 기타 등)에 441,484명(14.2%)으로 나타나고 있다. 반면에 지방자치단체가 주체적으로 직원 배치를 결정할 여지가 비교적 크다고 할 수 있는 일반관리 부문(복지 관련 부문을 제외한 의회, 총무, 기획, 세무, 노동, 농림수산, 상공, 토목 등 일반행정 부문)은 650,122명(20.8%)으로 나타나고 있다.

지방공무원의 정치적 중립에 관해 일본 지방공무원은 당해 직원이 속한 지방자치단체 이외의 구역에서는 정당, 정치단체, 내각, 지방공공단체의 장

〈표 6-6〉 일본 지방공무원의 부문별 구성(2003년 4월 현재)

(단위: 명)

구분	일반행정 부문		특별행정 부문			공기업 등 회계 부문	계
	일반행정	복지 관계	교육	경찰	소방		
계	650,122 (20.8%)	435,463 (14.0%)	1,168,431 (37.5%)	266,729 (8.0%)	154,775 (4.9%)	441,484 (14.2%)	3,117,004 (100.0%)
	1,085,585(34.8%)		1,589,935(51.0%)				

자료: 김필두 외(2004: 11).

을 지지하거나 반대할 목적으로 특정인이나 사건을 지지하거나 반대하는 운동 및 기금을 할 수 있다. 그러나 아무도 이러한 행위를 하도록 요구할 수는 없다. 또한 지방공무원은 동맹파업, 태업 및 기타의 쟁의행위를 할 수 없다.

(2) **자치인사권**

① 인사권

지방자치단체의 인사관리는 지방자치법 제172조(직원 및 기타 관리)에서 "전 11조(부지사 및 조역, 출납장 및 부출납장, 수입역 및 부수입역, 출납원, 기타 회계직원)에 정하는 자를 제외하고, 지방자치단체에 직원 및 기타 관리(고용직 등을 말함)를 둔다고 규정하고 있다. 이들 직원들은 지방자치단체장이 임면하고, 직원의 정수는 조례로 정한다고 규정하고 있다. 그리고 직원에 관한 임용, 계급제, 급여, 근무 시간, 기타 근무 조건, 징계, 복무, 연수 및 근무성적평정, 복지 및 이익의 보호, 기타 신분 취급에 관하서는 지방자치법이 정하는 사항 이외에는 지방공무원법이 정하는 바에 따른다고 규정하고 있다(일본 지방자치법 제172조). 임용에서 기븐 원칙은 실적주의를 채택하여 시험성적, 근무성적, 기타 능력의 실증에 의하도록 하고 있다(일본 지방공무원법 제15조).

② 인사위원회 및 공평위원회

우리나라의 경우 지방자치단체에 인사위원회의 설치가 의무화되어 있는 것과는 달리 일본의 경우에는 지방자치단체의 규모에 따라 인사위원회 또는 공평위원회가 설치・운영된다. 인사위원회는 중립적이며 전문적인 인사기관으로서 도도부현 및 정령지정도시에서는 조례로써 반드시 설치해야 한다. 정령지정도시 이외의 인구 15만 이상의 시(市)와 도쿄도(東京都)의 특별구는 조례로써 인사위원회 또는 공평위원회를 선택하여 설치하도록 되어 있다. 그 밖에 인구 15만 미만의 시정촌은 조례로써 공평위원회를 설치해야 한다(일본 지방공무원법 제7조).

인사위원회의 권한은 ① 행정적 권한(인사행정에 관한 사항의 조사연구, 근무 조건의 개선, 급여 개정의 권고, 직원의 경쟁시험 및 선고, 직위분류제에 관한 계획의 입안・실시 등), ② 준사법적 권한(직원의 근무 조건에 관한 조치의 요구를 심사·판정해 필요한 조치를 취하고, 불이익 처분에 대한 불복 신청에 관해 재결 또는 결정하는 일 등), ③ 입법적 권한(법률 또는 조례에 의거하여 그 권한에 속하는 사항에 관해 인사위원회 규칙을 제정하는 일)으로 구분된다(일본 지방공무원법 제8조). 공평위원회는 행정적 권한, 준사법적 권한 및 입법적 권한을 가지고 있으나 인사위원회에 비해 제한된 권한을 가지고 있다.[14)]

인사위원회는 3인의 위원으로 구성하는데, 위원은 인격이 고결하고 지방자치의 본질 및 민주적이고 능률적인 사무 처리를 이해하며, 인사행정에 관해 식견을 가진 자 중에서 지방의회의 동의를 얻어 지방자치단체장이 선임한다. 공정하고 중립적인 인사행정을 수행하기 위해 위원 중 2인 이상이 같은 정당에 속해서는 안 되며, 같은 정당에 속하게 된 경우 지방자치단체장은 한 사람을 제외한 나머지 위원을 지방의회의 동의를 얻어 파면할 수 있다. 지방자치단체장은 위원이 심신장애 때문에 직무의 수행을 감당할 수 없거나 위원의 직무상 의무 위반, 기타 위원으로서 적합하지 않은 비행(非行)이 있다고 인정되면 지방의회의 동의를 얻어 위원을 파면할 수 있다. 위원은 위와 같은 경우를 제외하고 본인의 의사에 반해 파면되지 않는다. 위원은 지방자치단체의 의회의원, 당해 지방자치단체의 공무원의 직을 겸할 수 없다. 위원의 임기는 4년이며 보궐위원의 임기는 전임자의 잔임 기간으로 한다.[15)]

인사위원회의 위원은 상근 또는 비상근으로 한다(일본 지방공무원법 제9조).[16)] 인사위원회는 위원 중에서 위원장을 선거한다. 위원장은 위원회에 관한 사무를 처리하고 위원회를 대표하며, 위원회는 위원 전원이 출석하지 않으면 회의를 개최할 수 없으며, 의사는 출석 위원 과반수의 찬성으로 결정한다(지방공무원법 제11조). 인사위원회는 사무국을 두며, 사무국에 사

14) 공평위원의 권한은 ① 직원의 급여, 근무 시간 기타 근로 조건에 관한 조치의 요구를 심사하고, 판정하며 필요한 조치를 취하는 것, ② 직원에 대한 불이익 처분에 대한 불복 신청에 대한 재결 또는 결정을 하는 것, ③ 직원의 고충을 처리하는 것, ④ 그 밖에 법률에 기초하여 그 권한에 속한 사무 등으로 규정하고 있다(일본지방공무원법 제8조).

15) 공평위원회는 3명의 위원으로 구성되며 위원의 선임 자격, 선임 방법 및 임기는 인사위원회와 같다.

16) 반면에 공평위원회의 위원은 비상근으로 한다(일본 지방공무원법 9조).

무국장, 기타 사무직원을 두고 있다. 인사위원회는 지방공무원법 제9조의 규정에 불구하고 위원에게 사무국장의 직을 겸하게 할 수 있다. 사무국장은 인사위원회의 지휘를 받아 사무국의 국무를 정리하고, 사무직원은 인사위원회가 임면하며, 그 정수는 조례로 정한다. 그리고 사무국의 조직은 인사위원회가 정한다(일본 지방공무원법 제12조).

3) 한·일 지방자치단체 인사관리의 비교

우리나라와 일본의 지방인사제도는 여러 가지 점에서 유사하다. 지방공무원법이 국가공무원법의 모조품적인 성격을 가지고 있으며, 실적주의를 토대로 한 지방공무원의 종류(분류)도 유사하다(경력직 대 특수경력직, 일반직 대 특별직). 지방공무원의 인사에 대해서도 자치단체장은 절대적인 권한을 가지고 있다. 그러나 일본의 경우 지방자치단체의 인사 시스템이 조직 규모에 따라 그 종류가 매우 다양하고, 직원단체의 영향력이 매우 강하다(한창화, 1997: 152-154).

우리나라는 지방공무원법과 제도가 지방자치단체의 인사권을 지나치게 제약하고 있어 지역의 특성을 고려한 인력자원 관리에 많은 문제점을 노출하고 있다. 지방공무원의 임용, 보수, 정원관리 등 인사행정의 분야는 대통령령과 행정안전부령을 포함한 20여 종의 행정명령에 의해 자율적 인사권의 제약을 받고 있다(김판석·권경득, 1999: 113).

인사위원회의 경우, 우리나라는 그 설치가 의무화되어 있으나 일본은 지방자치단체의 규모에 따라 인사위원회 또는 공평위원회를 설치·운영하고 있다. 공평위원회는 인사위원회에 비해 제한된 권한을 가지고 있으며, 지방자치단체들이 공평위원회를 공동으로 설치하는 것이 가능하다. 또한 다른 지방자치단체 인사위원회에 공평사무를 위탁하는 것이 가능하다. 인사위원회와 공평위원회는 행정기관이면서 일정한 사항에 관해서는 그 법에 비추어 판단하는 사법에 준하는 기능을 갖고 있는 것이 큰 특징이다.

일본 지방자치단체와 달리 우리나라의 경우, 인사위원회의 구성과 운영에 많은 문제점이 지적된다. 현행 지방공무원법에 의하면 지방자치단체의 부단체장이 인사위원회의 위원장이지만 실질적으로 자치단체장이 전권을 행사하고 있다. 또한 인사위원회의 위원 구성이 매우 제한적이다. 따라서 인사위원회의 구성과 운영에서 외부 전문가의 활용과 그 비율의 확대로 인사 운영의 전문성을 제고할 필요가 있다.

5 결 론

한·일 지방자치단체의 비교는 양국의 지방자치제도의 발전을 위한 의미있는 함의를 제공하고 있다. 무엇보다도 진정한 지방자치를 구현하기 위해서는 지방자치단체의 자율성과 책임성을 담보할 수 있는 자치단체장의 역할과 권한이 규정되어야 하며, 지역의 특성을 반영하는 조직 및 인사관리 시스템이 구축되어야 한다. 특히, 지방자치단체의 조직 및 인사행정의 자율성을 보장하고 책임성을 확보하기 위해서는 중앙정부의 개입을 축소하고 지방자치단체의 자치권을 확대하는 방향으로 개혁이 필요하다.

우리나라의 경우, 지방자치단체의 조직 및 인사권의 확대는 중앙 권한의 지방 이양 촉진 등과 연결된 문제로 복잡성을 띠고 있다. 현행 지방자치제도는 지나치게 지방자치단체 간 균형을 강조하고 있는 실정이다. 앞으로 지방자치단체 간의 차별화를 수용하고 인정하여 획일적인 균형전략에서 탈피하여 지역의 특성을 고려한 차별적 형평성을 강조하는 발전전략으로 전환하고, 관련 법·제도를 과감하게 개정할 필요가 있다.

참고 문헌

강성철·강재호·권경득(2004). 「지방자치단체 인사관리시스템 개선 방안」. 서울: 한국행정연구원.

강용기(2008). 「현대지방자치론」. 서울: 대영문화사.

권경득(2003). "지방자치단체 조직인사 개혁의 문제점과 개선 방안." 「한국자치행정연구」. 2(2): 23-38.

김병준(2009). 「지방자치론」. 서울: 법문사.

김판석·권경득(1999). "지방자치단체의 인사제도 개혁." 「한국행정학보」. 33(1):

99-118.
김필두·김병국·권오철(2004).「일본 지방공무원 정원관리」. 서울: 한국지방행정연구원.
이기우·하승수(2007).「지방자치법」. 서울: 대영문화사.
임승빈(2009).「지방자치론」. 서울: 법문사.
———(2010). "외국의 지방정부의 인사관리: 일본의 사례를 중심으로."「자치행정」, 263: 22-25.
임정빈 외 역(1999).「일본 지방자치의 이해」. 서울: 건국대학교출판부.
장병구(2006).「지방자치행정 논고」. 서울: 한국행정DB센터.
정부혁신지방분권위원회(2008).「참여정부의 지방분권」.
정일섭(2010).「한국지방자치론」. 서울: 대영문화사.
최창호(2009).「지방자치학」. 서울: 삼영사.
———(편)(2002).「지방정부기능론」. 서울: 삼영사.
한국지방자치단체국제화재단(2001).「일본의 지방자치」. 서울: 한국지방자치국제화재단.
한국지방자치단체국제화재단 일본사무소(역)(2008).「일본지방치법 개론」. 서울: 한국지방자치국제화재단.
한창화(1997).「일본 공무원의 인사 및 급여시스템」. 서울: 도서출판 세진사.
행정안전부(2008).「2008 행정안전부 통계연보」.
———(2009).「2009년 지방자치단체 기본 현황」.
大森彌 編(1998).「自治体の首長」. 東京: ぎょうせい.
松本英昭(2003).「要說 地方自治法」. 東京: ぎょうせい.
新藤宗幸(1996).「行政指導」. 東京: 岩波書店.
阿部齊·新藤宗幸(1999).「概說 日本の地方自治」. 東京: 東京大學出版會.

제 7 장 재정 운영과 지방재정관리

금재덕
(서울시립대 행정학과 조교수)

1 서 론

지방재정이란 국가재정에 대칭되는 개념으로서, 지방정부가 하나의 독립된 경제 주체로서 행하는 종합적인 경제활동을 의미한다(김동기, 2008: 33). 구체적으로 살펴보면 지방정부가 관할 구역 내에 거주하고 있는 주민의 공적인 수요를 충족시키기 위해 필요한 재원을 조달하고 확보된 재원을 사회복지, 지역개발 등과 같은 분야에 배분·집행·관리하는 일련의 활동을 의미한다(손희준 외, 2008).

이와 같은 지방재정은 크게 세입과 세출 및 기타 재정관리로 구분될 수 있다. 그러나 지방정부마다 위치·지형·기후 등 자연적·지리적 환경과 인구·산업구조·지역총생산 등 경제·사회적 여건이 다르므로 세입 및 세출 규모와 구조가 또한 다를 수밖에 없다. 특히 세입의 지역 간 격차를 보완하기 위해 중앙에서 지방으로 재원을 이전해 주는 지방재정조정제도가 필요하며, 그 결과 지방재정이 국가재정에 의존할 수밖에 없게 되었다. 또한 세출 측면에서 지방자치의 실시와 지방재정 규모의 증가로 인해 지방재정의 역할과 위상이 변화되고 있다. 다시 말하면 지방재정이 최소한의 공공재를 공급하는 자원 배분의 기능만을 담당해야 한다는 소극적 입장에서 소득재분배 및 경제안정화 기능도 일정 부분 담당하고 있다는 입장으로 선회하고 있다(권형신 외, 2006). 다음에는 한국과 일본 지방정부의 세출활동과 재정관리제도에 대해 간략히 살펴보기로 하겠다.[1]

2 한국과 일본의 지방세출 비교

지방세출이란 회계연도 기간 내에 지방정부가 지역 주민의 공적인 욕구와 수요를 충족시키기 위해 조세 등의 방법을 통해 민간 부문으로부터 조달된 재원을 지출하는 것을 의미한다(손희준 외, 2008: 327). 이와 같은 지방세출은 지방정부의 규모가 커지면서 그 내용이 다양하고 복잡하여 지방정부의 세출 활동을 정확하게 이해하기 위해서는 일정한 기준에 따라 분류되어야만 한다. 이 때 하나의 분류 형태만으로는 부족하고 누가 어떤 목적으로 세출 활동에 관한 정보를 필요로 하느냐에 따라 다양한 분류 형태가 있으며, 한국과 일본은 주로 회계별, 기능별, 소관 부서별, 성질별로 분류하고 있다. 여기에서는 기능별 분류와 성질별 분류에 따라 양국의 세출 활동을 비교해 보고자 한다.

1) 한국과 일본의 기능별 세출 활동 비교

(1) 개념

기능별 분류는 일명 목적별 분류라고도 하는데, 이는 지방정부가 어떠한 기능을 얼마만큼의 경비로 수행하고 있는지를 잘 보여 주며 지방정부의 활동 내용과 성격을 파악하는 데 유용하다(손희준 외, 2008). 즉, 일반공공행정, 공공 질서 및 안전, 통일·외교, 국방, 교육, 문화 및 관광, 환경 보호, 사회복지, 보건, 농림해양수산, 산업·중소기업, 수송 및 교통, 통신, 국토 및 지역 개발, 과학기술, 예비비, 기타의 기능별로 지방정부의 세출 활동을

1) 재정 활동은 크게 세입과 세출을 포함하나 세입에 대해서는 제3장의 중앙과 지방 간 재정조정제도 부분에서 설명했기 때문에 여기에서는 생략한다.

분류하는 방식을 의미한다.

이 중 지방재정과는 전혀 관계없이 국가에 의해서만 서비스가 제공되는 세출 활동은 통일·외교, 국방 두 가지이며, 나머지는 어떠한 형태로든 지방정부를 통해 지출된다(권영주, 2009: 272). 그러나 양국 모두 고령화 등으로 사회복지 분야의 지출 규모가 급속히 증가하고 있으며, 향후 지속적으로 지방정부의 부담이 증가할 것으로 예상된다(김동기, 2008: 55).

(2) 일본의 기능별 세출 활동 분류

<표 7-1>은 세출을 목적별(기능별)로 분류한 것이다. 교육비와 민생비 및 토목비가 각각 전체의 15% 이상을 차지한다. 2002년부터 2007년까지의 세출 활동 추이를 살펴보면 토목비의 지출 비율이 점차 감소하고 있는 반면, 민생비의 지출 비율은 점차 증가하고 있는 것으로 나타나고 있다. 다음으로 지방채의 이자와 원금 상환에 충당되는 공채비가 13~15%를 차지하고

〈표 7-1〉 일본의 기능별(목적별) 세출 순계 결산액 구성비의 추이

(단위: 억 엔, %)

구분	2002	2003	2004	2005	2006	2007
총무비	9.0	9.8	9.8	9.6	9.7	10.0
민생비	15.1	15.7	16.6	17.3	18.2	19.0
위생비	6.8	6.4	6.3	6.3	6.2	6.1
노동비	0.5	0.4	0.4	0.3	0.3	0.3
농림수산업비	5.4	5.1	4.7	4.4	4.2	3.9
상공비	5.3	5.2	5.4	5.1	5.3	5.6
토목비	18.6	17.8	16.7	15.9	15.5	15.0
소방비	2.0	2.0	2.0	2.0	2.0	2.0
경찰비	3.6	3.6	3.7	3.7	3.8	3.8
교육비	18.6	18.6	18.5	18.3	18.5	18.4
공채비	13.8	14.2	14.4	15.4	14.9	14.6
기타	1.3	1.2	1.5	1.7	1.4	1.3
합계	100.0	100.0	100.0	100.0	100.0	100.0
세출 합계	948,394	925,181	912,479	906,973	892,106	891,476

자료: 일본 총무성(2009).

있어 재정 운용의 경직성을 더욱 심화시키고 있다. 이는 경제 위기로 인한 지방정부의 재정 위기가 우려되는 시점에서 우리에게 시사하는 바가 적지 않다.

또한 일본의 경우 도도부현에서는 교육비의 지출이 가장 많고, 시정촌에서는 민생비의 지출이 가장 많다. 도도부현에서 교육비가 많은 것은 소·중학교의 의무 교육 직원 인건비를 포함하기 때문이고, 보육 서비스나 고령자 의료 등 복지적인 서비스는 시정촌이 주체이기 때문이라고 한다(권영주, 2009: 272-273).

(3) 우리나라의 기능별 세출 활동 분류

한국의 경우 1996년부터 세출활동을 기능별로 일반행정비, 사회개발비, 경제개발비, 민방위비, 지원 및 기타 경비로 분류해 오다가 최근 2008년브터

〈표 7-2〉 한국의 기능별 지방정부 세출 활동

(단위: 백만 원)

구분	2009년	2008년
	순계	순계
합계	137,534,905	124,966,562
일반공공행정	10,327,013	10,964,957
공공질서 및 안전	1,967,973	1,986,969
교육	7,878,533	6,955,142
문화 및 관광	7,093,829	6,047,481
환경 보호	14,393,200	13,679,518
사회복지	24,145,527	21,665,815
보건	1,924,074	1,895,059
농림해양수산	9,259,287	8,057,584
산업·중소기업	2,925,084	2,580,259
수송 및 교통	18,388,558	16,305,131
국토 및 지역 개발	14,514,874	12,904,685
과학기술	741,928	705,270
예비비	2,356,087	2,248,300
기타	21,618,938	18,970,392

는 종전보다 세분화하여 중앙정부 기준과 동일하게 13분야 51부문으로 분류한다. 대분류인 13분야는 일반공공행정, 공공 질서 및 안전, 교육, 문화 및 관광, 환경 보호, 사회복지, 보건, 농림해양수산, 산업·중소기업, 수송 및 교통, 통신, 국토 및 지역 개발, 예비비 등이다. <표 7-2>는 2009년 당초예산을 기준으로 기능별로 세출 활동을 분류한 것이다. 이 중 사회복지, 수송 및 교통, 국토 및 지역 개발과 환경 보호 기능의 지출 비율이 매우 높다. 특히 사회복지와 국토 및 지역 개발, 수송 및 교통 분야의 경우 2008년도와 비교해 볼 때 2009년도의 지출이 크게 늘어 그 중요성이 더욱 커졌음을 알 수 있다.

2) 한국과 일본의 성질별 세출 활동 비교

지방세출의 성질별 분류는 가장 기초적으로 사용되는 분류로서 예산집행을 감독하고 경비 사용의 적정성을 판단하는 데 매우 유용하여 통제 중심의 분류 방식으로 여겨져 왔다. 또한 성질별 분류는 경비가 사용된 용도와 국민경제에 기여한 정도를 파악하는 데 유용한 분류 방식이기도 하다. 흔히 품목 성질별 분류라고도 하는데, 우리나라와 일본은 품목의 분류에서 다소 차이가 있다. 일본의 경우 품목은 먼저 크게 의무적 경비와 투자적 경비로 분류되고, 의무적 경비는 인건비, 부조비, 공채비로, 투자적 경비는 보통건설사업비와 기타 투자적경비로 분류된다. 한편 우리나라의 품목은 크게 인건비, 물건비, 이전경비, 자본지출, 융자 및 출자, 보전재원, 내부거래 등 8개 그룹으로 구성되고, 각 그룹은 다시 38개 편성목과 130개 통계목으로 세부적으로 구분된다.

(1) 일본의 성질별 지방 세출구조 및 세출 활동

<표 7-3>은 2006년도 일본의 성질별 세출의 집계이다. 인건비와 보통건설사업비가 가장 높은 비율을 차지하고, 지방채의 원리금 상환인 공채비가 그 다음으로 차지하는 비율이 높다. 보통건설사업비는 보조사업비와 단독사업비로 구분되는데, 보조사업비는 국가로부터 재원 보조를 받아 실시하는 사업비를 의미하고, 단독사업비는 보조를 받지 않고 자주적으로 실시하는 사업의 비용을 의미한다.

〈표 7-3〉 일본의 성질별 세출 결산액의 구성비(2006년 기준)

(단위: %)

구분			순계	도도부현	시정촌
의무적 경비	인건비		28.3	31.8	21.1
	부조비		9.2	1.8	15.2
	공채비		14.6	13.9	13.5
	소계		52.1	47.4	49.8
투자적 경비	보통건설 사업비	보조사업비	6.2	7.0	4.9
		단독사업비	7.6	6.4	8.2
		기타	1.4	2.4	0.6
	기타 투자적 경비		0.4	0.5	0.3
	소계		15.6	16.3	14.0
기타 경비	기타		32.3	36.3	36.2

자료: 총무성 지방재정백서 2009.

앞서 언급한 것처럼 일본은 또한 성질별 세출을 의무적 경비, 투자적 경비, 기타 경비로 나누어 구분한다. 의무적 경비는 지방재정을 둘러싼 환경이나 세입의 상황과 관계없이 의무적으로 지출해야 하는 경비로서 어떤 지방정부의 의무적 경비의 지출 비율이 높다는 것은 자율적으로 운용할 수 있는 재원이 그만큼 적다는 것을 의미한다. 의무적 경비에는 인건비, 공채비, 생활 보호나 아동, 노인의 복지에 소요되는 부조비 등이 포함된다. 투자적 경비는 그 대부분이 보통건설사업비이나, 재해복구사업비와 실업대책사업비도 이에 포함된다고 한다. 기타의 경비는 의무적 경비와 투자적 경비에 모두 포함되지 않는 경비를 의미하는데, 대체로 물건비나 유지브수비 등 소비적 경비와 공영기업 등에 대한 보조금이나 지출비, 장래에 운용 수입이나 상환이 예정되어 있는 출자금 등이 이에 해당한다(권영주, 2009: 274-275).

(2) 한국의 성질별 지방세출 구조 및 세출 활동

앞서 언급한 것처럼 우리나라의 성질별 지방세출은 크게 인건비, 물건비, 이전경비, 자본지출, 융자 및 출자, 보전재원, 내부거래 예비비 등 8개 그룹으로 분류된다. 인건비는 지방정부의 직원 고용과 관련된 비용으로 급여, 상여금, 수당 등이 이에 포함되고, 물건비는 일반운영비, 관서당 경비, 여비, 업무추진비, 특수활동비, 의회비, 복지후생비 등을 포함한다. 이전경비는 민간에게 이전되는 비용으로 일반보상금, 이주보상금, 포상금, 연금부담금 등이 이에 해당되며, 자본지출비는 자본 형성과 직결되는 투자적 경비로서 시설비, 민간 및 지방정부에 대한 자본 전출금, 자산취득비, 고정자산비 등을 포함한다. 융자 및 출자비는 지방정부가 민간, 기업 및 양곡관리기금 등 비금융공기업, 자치단체, 금융기관에 대해 융자해 주거나 출자하는 비용으로 융자금이나 출자금으로 구성되고, 차입금 상환비는 지방채 상환 유가증권 매입 등으로 구성된다. 내부거래비는 회계 간, 계정 간 전출금과 예탁금,

〈표 7-4〉 한국의 지방정부 유형별·성질별 지방세출 구조 현황(2006년)

(단위: 억 원, %)

구분	합계	특별·광역시	도	시	군	자치구
합계	1,154,721 (100.0)	255,944 (100.0)	181,943 (100.0)	384,564 (100.0)	203,518 (100.0)	128,750 (100.0)
인건비	139,200 (12.1)	20,092 (7.9)	17,498 (9.6)	44,210 (11.5)	25,329 (12.4)	32,069 (24.9)
물건비	78,423 (6.8)	13,769 (5.4)	8,530 (4.7)	30,473 (7.9)	13,819 (6.8)	11,830 (9.2)
이전경비	274,567 (23.8)	62,523 (24.4)	33,677 (18.5)	88,865 (23.1)	39,732 (19.5)	49,767 (38.7)
자본지출	460,662 (39.9)	84,595 (33.1)	61,800 (34.0)	175,193 (45.6)	112,187 (55.1)	26,884 (20.9)
융자 및 출자	18,941 (1.6)	9,294 (3.6)	6,591 (3.6)	1,055 (0.3)	1,519 (0.7)	479 (0.4)
보전재원	28,879 (2.5)	11,190 (4.4)	10,204 (5.6)	5,952 (1.5)	1,279 (0.6)	252 (0.2)
내부거래	81,395 (7.0)	42,022 (16.4)	31,353 (17.2)	4,371 (1.1)	1,727 (0.8)	1,920 (1.5)
예비비 및 기타	72,650 (6.3)	12,454 (4.9)	12,286 (6.8)	34,440 (9.0)	7,923 (3.9)	5,546 (4.4)

자료: 행정안전부 지방자치단체 예산개요 2008, 주: 일반회계와 특별회계의 세출예산 순계 규모임.

예수원리금 상환, 감가상각비, 적립금 등으로 구성된다(손희준 외, 2008: 340).

<표 7-4>와 <표 7-5>는 성질별 지방세출의 현황과 추이를 분석한 것이다. <표 7-4>는 2006년 세출예산인데, 이 표를 보면 인건비가 13조 9,200억 원으로 전체의 12.1%, 물건비는 약 7조 8천억 4백억 원으로 전체의 6.8%, 이전경비는 27조 4천 5백억 원으로 전체의 23.8%, 자본지출은 46조 6백억 원으로 전체의 39.9%로서 가장 높은 비율을 차지하는 것을 알 수 있다. 특히 <표 7-5>에서 보는 바와 같이 이전경비의 비율이 2003년 이후로 급격히 증가했고, 인건비 또한 2005년부터 급증한 반면, 자본지출의 비중이 2004년과 2005에 증가했다가 2006년 이후 감소하고 있다. 이와같이 인건비와 이전경비의 증가는 한국의 지방정부에서 세출의 경직성이 점점 심화되고 있음을 나타낸다.

〈표 7-5〉 한국의 성질별 지방세출 현황 및 추이

(단위: 억 원)

구분	2002	2003	2004	2005	2006	2007
합계	1,008,557	821,860	1,195,030	1,261,731	1,033,038	1,130,007
인건비	74,225	80,523	93,744	126,274	134,051	139,267
물건비	75,611	82,622	84,728	66,704	71,803	77,179
이전경비	251,015	155,569	315,798	363,606	270,621	313,262
자본지출	431,942	384,784	516,200	515,498	430,623	454,215
융자 및 출자	16,858	11,630	29,431	25,593	13,354	19,157
보전재원	40,734	18,848	28,886	28,393	26,379	22,740
내부거래	113,620	84,437	120,374	128,492	81,474	99,541
예비비 및 기타	4,549	3,443	5,864	7,167	4,730	4,642

자료: 행정안전부 지방자치단체 예산개요 2008, 2009.

3 한국과 일본의 재정관리제도 비교

1) 지방재정관리제도의 의의

지방재정관리제도란 지역 주민의 공적인 수요를 위해 필요한 소요재원의 조달 가능성 검토, 주요 투자사업이 투자가치의 분석 및 투입재원이 효율적 운영에 관한 점검 및 평가와 관련된 일련의 제도를 의미한다. 따라서 지방재정관리제도는 예산편성 기준과 지방예산 과정, 중기지방재정계획, 대규모 투융자사업에 대한 투융자심사제도, 지방재정분석과 재정위기관리제도, 복식부기제도, 정보공개제도 등을 포함한다. 이와 같은 지방재정관리제도는 지방재정 운용의 자율성을 해치지 않는 범위 내에서 운용되고 발전되어야 한다. 여기서는 한국과 일본의 중기지방재정계획, 지방재정분석제도, 지방재정정보 공개, 지방정부회계와 복식부기, 지방재정의 위기관리를 통해 간단하게 지방재정관리제도에 대해 간략히 비교해 보도록 하겠다.

2) 한국과 일본의 중기지방재정계획 비교

중기지방재정계획((medium-term local financial planning)이란 단년도 예산편성의 한계를 극복하고 중기적인 시각에서 효율적인 재원 배분을 통해 계획적인 재정 운영을 기하고 행·재정상 여건의 변화를 매년 계획에 수정, 반영하여 계획과 예산이 연계되도록 5개년간의 연동화계획(rolling plan)으로 수립·운영하는 계획을 말한다.

중기지방재정계획의 특징으로는 5년을 대상으로 하는 세입·세출에 관한 계획이며 앞서 언급한 바와 같이 지방재정 여건의 변화를 반영하여 매년 1년을 추가하고, 1년을 삭제하는 작업을 통해 수정하는 연동식 계획이라는 점이다. 그리고 사업이 계획 내용에 포함되어 있다고 하더라도 이것이 장래의 예산편성을 구속하는 법적 효력을 가지지 않으며 불변가격 기준으로 수립된다는 특징을 가진다.

이러한 중기지방재정계획은 국가와 지방정부 간의 재정적 연계성 확보,

중·장기 시계에 의한 지방자치단체 예산편성 기준을 제시, 재원의 확충 및 투자효율성 증대 등의 기능을 가진다.

한국과 일본의 중기지방재정계획을 비교하면 <표 7-6>에서 보는 바와 같다. 일본은 재무성에서 재정중기 전망제도를 운영하는데 계획 기간은 5년이며, 최초 2년은 실제로 편성된 예산을 사용하므로 실질적인 기간은 3년이며, 연동식으로 운영된다. 의회의 의결을 요하지도 않고 후년도 예산을 구속하지도 않으며 예산 심의시 참고자료로서만 활용된다. 한국의 경우 일본과 마찬가지로 계획 기간은 5년이며 최초 2년은 실제 편성된 예산 및 익년도 예산계획을 반영하고 나머지 기간은 전망으로서의 성격이 강하고 후년도 예산을 구속하지 않는다.

〈표 7-6〉 한국과 일본의 중기지방재정계획 비교

구분	한국	일본
명칭	중기지방재정계획(medium-term local financial planning)	재정 중기 전망(medium-term fiscal projection and estimate)
수립 연도	1989	1981
법적 근거	지방재정법	재정구조개혁법
대상 범위	• 자치단체별 중기 행·재정 지표 설정 • 중기지방재정 운용 방향 설정 • 중기 세입, 세출의 추계 및 투자가용 재원 판단 • 9개 부문별 투자계획 수립 및 재원 배분 • 부족재원 추계 및 대책 강구	• 일반회계의 세입·세출 • 재정구조개혁 추진 방향 • 재정 여건, 일반세출 등을 감안한 재정의 중기 전망
계획 기간	• 1차 연도: 당해 연도 예산 • 2차 연도: 익년도 예산계획 • 3차 연도: 계획적 성격 • 4~5차 연도: 전망적 성격	계획 기간은 5년간, 최초 2년간은 실제 편성 예산이며, 실질적 기간은 3년
운용 방식	rolling system	rolling system

자료: 한국지방행정연구원, 「중기지방재정계획시안」, 1991.
국가전문행정연수원, 「지방재정실무」, 2004.

3) 지방재정분석제도

(1) 지방재정분석제도의 의의

지방재정분석(local financial analysis)이란 지방자치단체장이 작성·제출한 재정보고서를 기초로 재정 현황과 운용 실태를 객관적으로 검증하는 일련의 과정을 말한다. 현실적으로 지방재정 실태를 알아보기 위한 방법으로는 결산 결과에 대한 재정운영분석과 재정지표분석의 두 가지가 있다. 재정 운영 분석이란 재정을 분석할 때 당해 연도 결산 결과를 토대로 지방자치단체장이 작성·제출한 재정보고서의 내용을 목적과 성질에 따라 분류·집계·분석·정리하는 것을 말한다. 재정지표분석은 지방재정 운영 상황을 안정성, 건전성, 효율성, 계획성 4개의 영역의 16개 지표를 따라 지수를 산정, 이를 지표별·영역별 및 종합적으로 분석하는 것을 말한다. 지방재정진단이란 재정평가나 재정분석 결과 건전성과 효율성이 현저히 떨어지는 지방자치단체만을 선정하여 재정 부실을 초래한 여러 가지 문제 요인을 정밀하게 분석하여 대책을 강구하는 과정이다(김동기, 2008).

(2) 일본의 지방재정분석제도

일본의 경우 지방정부의 재정력을 평가하고 진단하는 공식적인 제도를 갖고 있지는 않지만 자기진단 방법 등을 통해 재정 운영 상황을 분석·진단하고 있다. 현재 일본에서 사용하는 지방재정 관련 지표는 재정력지수, 실질수지 비율, 경상수지 비율, 지방채 비율, 기채 제한 비율 등이 있다(김동기, 2008).

(3) 한국의 지방재정분석제도

한국의 경우 재정분석과 재정진단의 개념을 구분하여 사용한다.[2] 재정분석은 자치단체의 재정 현황과 운용 실태를 대상으로 자치단체 간 비교·분석을 위해 도입되었다. 재정진단은 모든 자치단체를 대상으로 하는 것이 아니라 재정분석 결과를 기초로 하여 문제 단체로 지정된 특정 단체만을 대상으로 정밀 조사하는 것이다. 재정진단은 현지실사가 수행되어야 하며, 재정 운영의 부실을 초래하는 요인을 추출하여 재정건전화를 위한 방안을

---

2) 지방재정분석·진단실시규정(행정안전부 훈령 제34조) 제2조 참조.

〈표 7-7〉 일본의 지방재정분석지표 및 산식

지표명	산식
재정력지수	기준재정수입액/기준재정수요액
실질수지 비율	(실질수지/표준재정 규모)×100 -실질수지: (세입결산-세출결산)-(사업이월액-미수입 특정 재원) -표준재정 규모: [기준재정수입액×(100/76 또는 80)]+보통교부세+지방양여세
경상수지 비율	(경상적 경비충당 일반재원/경상일반재원)×100 -경상적 경비: 인건비, 물류비, 보수유지비, 부조비, 보조비, 공채비중 임시적 경비 제외 -일반재원: 지방세, 지방교부세, 지방양여세, 국고지출금, 세외수입 중 특정 재원 제외 -경상일반재원: 보통세, 보통교부세, 지방양여세, 각종 교부금, 사용료 미지정 경상적 세외수입
지방채 부담 비율	지방채원리금 상환충당 일반재원/일반재원×100
기채 제한 비율	(A-B-C-D-E/D-C-E)×100 -A: 지방채의 원리상환금 -B: 원리금 상환에 충당된 특정 재원 -C: 재해복구비, 특정채상환비 등 지방교부세 산정의 기준재정수요액에 산입된 공채비 -D: 표준재정 규모 -E: 보통교부세 산정시 사업비 보정에 의해 기준재정수요액에 산입된 공채비

자료: 김동기(2008).

제시해야만 한다 (권형신 외, 2006).

4) 지방재정정보공시제도

(1) 재정정보공시제도의 의의

재정정보공시제도란 재정 운영 결과와 주민의 관심 사항 등을 객관적인 절차를 통해 주민에게 알려 주는 일련의 행위를 말한다. 재정정보공시의 범위는 크게 내용적 범위, 절차적 범위, 시간적 범위로 구분되는데, 내용적 범위는 재정 분야에 한정하고, 절차적 범위는 재정 운영 결과에 중점을 두며, 시간적 범위는 전년도 재정 운영 결과를 기준으로 하고 있다. 다만 추

〈표 7-8〉 한국의 지방재정분석지표 및 산식

지표명		산식
안정성 지표	지방세수 안정도	[(현년도분 지방세 실제수납액-전년도분 지방세 실제수납액)/전년도 지방세 실제수납액]×100
	지방세 징수율	(현년도 실제수납액/현년도 징수결정액)×100
	경상세외수입 안정도	[(현년도 경상세외수입 실제수납액-전년도 경상세외수입 실제수납액)/전년도 경상세외수입 실제수납액]×100
	경상세외수입 징수율	현년도 경상세외수입 실제수납액/현년도 경상세외수입 징수 결정(액)×100
건전성 지표	경상경비 비율	(경상경비/세출결산액)×100
	인건비 비율	(인건비/세출결산액)×100
	지방채무 상환비 비율	(최근 4년간 평균 순지방비 채무상환액/최근 4년간 평균 일반재원 결산액)×100
	지방채무 잔액지수	(지방채무 순현재액/일반재원 결산액)×100
효율성 지표	행사·축제경비 비율	(행사축제경비/세출결산액)×100
	민간이전 경비 비율	(민간이전경비/세출결산액)×100
	투자비 비율	(사업예산/세출결산액)×100
	연말 지출 비율	(연말지출원인행위액/세출결산액)×100
계획성 지표	중기재정계획 반영 비율	(최종 사업예산액/중기지방재정계획상의 사업비)×100
	투융자심사사업예산 반영 비율	[∑(최근 1년간 투융자심사를 받은 사업의 실제 예산편성액)/∑(최근 1년간 투융자심사를 받은 사업의 당초 예산편성 계획안)]×100
	세입예산 반영 비율	[세입예산액/(세입결산액-전년도 이월액)]×100
	세입세출 충당 비율	(세출소요액/세입결산액)×100

자료: 김동기(2008).

세분석이 가능하도록 전년도 이전 실적치를 포함하기도 한다.

재정정보공시는 지방재정 운영 결과를 알기 쉽게 제공함으로써, 지방재정의 투명성 확보를 통한 건전재정 운용을 가능하게 한다. 구체적인 공시기준 및 절차와 방법을 마련하여 자치단체 간 비교가 가능하게 하고 자료의 누락이나 왜곡을 방지하여 책임재정 운용 또한 가능하게 한다. 재정 운영의 결과에 대해 서식과 그래프를 활용, 압축, 가공하여 누구나 알기 쉽게 접근할 수 있도록 공시함으로써 주민의 자율통제 기능을 강화한다(행정안전부, 2008).

(2) 일본과 한국의 지방재정정보공시제도

일본 총무성은 지역 주민과 이해관계자들이 이해하기 쉽게 지방재정정보공시 작성지침을 마련해 각 지방정부에 통지하고 있다. 총무성 작성지침은 각 지방정부가 결산정보를 조기에 개시할 것을 요구하고 있는 것이다. 공시된 주요한 재정정보는 재정 여건 및 재정 운영 상황을 측정할 수 있는 지표를 개발한 후 지표별로 재정정보를 공시하는 재정비교분석표를 통해 자치단체 간 비교를 가능하게 하는 재정비교분석표와 대차대조표 등 결산정보를 나타낸다.

일본의 재정비교분석표는 재정력, 탄력성, 건전도 적정도를 평가할 수 있는 지표를 개발해 제시하고 있다. 즉 일본은 재정력 측정지표로서 재정력지수, 탄력성 측정지표로서 재정구조(경상수지 비율), 건전도 측정지표로서 공채비 부담(기채 제한 비율) 및 장래 부담(인구 1인당 지방채 부담액), 적정도 측정지표로서 급여 수준, 정원관리(인구 1,000명당 공무원 수)의 적정도 등과 같은 지표를 개발하여 지방정부의 재정활동을 비교하고 있다.

일본의 경우, 특히 재정비교분석표의 각 지표별 정보를 1page 내에 모두 제시하고 있어서 한눈에 지방재정 여건 및 운영 상황에 대해 알 수 있으나, 각 지표가 어떤 의미를 갖는지를 알지 못하는 일반 서민의 경우 이해하는데 곤란을 느낄 수 있다.

(3) 한국의 지방재정정보공시제도

우리나라의 경우, 2005년에 개정된 지방재정법 제60조에 지방재정정보공시제도를 규정하고 있다. 이 조항은 <표 7-9>에서 보는 바와 같이 지방자치단체의 장으로 하여금 매 회계연도마다 1회 이상 일반회계, 특별회계 및 기금 등을 포함한 당해 지방자치단체의 재정 운용 상황을 통합적으로 분석한 정보와 세입·세출 예산의 집행 상황, 지방채 및 일시차입금의 현재액 등 기타 대통령령이 정하는 재정 운영에 관한 중요 사항을 주민에게 공개하도록 규정하고 있다.

〈표 7-9〉 한국의 지방재정정보공시제도 요약

구분	내용
공시 주체	각 지방자치단체
공시 종류와 내용	□ 공통공시 ○ 지방재정법에 의한 총량적 재정 운영의 결과와 재정 운영에 관한 중요 사항 — 총량적 재정 운영 결과: ~ 세입·세출예산의 집행 상황 ~ 지방채·일시차입금 등 채무의 현재액 ~ 발생주의 복식부기에 의한 재무보고서(별도 첨부) ~ 지방재정법 제59조의 규정에 의한 통합재정정보(별도 첨부) — 재정 운영에 관한 중요 사항: ~ 중앙정부로부터 받은 재정분석·진단 결과 ~ 감사원 등으로부터 받은 감사 결과 ~ 주민 주요 관심 항목 — 시책추진업무추진비, 민간행사보조위탁비, 민간경상보조금 및 1,000만원 이상 수의계약 □ 특수공시 ○ 지방자치단체 조례에 의한 재정 운영에 관한 중요 사항으로, 지역 특수성을 감안하여 재정공시 심의위원회에서 결정 ○ 지방자치단체별로 재정 여건, 지역 특성 등을 고려하여 추진한 지역의 특수사업 또는 주민 숙원사업 등을 '지방재정공시심의위원회'에서 심의·확정 ○ 특수공시의 절차와 기준은 조례로 정함
공시 시기	정기공시: 매년 정례적으로 1회 실시(매년 8월) 수시공시: 재정공시 수요 발생시 수시로 실시 세입결손으로 인한 실행예산 운영 또는 내년도 예산을 앞당겨 사용한 경우 예산편성 결과, 중기지방재정계획 등(조례 규정 내용)
공시 방법	공시의 서식 및 작성 방법 등 필요한 사항은 행정안전부 장관이 정함
공시 제외 사항	공직선거 및 선거부정방지법에 위반 우려가 있는 사항 정치적 공약, 국익을 저해하는 사항 등

자료: 권형신 외(2006).

4) 지방정부회계와 복식부기

(1) 기업회계 방식의 도입 배경과 목적

1990년대 이후 주요 선진국에서 구축되어 온 성과 중심의 관리 체제에 따라 재정 패러다임도 변화하여 예산(계획)만을 중시하는 관행으로부터 예산 못지않게 결산(결과, 성과)도 중시하는 관행으로 변화했다. 특히, 결산을 중시하는 복식부기제도의 도입은 단순히 회계제도의 변화를 의미하는 것뿐만 아니라 행정개혁의 필수 도구 중 하나로 인식되고 있다. 이러한 발생주의 복식부기회계제도의 도입은 재정 운용의 상태를 총괄적·체계적으로 파악할 수 있게 해 주고, 행정의 효율성과 효과성을 추구할 수 있도록 도와주며, 공무원에게 주민에 대한 책임행정의 확보와 자기검정 기능의 강화를 위해 노력하도록 하는 효과를 가지게 된다(권형신 외, 2006).

일본 자치단체의 회계는 현재 현금주의의 단식부기 형태를 취하고 있고 복식부기를 제도적으로 전면 도입한 것은 아니다. 현재 많은 자치단체가 단식부기의 결산자료를 기초로 하여 기업회계 기법을 적용하여 해당 자치단체의 재정 상태 및 운영 상황에 대해 대내외적으로 공표하고 있는 단계에 있다. 하지만 중앙정부에서도 기업회계 방식에 대한 전국 표준적인 지침을 작성하여 시달하기로 되어 있어, 향후 자치단체의 기업회계 방식 도입은 더욱 본격화될 것으로 예상된다. 그러나 기업회계 방식으로는 포착할 수 없는 공공회계의 특성이 존재하고 있다는 점도 아울러 인식하고 있어 실제 자치단체의 기업회계 방식 적용에는 공공회계의 실정에 맞도록 수정을 가미하는 형태를 취하는 것으로 나타나고 있다(이창균, 2000).

한편, 우리나라의 경우 참여정부 이후 복식부기제도가 도입되어 부천시와 강남구 등에서 복식부기 시범사업이 진행되었으며, 2007년부터 전체 지방정부에서 적용되고 있다. 그러나 총괄적이고 체계적인 인식의 곤란, 자산 및 부채에 대한 명확한 인식 한계, 회계 오류에 대한 자기검증 및 회계 간의 연계성 분석 기능이 결여되는 등 여러 가지 문제점이 노출되고 있는 실정이어서 현재는 복식부기에 의한 결산과 단식부기에 의한 결산이 동시에 이루어진다.

5) 지방재정의 위기

(1) 지방재정 위기의 의의와 원인

재정 위기란 재원 부족이나 방만한 재정 운영에 따른 과도한 재정지출로 지방정부가 기본적으로 공급해야 할 공공 서비스가 충족되지 못함으로써 자치정부의 기능이 정지될 우려가 높은 재정 상태를 말하며, 재정파산이란 이러한 재정 상태를 근본적으로 재구축하지 않고는 지방정부로서의 기본적인 기능조차 회복될 수 없는 재정 상태를 의미한다.

즉, 재정 위기란 일시적인 세수 감소나 지출 증가로 인해 발생한 재정수지가 악화되는 재정 상태라기보다는 상당 기간 구조적으로 재정수지가 악화되어 지방정부 스스로의 자구 노력만으로는 재정수지의 개선이 불가능한 재정 상태라고 할 수 있다(이창균, 2000).

(2) 일본의 지방재정 위기

일본의 지방정부는 전후 두 차례(1950년대 초반과 1970년대 중반)의 재정 위기를 경험한 바 있는데, 1차 재정 위기는 한국전쟁의 특수가 끝난 후 발생했고, 2차 재정 위기는 오랜 기간의 고도 성장이 끝나고 1973년 오일쇼크에 의해 촉발된 것으로 국가재정의 위기 상황과 동반해 발생했다. 일본의 지방정부는 이러한 두 차례의 재정 위기를 경험하면서 그들만의 재정 위기 관리 체제를 가지게 되었다(권형신 외, 2006).

특히 일본의 지방정부는 재정적자가 일정 규모 이상이 되면 지방재정재건촉진특별법(재정재건법)에 의해 재정단체가 되어 경비 절감 및 지출 효율화를 위한 재정재건계획을 수립하게 되어 있다. 재정재건계획의 내용은 재정재건 기간, 재정재건의 기본 방침, 재정재건에 필요한 구체적인 조치, 세입세출 연차종합계획의 네 가지로 구성되어 있다. 또한 일본의 각 지방정부는 연도간 재정조정뿐만 아니라 각 지방정부가 경비 절감을 위해 적립금제도를 가지고 있다. 결산잉여금이 발생하면 이 결산잉여금을 효율적으로 사용하기 위해 회계연도 독립 원칙의 예외로서 익년도에 이월 및 적립하여 사용하게 하는 제도가 일본의 적립금제도인데, 일본의 지방정부의 경우 이 적립금제도가 마련되어 있어 한편으로는 지방정부의 연도 간에 재정과부족을 조정하는 연도 간 재정조정 역할뿐만 아니라 다른 한편으로는 지방정부의 경비 절감 및 재정 운영의 효율성을 제고하는 유인 제도로서의 역할도 한다(이창균, 2000).

(3) 한국의 지방재정 위기

우리나라는 총체적인 경제 위기 상황 속에서 지방세수의 감소뿐만 아니라 국세의 감세 정책으로 인한 지방교부세의 감소, 국세수입의 감소로 인한 국고보조금 등 국고의존재원의 감소가 동시에 진행될 것이 예측되어 당분간 지방정부의 재정 상황이 매우 어려움에 직면할 수도 있다. 그뿐만 아니라 지방재정의 위기적 상황을 초래하게 된 요인으로는 지방정부 외부의 경제적인 요인은 물론이고, 지방자치의 실시 이후 고질적인 병폐로 지속된 비효율적인 재정 운용과 선심성 경비 지출이 여전히 이루어지고 있는 것도 큰 요인이라고 할 수 있다. 그럼에도 불구하고 우리나라는 아직까지 지방정부의 재정 위기를 사전에 예방하여 재정건전화를 기함과 동시에 만약 재정 위기적 상황이 도래했을 경우에 이에 대한 중앙정부 차원에서 적극적으로 대응할 수 있는 좀 더 구체화된 제도적 장치는 마련되어 있지 않은 상태이다.

4 결 론

지금까지 한국과 일본의 지방정부 세출 활동과 재정관리제도에 대해 간단히 살펴보았다. 그 결과 한국과 일본 모두 세출 측면에서 지방재정의 규모가 증가하고 있으며, 지방재정이 '자원 배분'의 역할은 물론 '소득재분배'의 기능까지 확대되었음을 알 수 있었다. 한국과 일본의 지방세출 활동을 좀 더 구체적으로 비교해 본 결과 기능적인 측면에서 일본은 민생비, 교육비, 공채비는 늘어나고 있었으며, 그 이유는 초등학교와 중학교의 의무교육을 위한 지방정부의 지출과 저출산 고령사회로 인한 보육 서비스와 고령자 의료 서비스에 대한 지방정부 지출이 늘어났기 때문이다. 우리나라도 일본과 마찬가지로 저출산 고령사회의 진입으로 인해 생활 보호나 아동, 노인의 복지에 소요되는 사회복지비가 지속적으로 늘어나고 있으며, 앞으로 훨씬 더 많은 지출이 예상된다.

이와 같은 인구사회적 변동으로 인한 지방재정의 폭발적인 수요 증가에 더해 세계 경제의 침체라는 외부의 경제적인 요인으로 인해 지방재정은 더욱 어려운 상황에 직면하게 될 것으로 예상된다. 이러한 시점에서 지방자치 실시 이후 지금까지 고질적인 병폐로 지속되어 왔던 선심성 경비 지출을 포함한 비효율적인 재정 운용을 줄이고 효율적이고 투명한 재정 운용을 위해서는 중기지방재정계획와 투융자심사제도는 물론 지방재정공개제도 등과 같은 지방재정관리제도가 좀 더 확고히 정착되어야 할 필요가 있다.

참고 문헌

국가전문행정연수원(2004).「지방재정실무」.

권영주(2008). " 일본의 정부간 관계와 지방행정." 오시영 편저.「일본의 행정과 공공정책」. 서울: 법문사.

권형신 · 이상용 · 이재성(2006).「한국의 지방재정: 이론과 실무」. 서울: 도서출판 해냄.

김동기 (2008)「지방분권시대의 한국지방재정학」. 서울: 법문사.

손희준 · 강인재 · 장노순 · 최근열(2008).「지방재정론」. 서울: 대영문화사.

이창균(2000). "일본 자치단체의 기업회계 적용에 대한 연구."「지방재정논집」. 제5권 제1호.

일본 총무성(2009).「지방재정백서」.

한국지방행정연구원(1991).「중기지방재정계획 시안」.

행정안전부(2008a). 일반행정 분야 제도 진단포럼 2008.7.

———(2008b). 지방자치단체 예산개요.

———(2009). 지방자치단체 예산개요.

행정안전부 지방재정고(lofin.mopas.go.kr) 지방재정통계 세출예산.

제 8 장 지방의회의 지위와 기능

신원득
(경기개발연구원 의정연구센터장)

1 서 론

우리나라 지방의회는 1961년 군사혁명 포고령에 의해 아쉽게도 문을 닫게 되었던 아픈 경험을 갖고 있다. 그러나 열화와 같은 국민의 여망에 따라 1991년 30여년 만에 부활된 지방의회 의원선거를 시발로 지방의회가 다시 문을 열어젖히게 되었고 몇 차례의 지방선거를 거치면서 지방의회에 대한 지지와 성원 또한 높아진 것은 분명하다.

그러나 또 다른 한편에서는 지방의회의 제도적 한계와 역할·기능에 대한 재조명의 논의가 무성하며 비판적 측면에서의 자성적 고찰이 존재하고 있는 것 또한 사실이다.

그럼에도 불구하고 지역 주민의 참여와 지지를 기반으로 정당성이 부여되는 지방의회가 '풀뿌리 민주주의'의 가치와 '민본행정'의 이념을 구현하는데 견인차 역할을 하기를 바라는 주민의 기대는 매우 크다.

이와 같은 전향적인 관점에서 지방의회의 운영에 일천한 경험을 갖고 있는 우리나라에 비해 훨씬 오래 전에 지방의회가 구성되고 정착된 일본의 사례를 제도론적 시각에서 비교, 탐색하는 것은 매우 의의가 있을 것이다.

특히 우리나라와 일본의 경우, 집행기관과 의결기관이 대립하고 있는 지방정부의 기관 형태가 유사하고, 지방의회 구성의 모태를 이루고 있는 지방자치법의 탄생 연원이 비슷하다는 점에서 논의의 실마리를 지방의회 관련 법규 체계에서 찾고자 했다.

다만, 이와 같은 논의가 지방의회의 운영 및 제도적 현상의 진단에서 개별 사안을 심층적으로 분석하기 어렵고 포괄적인 접근에 그칠 수 있다는 한계가 있으나, 우리나라와 일본의 지방의회의 지위와 기능에서의 차이점을 인식하기 위한 근원적인 평가에는 도움이 될 것으로 생각된다.

2 지방의회의 구성 연혁

1) 한국의 지방의회

우리나라의 지방의회는 1948년 7월 17일 건국헌법(대한민국 헌법)의 제정으로 제8장 제97조에서 “지방자치단체는 각각 의회를 둔다.” 및 “지방의회의 조직 · 권한과 의원의 선거는 법률로 정한다.”고 하여 헌법상 설치가 보장되었다.

이에 따라 1949년 7월 4일 법률 제32호로 지방자치법이 제정 · 공포되고, 1949년 8월 13일 대통령령 제158호에 의해 지방자치법시행령이 마련됨에 따라 근대적 의미의 지방의회 제도의 법적 근거가 마련되었다.

건국 초기의 정치적 · 사회적 혼란, 그리고 6 · 25동란으로 인해 그 실현이 지연되어 오다가 1952년 4월 25일 시 · 읍 · 면의회 의원선거가, 동년 5월 10일에는 도의회 의원선거가 실시됨으로써 우리나라에서 최초로 민주적 지방의회가 탄생하게 되었다. 그리고 1956년에는 제2대 지방의회 의원선거가, 1960년에는 제3대 지방의회 의원선거가 실시되어 모두 세 차례에 걸쳐 지방의회가 구성 · 운영되었다.

그러나 1961년 5월 16일 군사혁명정부의 군정포고령 제4호에 의해 지방의회가 해산되고, 이에 따른 ‘지방자치에 관한 임시조치법’에서 지방의회 의결 사항의 대행 규정을 마련함으로써 사실상의 지방의회 제도는 중단되

었다.[1)]

이후, '제3공화국 헌법'(전부 개정 1962. 12. 26), '유신헌법'(전부 개정 1972. 12. 27) 및 '제5공화국 헌법'(전부 개정 1980. 10. 27) 개정시 그동안 중단되었던 지방의회 제도에 관해 부칙 조항으로 '지방의회의 구성 시기'에 대한 명문 규정이 도입되어 일부 진전된 측면이 나타나기도 했으나, 여전히 '지방자치에 관한 임시조치법'에서 지방의회의 의결권에 대한 대행 규정을 존속시키고 있었다.[2)]

그러나 '제6공화국 헌법'에서는 지방의회의 구성을 유보시켰던 종래의 헌법 부칙 중 관련 단서 조항을 삭제하는 동시에 제118조 제1항 및 제2항에 지방의회 관련 규정을 두어 지방의회 제도를 운영할 수 있는 바탕을 마련했다.[3)]

이에 따라 그동안 지방자치를 지배했던 '지방자치에 관한 임시조치법'은 폐지되었으며, 지방자치법 제8차 개정(전부 개정 1988. 4. 6)을 통해 지방의회의 구성 시기를 부칙으로 규정했으나, 이의 규정은 준수되지 못했으며,[4)] 또한 지방자치법 제9차 개정(일부 개정 1989. 12. 30)에서도 마찬가지로 지방의회 의원 선거일에 대한 구체적 시한까지 정했으나 실현되지 못했다.[5)]

---

1) 군사혁명 포고령 제4호 제2항에서 "현 참의원과 민의원 그리고 지방의회는 단기 4294년 5월 16일 오후 8시를 기해서 이를 해산한다. 단 사무처 요원은 존속한다."고 했으며, 지방자치에 관한 임시조치법 제10조에서 "지방자치법 중 의회의 의결을 요하는 사항은 도와 서울특별시에 있어서는 내무부 장관의, 시와 군에 있어서는 도지사의 승인을 얻어 시행한다."고 규정했다.

2) '제3공화국 헌법 부칙' 제7조에서 "이 헌법에 의한 최초의 지방의회의 구성 시기에 관하여는 법률로 정한다."고 했으며, '유신헌법 부칙 제10조'에서 "이 헌법에 의한 지방의회는 조국 통일이 이루어질 때까지 구성하지 아니한다."고 했으며, '제5공화국 헌법 부칙 제10조'에서는 "이 헌법에 의한 지방의회는 지방자치단체의 재정자립도를 감안하여 순차적으로 구성하되, 그 구성 시기는 법률로 정한다."고 규정했다.

3) '제6공화국 헌법 제118조'에서 "지방자치단체에 의회를 둔다. 지방의회의 조직・권한・의원선거와 지방자치단체의 장의 선임 방법 기타 지방자치단체의 조직과 운영에 관한 사항은 법률로 정한다."고 규정했다.

4) 1988년 전부 개정된 지방자치법에서는 부칙 제2조에서 "이 법에 의한 최초의 지방의회는 시・군 및 자치구부터 구성하되, 그 지방의회 의원의 선거는 이 법 시행일로부터 1년 이내에 실시한다.", "이 법에 의한 최초의 시・도의회는 시・군 및 자치구의 의회가 구성된 날로부터 2년 이내에 구성한다."고 규정했다.

이러한 법률적 근거에도 불구하고 지연되었던 지방의회 구성은 지방자치법 제10차 개정(일부 개정 1990.12.31 법률 제4310호) 부칙 제2조 제1항에서 "이 법에 의한 최초의 시·도 및 시·군·자치구의 의회의원의 선거는 1991년 6월 30일 이내에 실시한다."고 규정하여 재차 지방의회의 구성 시기를 명확히 했다.

이에 근거하여 1991년 3월 26일 전국 시·군·자치구의 지방의회 의원선거가 실시(동년 4월 15일 개원)되었고, 동년 6월 20일 시·도의회 의원선거가 실시(동년 7월 8일 개원)되어, 1961년 군사혁명위원회 포고령에 의해 중단되었던 지방의회 제도가 30년 만에 부활되었다.

2) 일본의 지방의회

1868년 이른바 메이지유신(明治維新)으로 일컬어지는 일본의 통치 체제의 구조 변화는 종래의 막번(幕藩) 체제가 붕괴되고 중앙집권적 통치구조를 정비·강화하는 계기가 되었다. 이러한 중앙집권 체제에 지방분권 체제로의 변화가 시작된 것은 1878년에 이르러 이른바 삼신법(三新法)이라 불리는 '군구정촌편제법(郡區町村編制法)', '부현회규칙(府縣會規則)', '지방세규칙(地方稅規則)' 등의 제정을 통해 본격화된 것이다.

그리고 1880년 4월에 제정·공포된 '구정촌회법(區町村會法)'에 의해 부·현(府·縣) 및 구·정·촌(區·町·村)에 지방의회가 개설되어 메이지유신정부는 새로운 서구 정치사상과 전통적인 지방 제도를 바탕으로 한 근대적 지방 제도의 체제를 형성하게 되었다.[6]

이러한 일본의 지방 제도는 1890년 5월에 '부·현제법안'이 공포되어

---

5) 제9차 개정된 지방자치법 부칙 제2조 제1항에서는 "이 법에 의한 최초의 시·도 및 시·군·자치구의 의회의원의 선거는 1990년 6월 30일 이내에 실시한다."고 하여 구체적인 시한을 정했다.

6) 부·현의회는 만 20세 이상의 남자로서 지조(地租) 5엔(円) 이상의 납세자에게 주어지는 선거권에 의한 직접선거로 구성되었다. 지방의회의 회기는 정기회와 임시회로 구분되어 소집되었으며, 의원의 임기는 4년으로 2년마다 의원의 반수가 개선되었다. 부·현의회는 지방세를 재원으로 하는 세입·세출 예산을 심의·의결하고, 감독 관청에 대한 건의, 부(府)의 지사와 현령 등의 자문에 대한 답신 등의 권한이 부여되었으나, 내무성 장관에 의한 지방의회의 개·폐 혹은 의회 해산 등의 명령에 따라야 하는 등 완전한 지방의회의 모습을 갖춘 것은 아니었다(임종록, 1995: 7-8).

부·현(府·縣)이 처음으로 법인격을 부여받게 되고 1926년에 '부·현의회 의원 선거권'이 확대되는 등 지방분권 지향의 지방화가 추진되면서 변화를 겪어오다가, 1930년 일본의 대외 침략전쟁을 계기로 '제국주의 체제'가 확립되고 태평양전쟁의 발발로 전시동원 체제가 구축됨에 따라 지방자치단체의 자치권은 상대적으로 제한받게 되었다(임종록, 1995: 7-17).

1945년 포츠담선언을 통해 전쟁이 종식되고 미국이 주도하는 연합사령부는 도·도·부·현(都·道·府·縣) 등의 지방자치단체장의 주민직접선출제, 지방의회의 의결권 범위의 확대 등 지방 제도에 대한 발전적 조치를 강구하게 되었으며, 일본의 신헌법과 지방자치법의 제정으로 새로운 전환기를 맞게 되었다.

지방자치법은 1947년 4월 17일 법률 제67호로 공포되었고, 같은 해 5월 3일 신헌법과 동시에 시행되었다. 지방자치법의 시행으로 종래의 도쿄도제(東京都制), 부·현제(府·縣制), 시제(市制), 정·촌제(町·村制)는 폐지되고 일본의 지방자치제도는 단일법 체계를 형성하게 되었다.

전전(戰前)의 메이지헌법(明治憲法), 즉 일본제국헌법에서는 지방자치에 관해 아무런 사항도 규정되지 않았지만, 신헌법에서는 지방자치에 관한 사항이 독립된 장(章)으로 설치되어 지방자치에 관한 헌법 조항을 명문화시켰다. 1947년 지방자치법 제정으로 일본의 지방자치단체는 보통지방자치단체와 특별지방자치단체로 구분되고 지방의회의 권한이 확충되었다.

일본의 지방선거제도는 120여 년의 역사를 가지고 변천해 왔으며, 현재는 기본적으로 공직선거법에 의해 지방자치단체의 의회의원 및 단체장이 선출되고 있다. 그런데 통일지방선거라 함은 공직선거법 제33조 및 제34조의 규정[7]에도 불구하고 전국 통일적으로 실시하는 것으로서 1947년 제1회 통일선거가 실시된 이래로 4년마다 실시되고 있다. 통일지방선거는 시·정·촌 의회의원 및 시·정·촌의 단체장 선거와 도·도·부·현 의회의원

---

7) 공직선거법 제33조에서는 "지방공공단체 의회의 의원의 임기 만료에 의한 일반선거 또는 단체장의 임기 만료에 의한 선거는 당해 임기 종료일 전 30일 이내에 행하여야 하며, 지방공공단체 의회의 해산에 의한 일반선거는 해산일로부터 40일 이내에 행한다."고 규정하고 있으며, 한편 제34조에서는 "지방공공단체 의회의 의원 및 단체장의 재선거·보궐선거 등은 그와 같은 사유가 발생한 후 50일 이내에 행한다."고 규정하고 있다.

및 지사 선거를 2주 간격으로 동시에 실시하는데, 선거 때마다 '지방자치단체의 의회의원 및 장의 선거 기일 등의 임시특례에 관한 특례법'을 제정해 실시된다.

이러한 이유는 많은 선거가 단기간에 집중되는 경우, 각 지방자치단체가 임의로 정하는 날에 선거를 하게 되면 각 지방자치단체마다 선거일이 제각각이 될 뿐만 아니라 도도부현 선거와 시정촌 선거의 선거운동 기간이 중복되는 등 선거 집행상의 혼란을 예상했기 때문이다.

따라서 이러한 선거를 원활히 집행하고 집행경비를 절감하는 동시에 국민의 지방선거에 대한 관심을 높이기 위해 매 4년마다 이 시기에 집중하는 지방선거에 대해서는 그 때마다 임시특례법을 제정해서 그 선거 기일을 통일해 왔다(신창호, 1995: 56-57). 그럼에도 불구하고 일본의 지방자치법 하에서는 지방의회의 자치단체장 불신임권과 단체장의 지방의회 해산권을 인정하고 있기 때문에, 이 경우 전체 지방자치단체의 통일지방선거와 관계없이 지방의회 의원선거 등이 불규칙적으로 행해질 수도 있다는 특성이 있다.

3 지방의회의 구성 · 운영의 기본 틀

우리나라와 일본의 지방의회 제도의 구성과 운영의 근간을 이루는 기본 '틀'은 거의 동일하다고 해도 무방하다. 기본적으로 헌법에 의해 지방의회의 존재 가치와 설치를 보장하고 있고, 법률인 지방자치법에서 의회의 구성 주체와 역할과 기능 등을 규정하고 있으며, 지방의회 의원선거에 관해서는 별도의 법률인 공직선거법을 두고 있다.

현행의 한 · 일 간 지방의회의 구성과 운영의 근간을 뒷받침하고 있는 지방자치법상 기본 '틀'은 크게 '지방의회의 구성 및 운영 주체'와 '지방의회의 의정활동 추진 체제'로 편제되어 있다. 지방의회의 구성과 운영 주체는 지방의원 신분의 획득과 유지 및 소멸 그리고 운영상 필수적인 의장단 및 위원회 등에 관한 사항으로 짜여져 있으며, 그리고 의정활동의 추진 체제에서는 지방의회가 가지는 권한과 이와 같은 권한 하에서 이루어지는 운영

[그림 8-1] 한·일 지방의회 구성·운영의 기본 '틀'

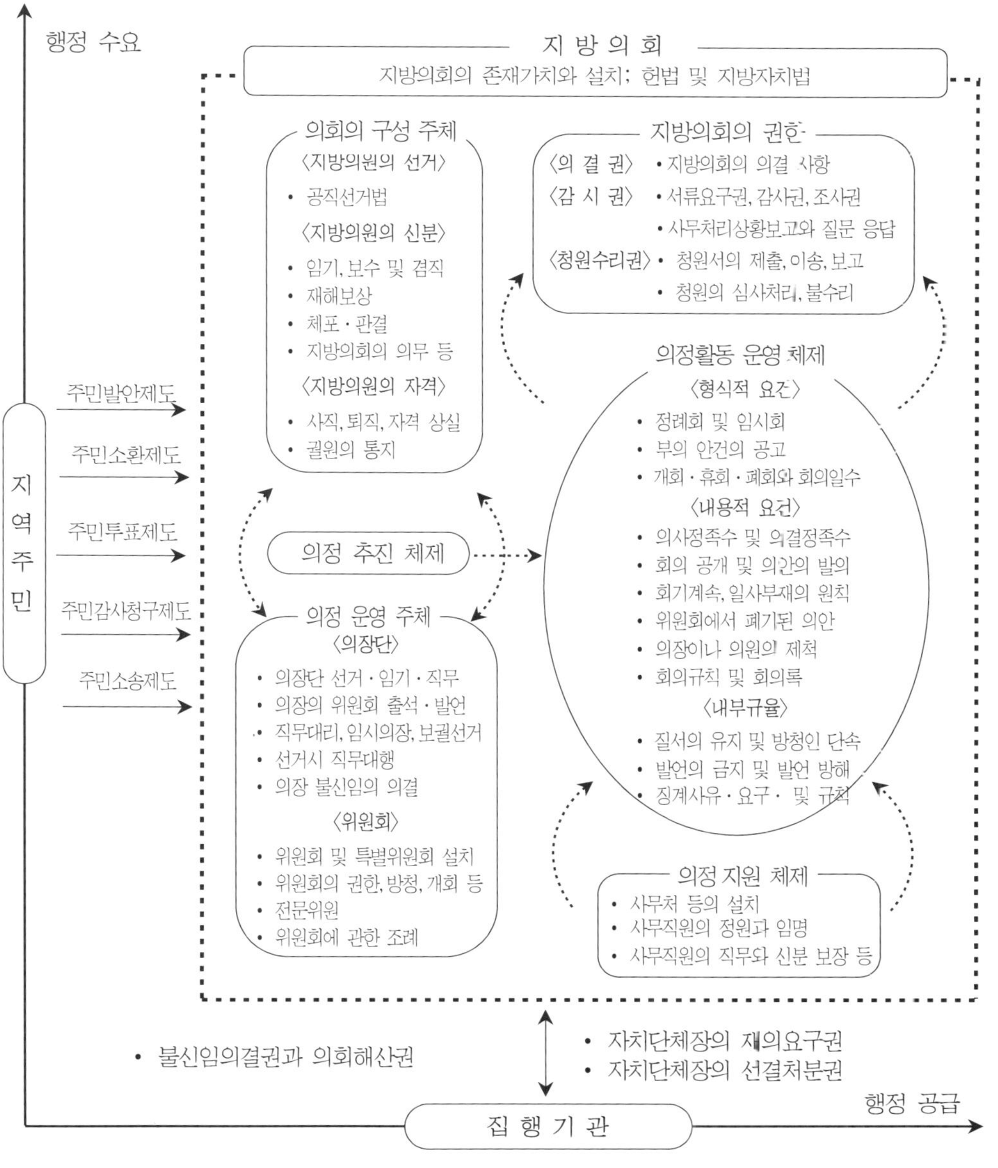

자료: 신원득(2008a).

시스템, 그리고 운영을 원활케 하는 지원 체제 등의 사항 등이 기본적 '틀'에 담겨져 있다.

이와 같은 지방의회의 구성과 운영에 관한 기본 '틀'은 한·일 간 모두 지방자치법에 의해 동일한 골격하에서 세부 내용이 구체적으로 적시되어 있다.

우리나라의 경우 1949년 12월 15일 법률 제73호로 공포된 제정 지방자치법 이후, 2007년 5월 11일 전문 개정된 지방자치법에서 현행의 지방의회 관련 분야는 제5장의 총 12절로 구성되어 있다.

일본의 경우는 1947년(昭和 22년) 4월 17일 법률 제67호로 제정 공포된 일본의 지방자치법 하에서 의회 관련 분야는 현재(2009년) 제2편 제6장의 총 12절로 구성되어 있다.

우리나라 지방자치법 중 지방의회의 구성과 운영 등에 관해 규정된 제30조~제92조와 일본의 지방자치법 중 지방의회의 구성과 운영 등에 관해 규정된 제89조~제138조 및 지방의회와 자치단체의 장과의 관계 등에 관해 규정된 한국 지방자치법 제107조~제109조와 일본의 지방자치법 제176조~제180조 등을 분야별로 대비해 보면 <표 8-1>과 같다.

〈표 8-1〉 한국과 일본의 지방자치법(지방의회 관련 분야) 분야별 대비

분야 \ 비교		한국 지방자치법 [2009.4.1. 법률 제9577호]	일본 지방자치법 [2009.7.15. 법률 제79호]
의회의 존재 가치	지방의회의 설치	§30(의회의 설치)	§89(의회의 설치) §94(정촌총회) §95(정촌총회에 관한 규정)
의회의 구성 주체	지방의원의 선거	제4장(§29) 선거, §31(지방의회 의원의 선거)	제4장(§17-§19) 선거, §90(도도부현의회 의원의 정수) §91(시정촌의회 의원의 정수)
	지방의원의 신분	§32(의원의 임기) §33(의원의 의정활동비 등) §34(상해·사망 등의 보상) §35(겸직 등 금지) §36(의원의 의무) §37(의원 체포 및 확정 판결	§92(겸직의 금지) §92의2(겸업의 금지) §93(의원의 임기)

분야 \ 비교			한국 지방자치법 [2009.4.1. 법률 제9577호]	일본 지방자치법 [2009.7.15. 법률 제79호]
			의 통지) §38(지방의회의 의무 등)	
	지방의원의 자격		§77(의원의 사직) §78(의원의 퇴직) §79(의원의 자격심사) §80(자격 상실 의결) §81(궐원의 통지)	§126(의원의 사직) §127(의원의 실직 및 자격 심사·자격 상실 의결) §128(실직의 시기)
의회의 역할 기능	지방 의회 권한	의결권	§39(지방의회의 의결 사항)	§96(지방의회의 의결 사항) §97(선거 및 예산의 증액 수정) §99(의견서의 제출)
		감시권	§40(서류 제출 요구) §41(행정사무감사권 및 조사권) §42(행정사무 처리 상황의 보고와 질문 응답) §43(의회규칙)	§98(검사 및 감사의 청구) §100(조사권·정무조사비·간행물 송부·도서실 설치 등) §100의2(조사의 의뢰) §121(단체장 등의 출석 의무) §122(단체장의 설명서 제출)
		청원 수리권	§73(청원서의 제출) §74(청원의 불수리) §75(청원의 심사·처리) §76(청원의 이송과 처리보고)	§124(청원서의 제출) §125(채택청원의 처리, 이송과 처리 보고)
	의정 활동 추진 체제	의장단	§48(의장·부의장의 선거와 임기) §49(의장의 직무) §50(의장의 위원회 출석과 발언) §51(부의장의 의장직무대리) §52(임시의장) §53(보궐선거) §54(의장 등을 선거할 때의 의장직무대행) §55(의장불신임의 의결)	§103(의장·부의장의 선거와 임기) §104(의장의 직무) §105(의장의 위원회 출석과 발언) §105의2(소송에 대한 의장의 대표권) §106(부의장의 의장직무대리) §107(의장 등을 선거할 때의 의장직무대행) §108(의장·부의장의 사직)
		위원회	§56(위원회의 설치) §57(윤리특별위원회) §58(위원회의 권한) §59(전문위원)	§109(상임위원회) §109의2(의회운영위원회) §110(특별위원회) §111(위원회에 관한 조례)

분야 \ 비교			한국 지방자치법 [2009.4.1. 법률 제9577호]	일본 지방자치법 [2009.7.15. 법률 제79호]
			§60(위원회에서의 방청 등) §61(위원회의 개회) §62(위원회에 관한 조례)	
	의정 활동 운영 체제	형식적 요건	§44(정례회) §45(임시회) §46(부의 안건의 공고) §47(개회·휴회·폐회와 회의 일수)	§101(소집) §102(정례회·임시회 및 회기)
		내용적 요건	§63(의사정족수) §64(의결정족수) §64의2(표결의 선포 등) §65(회의의 공개) §66(의안의 발의) §67(회기계속의 원칙) §68(일사부재의의 원칙) §69(위원회에서 폐기된 의안) §70(의장이나 의원의 제척) §71(회의규칙) §72(회의록)	§112(의원의 의안제출권) §113(정족수) §114(의원의 청구에 의한 개의) §115(회의의 공개) §115의2(수정 동의) §116(표결) §117(의장 및 의원의 제척) §118(투표에 의한 선거·지명 추선) §119(회기 불계속의 원칙) §120(회의규칙) §123(회의록)
		내부 규율	§82(회의의 질서 유지) §83(모욕 등 발언의 금지) §84(발언 방해 등의 금지) §85(방청인에 대한 단속) §86(징계의 사유) §87(징계의 요구) §88(징계의 종류와 의결) §89(징계에 관한 회의규칙)	§129(회의의 질서 유지) §130(방청인에 대한 단속) §131(의장의 주의의 환기) §132(모욕등 발언의 금지) §133(모욕에 대한 처분요구) §134(의원에 대한 징벌, 징벌에 관한 회의규칙) §135(징벌의 종류, 요구, 의결) §136(제명 의원의 재당선) §137(결석 의원의 징벌)
	의정활동 지원 체제		§90(사무처 등의 설치) §91(사무직원의 정원과 임명) §92(사무직원의 직무와 신분 보장 등)	§138(사무국의 설치, 사무직원의 정원과 임면, 사무직원의 직무와 신분 보장 등)

분야 \ 비교	한국 지방자치법 [2009.4.1. 법률 제9577호]	일본 지방자치법 [2009.7.15. 법률 제79호]
집행기관과의 관계	§107(지방의회의 의결에 대한 재의 요구와 제소) §108(예산상 집행 불가능한 의결의 재의 요구) §109(지방자치단체의 장의 선결처분)	§176(지방의회의 의결에 대한 재의 요구와 제소) §177(예산상 집행 불가능한 의결의 재의 요구) §178(불신임 의결과 의회 해산) §179(단체장의 법정대리적 선결처분) §180(단체장의 임의대리적 선결처분)

4 한 · 일 지방의회의 쟁점 사항

1) 조례의 제 · 개정권

조례는 헌법의 수권에 의해 지방정부가 그의 사무에 관해 지방의회의 의결을 거쳐 제정하는 자주법이다.

지방의회의 조례 제정 및 개·폐에 관한 권한은 지방자치가 성립하기 위해 존재하는 자치입법권의 실체적 내용으로 매우 중요한 의미를 지닌다.

우리나라는 헌법 제117조 제1항에서 "지방자치단체는 법령의 범위 안에서 자치에 관한 규정을 제정할 수 있다."고 하며, 일본은 헌법 제94조에서 "지방공공단체는 법률의 범위 안에서 조례를 제정할 수 있다."고 규정하고 있다.

그러나 헌법 조항에 의해 조례 제정을 가능토록 하고 있는 위임 법률의 내용에서는 이와 같은 조례제정권의 범위에 대해 우리나라와 일본에서의 차이가 나타나고 있다.

우리나라는 지방자치법 제22조에서 "지방자치단체는 법령의 범위 안에서 그 사무에 관하여 조례를 제정할 수 있다."고 하여 '법령에 의한 위임'이 없는 경우에는 조례를 제정할 수 없다는 원천적인 한계에 놓여 있다. 이에 반해 일본의 경우 일본 지방자치법 제14조 제1항에서 "보통지방공공단체는 법령에 위반하지 아니하는 범위 내에서 사무에 관한 조례를 제정할 수 있다."고 하여 모법령이 없거나 혹은 법령에서 규율하고 있지 아니한 사항 등에 대해서도 조례를 제정할 수 있도록 하고 있다.

이와같이 지방의회의 조례제정권의 범위에 대해 우리나라와 일본 모두 조례 제정에서 법률 유보의 원칙을 밝히고 있으나, 일본의 경우 지방의회가 '법령에 위반하지 않는 한' 가능의 영역을 넓혀 두고 있다.

한편, 조례의 실효성 차원에서도 우리나라와 일본에서의 차이점이 확연히 나타나고 있다.

우리나라 지방자치법 제27조 제1항에서 "지방자치단체는 조례를 위반한 행위에 대하여 조례로써 1천만 원 이하의 과태료를 정할 수 있다."고 하여 조례가 형벌로서의 제제 효력을 지니지 못하고 있다.[8)]

이에 반해서, 일본의 경우에는 지방자치법 제14조 제3항에서 "보통지방공공단체는 법령에 특별한 규정이 있는 것을 제외하고는 그 조례 중에 조례에 위반한 자에 대하여 2년 이하의 징역 또는 금고, 100만 엔 이하의 벌금, 구류, 과료, 몰수의 형 또는 5만 엔 이하의 과태료를 부과하는 규정을 둘 수 있다."고 하는 벌칙 규정을 두어 조례의 실효성을 제고하고 있다.

2) 행정행위 감시권

감시권이란, 주민의 대표인 의원으로 구성된 지방공공단체의 의결기관인 의회에 부여되어 있는, "집행기관의 행정집행에 대하여 사전 혹은 사후적으로 감시하고 견제하기 위한 권한"을 총칭한 것을 말한다(川村毅, 1988; 127). 이와 같은 지방의회의 감시권을 구체화하는 권한으로서 행정사무감사권과 조사권이 대표적이다.[9)]

---

8) '과태료'라 함은 국가 또는 공공단체가 국민에게 과하는 금전벌로서 일종의 행정처분이다(현암사, 2007, 법률용어사전). 따라서 과태료는 몰수, 구류, 벌금, 금고, 징역 등과 같은 형벌이 아니기 때문에 법규로서의 강제력은 매우 약하다고 볼 수 있다.

9) 일반적으로 감사는 자치단체가 집행하는 사무 전반을 그 대상으로 하나, 조사는 자치단체의 사무 중에 특정 사안만을 그 대상으로 하며, 감사는 매년 정기회의 회기 내에 정기적으로 실시하나, 조사는 필요에 따라 수시로 실시하며 그 실시 기간에서도 특별한 제한이 없으며, 감사는 실시를 위해 의원의 발의를 요건으로 하지 않으나, 조사의 경우는 일정 수의 의원이 발의해야 한다는 점에서 차이가 있다(최민수, 1998: 453-454).

우리나라의 경우 지방자치법 제41조 제1항에서 "지방의회는 매년 1회 그 지방자치단체의 사무에 대하여 시·도에서는 10일의 범위에서, 시·군 및 자치구에서는 7일의 범위에서 감사를 실시하고, 지방자치단체의 사무 중 특정 사안에 관하여 본회의 의결로 본회의나 위원회에서 조사하게 할 수 있다."고 규정하여 지방의회의 감시권으로서의 행정사무감사권과 조사권을 인정하고 있다.

일본의 지방의회는 우리나라와 같은 행정사무감사권은 주어지지 않으나, 지방의회가 직접 행할 수 있는 '검열 및 검사권'과 집행기관인 보통지방공공단체의 '감사위원'에 대해 감사를 청구하는 '감사청구권'이 있다. 그리고 지방의회가 지방자치단체의 사무에 대해 증인의 출석 증언 및 자료 요구, 그리고 실지 조사 등을 할 수 있는 이른바 '100조 조사권'을 가지고 있다.

(1) 검열·검사 및 감사 청구

일본 지방자치법 제98조 제1항에서는 "보통지방공공단체의 의회는 당해 보통지방공공단체의 사무에 관한 서류 및 계산서를 검열하고, 당해 보통지방공공단체의 장, 교육위원회, 선거관리위원회, 인사위원회 또는 공평위원회, 공안위원회, 노동위원회, 농업위원회 또는 감사위원, 기타 법률에 근거한 위원회 또는 위원의 보고를 청구하고, 당해 사무의 관리, 의결의 집행 및 출납을 검사할 수 있다."고 규정하고 있으며, 동조 제2항에서는 "의회는 감사위원에 대하여 당해 보통지방공공단체의 사무에 관한 감사를 요구하고, 감사의 결과에 관한 보고를 청구할 수 있다."고 하여 지방의회의 감사 권한을 첫째, 사무에 관한 서류 및 계산서의 검열, 둘째, 사무의 관리와 의결의 집행 및 출납의 검사, 셋째, 감사위원에 대한 감사의 청구 등 세 가지로 구분한다.

이 경우 사무의 검사는 반드시 구체적인 사건의 발생이 있는 것을 요건으로 하는 것은 아니며, 일반적으로 필요가 있다고 의회가 인정할 때는 시정 전반에 대해 검사할 수가 있다.

그러나 이와 같은 지방의회의 검열·검사 및 감사청구권이 지방자치법으로 보장받고 있음에도 불구하고 광역지방정부인 도·도·부·현의 경우 2000년(平成 12년) 1월부터 2003년(平成 15년) 12월까지 4년 동안의 검열·

〈표 8-2〉 일본 지방자치법 제98조 관련 검열·검사 및 감사청구 사례

<table>
<tr><th colspan="2">검사권 행사(법 제98조 제1항)</th><th colspan="2">감사청구 행사(법 제98조 제2항)</th></tr>
<tr><td>도도부현명</td><td>가나가와현</td><td>도도부현명</td><td>도쿠시마현</td></tr>
<tr><td>회의 구분</td><td>정례회</td><td>감사청구 시행일</td><td>平成 14년(2002년) 12월 18일</td></tr>
<tr><td>의결 연월일</td><td>平成 15년(2003년) 6월 27일</td><td>감사청구 사건명</td><td>시코쿠 가스에 대한 토지 불하 협정서 체결에 관하여</td></tr>
<tr><td>조사 대상건명</td><td>마쓰자와 지사의 선거 및 정치활동에 관한 조사</td><td>결과 보고 연월일</td><td>平成 15년(2003년) 1월 31일</td></tr>
<tr><td>조사 실시 방법</td><td>지방자치법 제98조에 근거한 지사의 선거 및 정치활동에 관한 검사특별위원회</td><td rowspan="2">결과</td><td rowspan="2">시코쿠 가스에 대한 토지 불하협정 체결에 관한 일련의 사무 절차에서 일부 부적절하다고 생각되는 사무 처리가 보였음.</td></tr>
<tr><td>검사 방법</td><td>지사 및 집행부에 질의, 지사 및 집행부에 자료 청구</td></tr>
</table>

자료: 全國都道府縣議會議長會事務局(2000, 2001, 2002, 2003), 檢査及び監査請求, 100條調査の事例に關する調.

검사 및 감사청구권이 행사된 사례를 보면 단지 2건만이 발견되고 있다.

지방자치법 제98조 제1항의 검사와 관련하여 가나가와현의회에서 2003년 6월 27일 의결한 '마쓰자와 지사의 선거 및 정치활동에 관한 조사'가 있으며, 지방자치법 제98조 제2항의 감사 청구와 관련하여 도쿠시마현의회에서 2002년 12월 18일 감사 청구한 '시코쿠 가스에 대한 토지 불하 협정서 체결에 관한 청구' 등이 있을 뿐이다.

그 이유로는 첫째, 실제적·구체적인 감사권을 행사하는 감사위원에 의한 감사 결과를 지방의회가 보고받고 있기 때문에 그 필요성을 느끼지 못했을 가능성이 있으며, 둘째, 감사권보다도 강도가 높은 지방자치법 제100조의 조사권으로 충분하다고 생각하여 감사권을 발동하고 있지 않는지도 모른다는 것이다(권영주, 2004: 358).

(2) 100조 조사권

일본 지방의회의 감시 권한 중 가장 큰 비중을 차지하는 조사권은 지방자치법상 제100조에서 규정하고 있다는 점에서 일반적으로 지방의회의 '100조 조사권(100條調査權)'으로 통칭되고 있다.

일본의 지방자치법 제100조 조사권은 의회의 직무를 완전히 수행하기 의해 인정된 권한이며, 벌칙에 의한 담보가 이루어지고 있는 등 실제적으로 강력한 지방의회의 감시권으로 작용한다(河野正一, 1980: 82).

일본 지방자치법 제100조의 제1항에서는 "보통지방공공단체의 의회는 당해 보통지방공공단체의 사무에 관한 조사를 실시하고, 선거인 및 기타 관계인의 출두, 증언 및 기록의 제출을 청구할 수 있다."고 규정하고 있으며, 동조 제3항에서는 "출두 또는 기록 제출의 청구를 받은 선거인 및 기타 관계인이 정당한 이유 없이 의회에 출두하지 아니하거나, 기록을 제출하지 아니한 때, 또는 증언을 거부한 때에는 6월 이하의 금고 또는 10만 엔 이하의 벌금에 처한다."고 하고 있으며, 더욱이 동조 제7항에서는 "선서를 한 선거인 또는 기타 관계인이 허위의 진술을 한 때에는 3월 이상 5년 이하의 금고에 처한다."고 하여 100조 조사권에 대한 실효성을 제고하고 있다.

이와 같은 조사권의 행사를 원할히 도모하기 위해 보통의 경우, 지방의회에서는 '100조조사특별위원회(100條調査特別委員會)'를 설치・운영하고 있으며, 100조조사특별위원회의 조사권 행사를 지원하기 위해 의회 사무국에 정무조사과를 두고 있다.[10]

3) 의원의 보수 제도

우리나라는 1949년 제정 지방자치법 당시 법률 제16조에 "지방의회의 의원은 명예직으로 한다."고 하여 의원의 명예직을 기본으로 했으나, 2003년

---

10) 100조조사특별위원회의 활동에 관해 1998년 12월에 일본 전국도도부현의회의장회에서 「도도부현의회의 새로운 운영을 목표로 하여」 보고서를 통해 지방의회의 체크 및 감시 기능을 제고하기 위해 의회 사무국의 기구 개혁을 주도했다. 실례로서 일본 고지현(高知縣)의 경우 2000년 4월 1일 의회 사무국의 기구개혁이 이루어져 정무조사과가 설치되어 정무조사원이 4명 배치되었고 법제담당의 신설을 포함한 기획홍보반 3명이 배치되어 의회의 100조조사특별위원회의 조사권 행사를 지원하게 되었다(樫谷幸南, 2001: 3).

제23차 지방자치법 개정을 통해 법률 제32조 제1항에 규정했던 지방의원의 명예직 규정을 삭제하고, 2005년 제28차 지방자치법 개정에서 월정수당의 신설과 의정비심의위원회의 구성과 운영 등을 주요 내용으로 지방의회 의원의 유급제화를 지향하는 제도적 변화를 도모했다.[11)]

이와 같은 법률적 취지에 따라 현행 지방자치법 시행령에서는 '의정비(월정수당) 지급 기준액 범위의 상·하한선(±20%)'을 두었으며, '지방자치단체의 장에 의한 의정비심의위원 구성 권한'을 부여했고, '주민 의견 수렴 결과를 반영'하도록 했으며, '의정비심의회의 회의 공개 원칙' 등을 근간으로 하는 운용 기준을 정하고 있다.

그러나 우리나라의 경우, 지방지방 의원의 신분은 "선거에 의해 취임한 특수경력직 공무원으로서 정무직 공무원"에 해당하고, 직무에 종사하는 일수(日數)에서 회기와 연간 회의 총 일수 등의 제한이 없으며, 겸직 금지 등의 영리 제한을 받고 있으나, 실질적으로는 공무원 보수제도의 일반 원리 적용에 일탈하고 있다는 특징이 있다.[12)]

이에 반해 일본의 경우, 일본 지방자치법 제203조에서는 지방의회 의원에게 보수와 수당을 엄격히 구별해 지급하도록 하고 있는 바, 동조 제1항에서 "보통지방공공단체는 그 의회의 의원에 대해 보수를 지급해야 한다."고 규정하고 있으며, 동조 제3항에서 "보통지방공공단체는 그 의회의 의원에 대해 기말수당을 지급할 수 있다."고 규정하여 지방의원의 신분에 상응하는 보수제도의 적용을 받도록 하고 있다. 특히 일본 지방자치법 제203조의 제4항에서 "의원 보수, 비용 변상 및 기말수당의 액수 및 그 지급 방법은 조례로 정한다."고 하여 지방의회 의원의 보수 및 수당 책정 등에서 자치단

---

11) 2005년 개정된 지방자치법에서는 법률 제32조 제1항에서 "지방의회 의원의 직무활동에 대하여 지급하는 월정수당"을 신설했으며, 제2항에서는 "지급 기준은 대통령령이 정하는 바에 따라 당해 지방자치단체의 의정비심의위원회에서 결정하는 범위 안에서 당해 지방자치단체의 조례로 정한다."고 했으며, 제3항에서는 "의정비심의위원회의 구성과 운영 등에 관하여는 대통령령으로 정한다."고 규정했다.

12) 현행 우리나라 공무원보수규정 제3조에 의하면 보수라 함은 봉급과 기타 각종 수당을 합산한 금액을 일컫는 바, 특정 직위와 계급을 가지고 있는 공무원은 i) 직무의 성격과 책임의 정도에 따라 지급되는 생계 보장형 기본급여인 봉급과 ii) 직무 여건 및 생활 여건 등에 따라 지급되는 부가급여인 수당으로 구별하고 있다.

체의 자율성과 독립성을 최대한으로 존중하고 있다.

그리고 일본의 경우 지방의원은 신분상 원칙적으로 비상근 특별직으로 되어 있기 때문에 비상근 직원이 받는 보수, 기본수당, 비용변상, 퇴직연금 등의 대우에 대한 지급이 모두 적용된다.

이와 같은 일본의 지방의원 보수제도에 대해 지방의회 의원이 지방공공단체의 비상근 직원 신분에 포함된다는 점에서 종전(지방자치법 개정 전)에는 지방의회의 의원에 대한 보수에 관한 규정을 별도로 두지 않았으나, 지방의원의 위상과 품위 등을 고려하여 지방공공단체의 다른 비상근 직원과 차별화하여 지방의회 의원에만 전속하는 보수에 대한 규정을 두게 되었다는 특징이 있다.[13)]

4) 회의 원칙

지방의원의 다수의 구성원으로 형성된 회의체가 개회 및 의결을 행하기 위해서는 일정 수 이상의 의원이 출석하여 의사를 진행하기 위한 요건으로서의 의사정족수와, 상정된 안건에 대해 의사결정을 가능하도록 하기 위한 의결정족수가 있다.

의사정족수에서 우리나라는 지방자치법 제63조 제1항에 "지방의회는 재적 의원 3분의 1 이상의 출석으로 개의한다."고 요건을 정해 두고 있다. 반면 일본의 경우 일본 지방자치법 제113조에 "보통지방공공단체의 의회는 의원의 정수의 과반수 이상의 의원이 출석하지 않으면 회의를 개회할 수 없다."고 하여 우리나라에 비해 상대적으로 강화된 요건을 두고 있다.

의결정족수에서 우리나라는 지방자치법 제64조 제1항에서 "의결 사항은 이 법에 특별히 규정된 경우 외에는 재적 의원 과반수의 출석과 출석 의원 과반수의 찬성으로 의결한다."는 의결정족수의 규정을 두고 있고, 동조 제2

13) 개정 전 일본 지방자치법 제203조 제1항에서는 "보통지방공공단체는 의회의 의원, 위원회의 위원, 비상근 감사위원 및 기타 위원, 자치분쟁처리위원, 심사회·심의회 및 조사회 등의 위원과 기타 구성원, 전문위원, 투표관리자, 개표관리자, 선거장, 투표입회인, 개표입회인, 선거입회인 및 기타 보통지방공공단체의 비상근직원에 대하여 보수를 지급하여야 한다."고 규정했으나 개정 후(2008년 6월 18일 법률 제69호) 제203조 제1항에서는 "보통지방공공단체는 그 의회의 의원에 대하여 보수를 지급해야 한다."고 하여 지방의원의 보수제도에 관해 전속하는 규정을 두었다.

항에서 "의장은 의결에서 표결권을 가지며, 찬성과 반대가 같으면 부결된 것으로 본다."고 하여 의장의 '캐스팅 보트권'를 인정하지 않고 있다.

이에 반해 일본 지방자치법 제116조 제1항에서는 "이 법률에 특별히 정한 경우를 제외하고는 보통지방공공단체 의회의 의사는 출석 의원 과반수로 이를 결정하고 가부 동수인 때에는 의장이 결정하는 바에 따른다."고 하여 의장의 '캐스팅 보트권'을 인정하고 있다. 그리고 동조 제2항에서는 "전항의 경우에 대해서는 의장은 의원으로서 의결에 참가할 권리를 가지지 않는다."고 하여 우리나라에서의 의장의 표결 참가권과는 다른 입장을 나타내고 있다.

한편, 지방의회가 의사활동을 할 수 있는 능력을 가지는 기간인 회기에 대해 우리나라는 국회가 가지고 있는 원칙인 회기 계속의 원칙을 그대로 채택하고 있으나, 일본의 경우에는 회기 중에 완성되지 아니한 의안은 그 회기가 끝남과 동시에 소멸되는 회기 불계속의 원칙을 채택하고 있다.

우리나라의 경우 헌법 제51조에서 "국회에 제출된 법률안 기타 의안은 회기 중에 의결되지 못한 이유로 폐기되지 아니한다. 다만 국회의원의 임기가 만료된 때에는 그러하지 아니하다."라고 규정한 것처럼 지방자치법 제67조에서는 "지방의회에 제출된 의안은 회기 중에 의결되지 못한 것 때문에 폐기되지 아니한다. 다만, 지방의회 의원의 임기가 끝나는 경우에는 그러하지 아니하다."고 하여 '회기 계속의 원칙'을 도입하고 있다.

이에 비해 일본의 경우에는 지방자치법 제119조에서 "회기 중에 의결에 이르지 아니한 사건은 다음 회기에 계속하지 않는다."고 하여 '회기 불계속의 원칙'을 채택하고 있다. 우리나라와 달리 일본의 지방의회의 운영은 '의회는 회기 중에만 능력을 가진다는 것을 전제로 전 회기와 후 회기는 별개의 의회활동으로 의사의 연속성이 없다'는 회기 불계속의 원칙을 유지하고 있다.

5) 지방의회와 자치단체장과의 관계

지방의회와 단체장과의 관계에서 지방의회의 의결 사항이 의결되지 아니한 경우에 자치단체장이 지방의회의 의결 사항에 대해 그 의결을 거치지 않고 처분하는 '선결처분권'의 요건과 절차에서는 우리나라와 일본이 매우 비슷하다.

그러나 지방자치단체의 장이 지방의회의 의결에 대해 이의가 있는 경우 이를 지방의회에 반송하여 다시 의결해 줄 것을 요구하는 '재의요구권'의 요건과 절차에서는 양국이 비슷하나, 재의의 결과로 초래되는 효력에서 일본의 경우 자치단체장에 대한 의회의 '불신임의결권'과 자치단체장의 의회에 대한 '의회해산권'을 인정하고 있다는 점에서 차이가 있다.

우리나라의 경우 지방의회에 의한 자치단체장의 불신임의결권과 자치단체장에 의한 지방의회 해산권에 대해 제정 지방자치법에서는 이를 인정하고 있었으나, 현재는 이에 관한 명문 규정을 두고 있지 않다.14)

그러나 일본의 경우 지방자치법 제177조에서 "지방의회의 의결이, 수입 또는 지출에 관계되어 집행할 수 없는 것이 있다고 인정할 때는 당해 자치단체의 장은 이유를 붙여 이를 재의에 부의"하도록 하고 있으나, 의회의 의결로 "비상재해에 의한 응급 또는 복구의 시설을 위하여 필요한 경비 또는 전염병 예방을 위하여 필요한 경비"를 삭제하거나 또는 감액했을 때에는 당해 보통지방공공단체의 장은 그 의결을 불신임의 의결로 간주할 수 있도록 하고 있다.

그리고 지방자치법 제178조 제1항에서 "보통지방공공단체의 의회가 당해 보통지방공공단체의 장의 불신임 의결을 한 때에는 즉시 의장으로부터 그 취지를 보통지방공공단체의 장에게 통지하여야 하며, 보통지방공공단체의 장은 그 통지를 받은 날로부터 10일 이내에 의회를 해산할 수 있다."고 하여 의회의 자치단체장에 대한 불신임 권한과 자치단체장의 의회에 대한 해산권을 상호 인정하고 있다.15)

---

14) 1949년 제정 지방자치법에서는 지방의회의 단체장 불신임 의결이 있을 때에는 10일 이내에 도지사 또는 서울특별시장은 대통령의, 리·읍·면장은 도지사의 허가를 얻어 그 의회를 해산할 수 있도록 했으나, 1956년 지방자치법 제2차 개정시에 이를 폐지했다. 이 제도는 1958년 지방자치법 제4차 개정시 다시 부활되었으나 1961년 지방의회의 해산으로 이 규정은 적용될 여지가 없게 되었으며, 지방자치가 부활한 1991년 이후에도 이를 인정하지 않고 있다.

15) 이와 같은 경우에 대해 제178조 제2항에서는 "의회가 당해 보통지방공공단체의 장의 불신임 의결을 한 경우에 보통지방공공단체의 장이 그 통지를 받은 날로부터 10일 이내에 의회를 해산하지 아니하거나, 또는 그 해산 후 처음으로 소집된 의회가 다시 불신임 의결을 하여 의장으로부터 당해 보통지방공공단체의 장에 대하여 그 취지의 통지가 있는

이와같이 일본에서는 기관대립형 구조에서 대표적 원칙의 하나로 볼 수 있는 집행기관과 의결기관과의 견제와 균형의 적극적 수단인 의회의 불신임의결권과 자치단체장의 의회해산권을 채택하고 있다. 다만 이 경우에도 일본의 지방자치법 제178조 제3항에서 자치단체장의 불신임 의결은 의원 수 3분의 2 이상의 출석, 의회에 대한 해산의 경우에는 그 4분의 3 이상의 출석 등의 정족수를 요건으로 하는 등 일반적인 의사정족수 요건에 비해 매우 엄격한 규정을 두고 있다.

5 결론: 과제와 전망

우리나라의 지방자치는 1948년 제헌헌법에서 처음으로 지방자치제도를 도입하는 제도적 장치를 두어 1949년 7월 4일 제정된 지방자치법을 근간으로 지방화 시대의 문을 열었으나 1961년 지방의회가 해산되기도 하는 등 우여곡절을 겪으며 오늘에 이른다.

이에 비해 1878년 처음으로 지방선거가 실시된 이후 120년 이상의 기간 동안 중간의 단절된 경험 없이 계속적으로 지방의회가 구성·운영되어 온 일본의 지방의회 제도의 현 주소를 우리나라와 비교 및 점검하는 것은 지방의회의 발전에 대한 시사점을 발견할 수 있다는 데 그 의의가 있다.

특히 우리나라의 경우 1947년 4월 17일 근대적 의미의 법률로 재탄생한 일본의 지방자치법을 토대로 1949년 지방자치법을 제정했고, 그 내용 또한 일본의 지방차치법의 구조와 대동소이하다는 점에서 지방의회 제도를 법률 규정 사항을 중심으로 비교·검토하는 것은 매우 의미가 있다.

왜냐하면 일본의 경우도 우리나라와 마찬가지로 지방행정 계층이 동일하며 광역의회와 기초의회의 단위별 구성과 여건이 지방자치법에 의거하여 유사하게 성립되어 있기 때문에 지방의회의 제도와 운영 체계를 보는 관점이 같을 수밖에 없기 때문이다.

때에는 보통지방공공단체의 장은 그 통지를 받은 날로부터 10일의 기간이 경과한 날 또는 의장으로부터 통지가 있는 날에 그 직을 상실한다."고 규정하고 있다.

그러나 이와 같은 유사성에도 불구하고 우리나라와 일븐에서의 지방의회의 제도적 상이점은 '조례제정권', '행정사무 감사권 및 조사권', '의원의 보수 제도', '정족수 등 회의 원칙', '의회와 단체장과의 관계' 등의 부문에서 두드러지게 나타나고 있다.

물론, 이와 같은 부문별 비교는 우리나라와 일본의 지방의회 제도의 우열을 가리거나 장·단점을 밝히려고 한 것이 아니라, 일본에 비해 지방의회의 구성과 운영의 경험이 일천한 우리나라의 입장에서 재조명해 보아야 할 제도적 과제를 정리하고자 한 것이다.

그리고 지방분권 추진 및 지방제도 개혁의 중심에 놓여 있는 지방의회 제도에 대해 우리나라와 일본에서 회자되는 주요 쟁점 사항을 검토함으로써 향후의 지방자치 제도 발전을 위한 일단의 계기를 촉발하기 위함에서 그 의의를 찾고자 한다.

참고 문헌

권영주(2004). "한국 지방자치단체 감사의 문제점과 개선 방안." 「한국지방자치학회보」. 제16권 제1호, 한국지방자치학회.

신원득(2003). 「지방의회의 의정활동에 대한 한·일 간 비교 연구」. 경기개발연구원.

———(2008a). 「지방의회 법령구조 연구」. 경기개발연구원.

———(2008b). 「지방의회의 의원 신분에 관한 연구」. 경기개발연구원.

신창호(1995). "일본의 지방선거제도와 실태." 「자치단체 국제 교류」. 1995년 5/6호 통권 제41호. 한국지방자치단체국제화재단.

임종록(1995). "일본의 지방의회제도에 관한 연구." 경희대 대학원 석사 논문.

최민수(1998). 「지방의회 운영」. 서울: 서강출판사.

樫谷幸南(2001). "'100條調査特別委員會'運營の實際について." 「議會職員執務資料」 シリズ No.377. 全國都道府縣議會議長會事務局.

川村毅(1988). "議會の權限概說." 山本信一郎 編, 「新地方自治法講座6: 議會」. 東京: ぎょうせい.

河野正一(1980). "議會の百條調査權について(下)." 「地方自治」 通卷 387, 2月号.

제 9 장 소방행정 · 자치경찰

김병국
(한국지방행정연구원 선임연구위원)

1 서 론

한국의 소방행정은 시 · 도를 중심으로 하는 광역소방행정 체제를 택하고 있고, 일본의 그것은 시정촌을 중심으로 하는 기초소방행정 체제를 택하고 있어 향후 한국에서 지방행정 체제 개편이 대대적으로 이루어질 경우 일본의 소방행정 체제가 벤치마킹 대상이 될 수 있다. 그리고 한국의 자치경찰은 제주특별자치도를 제외하고는 시행되지 않고 국가경찰제 하에서 시 · 도를 중심으로 하는 지방경찰제를 운영하고 있다. 일본도 엄밀하게 자치경찰제는 없고 한국과 같이 도도부현을 중심으로 하는 지방경찰제를 운영하고 있지만 공안위원회의 기능이 강화되어 있어 향후 경찰제도의 변화를 도모할 경우 벤치마킹의 대상이 될 수 있다. 이러한 점에서 한국과 일본의 소방행정 체제와 자치(지방)경찰 체제를 비교 연구하는 것은 의미 있는 일이다. 이하에서는 각각의 조직구조, 주요 기능, 주요 제도 등을 중심으로 비교 · 분석하고자 한다.

2 소방행정

1) 소방행정 체제의 개요

소방은 일반적으로 인적 재난과 자연재난 등 위기관리 관계에 대응하여 화재의 예방과 진압 그리고 인명 구조 활동을 행하는 것을 주요 임무로 하는 바, 소방행정은 이와 같은 소방 임무를 완수하기 위해 행해지는 관계 기관의 행(재)정 행위를 말한다. 따라서 소방행정 체제는 이러한 소방행위와 관련한 수직적·수평적 관계 및 내부적 관계의 구성틀이라고 할 수 있다. 여기서 수직적 관계란 소방 관련 상급기관과 하급기관 간의 관계로 국가의 소방방재청과 시·도 소방본부 간의 관계 그리고 시·도 소방본부와 소방서 간의 관계를, 수평적 관계란 동급의 소방기관 상호간의 관계로 시·도 소방본부 간의 관계와 소방서 상호간의 관계를 의미한다고 할 수 있다. 그리고 내부적 관계란 소방기관 자체의 기능적 관계로 권한, 조직, 인사, 재정 등을 포함한 제도적·운영적 현상을 의미한다.

한편 한국과 일본의 소방행정 체제는 모두 국가 소방행정 체제와 지방 소방행정 체제로 구분된다. 우선 국가 소방행정 체제의 경우, 일본의 그것은 총무성의 소방청을 중심으로 하고, 한국의 그것은 행정안전부의 소방방재청을 중심으로 한다. 그리고 지방 소방행정 체제는 한·일 간 다소 차이가 있다. 일본은 총무성 소방청→도도부현 소방국→시정촌 소방본부(소방서) 체제로 운영되는데, 시정촌 소방행정 체제, 즉 기초 단위의 지방 소방행정 체제가 주축이 되고 있다. 반면에 한국은 행정안전부 소방방재청→ 시·도 소방본부(소방서) 체제로 운영되는데, 시·도 소방행정 체제, 즉 광역 단위의 지방 소방행정 체제가 주축이 되고 있다. 특히 일본의 시정촌 중심의 지방 소방행정 체제는 인위재난 이외에도 지진, 태풍, 특수재해(가스, 항공기, 해난구조 등) 등 자연재해에 대한 방재 업무까지 담당하고 있고, 국가 및 도도부현의 관여를 배제하는 강력한 분권형 소방행정 체제의 모델이라고 평가된다.

2) 한·일 간 소방행정 체제의 비교

한·일 간 소방행정 체제의 비교는 역사성, 정부간 관계성, 구조성을 기준으로 행해질 수 있다. 소방행정 체제의 역사성에 대한 비교를 하기 위해 소방행정 체제의 변천 과정을, 정부간 관계성을 비교하기 위해 소방행정 체제의 국가-지방 간 기본 구조를, 그리고 구조성을 비교하기 위해 국가 소방행정 체제와 지방 소방행정 체제를 구분한 후에 기능관리, 조직관리, 인력관리, 재정관리의 내용을 기술하고자 한다.

(1) 소방행정 체제의 변천 과정

일본 소방 제도의 역사는 에도(江戶) 시대의 정화소(定火消, 町火消)에서 출발한다. 그리고 근대적인 소방 제도의 성립은 제2차 세계대전 종전 후 1948년 소방조직법을 제정함으로써 시정촌 책임의 소방행정 체제를 정착시킨 것에 기인하고,[1] 근대적 소방 제도의 발전은 1951년 소방조직법이 의원입법에 의해 개정되는 것을 계기로 삼는데, 그 주요 내용은 소방본부와 소방서 및 소방단 그리고 훈련기관을 임의기관에서 의무기관으로 변경한 것이다. 이에 근거한 소방 제도는 1963년 구급 업무가 소방기관의 주요 업무로 추가되면서 현재에 이른다(김병국, 2009: 4).

한국의 소방 제도는 조선 시대(1392년 무비사, 1426년 금화도감, 1481년 수성금화사, 1925년 경성소방서(현 종로소방서))부터 시작되었다. 미군정 시대에는 자치소방 체제(중앙: 소방위원회, 지방: 도 단위의 소방위원회 및 시·읍·면 단위의 소방부)로 운영되었고, 정부 수립 이후 국가 소방행정 체제로 운영되었으나 1970년 이후에는 국가 및 자치소방행정 체제가 공존하게 되었다. 이러한 소방행정 체제는 1992년 이후 광역자치단체 중심의 지방소방행정 체제로 전환되어 현재에 이른다(소방방재청, 2007-2008).[2]

---

1) 소방조직법 제정 이전의 소방 제도는 경찰제도의 일부분이었다.

2) 2004년 6월 1일 소방방재청이 행정자치부에서 독립됨에 따라 소방 기능도 재난관리 기능과 함께 소방방재청으로 이관되었다. 그리고 소방공무원은 1949년 8월 이후 1969년 1월까지 일반직 국가공무원이었고, 1978년 2월까지 경찰공무원법에 의한 별정직 국가소방공무원이었으며, 1973년 지방소방공무원법 제정 이후 별정직 지방소방공무원이 되었고, 1978년 소방공무원법 제정으로 통합되었으며, 1983년 11월 이후 별정직 소방공무원에서 특정직 소방공무원으로 변화되어 현재에 이른다.

〈표 9-1〉 한 · 일 소방행정 체제의 변천

	한국	일본
변천 과정	자치소방→국가소방→국가+자치소방→광역자치소방	국가소방→시정촌 자치소방
소방사무의 지방사무화 계기	1970년 정부조직법 개정	1948년 소방조직법 제정
근대적 소방행정 체제 시기	내부무 치안국 소관 업무로 출발	경찰의 부속 업무로 출발
지방자치 소방행정 체제 개시	1992년 광역자치단체인 시 · 도 중심	1948년 기초자치단체인 시정촌 중심
구급 업무 개시	1988년 구급 업무 추가	1963년 구급 업무 추가

(2) 소방행정 체제의 기본 구조

일본의 소방 제도는 국가 소방청→도도부현 소방국→시정촌 소방본부(소방서, 소방단)라는 기본 구조를 취하고 있다. 여기서 지방 소방행정 체제는 도도부현과 시정촌의 소방기관을 의미하는데, 일본의 경우 시정촌 소방의 원칙을 채용하고 있어 시정촌이 해당 구역의 소방 책임을 완수하는 체제로 운영되고 있다. 그리고 하나의 시정촌 소방력으로 대처할 수 없는 대규모 재해 등의 경우 시정촌은 인접 시정촌과 상호간 소방응원을 하고, 경찰과 해상보안청 등 다른 행정기관 간의 협정 체결에 입각하여 상호 협력과 직무 분담을 행한다. 특히 국가소방기관인 소방청과 도도부현 소방국은 비상 사태의 경우 등을 제외하고는 시정촌 소방에 대해 지휘 감독을 행하지 않는다.

한국의 소방 제도는 국가 소방방재청(소방정책본부)→시 · 도 소방본부→(시 · 군 · 구 단위의 소방서)라는 기본 구조를 취하고 있으나, 시 · 군 · 구 단위의 소방서는 자치적 소방행정기관이 아니라 시 · 도 소방본부의 하부 행정기관이다. 시 · 군 · 구 단위에서 대형 화재 등이 발생하여 소방행정의 협력이 필요한 경우, 시 · 도 소방본부가 중심이 되어 각 소방서별 소방응원을 지시하는 체제로 운영되고, 소방서는 사후에 소방공무원과 경찰공무원 간의 화재 조사 협력, 그리고 소방기관과 보험회사 간의 원인 및 피해 상황 조사 협력 등의 업무를 처리한다.

〈표 9-2〉 한일 소방행정 체제의 기본 구조

	한국	일본
국가 소방행정 체제	-행정안전부 소방방재청(소방정책본부) -중앙소방학교,국립방재교육연구원(방재연구소)	-총무성의 소방청 -소방대학교(소방연구소)
광역 자치소방 행정 체제	-시·도 소방본부 -지방소방학교	-도도부현 소방국 -도도부현 소방학교
기초자치소방 행정 체제	-시·군·구 단위의 소방행정구역 내 소방서: 시·도 소방본부 산하기관	-시정촌 소방본부와 소방서 -지정도시 소방학교
소방기관 간 관계	-소방방재청-시·도 소방본부: 비권력적 관계 기반 위에 지도 감독 관계 혼용 -시·도 소방본부-소방서: 종속 관계 및 지도 감독 관계	-소방청-도도부현-시정촌: 3자 간 조치 요구와 응원 협조 관계, 비권력 관계(조언, 권고, 지도) 기반 위에 일부 보고 관계
주민 소방행정 체제	-의용소방대	-소방단
기본법과 관련법	-소방기본법, 소방공무원법	-소방법, 소방조직법

(3) 국가소방행정기관

일본의 국가소방행정기관은 소방조직법에서 규정하고 있는 총무성의 외국(外局)인 소방청이 된다. 소방청은 국가의 소방 및 방재정책의 기획 및 입안, 각종 법령 및 기준의 책정 등을 행한다. 그리고 소방청은 지방의 소방기관에 대해 조언 및 조정 등 비권력적 관여만을 행하기 때문에 직접적인 지휘감독권을 가지고 있지 않다. 따라서 일본의 지방소방 제도는 국가가 직접 지휘·감독하는 경찰 제도와는 달리 지방자치단체가 관리하고 운영하는 체제를 갖추고 있다. 그러나 소방청은 국민보호법의 시행에 따라서 무력 공격 사태 등이 있을 경우 국민 보호를 위해 국가와 지방자치단체의 종합적 창구 역할을 부여받고 있다.

이러한 소방청의 조직 체계는 본청과 부속기관(소방대학교, 소방연구센터)으로 구성되는데, 2007년(平成 19년) 4월 1일 현재 총 160명으로 본청에 123명, 소방대학교에 37명(소방연구센터 26명 포함)이 근무하고 있다. 그리고 소방청의 2009년도 소방청 예산 요구액을 보면, 148억 13백만 엔으로 전년 대비 7.4%의 증액 예산을 요구하고 있는데, 사업비의 증액이 대부분을 차지한다.

한국의 국가소방행정기관은 정부조직법에서 규정하고 있는 행정안전부의 외청인 소방방재청이 되고, 그 중에서 소방 업무를 전담하는 소방정책본부가 된다. 본래 소방방재청은 소방을 포함한 방재, 민방위 운영 및 안전관리에 관한 사무를 망라하여 관장한다. 즉 화재를 예방 · 경계하거나 진압하고, 화재 · 재난 · 재해 그 밖의 위급한 상황에서의 구조 · 구급활동 등을 통해 국민의 생명 · 신체 및 재산을 보호함으로써 공공의 안녕 질서 유지와 복리 증진에 이바지하는 업무를 수행하고, 국민 보호를 위한 국가와 지방자치단체의 종합적 창구로서 역할을 부여받고 있다.

이러한 소방방재청의 조직 체계는 본청과 소속기관(중앙소방학교, 국립

〈표 9-3〉 한 · 일 국가 소방행정 체제

구분	한국	일본
소방기관	소방방재청(소방정책본부)	소방청
근거법	소방기본법	소방조직법
주요 기능	방재, 소방 민방위	소방, 방재(국민 보호)
주요 소방 기능	인적/자연재난시 인명구조, 화재 예방 및 진압, 교육훈련	소방 구급, 화재 예방, 교육훈련
소속 기관	중앙소방학교, 국립방재교육연구원, 중앙119구조대	소방대학, 소방연구센터
정원	544명(본청 342명, 소속기관 202명)	160명(본청 123명, 소방대학 37명)
계급	소방총감, 소방정감, 소방감, 소방준감, 소방정, 소방령, 소방경, 소방위, 소방장, 소방교, 소방사	소방총감, 소방사감, 소방정감, 소방감, 소방사령장, 소방사령, 소방사령보, 소방사장, 소방부사장, 소방사
재정	-2007년: 324,761백만 원(일반회계 132,027백만 원) -2006년 대비 2007년 증가율: 8.8% (일반회계 -0.3%)	-2008년: 13,790백만 엔 -2008년 대비 2009년 예산 증가율: 7.4%

방재교육연구원, 중앙119구조대)으로 구성되는데, 2008년 총정원 544명으로, 본청에 342명(정무직(청장) 1명, 별정직 7명, 일반직 공무원 256명, 소방직 공무원 79명)이 근무하고 있다. 소방방재청의 총정원은 필요한 경우 3% 범위 안에서 행정안전부령에 의해 별도로 증원하여 운영할 수 있다. 그리고 소방방재청의 2007년도 세출예산을 보면, 324,761백만 원으로, 전년도 대비 8.8%의 증가가 있었다. 소방방재청의 예산 중에서 국고보조금의 규모는 매년 증액되고 있다.

(4) 지방 소방행정 체제

① 일본

일본의 지방 소방행정 체제는 시정촌 중심의 소방행정 체제이다. 도도부현에도 소방행정기관이 존재하지만 그 위상은 경유기관에 불과하다. 이러한 도도부현의 소방행정기관은 대체로 '국' 혹은 '부' 단위 밑의 '과' 단위(소방방재과 등)로 설치되어 있고, 그의 소속기관으로 지방소방학교를 운영하고 있다. 우선 도도부현 소방기관은 시정촌의 소방이 충분히 행해지도록 당해 도도부현과 시정촌 간의 연락 및 시정촌 상호간의 연락 협조를 도모하는 지원적 성격의 사무를 집행한다. 그리고 도도부현의 소방사무를 처리하는 데 필요한 경비는 해당 도도부현이 부담하는데, 그 재원 조치는 국가가 지방자치단체에 교부하는 지방교부세의 기준재정수요액 산정에서 찾아볼 수 있는 '기타 경비'의 '소방방재비' 및 '소방학교비'에 근거한다. 특히 도도부현은 시정촌 소방에 대해 보조금과 대부금을 지원하는데, 보조 대상과 보조율은 각 지역의 실정에 따라 다소 다르지만 소형 동력 펌프, 소방 무선, 방화 수조, 과학소방시설이 대상이 된다.

한편 시정촌 소방기관은 소방본부와 소방서 그리고 주민으로 구성되는 소방단이 있다. 우선 시 단위의 경우 소방본부와 소방서 및 소방단을 설치한다. 그러나 정촌 단위의 경우 정령으로 정하는 정촌은 소방본부와 소방서 및 소방단을 설치해야 하지만, 정령으로 정하지 않는 정촌은 소방본부만 설치하고 소방서를 설치하지 않을 수도 있으며, 극히 일부 소규모 정촌은 소방단만을 설치하고 소방본부를 설치하지 않을 수도 있다. 규모가 아주 작은 시정촌의 경우, 인근 시정촌과 함께 조합 형태로 소방행정 체제를 구축하여 소방본부와 소방서 및 소방단을 운영하기도 한다. 2007년 4월 1일 현재 단독으로 설치되는 소방본부는 80개가 있다. 이 소방본부 산하에 소방서 1,705개, 출장소 3,230개, 그리고 157,398명의 소방직원을 두고 있다. 특히 2007년 기준으로 조합 형태로 구성한 소방본부는 320본부(이 중에서 광역연합은 18본부)에 달하고, 조합을 구성한 시정촌 수는 1,148개소(339시, 662정, 147촌)로 전체 시정촌의 65%에 상당한다.

한편 소방본부와 소방서의 설치, 위치, 명칭, 관할 구역은 각 시정촌의 조례로 정한다. 소방본부는 시정촌의 소방사무를 총괄하는데, 주로 인사, 예산, 서무 등의 소방조직을 유지하기 위해 필요한 사무, 그리고 소방운영 기획 및 통제 등의 사무를 처리한다. 반면 소방서는 시정촌 내의 화재 예방, 경계, 진압 그 외 재해 방제 및 재해 피해 경감 활동을 최일선에서 처리한다.

소방본부의 내부조직은 시정촌의 규칙으로 정하고, 소방서의 내부조직은 시정촌장의 승인을 받아 소방장(소방본부의 장)이 정한다. 소방장은 시정촌 내의 소방사무를 총괄하고 소방직원을 지휘 감독하는데, 일반직 지방공무원으로, 그의 계급은 시정촌의 인구 규모 혹은 소방원 수에 따라서 다르며, 일반적으로 소방총감, 소방사감, 소방정감, 소방감 및 소방사령장으로 규정되어 있다. 소방서장은 소방본부의 하급기관으로 소방장의 지휘 감독을 받아 소방사무를 총괄하고 소속 소방직원을 지휘 감독하는데, 그의 계급은 소방본부장의 계급을 고려하여 정해진다.

소방본부와 소방서에 근무하는 소방직원은 시정촌 소속의 직원으로 소방원과 일반직원으로 구분된다. 이러한 소방직원의 정원은 소방력 기준에 따라서 해당 지역의 실정에 부응하여 산정하되 조례로 정해진다. 일본 시정촌 전체의 소방공무원 정원은 2007년 기준 157,398명이다. 이들 소방직원은 일반직 지방공무원이기 때문에 특별법인 소방조직법에 규정된 것을 제외하고는 지방공무원법이 포괄적으로 적용된다. 한편 소방장은 시정촌장이 임명하고, 소방장 이외의 소방직원은 시정촌장의 승인을 얻어 소방장이 임명한다. 이 때, 소방장 및 소방서장은 정령으로 지정한 자격을 가진 자여야만 한다. 우선 소방장은 소방서장직에 2년 이상 또는 소방단장직에 4년 이상 근무한 자여야 하고, 소방서장은 소방사령 이상의 계급에 1년 이상, 소방사령보의 계급에 3년 이상, 그리고 소방단의 부단장직에 3년 이상 근무한 자여야 한다.

시정촌의 소방경비는 당해 시정촌이 분담하는 것을 원칙으로 하지만, 국고보조금과 그 외 지방세, 지방교부세, 지방채, 사용료, 수수료 등의 수입에 의해 충당된다. 시정촌의 보통회계(공영사업회계 이외의 회계를 말함)에서 2005년 소방비 세출결산액은 1조 8,243억 엔(전년도 1조 8,358억 엔)으로, 시정촌의 보통회계 세출결산액 49조 607억 엔(전년도 49조 2,578억 엔)에서 점하는 비율은 3.7%이다. 그리고 시정촌 소방비의 성질별 내용은 인건비, 물건비, 건설사업비(보조사업비, 단독사업비, 위탁사업비), 기타로 구성되는데, 2005년 결산 기준의 소방비는 1조 8,243억 엔으로 인건비 76.0%, 물건비 9.2%, 건설사업비 10.5%, 기타 4.3%이다.

시정촌에는 한국의 의용소방대처럼 소방단이 있는데, 소방단은 지역 밀착성(소방단원은 관할 구역 내에 거주하거나 근무), 요원동원력(소방단원 수는 소방직원 수의 약 6배), 즉시대응력(교육훈련에 의해 재해 대응 기술과 지식 습득)이라는 세 가지 특성을 기반으로 설치되는 소방기관이다. 소방단의 설치, 명칭 및 구역은 시정촌 조례에 의한다. 2007년 4월 1일 현재 전국 소방단 수는 2,474단, 소방단원 수는 892,893명인데 매년 감소하는 추세이다. 소방단은 초기 소화와 잔화 처리 등을 행하는 이 밖에 대규모 재해 시에는 주민의 피난 유도와 재해 방제 등을 행하고, 국민 보호의 경우는 주민의 피난 유도 등을 행하며, 특히 소방본부나 소방서가 설치되지 않은 정촌에서는 소방단이 소방 활동을 전면적으로 담당하는 등 지역의 안전 확보를 위해 임무를 완수한다. 소방단의 내부조직은 시정촌의 규칙으로 정하는데, 통상 소방단본부, 분단, 부, 반으로 편성된다. 소방단원은 상근자와 비상근자로 구분되는데, 대부분이 비상근의 특별직 지방공무원으로 지방공무원법상의 적용을 받지 않는다. 반면에 상근의 소방단원은 그 수가 제한적이지만, 소방단 조직에서 근무하는 일반직 지방공무원으로 지방공무원법의 적용을 받고, 출근 시간과 급여 등은 소방원과 같은 양태를 취한다. 특히 소방단원은 재해 보상은 물론 퇴직보상금을 받기도 한다.

② 한국

한국의 지방 소방행정 체제는 일본의 기초자치단체 중심 소방행정 체제와는 달리 광역자치단체 중심의 소방행정 체제이다. 일본의 광역자치단체인 도도부현의 소방기관은 기초자치단체인 시정촌의 소방기관을 지원하고, 소방청의 업무를 중계 · 연락하는 기능을 하지만, 한국은 광역자치단체인 시 · 도가 소방행정의 주체이고 기초자치단체인 시 · 군 · 구에는 소방 기능이 없다. 단지 시 · 도 소방본부의 하급행정기관인 소방서가 시 · 군 · 구 단위 혹은 별도의 소방행정구역 내에 설치되어 있다. 따라서 주민의 일상생활과 밀접한 거리에 있는 시 · 군 · 구의 경우, 일체 소방행정에 대해 책임을 지지 않는 반면에 민방위 업무와 재해 · 재난 업무는 관장하고 있다.

시 · 도에 설치되는 소방기관의 근거는 소방기본법 제3조에 의한다. 동법에서 소방 업무(화재 예방 · 경계 · 진압 및 조사, 그리고 화재와 재난 · 재해 그 밖의 위급한 상황에서 구조 · 구급 등의 업무)를 수행하는 소방기관의 설치를 시 · 도에 한정하고 있기 때문에 시 · 도지사는 그 관할 구역 안에서 발생하는 화재, 재난재해 그 밖의 위급한 상황에서 필요한 소방 업무를 처리할 책임을 가진다.

시 · 도에는 시 · 도지사의 지휘 감독을 받는 소방본부와 소방서를 설치하고 있다. 소방본부는 개별 지방자치단체의 조례에 의해 설치되고, 지방소방학교와 소방서는 대통령령인 지방소방기관 설치에 관한 규정에 근거하지만, 실질적인 설치는 각 시 · 도의 조례에 의한다. 2007년 1월 현재 시 · 도 소방본부는 17개, 지방소방학교는 6개, 소방서(소방서, 119안전센터, 구조대, 소방정대 포함)는 1,246개가 설치되어 있다.

시 · 도 소방본부는 소방 및 구조구급 기능, 재난관리 기능, 민방위 기능을 처리하는데, 그 중에서 재난 및 민방위 업무를 제외한 소방행정의 기획조정 업무, 소방교육, 구조구급만이 순수한 소방 업무라 할 수 있다. 한편 각 시 · 도의 관할 구역 안에서 소방 업무만을 담당하는 소방서는 시 · 도 소방본부의 지휘 감독 하에서 화재 예방 및 진압, 119구조구급, 소방 안전 등의 업무를 수행한다. 즉 소방서는 소방본부의 민방위 및 재난 업무를 제외한 순수한 소방 업무만을 관장한다고 할 수 있다. 소방서 설치 기준은 <표 9-4>와 같다.

지방소방공무원의 임명권은 시 · 도지사가 행한다. 그리고 소방공무원의 정원은 국가직과 지방직을 모두 포함하여 2007년 1월 현재 30,199명인데,

〈표 9-4〉 한국 소방서의 설치 기준

구분	설치 기준
소방서	-시·군·구(자치구를 말한다. 이하 같다) 단위로 설치하되, 소방 업무의 효율적인 수행을 도모하기 위해 특히 필요한 경우에는 인근 시·군·구를 포함한 지역을 단위로 설치할 수 있다. -설치된 소방서에 119안전센터의 수가 5개를 초과하는 경우에는 5개 센터 이하마다 1개 서를 추가로 설치할 수 있다. -석유화학단지·공업단지·주택단지 또는 문화관광단지의 개발 등에 따라 대형 화재의 위험이 있거나, 소방 수요가 급증하여 특별한 소방 대책이 필요한 경우에는 해당 지역마다 소방서를 설치할 수 있다.
119 안전센터	-특별시: 인구 5만 명 이상 또는 면적 2㎢ 이상 -광역시, 인구 50만 명 이상의 시: 인구 3만 명 이상 또는 면적 5㎢ 이상 -인구 10만 명 이상 50만 명 미만의 시·군: 인구 2만 명 이상 또는 면적 10㎢ 이상 -인구 5만 명 이상 10만 명 미만의 시·군: 인구 1만 5천 명 이상 또는 면적 15㎢ 이상 -인구 5만 명 미만의 지역: 인구 1만 명 이상 또는 면적 20㎢ 이상 -석유화학단지·공업단지·주택단지 또는 문화관광단지의 개발 등에 따라 대형 화재의 위험이 있거나, 소방 수요가 급증하여 특별한 소방 대책이 필요한 경우에 해당 지역마다 119안전센터를 설치할 수 있다.
소방 정대	-'항만법' 제2조 제1호의 규정에 의한 항만을 관할하는 소방서에 소방정대를 설치할 수 있다. -항만의 이동 인구 및 물류가 급격히 증가하여 대형 화재의 위험이 있거나, 특별한 소방 대책이 필요한 경우에는 해당 지역에 소방정대를 설치할 수 있다.
119 지역대	-119안전센터가 설치되지 아니한 읍·면 지역으로 관할 면적이 30㎢ 이상이거나 인구 3천 명 이상 되는 지역에 설치할 수 있다. -농공단지·주택단지·문화관광단지 등 개발지역으로 인접 소방서 또는 119안전센터와 10㎞ 이상 떨어진 지역에 설치할 수 있다.

이 중에서 지방직은 29,972명이다. 그리고 지방소방공무원에 대한 복무는 지방공무원법에 규정된 것을 준용하고, 지방공무원법에서 제외된 것은 대통령령으로 정하고 있다.

그리고 시·도의 소방재원은 시·도의 목적세인 (소방)공동시설세, 국고보조금, 특별교부금, 과태료 등의 특정 재원으로 구성되고, 부족재원은 일반재원으로 충당되고 있다. 시 · 도 소방 재원 규모는 2008년도 말 현재 2,203,826백만 원(소방방재청 자료 기준)으로 2007년도 말 현재 2,070,860백만 원(지방재정연감 기준)보다 약 6.4% 증가되었다. 2007년도 소방재원의 시 · 도별 구성 비율을 보면 특별시/광역시가 45.8%를, 도가 54.2%를 점유하고 있는 것을 볼 수 있다. 그리고 전체 소방비 규모가 시 · 도의 전체 예산에서 차지하는 비율이 3.5%인데, 시 · 도별로는 2.3%에서 4.2%로 분포되어 시 · 도 간의 격차가 심하다. 그리고 공동시설세로 소방비를 충당하는 정도를 보면 전국 평균이 27.3%인데, 특별시/광역시가 평균 31.8%이고 도가 24.0%로 대도시와 도 간의 격차가 현저한 것을 볼 수 있다. 공동시설세로 충당되는 소방비가 30% 이상인 곳은 서울 · 부산 · 광주 · 대전 · 울산 · 경기에 불과하고, 제주도가 11.0%이고, 강원 · 전남 · 전북 · 경북은 10% 수준이어서 도가 대체로 낮은 실정이다.

한편 시 · 도별 재정자립도와 소방공무원 1인당 예산을 비교해 보면, 우선 재정자립도가 높으면서도 1인당 소방 예산이 높은 곳은 서울 · 경기 · 울산이고, 재정자립도가 낮음에도 불구하고 1인당 소방 예산이 상대적으로 높은 곳은 충북 · 전남 · 전북으로 나타나고 있다.

그리고 2007년도 시 · 도의 소방비 지출을 보면, 인건비가 가장 많은 62.5%(1,300,382백만 원)를 점유하고, 경상비(물건비, 이전경비)가 21.7%를, 그리고 자본 지출이 15.5%를 점유하고 있다.

한편 일본의 소방단과 유사한 의용소방대가 운영되고 있다. 소방기본법 제37조에 의해 시 · 도에 의용소방대를 설치할 수 있는데, 설치 지역은 특별

〈표 9-5〉 한국의 시 · 도별 소방재정 규모 현황(일반회계 세출예산 기준)

구분	세출 총액 (A), 백만 원	소방관리비 (B), 백만 원	공동시설세 (D), 백만 원	소방관리비 비중(B/A)	소방비 대비 공동시설세(D/B)
시 · 도 총계	59,155,614	2,070,860	566,256	3.5%	27.3%
특광역계	27,067,068	884,831	281,313	3.3%	31.8%
도계	32,088,546	1,186,029	284,942	3.7%	24.0%

자료: 행정안전부, 지방재정연감 2008.

〈표 9-6〉 한국의 2008년도 시·도별 소방재정 규모 현황

시·도	재정자립도		소방 예산	소방공무원 1인당 예산		비고
	%	순위(A)	백만 원	백만 원	순위(B)	
서울	94.3	1	447,986	84.1	1	
부산	70.2	5	131,113	58.8	16	△
대구	70.7	4	103,750	64.5	10	△
인천	69.2	6	121,329	63.1	12	△
광주	57.5	8	60,224	65.3	9	
대전	72.8	3	64,864	61.7	14	△
울산	65.7	7	49,542	75.4	2	
경기	75.2	2	406,071	74.8	3	
강원	26.7	14	100,543	59.5	15	
충북	31.3	12	76,801	68.0	5	△
충남	35.3	10	101,615	62.2	13	
전북	23.9	15	92,929	64.1	11	
전남	20.2	16	105,851	67.7	6	△
경북	27.8	13	154,993	68.2	4	△
경남	38.8	9	147,351	66.9	7	
제주	33.8	11	38,864	65.4	8	
합계			2,203,826			

자료: 소방방재청 제공.

시, 광역시, 시·읍·면으로 한정하고 있다. 의용소방대는 그 지역 주민 중 희망자로 구성하되, 그 설치·명칭·구역·조직·임면·훈련·복제·복무 등에 관한 사항은 시·도의 조례로 정한다. 의용소방대원의 근무는 비상근으로 하고, 소방본부장 혹은 소방서장의 지휘 감독을 받는다. 의용소방대의 전국 조직인 전국의용소방대연합회가 설치되어 있는데, 2007년 1월 현재 3,192대에 92,181명이 있다.

의용소방대는 소방본부장과 소방서장의 소방 업무를 보조하는 기능을 갖는 바, 의용소방대원은 소집 명령에 따라 출동하고, 특히 소방 및 재난 업무(교육훈련, 홍보 포함)를 인지하거나 통보받을 경우 출동하게 된다. 그

〈표 9-7〉 한 · 일 지방 소방행정 체제

	한국	일본
행정 체제	시 · 도(광역자치단체)	시정촌(기초자치단체)
조직 체제	-시 · 도 : 소방본부(국), 소방학교, 소방서(구조대, 119안전센터, 소방정대), 의용소방단(시 · 읍 · 면 설치) *기초자치단체인 시 · 군 · 구에는 소방기관이 설치되어 있지 않고, 소방조합 형태도 존재하지 않음.	-시정촌: 소방본부, 소방서(출장소), 소방단 *경유기관인 도도부현에 소방행정집행기구와 소방학교 설치 *소방조합 형태의 소방기관 구성
주요 기능	-소방본부: 소방 및 구조구급 기능, 재난관리 기능, 민방위 기능 -소방서: 시 · 읍 · 면의 화재 예방 · 진압, 구조구급, 화재 안전 활동	-소방본부: 인사 · 예산 · 서무 및 소방운영 기획과 통제 등 -소방서: 시정촌의 화재 예방, 경계, 진압 그 외 재해 방제 및 재해 피해 경감 활동
기관수	-17소방본부, 6소방학교, 172소방서	-807소방본부, 1,705소방서, 3,230출장소
정원	-2007년 1월 현재, 소방공무원은 30,199명인데, 이 중 지방직의 소방공무원은 29,972명	-2007년도 4월 1일 기준, 시정촌의 소방직원은 지방직 공무원으로 157,398명
계급	-지방소방정감, 지방소방감, 지방소방준감, 지방소방정, 지방소방령, 지방소방경, 지방소방위, 지방소방장, 지방소방교, 지방소방사	-소방총감, 소방사감, 소방정감, 소방감, 소방사령장, 소방사령, 소방사령보, 소방사장, 소방부사장, 소방사
인사 관리	-지방소방공무원은 특정직 공무원으로 소방공무원임용령에 규정된 것을 제외하고는 지방공무원법에 포괄 적용 -모든 지방소방공무원의 임용권자는 시 · 도지사	-소방직원은 일반직 지방공무원으로 특별법인 소방조직법에 규정된 것을 제외하고는 지방공무원법에 포괄적으로 적용 -소방장은 시정촌장이 임명하고, 소방장 이외의 직원은 시정촌장의 승인을 얻어 소방장이 임명
재정	-시 · 도의 소방재원 규모는 2008년도 말 2,203,826백만 원(소방방재청 자료 기준)으로 전년 대비 약 6.4% 증가 -2007년도 소방재원 중에서 특별시 · 광역시가 45.8%, 도가 54.2%를 점유 -시 · 도의 전체 예산 중에서 소방비가 차지하는 비율은 3.5%	-시정촌의 보통회계 세출결산액 49조 607억 엔에서 차지하는 소방비 비율은 3.7% -시정촌 소방비 재원은 지방세, 지방교부세, 지방양여금으로 구성되는 일반재원과, 보조금, 지방채, 사용료, 수수료 등으로 구성되는 특정재원으로

	-시·도의 소방재원은 시·도의 목적세인 (소방)공동시설세, 국고보조금, 특별교부금, 과태료 등의 특정재원과 부족재원을 충당하는 일반재원으로 구분 -시·도 소방비의 지출구조는 인건비, 경상비, 자본지출로 구분	구분 -시정촌 소방비의 지출구조는 인건비, 물건비, 건설사업비(보조사업비, 단독사업비, 위탁사업비), 기타로 구분
소방단	-소방기본법에 의해 특별시·광역시·시·읍·면에 의용소방대 설치 -의용소방대의 명칭·구역·조직 및 인사관리 사항은 시·도의 조례로 규정 -의용소방대는 본대, 여성대, 지역대로 구분 -의용소방대원은 비상근으로 그 정수는 시·도의 조례로 규정 -전국 의용소방대 수는 3,192개이고, 대원 수는 92,181명 -의용소방대원은 수당과 재해보상 수혜	-소방조직법에 의해 소방단을 설치 -소방단에 대한 인사관리 사항은 시정촌의 규칙으로 규정 -소방단은 소방단본부, 분단, 부, 반으로 편성 -소방단원은 상근자와 비상근자로 구분되고 그 정원은 조례로 규정. -전국 소방단 수는 2,474단이고, 단원 수는 892,893명 -소방단원은 보수와 수당, 재해보상과 퇴직보상을 수혜

리고 의용소방대원은 연 2회 이상 소방서장의 검열을 받아야 하고, 소방서장이 실시하는 교육훈련도 연 24시간 이상 받아야 한다. 소방 업무 및 소방 관련 교육훈련을 받으면 시·도의 조례가 정하는 바에 따라 수당을 지급받고, 업무로 인해 질병에 걸리거나 부상을 입거나 사망한 때에는 보상금을 지급받을 수 있다.

3 자치경찰

1) 자치경찰 체제의 개요

경찰의 개념은 시대의 변화에 따라 다르지만, 현대에 이르러는 공공 질서와 안녕 유지를 위한 범죄 예방과 법의 집행을 의미하는 공공 서비스로 정립되고 있다. 이러한 경찰 기능은 국가에 따라 국가경찰, 지방경찰(자치경찰) 등으로 구분되는데, 한국은 지금까지 국가경찰이 경찰 기능을 독점해 왔고, 최근에 들어 자치경찰의 기능을 일부 구현하고 있다. 한국의 경찰은 독자적인 수사권이 없고, 범죄 예방 및 진압과 수사, 경비 및 대간첩작전 수행, 치안정보 수집, 교통 단속 및 위험 방지, 기타 공공 안녕 질서 유지 등 그 역할이 다원적이며, 국가의 외청이라는 지위적 특징을 갖고 있다.

자치경찰의 개념 또한 다의적이다. 지방자치와 연계한 주민생활 중심의 경찰행정 서비스적 개념 혹은 경찰의 기능과 연계한 경찰자치적 개념 등 다양한 시각이 있다. 여기서는 전자의 경찰행정 서비스적 개념에 충실하고자 한다. 이 경우 자치경찰은 지방자치단체 내의 조직에 의한 경찰 서비스 공급을 해야 하고, 그 집행은 그 자치단체의 공무원에 의해야 하며, 그 영역은 지역교통, 지역방범, 지역경비 등 자치단체 다른 조직과의 독립성을 가져야 한다는 점을 강조하는 개념이 될 수 있다. 그렇다면 자치경찰은 해당 자치단체의 능력에 부합하는 조직과 인력 및 재원으로 주민의 생명과 재산을 보호하기 위한 독자적인 경찰 서비스를 집행하는 제도인 것이다. 엄밀한 의미에서, 자치경찰과 국가경찰의 대칭적 개념인 지방경찰과는 다소 차이가 있다.

한국은 현재 국가경찰제 하에서 시 · 도를 중심으로 하는 지방경찰제를 운영하는 시스템을 택하고 있고, 단지 제주특별자치도에 한해 자치경찰제를 시행하고 있을 뿐이다. 그리고 기초자치단체 중심의 자치경찰제를 구현하기 위한 자치경찰법안이 국회에 제출되어 있으며, 동시에 일부 국회의원이 제안한 광역자치단체 중심의 자치경찰제안도 제출되어 있는 상태이다.

한편 일본도 엄밀한 의미에서의 자치경찰제는 없고, 광역자치단체인 도도부현 중심의 지방경찰제를 운영하고 있다. 도부현지사 산하에 도부현공안위원회를 두고, 그 밑에 경시청－경찰서(도쿄), 부현경찰본부－경찰서의 형태로 운영된다.

2) 한 · 일 간 자치경찰 체제의 비교

한 · 일 간 자치경찰제의 비교를 위해 경찰조직의 특성, 국가경찰제, 지방경찰제로 구분하여 접근하고자 한다. 특히 지방경찰제의 경우, 일본은 완전한 의미의 자치경찰제가 없다고 판단되어 지방경찰제를 기술하고, 한국은 지방경찰제와 자치경찰제(안)을 동시에 기술한다.

(1) 경찰조직의 특성

일본은 1987년 유럽의 국가경찰제 모형을 받아들였으나 1947년 제2차 세계대전 이후 경찰법을 제정하여 시정촌 중심의 미국식 자치경찰제를 채택했다. 그 후 1954년 일본은 재정 부족 등 문제로 인해 도도부현 중심의 지방경찰제로 전환했다.

일본의 국가경찰기관인 경찰청은 내각총리대신의 직접적인 지휘 통솔을 받지만, 독립적이고 정치적 중립 원칙에 따라 조직을 운영한다. 일본의 지방경찰은 국가경찰과 형식적으로 분리되어 있지만 실제로는 연계성이 강하며, 광역자치단체 중심의 지방경찰제가 오랫동안 운영되어 왔다. 그리고 국가경찰은 국가공안위원회로, 지방경찰은 지방공안위원회 소속으로 운영되는 특징을 갖고 있다. 결국 일본의 지방경찰은 외형상 광역자치단체 중심의 자치경찰이지만, 국가경찰의 특별지방행정조직이라는 특성을 가지고 있다.

한국은 1948년 정부조직법 제정 당시 국가경찰로 출발하여 현재에 이르고 있고, 국가경찰의 틀 속에서 지방경찰제가 운영되고 있다. 경찰청의 사무를 지역적으로 분담하기 위해 특별시장·광역시장 및 도지사 소속 하에

〈표 9-8〉 한·일 경찰행정 조직 체제

	한국	일본
근거법	경찰법	경찰법
경찰조직 체제	국가경찰－지방경찰	국가경찰－지방경찰
국가경찰	행정안전부 경찰위원회－경찰청	국가공안위원회－경찰청
지방경찰 (자치경찰)	시·도 경찰청－경찰서 제주특별자치도의 자치경찰제 운영	도도부현 공안위원회－경찰서 엄격한 의미의 자치경찰제 없음
지방경찰제의 특징	지방경찰청의 경찰청 예속화(지방경찰은 국가경찰의 산하기관화) －시·도지사의 시·도경찰청에 대한 지휘감독권 없음 －시·도 치안행정협의회 형식적 운영 －자치경찰제법안 국회 계류 중	－지방경찰청의 경찰청 예속화(지방경찰은 국가경찰의 지방특별지방행정기관화) －지방경찰의 위원회형(도도부현 공안위원회)

지방경찰청을 두고, 그 산하기관으로 관할 구역 안에 경찰서를 두는 체제로 운영되고 있다. 그런데 한국의 지방경찰제는 그 위상이 명확하지 않은 특징을 가지고 있다. 이는 광역자치단체장 소속 하에 지방경찰청을 두고 있으나, 경찰법에 의해 지방경찰청은 시 · 도지사가 아닌 경찰청장에 의해 직접적인 지휘 감독을 받고 있기 때문이다. 다만 시 · 도지사는 그 소속 하에 치안행정협의회를 두어 지방경찰에 영향력을 행사할 뿐이다.

한편 제주특별자치도는 '제주특별자치도 설치 및 국제자유도시 조성을 위한 특별법'과 '제주특별자치도 자치경찰 운영 등에 관한 조례'에 의해 자치경찰제를 운영하고 있다. 주요 핵심 사항은 제주특별자치도 지방경찰청과 제주특별자치도지사 간의 업무 협약에 의해 운영된다.

(2) 국가경찰

일본의 국가경찰은 내각총리대신－국가공안위원회－경찰청(장관급)으로 연계되어 있다. 국가공안위원회는 국가경찰의 사무를 관리 · 의결하는 기관이다. 따라서 국가공안위원회는 자신의 관리 하에 경찰청이 그 권한을 행사하도록 하며 그 운영 방향을 제시한다. 국가공안위원회의 위원은 5명(양원의 동의 하에 내각총리대신이 임명)으로 구성되고, 경찰청장은 내각총리대신의 승인을 받아 국가공안위원회가 임명한다. 그리고 경찰청은 국가공안위원회의 사무를 처리하는 집행기관으로 국가공안사무, 전국적 공안사무, 전국적 통일성이 요구되는 공안사무를 관장하고, 특히 지방경찰인 도도부현 경찰행정에 대한 조정 역할을 행한다. 이러한 경찰청 산하에는 경찰통신부(도쿄, 홋카이도)와 7개의 관구경찰국이 있다.

한국의 국가경찰은 대통령 · 국무총리－행정안전부(경찰위원회)－경찰청으로 연계되어 있다. 행정안전부 장관 소속 하에 치안사무를 관장하기 위해 경찰청을 두고 있다. 반면에 행정안전부에는 경찰행정 관련 사항을 심의 의결하기 위해 경찰위원회를 둔다. 경찰위원회는 7인의 위원으로 구성되는데, 위원장 및 위원 5인은 비상임이고 위원 1인은 상임으로 한다. 이들은 행정안전부 장관의 제청으로 국무총리를 거쳐 대통령이 임명한다. 그리고 경찰청에는 경찰청장과 차장 및 국장(부장), 그리고 과장 및 담당관 등이 있다.

〈표 9-9〉 한·일 국가 경찰행정 체제

	한국	일본
국가경찰기관	행정안전부 경찰위원회－경찰청	국가공안위원회－경찰청
위원회의 지위	행정안전부 장관 산하의 심의 의결기관	내각총리대신 산하의 관리 의결 기관
경찰청장 임명	행정안전부 장관 제청, 국무총리 경유, 대통령 임명	내각총리대신의 승인 하에 국가 공안위원회가 임명

경찰청장은 경찰위원회의 동의를 얻어 행정안전부 장관의 제청으로 국무총리를 거쳐 대통령이 임명한다.

(3) **지방경찰(자치경찰)**

① 일본

일본의 지방경찰 체제는 세 가지로 구분된다. 도쿄도의 경우 도지사－도공안위원회－경시청－경찰서의 형태로, 부현의 경우 부현지사－부현공안위원회－(시경찰부)－경찰서의 형태로, 홋카이도의 경우 도지사－도공안위원회－도경찰본부－(시경찰부)－경찰서 혹은 도지사-도공안위원회－방면공안위원회－방면본부－경찰서의 형태로 구성된다(양영철, 2008: 76).

도도부현 공안위원회는 도지사 소관이지만 권한 행사에서는 도지사의 지휘 감독을 받지 않고, 도도부현 경찰도 도도부현공안위원회의 지휘 감독을 받지 않는 독립적인 위상을 갖고 있다. 양자간 정치적 중립성 확보를 위한다는 측면에서, 도지사는 공안위원회 위원 임면권과 의안제출권, 예산편성·집행·지출 명령권만을 가지며, 공안위원회는 지방경찰본부에 대한 운영의 대강만을 정하고, 그에 대한 사전 사후 감독만을 행할 뿐이다. 반면에 지방경찰에 대한 국가경찰의 지휘감독권은 매우 강하다. 한편 도도부현 공안위원회 위원은 3~5명으로 구성하되 해당 도도부현 지방의회의 동의를 얻어 도지사가 임명한다.

일본 지방경찰의 업무는 국가경찰의 사무 이외 모든 경찰사무 전반을 수행할 정도로 광범위한 영역의 기능을 수행한다. 그리고 지방경찰의 직원은 국가경찰과 같은 계급제로 운영된다. 도쿄도의 경시청장은 수도경찰로서의 위상 때문에 국가공안위원회가 도쿄도공안위원회의 동의와 내각총리대신의 승인을 얻어 임면하고, 그 밖의 경찰본부장은 국가공안위원회가 당해 지방공안위원회의 동의를 얻어 임면한다.

일본 지방경찰의 재원은 당해 지방자치단체가 부담하는 것을 원칙으로 한다. 그러나 경찰청 예산에 국가경찰기관과 관련한 경비 이외에 도도부현 지방경찰과 관련된 경비 및 보조금이 포함되어 있다. 이 중에서 도도부현 지방경찰과 관련된 보조금은 국가가 100% 부담하는 국고보조금과 국가가 50% 부담하는 보조금으로 구성되는데, 실제로 도도부현의 경찰 예산 중 2% 정도에 해당된다(허경미, 2003: 251; 김형만 외, 2003: 205). 결국 지방경찰 관련 경비 및 국고보조금은 일반보조금과 달리 도도부현의 재원에서 관리되는 것이 아니라 직접 도도부현 경찰본부에 계상되어 집행된다.

또한 일본의 지방경찰은 사실상 국가경찰의 통제 하에 있다고 해도 과언이 아니다. 즉 경찰 기능은 국가 전체의 관점에서 조정이 필요하기 때문에 지방경찰은 법률적 기반 위에 국가경찰에 의한 지휘 감독을 허용하고 있다. 특히 내각총리대신은 국가적 재해재난으로 치안 유지가 필요하다고 판단될 경우 국가공안위원회 권고에 의해 긴급사태를 선포하고, 동시에 이를 제압하기 위해 필요한 경우 국가공안위원회가 아닌 경창청장에게 직접 그 권한은 집행하도록 명령할 수 있다. 그리고 경찰청장도 당해 지역의 지방공안위원회가 아닌 경시총감 혹은 경찰본부장에게 직접 명령 및 지휘 감독을 행할 수 있다. 반면에 일상적인 경우 국가는 도도부현 경찰에 대해 훈령 및 지침 등의 지휘 감독을 행하거나 보고 및 조정통제를 행할 뿐이다. 이 밖에도 국가공안위원회는 지방경찰의 경시총감 및 경찰본부장과 지방경무관급 이상에 대한 임면권을 갖고 있고, 국고지급금 및 경찰보조금을 통해 도도부현 경찰을 재정적으로 감독하고 있다. 그리고 이 위원회는 경찰행정과 관련된 조례의 제정은 반드시 정령이 정한 기준에 따라 운영되도록 하는 입법적 감독도 행하고 있다.

② 한국

현재 한국의 지방경찰 조직은 국가경찰기관인 경찰청의 사무를 지역적으로 분담·수행하기 위한 역할을 이행하는데, 특별시장, 광역시장, 도지사

소속 하에 지방경찰청을 두고 지방경찰청 소속 하에 경찰서를 두는 형태를 취하고 있다. 즉 시・도지사－경찰청－경찰서－지구대(파출소)의 형태로 운영된다. 지방경찰청장은 경찰청장의 지휘 감독을 받아 관할 구역 안의 국가경찰 사무를 관장하고, 소속 공무원 및 소속 국가경찰기관장의 지휘 감독을 받는다. 지방경찰청장은 시・도지사의 소속이지만 지휘감독권은 경찰청장에 있다.

그리고 지방경찰청에는 지방행정과 치안행정의 업무 조정 그 밖의 필요한 사항을 협의・조정하기 위해 시・도지사(제주특별자치도지사 제외) 소속 하에 치안행정협의회를 두고 있다. 치안행정협의회는 단순히 지방경찰청장의 협의기관에 불과하다. 한국 지방경찰의 예산은 지방자치단체가 부담하는 일본과는 달리 국가경찰제에 따른 국비로 구성되는데, 1991년 경찰청 발족과 더불어 독자적인 예산편성권을 갖고 있다.

한편 일본과는 달리 한국에는 일부 자치경찰 제도가 운영되고 있다. 자치경찰제도의 예로는 제주특별자치도의 사례가 있는데, 2006년 7월 1일 제주특별자치도 특별법에 따라 시행되었다. 자치경찰제의 시행 단위가 광역자치단체로 되어 있고, 권한 이양과 조례 위임에 의해 자치경찰의 사무가 정해졌다. 이러한 제주특별자치도의 자치경찰제 도입은 자치경찰의 새로운 방향을 제시했고, 동시에 시범 실시의 역할을 했다는 점에서 한국의 자치경찰제 도입의 선도적 사례로 제시되고 있다.

제주특별자치도 자치경찰의 수행 사무는 주민생활 안전 활동에 관한 사무, 지역교통 활동에 관한 사무, 공공시설 및 지역 행사장 등의 지역 경비에 관한 사무, 사법경찰관리의 직무를 행할 자와 그 직무 범위에 관한 법률에서 자치경찰 공무원의 직무로 규정하고 있는 사법경찰관리의 직무와 교통안전시설 관리사무로 규정되어 있다.

제주특별자치도에는 자치경찰단이 설치되어 있는데, 초기에는 생활 안전, 관광환경의 3팀으로 구성되었으나, 2008년에 제주특별자치도 자치경찰단의 내부조직을 경찰정책팀(서무/감사/협력), 교통생활안전팀(생활안전/교통/경비), 수사기획팀(관광지 치안/수사/조사), ITS센터(첨단교통관리/도로상황 분석통제)로 개편한 바 있다. 그리고 제주특별자치도의 하부 행정기관인 행정시에는 자치경찰대가 설치되어 있다. 이 밖에도 제주특별자치도에

〈표 9-10〉 한 · 일 지방 경찰행정 체제

	한국	일본
소방 기관	지방경찰청-경찰서-지구대(파출소)	-도쿄도공안위원회-경시청-경찰서 -부현공안위원회-(시경찰부)-경찰서 -홋카이도공안위원회-도경찰본부-(시 경찰부)-경찰서
지방경찰 체제	단독집행기관형	위원회형
소관	시 · 도지사	도도부현지사
지도 감독	-시 · 도지사는 치안행정협의회를 통해 업무 조정 및 협의 -경찰청의 지휘 감독 하에 지방경찰청 운영 -지방경찰청 예산의 국비화 및 경찰청의 독자적 예산편성권 보유	-도도부현지사는 공안위원회 위원 임명권과 의안제출권, 예산편성 · 지출명령권만 보유 -도도부현공안위원회는 지방경찰본부에 대해 운영상 사후 감독 인정 -국가경찰이 지방경찰에 대한 지휘 감독권 보유(경찰 관련 조례의 정령 기준 범위 내에서 운영, 도도부현 경찰재원은 경찰청 예산에 포함되고 보조금을 통해 경찰청이 감독)
제주자치 경찰제 운영	-주요 기능: 주민생활 안전, 지역교통, 지역 경비, 교통안전시설관리 등 -조직: 자치경찰단－자치경찰대 -위원회: 자치경찰인사위원회, 치안행정위원회, 교통시설심의위원회 -인사 규정: 제주특별자치도특별법 및 관련 조례 -재원: 지방교부세, 지방교육재정교부금, 국가균형발전특별회계에서 충당	

는 자치경찰인사위원회와 치안행정위원회 및 교통시설심의위원회가 설치되어 있다.

제주특별자치도의 자치경찰에 대한 인사기본법은 제주특별자치도특별법이고, 이에 대한 세부적인 사항은 조례와 규칙(제주특별자치도의 자치경찰단장 개방형 직위의 운영에 관한 조례, 자치경찰공무원 인사규칙, 자치경찰공무원 인사 교류 조례, 자치경찰 공무원 임용 등에 관한 조례)에 위임된 상태이다. 그리고 자치경찰관에 대한 인사결정기관은 자치경찰인사위원회로 심의·의결기관이다. 또한 제주특별자치도의 자치경찰 관련 재원은 지방교부세와 지방교육재정교부금 그리고 국가균형발전특별회계 내의 제주특별자치도 계정에서 확보된다(양영철, 2008: 422).

현재 제주특별자치도에서 자치경찰제가 운영되고 있음에도 불구하고 한국의 자치경찰과 관련한 법제가 제정되어 있지 않은 상태(국회에 계류 중임)이기 때문에 자치경찰제가 전국적으로 제도화되지 않고 있다. 향후 자치경찰에 대한 국민의 올바른 인식, 경찰 이해관계자들 간의 대타협, 지방자치단체 중심의 자치경찰 제도화를 위한 국가경찰과 자치경찰의 역할 분담 등 해결해야 할 과제가 많다.

4 결 론

한국의 지방자치는 지방분권을 통해 지방자치단체의 자율성을 확대시킴으로써 독자적인 제도에 의해 운영되도록 기반을 구축했다. 그런데 아직도 소방행정과 지방경찰행정은 국가 제도의 틀 안에서 벗어나지 못하고 있다. 소방과 경찰이 일반행정과 다른 특수행정적 특징을 가지고 있지만, 지방자치단체가 실제로 지방분권을 통한 지역경쟁력을 제고하고 국가 발전의 기반적 역할을 이행하려면, 지방자치단체의 행정으로 통합·운영되는 것이 바람직하다. 특히 지방 소방행정 체제와 지방 경찰행정 체제는 주민에게 더 가까이 다가가는 것이 중요하기 때문에 조기에 체제 개편이 이루어져야 한다. 이 경우 일본의 제도가 우리에게 좋은 시사점을 줄 것이다.

참고 문헌

경찰청 경찰혁신기획단(2004). "자치경찰제 도입 추진 상황." 정부혁신지방분권위원회 보고문서.

김병국(2009). "한·일간 소방행정 체제의 비교연구." 한국지방행정연구원 특별연구과제.
김원중(2007). “치안환경 변화에 따른 지방경찰제도의 변화 연구.” 「한국사회과학연구」 제29집 제2호, 청주대학교.
김형만 외(2003). 「비교경찰제도론」. 서울: 법문사.
양영철(2005). “참여정부의 자치경찰 창설과 운영 방안.” 「한국사회와 행정연구」. 제15권 제4호, 서울행정학회.
———(2008). 「자치경찰론」. 서울: 대영문화사.
연희정(2003). “한국 소방행정 체제의 현황과 문제점.” 서울행정학회 춘계학술대회 발표 논문.
이종열 외(2003). “소방행정 조직 체계의 비교분석.” 「한국정책과학학회보」. 제7권 제2호.
허경미(2003). “경찰청 자치경찰제안의 문제점 및 대안.” 「한국공안행정학회보」. 제16권.
한국 경찰법.
한국 소방기본법, 소방방재청과 그 소속기관직제, 지방소방기관 설치에 관한 규정.
한국 소방방재청(2007-2008). 2006년, 2007년 소방방재청 주요 통계 및 자료.
한국 소방방재청(2008-2009). 2007년, 2008년 예산 개요.
高見尚武(2007). 「消防行政管理」. 東京: きょうせい.
大野達三(1995). 「日本の警察」. 新日本出版社.
日本 警察法.
日本 消防法, 消防組織法.
日本 消防廳(2005-2007). 「消防白書」, 平成17年版, 18年版, 19年版.
———(2003). 「自治體消防の歩み」.

제10장 교육자치

이민규
(충북대 행정학과 전임강사)

1 서 론

이 책이 출간되는 2010년은 한국 교육자치의 기념비적인 해이다. 2006년 '지방교육자치에 관한 법률'이 개정되면서 주민 직선을 위한 제도적 정비가 마련되었다면, 2010년은 이 제도를 바탕으로 한국의 모든 시·도가 직접선거로 교육감과 교육위원을 선출하기 때문이다.[1] 지방자치가 부활되고 20여 년이 흐른 지금, 한국의 자치와 분권은 괄목할 만한 성장을 해 왔다. 그렇지만 유독 교육자치 부분은 아쉬움이 많다. 이 글에서는 짧게나마 한국의 교육자치를 일본과 비교함으로써 우리나라 교육자치의 현 주소를 파악할 것이다. 한국과 일본의 교육자치 특징을 한마디로 정리하면, 기초자치단체에서의 교육자치 실시 유무와 단체장이 지방교육행정에 관여할 수 있는 권한 및 책임의 정도라고 할 수 있다.

한국은 16개 시·도, 즉 광역자치단체에서만 교육자치가 실시되고 있다.

1) 물론 2007년 이후 여러 시·도에서 시기를 달리해 교육감을 주민 직선으로 선출했지만, 동시 지방선거로 치러지기는 2010년이 처음이다.

일본이 인구 몇천 명에 불과한 소규모 기초자치단체에서조차 교육자치를 실시하고 있는 점과 비교할 때 아쉬운 점이 많은 부분이다. 이 문제는 지방자치(행정)학자와 교육계에서 일반적으로 공감하고 동의하는 측면이 많다. 반면 일반 지방행정을 총괄하는 단체장이 교육자치 영역에 관여를 할 권한과 책임의 정도를 어느 수준에 맞춰야 하는가 하는 문제는 양자가 다소 대립하는 측면이 있다. 다만, 적극적으로 일반행정과의 분리를 주장하는 교육계의 목소리[2]에 비해 지방자치(행정)학계의 주장은 강하게 피력되지 못하고 있는 듯하다.

이 장의 구성은 다음과 같이 진행된다. 먼저, 양국의 교육자치를 규정하고 있는 중요 제도를 검토함으로써 그 특징을 요약해 본다. 이를 통혀 한·일 양국이 지향하는 교육자치의 전체상을 그려볼 수 있을 것이다. 두 번째로 의결기관(교육위원회)과 집행부(교육감) 조직의 관계, 그리고 일반행정(단체장과 의회)과의 관계 등을 비교 서술한다. 세 번째로 교육자치 재정, 즉 재원의 조달 방법 등에 대해 파악해 보도록 하겠다.

2 제도적 측면

한국과 일본의 교육자치를 비교하려면, 양국의 헌법적 차이부터 살펴볼 필요가 있다. 대한민국 헌법이 일본의 헌법에 비해 상당히 구체적으토 교육을 규정하고 있고, 양국은 이러한 헌법적 제약에 따라 교육자치가 분화되었다고 할 수 있기 때문이다. 일본은 헌법 제26조에 교육과 관련된 규정이 있으나, 모든 국민이 교육을 받을 수 있는 권리가 있다는 점과 의무교육은 무상으로 이루어진다는 점 정도를 명문화하고 있다. 이에 비해 한국은 일본의 헌법에서 규정하고 있는 내용뿐만 아니라, 제4항에 교육의 자주성·전문성·정치적 중립성 및 대학의 자율성, 제5항에서 평생교육, 제6항에 교육 제도와 그 운영, 교육재정 및 교원의 지위에 관한 기본적인 사항을

2) 교육행정의 교과서만 보더라도 참여정부 시기에 개정된 '지방교육자치에 관한 법률', 즉 별도로 설치되었던 교육위원회를 시·도의회의 상임위원회화한 조치에 대해서조차 우려를 표하는 내용이 다수 있다(남정걸, 2009: 144; 윤정일 외, 2009: 264).

법률로 정할 것까지를 규정하고 있다. 대한민국 헌법은 지방교육자치 또는 지방교육행정의 분화 형태에 대한 구체적인 방향을 제시하고 있다.[3]

교육자치를 제도적으로 검토하는 데 가장 중요한 법률은 한국의 경우 '지방교육자치에 관한 법률'(이하 교육자치법)일 것이다. 반면에 일본의 경우는 '지방자치법'과 '지방교육행정 조직 및 운영에 관한 법률(地方教育行政の組織及び運營に關する法律, 이하 지교행법)'이라는 두 법률이 상호 연계하여 기능하고 있다.[4] 이러한 제도 하에서 나타나는 한·일 간 교육행정의 차이를 간단히 살펴보면 다음과 같다.

첫째, 분권화라는 측면에서 볼 때, 한국은 광역자치단체만을 교육자치의 구역으로 설정하고 있으나, 일본은 기초자치단체까지를 구역으로 하고 있다. 둘째, 교육위원회의 구성 방식과 집행기관의 장을 선출하는 방식에 큰 차이를 갖는다. 한국은 '교육자치법'에 근거하여 주민 직선으로 교육감과 교육위원을 선출한다. 반면, 일본은 해당 자치단체의 장이 의회의 동의를 얻어 교육위원을 임명함으로써 교육위원회를 구성하게 된다. 또한 이렇게 구성된 교육위원회는 교육행정의 집행을 담당할 교육장(교육감)을 임명한다.[5] 셋째, 일본과 비교할 때 한국은 교육자치 재정 및 인사권의 독립을 크게 보장하고 있다. 후술하겠지만, 목적세인 지방교육세, 해당 지방자치단체로부터의 전입금, 중앙정부로부터의 지방교육재정교부금, 기타 수입금 등이 일반행정과 분리되어 마련된다. 이에 비해 일본은 예산편성권, 인사권 등을 지방자치단체(일반행정)에 의존할 수밖에 없다. 넷째, 한국은 공립학

---

3) 지방교육자치는 ① 지방분권의 원리, ② 분리 독립의 원리, ③ 전문적 관리의 원리, ④ 주민 통제의 원리가 지적된다. 정치적 당파로부터의 독립뿐 아니라, 일반행정을 담당하는 지방자치단체와도 분리되어야 하고, 교육활동의 특수성과 교육자체가 갖는 전문성 등이 충분히 보장되어야 한다는 점을 헌법에서 규정하고 있다. 또한 우리나라에서 사용되는 교육자치라는 표현에서 지칭되는 '자치'는 교육행정·기관의 자치에 중점을 두고 있다(최창호, 2009: 249-251).

4) 한국의 경우도 '지방자치법' 제121조에 교육·과학 및 체육에 관한 기관에 관한 조항이 있으나, 따로 법률로 정한다는 제2항에 의해 실질적으로 '교육자치법'으로 일원화되어 있다고 볼 수 있다.

5) 2000년 시행된 '지방분권일괄법'에 의해 중앙정부(문부과학성) 및 상급 지방정부(광역자치단체)의 승인 요건이 폐지됨으로써 교육위원회가 교육장 선출과 임명권을 독자적으로 행사할 수 있게 되었다.

교 교원이 국가직인데 반해, 일본은 지방직이다. 이 밖에도 다양한 부분에서 여러 가지 차이가 있겠지만, '자치'라는 키워드를 중심으로 양국의 제도적 차이를 정리할 때 놓쳐서는 안 될 부분만을 정리해 보았다.

결론적으로 '교육자치'라는 용어는 동일하나 한·일 양국이 실제로 추구하면서 도달하고자 하는 목표점은 매우 다르게 보인다. 양국이 동일하게 중앙정부(국가)로부터 일정한 자율성을 부여받는다는 점에서는 동일하지만, 한국의 경우는 일반행정으로부터의 독립을 강하게 견지하고 있다.[6] 즉, 대한민국 헌법이 교육과 관련한 형태를 구체적으로 제시하고 있기 때문에 두드러지게 나타나는 특징이라고 할 수 있다.[7] 교육위원회의 성격 역시 상당히 다르다. 의결기관의 성격이 강한 한국에 비해, 일본은 의결기관과 집행기관의 중간 영역적 성격이 강하다. 이는 집행기관의 장인 교육감(교육장)과 교육위원회의 관계에서도 알 수 있다. 한국은 양자가 완벽히 분리되어 있는데 반해, 일본은 교육위원 중에서 교육장이 선출되는 시스템을 채택하고 있기 때문이다. 그러나 무엇보다 교육자치를 실현하는 주체가 지역주민의 직접선거를 통해 선출되므로 정당성이라는 측면에서는 한국이 우위에 있다고 평가할 수 있다.

3 교육자치 조직

1) 교육위원회

① 한국

한국에서 2006년도 전부 개정된 교육자치법은 교육위원회에 커다란 변화를 가져왔다. 시·도의회와 분리되어 설치되어 있던 교육위원회가 지방의회의 상임위원회로 발족된 것이다. 이 개혁은 찬성과 반대가 극명하게

---

6) 지방교육자치는 지방자치(일반행정자치)로부터 분리·독립을 추구하는 자치이기는 하지만, 둘은 국가로부터의 분리·독립을 추구하는 데에는 서로 같다(최창호, 2009: 249).

7) 이를 자주성 존중의 원리라고 하는데, 교육행정이 일반행정으로부터 분리 독립해야 하고 정치적 중립성을 견지해야 한다는 것을 의미한다(남정걸, 2009: 133-134).

나뉘었던 부분이다. 당시 법안 통과를 주도했던 여당(열린우리당)의 생각을 보면, 교육위원의 직선을 최고의 목표로 설정하고 있다. 다만, 직선으로 선출된 교육위원과 시·도의회의 대립이 발생할 경우 선거를 통해 동일하게 정당성을 부여받은 주체 간의 갈등을 해결할 수 있는 방안으로서 통합을 주도한 것으로 보인다.[8] 반면, 이에 대한 비판의 목소리도 높다. 새로운 교육위원회는 과반의 경력직 교육의원과 정당 공천을 받을 수 있는 시·도의원이 혼합되어 구성되도록 되어 있다. 즉, 교육의 자주성과 정치적 중립성이 훼손된다는 주장인 것이다(남정걸, 2009: 144; 최창호, 2009: 258).[9]

어쨌든 시·도의회 상임위원회의 교육위원회로 편입된 현행 법제에 나타난 한국의 교육위원회는 교육·과학·기술·체육, 그 밖의 학예에 관한 의안과 청원 등을 심사·의결하기 위해 만들어진 위원회이다. 이러한 교육위원회는 시·도의원과 교육 경력 또는 교육행정 경력을 가진 자로서 별도로 선출된 교육의원으로 구성되며, 교육의원이 과반수가 되도록 구성된다(<표 10-1>참조).

교육의원은 시·도의회 의원과 동일한 지위와 권한을 가지며, 주민의 보통·평등·직접·비밀선거에 의해 선출된다. 시·도의 교육·학예에 관한 사항으로 열거된 12개의 내용에 대해 심의·의결하며, 의안의 발의 및 제출[10]이 가능하다(남정걸, 2009: 136-140).

② 일본

한국의 교육위원회가 시·도의회에 편입됨으로써 정치적 중립성의 훼손을 비판하는 목소리가 높은데 반해, 일본의 교육위원회는 전혀 다른 문제로 오랜 기간 논쟁 중에 있다. 교육위원회 폐지론이 그것이다.

㉠ 교육위원회 폐지론: 예를 들어, 신도 무네유키(新藤宗幸)는 "현행

8) 2006년 12월 7일 열린우리당 의원 총회 모두 발언 보도자료 중 유기홍 교육위 간사의 발언 내용.

9) 특히 남정걸(2009: 136)은 교육위원회의 시·도의회 편입에 대해 "집행기구인 교육감만 존재하고……의결기구도 없는 교육자치제가 되었다"고 강한 어조로 비판하고 있다.

10) 시·도의회 재적 의원 5분의 1이상 또는 10인 이상의 연서로 발의, 제주특별자치도의 경우는 재적 의원 3분의 1 이상으로 발의하지만, 조례안, 예산안, 특별부과금·사용료·수수료·분담금 및 가입금의 부과와 징수에 관한 사항, 기채안에 관한 의안은 재적 의원 5분의 1 이상의 연서로 발의한다.

〈표 10-1〉 한국의 각 시·도별 교육위원회 위원 및 교육의원 정수

시·도	교육위원회 위원 정수	교육의원 정수
서울특별시	15인	8인
부산광역시	11인	6인
대구광역시	9인	5인
인천광역시	9인	5인
광주광역시	7인	4인
대전광역시	7인	4인
울산광역시	7인	4인
경기도	13인	7인
강원도	9인	5인
충청북도	7인	4인
충청남도	9인	5인
전라북도	9인	5인
전라남도	9인	5인
경상북도	9인	5인
경상남도	9인	5인
제주특별자치도	9인	5인
계	148인	82인

출처: 남정걸(2009: 137)의 <표 5-1>.

교육위원회 제도는 문부과학성을 정점으로 한 강력한 수직적(縱割り) 행정하에서 매몰되어 있다. 분권 시대에 요구되는 교육행정, 즉 주민 직선을 통해 선출된 단체장을 중심으로 종합행정의 일환으로 전개되어야 할 교육행정을 추진하는 주체로서 적당하지 못하고, 오히려 이를 방해하는 존재"라고 비판한다. 그의 주장은 다음과 같이 이어진다. 교육위원회는 제도상 행정위원회로서 조직된 집행기구로 단체장(일반행정)으로부터 독립되어 있기 때문에, 단체장은 지방자치단체의 최고 의사결정권자이자 교육위원의 임명권한, 교육재정 권한을 갖고 있으면서도 교육 문제에 대한 단체장의 주도권이나 리더십을 발휘할 수 없는 상태이다. 게다가 교육위원회는 예산편성 권한, 인사 권한 등을 단체장에게 의존하고 있기 때문에 정책 수립에 제약

이 따르기도 한다. 교육위원회는 중앙정부의 보조금과 강력한 수직적 행정수단인 '지도·조언'에 의존하면서, 중앙정부(문부과학성)의 정책 실현을 위한 상명하달적 교육행정의 말단기관으로서 기능할 수밖에 없게 되어 있다(新藤宗幸, 1997: 258-259).

폐지론에 대한 또 다른 전형적인 주장이 있다. 시키시(志木市)가 교육특구안으로서 중앙정부에 신청한 내용이 그것이다. 한마디로 현행의 교육위원회 제도 하에서는 교육행정에 관련된 의사결정의 책임 소재가 모호하다는 주장이다. 이에 대한 대안으로서 시키시는 복수의 교육위원으로 구성된 교육위원회를 정책결정기관이 아닌 정책에 관한 심의기관(교육심의회)으로 새롭게 편성하고, 교육정책 결정과 집행 책임은 교육장에게 부여하는 제도개혁안을 신청한 것이다(穗坂邦夫, 2005). 물론 중앙정부의 승인을 받지는 못했지만, 신도 무네유키의 주장이 단체장으로부터 독립된 행정위원회로서의 교육위원회를 폐지하자는데 반해, 이는 합의제 의사결정기관으로서의 교육위원회를 폐지하고 심의 기능에 한정하자는 것이 요지이다.

교육위원회에 대한 한·일 비교를 하는 부분에서 일본 내 교육위원회 폐지론을 다룬 데는 이유가 있다. 무엇보다 일본의 교육위원회 성격을 잘 보여 주기 때문이다. 즉, 다음과 같은 교육위원회의 성격을 읽을 수 있다. 교육행정의 일정 부분은 단체장이 책임진다는 것이다. 단체장 및 일반행정과는 일정한 거리를 둔 독립된 행정위원회로서 위치하지만, 교육위원을 단체장이 임명한다는 점이 가장 중요한 차이일 것이다. 또 의회와 별도의 의결·심의기구로 기능하지만, 조례 및 예산안 등과 같은 사항은 최종적으로 지방의회가 의결한다.

여기서 간단히 일본 교육위원회 제도의 역사적 변천사를 알아보자.

㉡ 교육위원회 제도의 역사적 변화: 제2차 세계대전에서 패망한 일본은 미국의 통치 하에 놓이게 되며, 교육행정 역시 미국의 영향을 강하게 받았다. 미군정 하에서 제정·공포된 일본 헌법은 이전의 제국헌법과 비교할 때 많은 변경이 가해졌다. 첫째, 교육의 의무에서 교육을 받을 권리로, 둘째, 칙령(勅令)주의에서 법률주의로, 셋째, 교육행정의 지방자치와 독립성, 넷째, 교육의 자주성이 그것이다(佐藤順一, 2004: 148-152).

이 중에서 셋째와 넷째의 사항을 중심으로 살펴보면 다음과 같다. 먼저 교육행정의 지방자치와 독립성에 관한 내용이다. 1947년 제정된 지방자치법은 교육, 학술, 문화 등에 관한 사무를 보통지방자치단체인 도도부현(都道府縣)과 시정촌(市町村)의 고유한 사무, 즉 자치사무로 규정하고 있다. 이를 근거로 교육위원회법[11]이 만들어지고, 광역·기초자치단체에 교육위원회가 설치되었다. 교육위원회 제도는 교육에 대한 부당한 지배 금지, 국민 전체에 대한 직접적 책임, 공정한 민의의 존중, 지방의 실정에 맞는 교육행정의 실시 등을 통해 교육 본래의 목적을 달성하는 것을 목적으로 한 제도였다. 또한 이 제도 하에서 교육위원회 위원은 주민 직선에 의해 선출되었다.

다음으로 교육의 자주성은 1947년 제정된 교육기본법 제10조에 나타나 있는 규정과 관계가 깊다. 이 조항에는 부당한 지배 하에 교육행정이 놓이지 않도록 자주성을 규정하고 있다. 교육에 대한 부당한 지배를 금지한 것은 교육과 정치 사이에 본질적인 차이가 있음을 입법자가 생각했기 때문이다. 한국에서 교육의 특수성으로 나타나는 취지와 유사한 생각일 것이다. 그렇다면 부당한 지배의 대상이란 구체적으로 어떠한 힘을 말하는 것일까? 당시의 문부성 관계자에 의하면 정당 외에도 관료, 재벌, 조합 등 국민 전체가 아닌 일부의 세력을 의미한다.

어쨌든 패전 초기의 교육개혁에서는 국가에 의한 통제적 교육행정으로부터의 전환이 모색되었고, 일정 부분 이상적인 형태의 교육헝정 체제가 마련되었다고 볼 수 있다. 그러나 미국을 중심으로 한 점령정책은 미·소간의 냉전구조가 강화되면서 다시금 변화한다. 즉, 미군정은 일본 점령을 조기에 종료할 것을 목표로 이상을 추구하던 전후 개혁에서 현실을 중시하는 정책으로 전환하게 된 것이다. 따라서 교육정책은 철저한 민주화에서 타협적인 모습으로 변모하게 된다. 교육행정 개혁의 근간이었던 교육기본법, 교육위원회법은 1950년대 중반부터 전환됨으로써 전후 초기의 교육행정 개혁은 막을 내렸다. 이와 동시에 1955년 자유민주당의 성립과 일본 사회당의 우파와 좌파 합동을 통해 교육행정 역시 새로운 단계로 접어든다. 1956년에 만들어진 '지방교육행정 조직 및 운영에 관한 법률'이 대표적이

---

11) 1947년에 제정되어 1956년에 폐지되었다.

다. 이 법은 크게 두 가지 변화를 일으켰다. 교육위원의 임명제와 예산안 제도이다.

구(舊)교육위원회법에서의 교육위원회는 행정위원회인 동시에 일반행정으로부터 상대적으로 독립된 행정기관이었다. 위원회는 합의제이며, 주민의 직접 선거로 선출된 위원이 교육행정의 방침을 결정했다. 교육장은 그 결정이 법령에 위반하지 않는 한 결정에 따라 교육에 관한 사무를 집행했다. 그러나 '지교행법'에서의 교육위원은 광역·기초자치단체장에 의한 임명제로 변화한다. 또한 일반행정으로부터 상대적으로 독립된 행정기관으로서의 특색은 교육위원회법 당초의 예산안 제도와 조례안 제도에서도 찾을 수 있다. 예산안은 일반적으로 자치단체장이 작성하지만, 교육에 관한 예산안은 교육위원회가 원안을 작성했다. 조례 역시 교육위원회가 독자적으로 제정할 수 있었지만, '지교행법'에서는 일반행정, 즉 집행부 내 부서와 같이 작성할 수밖에 없게 되었다.

㉢ 일본 교육위원회의 문제: 위와 같은 역사적 배경 때문에 앞서 언급했던 교육위원회 폐지론과 같은 주장이 대두된 것이다. 첫째, 수직적 측면에서의 문제이다. 바꾸어 말하면, 누가 교육행정 정책을 결정하고 실시하는가에 대한 불명확성이다. 1956년 제정된 '지교행법'은 중앙정부(문부과학성)의 조언 기능뿐만 아니라 관리·통제 기능이 강화됐다고 평가된다. 이러한 결과로서 지방정부는 중앙의 기준에 근거한 교육행정을 실시하도록 요구받게 되었으며, 독자성보다도 기준에서 일탈하지 않도록 교육행정을 운영하게 되었다.

둘째, 수평적인 측면에서의 문제이다. 전후 초기의 교육위원회는 직접 선거를 통해 선출된 교육위원이 교육행정을 담당함으로써 단체장으로부터 상대적으로 독립한 행정위원회 성격이 강했다. 단체장 및 지방의회로부터 상대적으로 독립한 교육위원회는 교육 예산에 관한 권한에 의해 일반행정과는 별도로 운영되었다. 하지만 심각한 재정 상황에 허덕이던 당시 상황 속에서 단체장이 의도한 교육정책을 실시하는 것은 곤란했고, 그 결과 1950년대 후반부터 일반행정과의 일체화를 목표로 교육위원회가 개혁된다. 이에 따라 교육위원회의 독자성이 약해지고, 직접선거를 통한 교육위원 선출이 아닌 의회민주주의에 의한 간접적인 참여 중심의 제도로 바뀌었다.

㉣ 단체장과 교육사무: 한국은 교육행정에서 시 · 도지사 및 시 · 군 · 자치구청장의 역할은 굳이 언급할 필요가 없으나, 일본의 경우는 간단히 살펴볼 필요가 있다는 점도 위의 내용을 읽었다면 짐작할 수 있을 것이다. 지방자치단체의 장은 법령과 각 지방의회의 조례에 따라 행정사무를 집행한다. 일본에서 교육에 관한 단체장의 사무는 대학에 관한 것, 사립학교에 관한 것, 교육재산을 취득 · 처분하는 것, 교육위원회 소관 사항에 관한 계약을 체결하는 것, 교육위원회 소관 사항에 관한 예산을 집행하는 것이며, 대학 및 사립학교에 관한 사무에 관해서는 교육위원회에 위임하는 경우도 있다. 그러나 단체장이 교육행정에 갖는 권한이 한국과 비교할 때 매우 높음을 알 수 있다(佐藤順一, 2004: 159-160).

㉤ 교육위원회의 직무 권한: 그렇다면 일본의 교육위원회는 구체적으로 어떠한 사무를 담당하는가? 단체장이 교육 관련 사무를 집행한다고 하지만 교육에 관한 사무를 중심적으로 집행하는 곳은 교육위원회이다. 교육위원회의 주요한 직무는 다음과 같다. 학교 등 교육기관의 설치 · 관리 · 폐지 등, 학교 등의 재산 관리, 교육위원회 및 학교 등 직원의 임면(任免) 등 인사, 학생의 입 · 전 · 퇴학, 학교의 조직 편성, 교육과정, 학습 지도, 학생 지도 및 직업 지도, 교과서 등 교재, 시설 설비, 교직원 연수, 교직원 및 학생의 보건 · 안전 · 구성 · 복리, 학교 등 환경위생, 학교 급식, 청소년 교육 · 여성 교육 · 공민관 사업 등의 사회교육, 스포츠, 문화재, 교육에 관련된 조사통계 등 15가지로 구분된다.

㉥ 교육위원회 조직: 이렇듯 교육에 관계된 주요 사무를 집행하는 교육위원회는 어떠한 조직이 담당하는가 알아보자. 교육위원회는 5인의 위원으로 조직된다. 단, 광역자치단체(都道府縣)와 정령지정도시에서는 6인, 정촌(町村)에서는 3인으로 구성할 수 있다. 위원의 임명은 단체장이 의회의 동의를 얻어 임명한다. 또한 정치적 중립성을 확보하기 위해 교육위원의 3인 이상이 동일한 정당에 소속돼서는 안 되고, 위원의 연령, 성별, 직업 등에서 현저하게 편중되지 않도록 배려해야 하며, 위원 중 학부모가 포함될 수 있도록 노력해야 한다. 위원의 임기는 4년으로 재임도 가능하다.

이 교육위원 중에서 교육위원회를 대표할 교육위원장을 위원들의 선거로 선출한다. 교육위원장의 임기는 1년으로 재임 가능하다. 교육위원장은 교육위원회의 회의를 소집한다. 교육위원회는 법령 또는 조례에 위반하지 않는 한 교육위원회 규칙을 제정할 수 있다. 교육위원회는 지방자치단체의 교육에 관한 사무를 결정하는 이른바 의회의 역할을 수행한다.

이러한 교육위원회의 결정에 기초해서 실제 사무를 집행하는 것이 교육장과 교육위원회 사무국이다. 교육장은 교육위원회 위원(교육위원장 제외) 중에서 교육위원회가 임명한다. 교육위원회 위원은 비상근직이지만, 교육장은 상근직이다. 교육장은 교육위원회의 지휘 감독 하에 교육위원회의 권한에 속한 모든 사무를 담당한다. 실제 사무를 처리하기 위해 교육위원회에는 사무국이 설치되고, 교육장이 이를 총괄한다.

광역자치단체인 도도부현의 교육위원회 사무국(일부 현에서는 교육청이라 함)에는 지도 주사, 사무직원, 기술직원 등이 근무한다. 기초자치단체인 시정촌도 이에 준해서 운영된다. 여기서 A현의 교육위원회 사무국 조직도를 보면 [그림 10-1]과 같다. 이 밖의 도도부현에는 일반적으로 교원의 연

[그림 10-1] A현의 교육위원회 사무국 조직

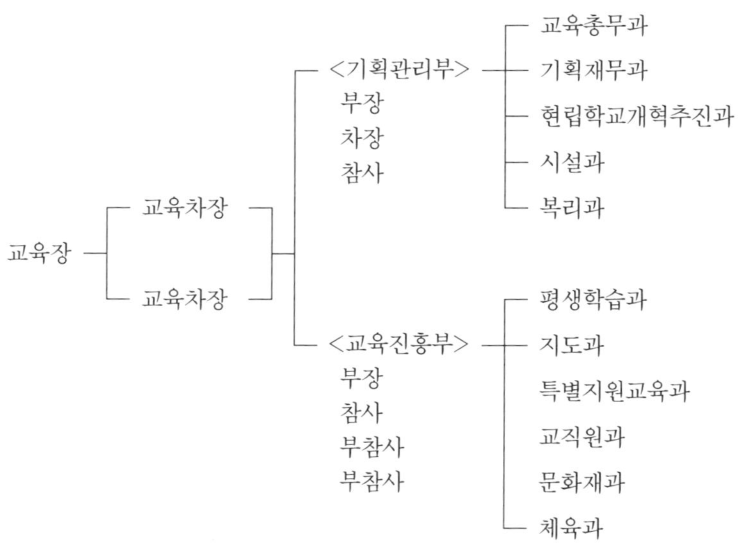

출처: 佐藤順一(2004: 161)의 [그림 4-3].

수와 상담사업, 커리큘럼센터와 같은 기능을 갖는 교육센터(교육연구소), 초중학교 관련 사무를 담당하는 교육사무소가 설치된 곳도 있다.

기초자치단체인 시정촌 교육위원회는 그 규모에 따라 조직도 다양하다. 인구 1만 미만의 정촌 교육위원회에서는 교육장 산하에 교육차장 한 명과 총무계, 학교교육계, 사회교육계 정도를 두며, 사무국 직원이 몇 명에 그치는 경우도 많다.

또한 학교 설치자와 주요 사무 소관기관을 알아보면, <표 10-2>와 같다. 사립대학 및 사립고등전문학교를 제외한 사립학교와 관련된 사무는 교육위원회가 아닌 일반행정에서 담당한다는 점은 매우 흥미롭다.

〈표 10-2〉 학교 설치자와 주요 사무 소관기관

학교 설치자	주로 설치된 학교	주요 사무 소관기관
시정촌	시정촌립 유치원, 초·중학교 등	시정촌 교육위원회
도도부현	현립고교·현립양호학교 등	현 교육위원회
학교법인(사립학교)	사립 유치원, 소·중·고교, 전문학교, 각종 학교 등	광역자치단체(도도부현) 즉, 일반 지방행정집행부
학교법인	사립대학, 사립고등전문학교	중앙정부(문부과학성)
중앙정부(국가)	국립대학(부속학교 포함) 등	중앙정부(문부과학성) 2004년 4월부터 국립대학법인

출처: 佐藤順一(2004: 162)의 <표 4-5>.

마지막으로 일본의 교육위원회 설치 현황은 <표 10-3>과 같다.

〈표 10-3〉 교육위원회 설치 현황(2005년 5월 1일 현재)

	도도부현	시정촌 등	시	특별구	정	촌	조합·공동*	광역연합
교육위원회 수	47	2,524	740	23	1,293	332	136	-

* 전국교육사무조합, 공동설치, 일부사무조합을 포함.
출처: 教育制度硏究會(2008: 185).

이상으로 일본의 교육위원회에 대해 살펴보았다. 한·일 양국의 교육위원회는 일반행정 및 단체장과의 관계에서 크게 차이가 난다는 점뿐만 아니라, 일본의 교육위원회가 한국의 교육감 사무까지 수행한다는 점(합의제 집행기관의 역할), 교육위원회와 집행부(교육청)가 분리된 체제가 아니라는 점 등 많은 부분에서 차이가 있다.

2) 교육감(교육장)

① 한국

교육의 자주성 및 전문성과 지방교육의 특수성을 살리기 위해 교육・과학・기술・체육 그 밖의 학예에 관한 사무를 관장하는 집행기구로서 교육감 제도를 두고 있다. 따라서 교육감은 시・도의 교육・학예에 관한 사무의 집행기관이며, 시・도 교육・학예에 관한 소관 사무로 인한 소송이나 재산의 등기 관해 당해 시・도를 대표한다.

관장 사무로는 조례안의 작성 및 제출, 예산안의 편성 및 제출, 결산서의 작성 및 제출, 교육규칙의 제정, 학교와 그 외 교육기관의 설치・이전 및 폐지, 교육과정의 운영, 과학・기술 교육의 진흥, 평생교육과 그 외 교육・학예 진흥, 학교체육・보건 및 학교환경 정화, 학생 통학구역, 교육・학예의 시설・설비 및 교구, 재산의 취득・처분, 특별부과금・사용료・수수료・분담금 및 가입금, 기채・차입금 또는 예산 외의 의무 부담, 기금의 설치・운용, 소속 국가공무원 및 지방공무원의 인사관리, 그 밖에 당해 시・도의 교육・학예에 관한 사항과 위임된 사항 등이 있다.

교육감의 임기는 4년으로 계속 재임은 3기에 한하고, 주민의 보통・평등・직접・비밀선거에 의해 선출된다. 자격 요건으로는 당해 시・도 지사의 피선거권이 있는 자로서 과거 2년간 정당의 당원이 아닌 자이어야 하며, 교육 경력 또는 교육공무원으로서의 교육행정 경력이 5년 이상 있거나 양 경력을 합해 5년 이상 있는 자이어야 한다. 또한 법령 또는 조례의 범위 안에서 그 권한에 속하는 사무에 관해 교육규칙을 제정할 수 있다(남정걸, 2009: 140-142).

② 일본

앞서 살펴본 교육위원회 편에서 일본의 교육장이 언급된 바 있다. 일본의 교육위원회는 일반적으로 협의(狹義)와 광의(廣義)의 교육위원회로 나

[그림 10-2] 교육위원회의 조직과 권한

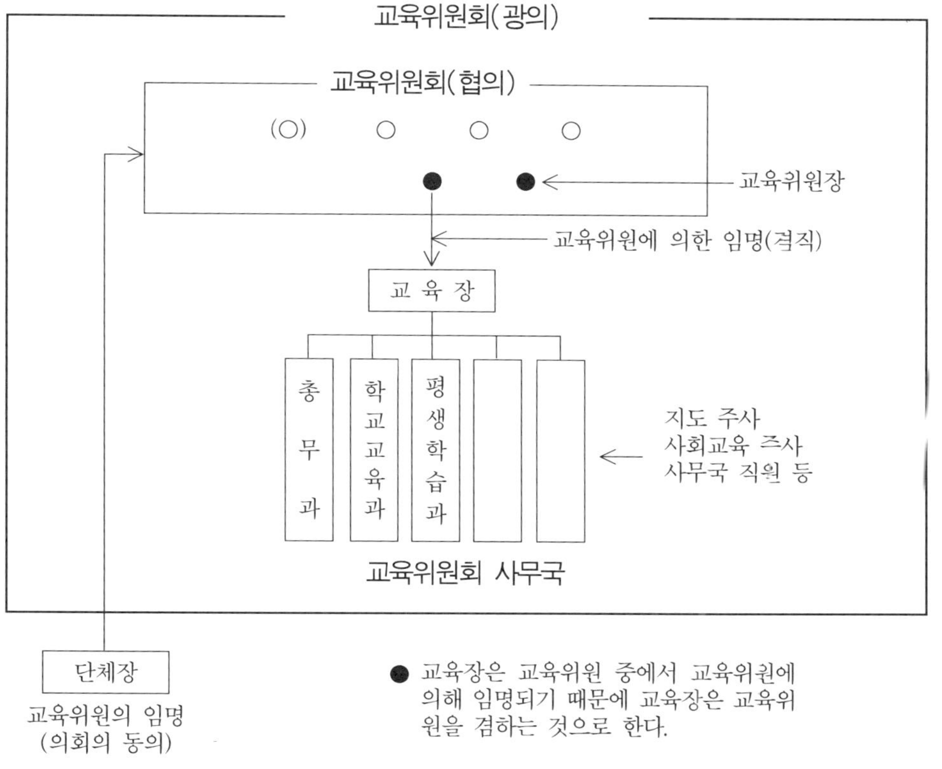

출처: 教育制度研究會(2008: 185).

된다([그림 10-2] 참조).

일본의 교육위원회 제도에 대한 설명과 그림을 보면 충분히 이해할 수 있겠지만, 교육위원회 안에 집행을 담당하는 교육장이 포함되어 있다. 물론 교육위원회를 협의로 볼 경우는 교육장과 교육위원회는 별개이다. 그러나 주요 사무가 교육위원회 소관으로 규정된 '지행교법'만 놓고 보더라도 일본의 지방교육행정은 교육위원들 간의 합의를 통해 집행이 결정되고, 교육장은 단순히 교육위원회에서 결정된 사항을 집행할 뿐이다. 따라서 교육장에 대한 설명은 교육위원회 부분으로 대치한다.

4 교육자치 재정

교육자치 조직에서 알아본 바와 같이 한국과 일본은 일반지방행정과의 분리 정도에서 큰 차이를 갖는다. 이러한 차이는 교육자치를 위한 재정 운영에서도 큰 차이를 보이게 된다. 즉, 재정 운영 주체가 지방자치단체인가 시·도 교육청인가 하는 차이에 따라 중앙정부의 법제 역시 다르게 설계되어 있다. 지금부터 간단히 양국의 지방교육 재정에 관해 살펴보자.

① 한국

지방교육을 관장하는 16개 시·도 교육청의 예산은 특별회계로 되어 있다. 우선 시·도 교육비 특별회계의 세입을 보면 국고로부터의 교부금, 보조금, 자방자치단체 일반회계로부터의 전입금, 시·도 교육청의 자체 수입으로 나누어 볼 수 있다. 이 중에서 가장 중요한 재원은 지방교육재정교부금 및 보조금으로 지방교육 재정 총액의 80% 이상을 차지한다. 지방자치단체 일반회계의 전입금은 시·도세 총액 전입금(특별시세의 10%, 광역시세·경기도세의 5%, 도세의 3.6%), 지방교육세 전입금, 담배소비세 전입금(특별시 및 광역시 45%), 기타 전입금(학교용지부담금, 도서관운영비, 기타)이 있다(<표 10-4> 참조).

한편 시·도 교육비 특별회계의 세출예산을 보면 학교교육비, 평생교육비, 급여관리비, 교육행정비, 기타 경비 등으로 구분되는데, 이 중에서 가장 큰 비중을 차지하는 것은 급여관리비와 학교교육비로서 지방교육비 총액의 약 93%를 차지한다(윤정일 외, 2009: 364-365).

㉠ 지방교육재정교부금: 이 교부금은 지방자치단체가 교육기관 및 교육행정기관을 설치 경영하는 데 필요한 재원의 전부 또는 일부를 국가가 교부하여 교육의 균형 있는 발전을 도모함을 목적으로 한다. 교부금은 보통교부금가 특별교부금 두 가지가 있다. 보통교부금은 의무교육기관의 교원봉급(봉급액 기준으로 지급되는 수당 포함)의 전액(봉급교부금)으로 교부금 총액의 96%를 차지한다. 특별교부금은 원래 기준재정수요액의 산정 방

〈표 10-4〉 지방교육 재정 확보 변천 과정

시행일	지방교육 재정 확보(1972년 이후)					
1972.1	지방교육재정교부금 · 의무교원 봉급 · 수당 · 중등교원 봉급 반액 · 보통교부금: 내국세 11.8% · 특별교부금: 내국세 1.18%(총 12.98%)					
1973.1	지방교육재정교부금 · 의무교원 봉급 · 수당 · 중등교원 봉급 반액(교부율 정지)					
1982.1 1983.1 1989.1	지방교육재정교부금 · 의무교원 봉급 · 수당 일부 · 중등교원 봉급 반액 · 수당 일부 · 보통교부금: 내국세 11.8% · 특별교부금, 별도 정함(총 11.8%) · 교육세			중등교원 봉급 · 서울 전액 · 부산 전액	담배 소비세 전입금 (30%)	
1991.1 1994.1	지방교육재정교부금 · 의무교원 봉급 · 수당 일부 · 보통: 교부액의 11분의 10 · 특별: 교부액의 11분의 1 (총 11.8%) · 증액: 별도 정함	양여금 · 교육세 (방위세 흡수)				
1996.7		양여금 · 교육세 (방위세 흡수)				시 · 도세 전입금 (2.6%)
2001.1	지방교육재정교부금 · 의무교원 봉급 · 봉급연동 수당, 교원수당 포함 · 보통: 교부액의 11분의 10 · 특별: 교부액의 11분의 1 (총 13.0%) · 증액: 별도 정함	양여금 · 교육세 (세율 확대, 연장)	지방 교육세 (분리)	중등교원 봉급 · 서울 전액 · 부산 반액 · 광역시 · 경기도 10%	담배 소비세 전입금 (45%)	시 · 도세 전입금 (3.6%)
2005.1	지방교육재정교부금 · 교부금: 내국세 19.32% · 교육세: 세입액 *양여금 <폐지> *교부금에 통합			중등교원 봉급 <폐지> *시 · 도세전입금에 통합되어 비율 인상		시 · 도세전입금 · 서울,부산 10% · 기타 광역시, 경기도 5% · 기타 도 3.6%
재정 지원 레벨	<------------<국가 지원>------------>			<------<자치단체 지원>------>		

출처: 남정걸(2009: 358)의 <표 13-2>.

법으로 포착할 수 없는 특별한 재정 수요가 있을 때, 보통교부금의 산정 기일 후에 발생한 재해로 인해 특별한 재정 수요가 있을 때, 교육행정기관 또는 교육・학예시설의 신축・복구・확장・보수 등의 사유로 특별한 재정 수요가 있을 때 교부하며, 교부금 총액의 4%를 재원으로 한다.

㉡ 국고보조금: 국가가 예산의 범위 안에서 시・도의 교육비를 보조하는 것을 말한다. 교육과학기술부가 특정 사업 수행을 조건으로 하여 일반회계에서 지방자치단체 교육비 특별회계에 보조금을 지급하는 것이다. 이것은 국가 예산의 범위 안에서 교육과학기술부 예산운영권자의 재량에 따라 교부되는 경향이 있어 안정성이 결여되어 있고 예측할 수 없으며, 지방자치단체 교육비 특별회계의 0.2%에 불과하다.

㉢ 지방자치단체의 전입금: 지방자치단체 일반회계에서 교육비 특별회계로 경비를 지원하는 것을 말한다. 전입금 내역은 다음과 같다. 첫째, 의무교육기관의 교원을 제외한 공립 중등교원 봉급에서 서울은 그 전액, 부산은 그 반액을 전입금으로 충당한다. 그러나 기타 광역시 및 도는 거의 없는 실정이다. 둘째, 서울특별시 및 5개 광역시의 경우 담배소비세액의 30%에 해당하는 금액을 전입금으로 계상하도록 되어 있다. 셋째, 기타 전입금으로 공공도서관 운영비, 자영농고 기숙사비 일부 지원 등이 있으나 그 규모는 미미하다.

㉣ 자체수입: 시・도 교육청의 자체수입으로 재산수입, 사용료(납입금) 및 수수료, 지방교육채 등이 있으며, 그 밖에 실습 수업, 기부금 및 기타 잡수입이 있다.

이 밖에 국가 예산이 정하는 증액교부금이 있다. 이것은 일시적 또는 한시적으로 지방교육 재정상 부득이한 수요가 있을 때 추가로 교부하는 것이다(이상기 외, 2007: 411-413).

② 일본

한국의 경우 교육재정에 관련된 예산 중 가장 큰 비중을 차지하는 지방교부금만 보더라도[12] '지방교부세법'과는 별도로 '지방교육재정교부금법'을

12) 2009년도 교육과학기술부 소관 총예산(일반회계와 특별회계) 중 84.3%가 지방교육재정교부금으로 편성되어 있다(교육통계연구센터 홈페이지, 2009년 교육통계연보).

1971년 이후부터 시행하고 있다. 이 법률에 의해 내국세(목적세, 종합부동산세 및 다른 법률에 의해 특별회계의 재원으로 사용되는 세목의 당해 금액을 제외)의 20.27%[13]를 별도로 할당하고 있으며, 이는 '지방교부세법'에 규정된 19.24%에 비해 높은 수준인 것도 확인할 수 있다.

반면, 일본은 일반행정과 교육행정을 완전히 분리하지 않은 점, 교육행정을 포함해 최종적인 지방행정 책임자로 지방자치단체장을 설정하고 있는 점에서도 알 수 있듯이 재정조정제도를 '지방교부세법' 하나로 통합하여 시행하고 있다.

일본의 지방교부세 총액은 한국에 비해 복잡하게 산출되며, 간략히 언급하면 다음과 같이 구성된다. 소득세 및 주세 수입액 각각의 32%, 법인세 수입액의 34%, 소비세 수입액의 29.5%, 담배세 수입액의 25%를 지방교부세 총액으로 한다(6조). 또한 각 지방자치단체는 법률상의 규정에 의해 기준재정수요액을 산정하는데(11조 및 12조), 산정 기준에 교육행정에 필요한 경비를 계상할 수 있도록 설정되어 있다.

광역자치단체의 경우 불교부단체인 도쿄도(東京都)를 제외한 각 도후현(道府縣)은 교육비를 계상하는데, 초등학교와 중학교는 교직원 수, 고등학교는 교직원 수와 학생 수, 특별지원학교비는 교직원 수와 학급 수, 기타 교육비로 인구, 고등전문학교 및 대학의 학생 수, 사립학교의 유아, 아동 및 학생 수를 그 기준으로 한다.

기초자치단체는 초등학교의 아동 수, 학급 수, 학교 수, 중학교의 학생 수, 학급 수, 학교 수, 고등학교의 교직원 수와 학생 수, 기타 교육비로 인구와 유치원 유아 수를 기준으로 한다.

그러나 상기의 교부금은 일반재원으로 산정 기준에 교육비 영역이 포함되었다 할지라도 지방자치단체가 꼭 교육비로 사용할 필요는 없다. 이와 별도로 특정 재원으로서 일본은 의무교육비 국고부담제도(의무교육비 국고부담법 및 공립양호학교정비특별보호법)를 운영하고 있다. 이 제도는 헌법에서 보장하고 있는 교육의 기회 균등과 교육 수준의 유지 향상을 도모하기 위해 제정되었으며, 광역자치단체가 부담하는 공립의무학교의 교직원

13) 2010년 개정된 '지방교육재정교부금법' 기준.

급여비 등에 대해 그 2분의 1을 국가가 부담하는 것을 그 근간으로 한다.

지방교육행정에 관한 별도의 교부금 제도를 운영하는 한국의 경우 중앙부처가 교육과학기술부이고, 앞서 본 바와 같이 이곳의 소관 예산 대부분이 지방교육재정교부금이었다. 그러나 일본은 교육행정을 담당하는 중앙부처인 문부과학성이 아닌 총무성(한국의 행정안전부와 유사)에서 일괄적으로 이전하기 때문에 의무교육비 국고부담금이 문부과학성 예산의 가장 많은 부분을 차지한다.[14)]

마지막으로 일본의 경우 지방교육행정의 재정 책임을 최종적으로 일반지방행정이 담당함으로써 교육비 지출이 저해받지는 않을까 하는 의문이 있을 수 있어 이에 대해 간단히 살펴보도록 하자. 일반적으로 일본의 정부 세출을 100으로 봤을 때 중앙은 41%, 지방은 59%를 담당하고 있다. 또한 정부 세출 총액 대비 학교교육비가 차지하는 비중이 10%이며, 이 중에서 지방이 지출하는 부분이 87%[15)]로 분석되고 있다(總務省 홈페이지). 물론 이러한 단편적 비교로 의문을 풀 수는 없을지라도 일본의 지방행정에서 교육은 매우 중요하다는 것은 짐작할 수 있다.

5 결 론

교육자치를 교육에 대한 비전문가인 지방자치학자가 언급하기에는 민감한 부분이다. 또 교육자치(또는 교육행정)에 대한 교육계의 축적된 연구에 비해 지방자치학계에 축적된 교육자치는 매우 미미함에도 불구하고 지방자치적 관점에서 교육자치를 논하는 것이 바람직한가 하는 의구심이 들기도 한다. 하지만 분명한 것은 한국과 일본의 교육자치를 둘러싼 여러 제도와 운영 주체 및 재정 현상을 비교함으로써 얻을 수 있는 성과는 충분히 있다

14) 2003년 기준으로 문부과학성 예산의 44.1%를 의무교육비 국고부담금이 차지하며, 총액으로 볼 때 2조 7,879억 엔에 달한다. 다음으로 국립학교 특별회계 전입금이 1조 5,189억 엔으로 24.0%, 과학기술진흥비가 7,852억 엔으로 12.4%를 점하고 있다(佐藤順一, 2004: 181).

15) 지방이 87%를 지출하는 학교교육비는 위생비(95%)를 제외하면 지방정부의 역할 중 가장 큰 부분을 차지한다.

고 생각된다. 이 장에서는 교육자치를 주제로 일반지방행정과 지방교육행정이 분리되어 있는 한국의 형태를 약간은 비판적으로 살펴보았다.

교육계에서 주장하듯 일반행정과 교육행정이 분리되지 않으면 발생할 수 있는 교육의 자주성과 정치적 중립성이 크게 훼손될지도 모른다. 그러나 그 반면에 일반행정과 교육행정과의 연계, 협력 체제의 결여를 교육행정의 연구자들은 동일한 문제점으로 꼽고 있다. 일반행정의 집행기관과 교육행정의 집행기관이 분리 독립되어 시·도지사의 교육행·재정 지원이 어렵게 되어 있어 시·도지사는 최소한의 교육비 특별회계로의 법정 전입금만 부담할 뿐 그 이외의 학교 부지 확보나 급식비, 교육환경 개선에 대한 예산 지원은 하기가 어렵다(남정걸, 2009: 144)고 지적한다. 일반행정으로부터 분리를 주장하면서, 일반행정으로부터 재정적 지원이 미비하다고 지적하는 것은 논리적으로 모순되는 점이 많다.

또 교육의 자주성 및 정치적 중립성 부분 역시 최근 벌어진 여러 교육감 선거의 모습을 보면 상당한 괴리감을 보이고 있다. 예를 들어, 2008년 7월 30일 치러진 서울시 교육감 선거와 2009년 4월 8일 치러진 경기도 교육감 선거는 유력 후보들이 정당의 공천만 안 받았을 뿐 사실상 여·야 정치권의 지원과 영향력을 받았음은 부인할 수 없다. 물론 비교적 진보적 색채를 띤 경기도 교육감이 당선된 후 무상급식 문제를 둘러싸고 경기도 의회와 대립했던 점은 교육계의 우려가 현실로 나타난 것일 수도 있다.16)

이러한 부분은 본론에서는 굳이 언급하지 않았지만, 지방공립학교 교원의 지방직화 거부 주장에서도 뚜렷하게 나타난다. 명백히 지방행정기관인 시·도교육청 산하의 교원임에도 불구하고, 지방직화에는 교육계가 적극적으로 반대하는 모습을 보이고 있다(한국교원단체총연합회 및 전국교직원노동조합 홈페이지). 일반지방행정 부서의 공무원이 지방자치의 실시와 더불어 지방직화된 것에 비하면 형평성이 결여됐을 뿐만 아니라, 다양한 모순점을 내포하고 있다.

---

16) 이 문제에 대해서는 다양한 의견이 있고, 첨예하게 의견이 대립되는 부분이기 때문에 구체적인 언급은 피하기로 한다. 다만 명목적인 정치적 중립성을 추구한다 하더라도 이념이나 사상, 즉 정치적 대립은 발생할 수밖에 없을 것이다. 교육행정이 분리된 형태를 견지하더라도 결국 정치적 중립성은 지켜질 수 없다는 점이 필자의 주장이다.

한국과 비교할 때 일본은 지방교육행정의 최종적인 권한과 책임을 지방정부의 단체장에게 두면서도, 교육전문가인 교육위원회의 독립적 운영권을 적절히 보장함으로써 한국보다는 일반행정과 교육행정의 연계성이 높은 점, 지방공립학교 교원이라면 지방직 공무원이라는 점은 시사하는 바가 크다.

중앙정부와의 관계에서도 '지방4단체'로 표현되듯 일반지방행정의 단체장 및 지방의회는 중앙정부와의 교섭력을 키워 왔고 지방분권의 측면에서 볼 때 일구어 낸 성과도 많다. 이에 비해 교육행정은 그 영향력이나 교섭력이 상대적으로 낮고, 지역 주민 대표성의 측면에서도 일반지방행정에 열세이기 때문에 중앙정부와 대등하게 교섭을 하는 데 상대적으로 어려움을 겪을 우려가 크다.

마지막으로 전면적인 교육자치를 실시하는 일본과 비교할 때 시・도 교육청을 중심으로 한 부분적 교육자치는 기초자치단체를 하부기관화함으로써 자치의 기본 철학인 자기결정권 및 주민접근성을 크게 저해하고 있다.

참고 문헌

남정걸(2009).「교육행정 및 교육경영」. 서울: 교육과학사.

윤정일・송기창・조동섭・김병주 공저(2009).「교육행정학원론」. 서울: 학지사.

이상기・옥장흠(2007).「교육행정 및 교육경영 신강」. 서울: 형설출판사.

최창호(2009).「지방자치학」. 서울: 삼영사.

教育制度研究會 編(2008).「要說 教育制度」. 東京: 學術図書出版社.

穗坂邦夫(2005).「教育委員會廢止論」. 東京: 弘文堂.

新藤宗幸(1997). "教育委員かは必要なのか." 岩波書店編集部 編.「教育をどうする」. 東京: 岩波書店.

有田伸(2006).「韓國の教育と社會階層: 學歷社會への實証的アプローチ」. 東京: 東京大學出版會.

佐藤順一 編(2004).「現代教育制度」, 東京: 學文社.

교육통계연구센터. 「2009년 교육통계연보」(http: //cesi.kedi.re.kr).
전국교직원노동조합. 「공교육 위협하는 "교원 지방직화" 논의를 즉각 중단하라!」 및 「지금은 "교원의 지방직화"를 논의할 때가 아니다」(http: //www.eduhope.net).
한국교원단체총연합회. 「교원신분 지방직화 철회 건의」(http: //www.kfta.or.kr).
總務省. 「地方財政の分析」(http: //www.soumu.go.jp/iken/jokyc_chousa.html).

제 4 부

시민사회와 지방정부

제11장 정책 과정과 주민 참여

이자성
(경남발전연구원 연구기획조정실 책임연구원)

1 서 론

지방자치의 두 축을 지방분권과 주민 참여라고 한다면, 분권으로서의 자치는 제도상의 자치로서 형식적인 측면을 강조하나 참여로서의 자치는 지방자치의 실제 내용으로서 자치의 핵심이 된다고 하겠다. 지방자치가 성숙하기 위해서는 지방분권과 같은 제도적 시스템 구비와 더불어 주민 참여를 어떻게 활성화시켜 토착화하느냐가 중요한 관건이 된다. 특히 우리나라는 주민 참여의 제도화는 이루어졌으나 이를 실현하기 위한 참여환경 여건이 미흡하다는 지적이 있는 가운데(오수길, 2007: 11-12; 김재영, 2008: 121), 주민 참여를 위한 여건 마련의 필요성이 강조되고 있다. 주민 참여는 민주성과 대응성 확보 등 지방자치의 성숙도를 잴 수 있는 매우 중요한 척도로서, 특히 참여정부 이후 지방분권 추진과 지방자치의 제도적 성숙을 도모하는 정책 기조와 맞물려 다양한 형태로 지방정부에서 이루어지고 있다.

한편, 1960년대 이후부터 꾸준히 주민 참여가 이루어지고 있는 일본에서도 2000년대 지방 행정개혁 및 지방분권을 통해 중앙과 지방 간 권력구조 개편과 더불어 행정과 주민 간 관계를 수정하고 새로운 행정 시스템의 구축 필요성을 역설하면서 지방정부의 추진 주체로서 '주민'이 새롭게 대두되고 있다. 특히 지역 활성화의 주체로서 주민이 다양한 정책 과정에 참여함으로써 수동적인 입장이 아니라 능동적인 입장에서 정책 결과에 대한 자기 결정과 책임을 강조했다.

이에 이 장에서는 우리나라 주민자치 강화를 위해 일본 사례 분석을 통해 정책 과정에 영향을 미치는 주민 참여 방식과 사례를 고찰하고, 시사점을 제시하고자 한다. 구체적으로 일본 지방정부의 정책 과정에서 주민 참여 현황 및 주민참여 예산제도를 검토하고, 우리나라 주민참여 예산제도와 비교를 통해 지방정부의 정책 과정에 한·일 간 주민 참여 운영 방식의 차이를 이해하는 단초를 제공하고자 한다.

2 일본 지방정부의 행정개혁과 주민 참여

1) 일본 행정개혁과 지방정부의 변화

급격한 사회환경 및 국제 정세의 변화에 따라 세계 각국은 공공 부문의 효율성 제고와 행정의 기능 재조정을 통한 행정개혁을 주창했고, 이러한 동향은 일본의 행정개혁에도 영향을 미쳤다. 일본 정부는 1990년 이후 급격한 저출산 및 고령화 문제, 실업 등 일본이 당면한 사회·경제적 문제를 해결하고 행정에 대한 국민 신뢰를 확보하기 위한 노력으로 행정개혁을 추진했다.

일본의 행정개혁은 1987년 제2차 임시행정개혁추진심의회 설치를 시작으로 꾸준히 진행되었으며, 사무 권한 및 지방세 재원 확보, 분권 개혁 등을 강조하던 1980년대와 달리 1990년대 후반의 행정개혁은 행정권에 대한 정치 기능 및 내각 기능의 강화를 강조했다.[1] 일본 정부는 행정부의 정치 기능 강화를 위해 '행정과 시민' 간 관계 설정에 많은 고심을 했으며, 행정

1) 1990년대 이후 일본의 행정개혁은 세 가지 관점에서 이루어졌는데, 첫째는 간소하고 효율적인 행정, 둘째는 국민의 주체성을 존중하는 행정 실현, 셋째는 국민에게 열린 신뢰할 수 있는 행정 실현, 넷째는 국민에게 질 높은 행정 서비스 제공 등을 들고 있다.

권한의 비대화를 방지하기 위한 '통치 제도의 슬림화 · 효율화'에 주목해 민주적 통제 제도를 검토했다. 즉 시민사회의 강화를 통해 관료제 통제를 실현하고자 했으며, 이를 위한 주요한 제도로서 정보공개제도를 강조했다(中野晃一, 2002: 143).

특히 지방정부는 저출산 · 고령화 문제를 비롯한 지방 재정의 궁핍이 가장 큰 문제로 지적되면서 효율적이고 민주적인 지방행정 운영 여부에 관심이 집중되었다. 2004년 12월 24일 각의에서 결정된 '향후 행정개혁의 방침'이 전달되고, 이에 따라서 지방정부에서도 행정개혁이 추진되었으며, '지방공공단체의 행정개혁 추진을 위한 신지침'(2005. 3. 29) 및 실행계획인 '집중개혁계획(集中改革プラン)'(2005. 3)이 추진되었다. 지방행정개혁에서는 행정조직 운영 전반에 걸쳐 '계획 책정(Plan) – 실시(Do) – 검증(Check) – 검토(Action)'에 따라 행정개혁을 점검하고 추진할 것을 강조했으며, 이러한 모든 과정이 정부의 설명 책임(accountability)을 통해 주민에게 반영될 수 있는 구조를 정비했다(總務省, 2005).

지방 행정개혁에는 지역문제 해결 및 지역 수요에 대응하여 주민 및 시민단체 등 다양한 주체가 공공 서비스를 제공할 수 있는 추진 체계 정비, 참여활동 주체에 대한 지원이나 활동 장소 제공, 시민단체와의 조정 역할을 수행하는 중간 지원단체의 설치, 마을만들기협의회나 지역자치구 활용 등 활동 주체와의 적극적인 연계 · 협력 등을 제시했다(總務省, 2005: 6). 한편, 지방공공단체는 자기결정권의 확대에 따라 주민에게 설명 책임을 수행하고 의회나 주민의 감시하에 공정성 확보와 투명성 향상을 강조했으며, 이를 위해 정보공개 조례나 행정절차 조례의 제정, 퍼블릭 코멘트 절차 제도[2]의 활용, 외부감사 제도의 유효한 활용, 의회 및 감사위원 등의 감시 기능 강화 등(總務省, 2005: 10) 정책 과정에서 주민 참여와 통제가 가능하도

2) 퍼블릭 코멘트 절차제도란, 국민이나 주민이 정책이나 제도에 참여하기 위해 국가나 지방자치단체가 정책 및 제도를 입안할 때 그 취지, 내용 등 중요 사항을 공표하여 국민이나 주민으로부터 의견이나 정보를 제출할 기회를 제공하고 제출된 의견을 검토하여 최종적으로 의사결정을 할 때 국민이나 주민의 의견을 반영하는 제도이다. 이러한 제도는 국민이나 주민의 다양한 의견, 정보, 전문지식을 행정기관이 파악함과 동시에 의사결정 과정에 시민참가 기회를 확대하고 공정성 확보와 투명성 향상을 꾀해 시민과의 협동을 목적으로 한다.

록 다양한 형태의 제도화를 추진했다.

2) 지방분권 추진과 주민 참여의 요소: 정보공개와 설명 책임

일본은 행정개혁 추진 등을 통해 중앙집권적 시스템을 타파하고, 지방분권 확립, 시민의 정치 참여 촉진, 고령자 문제, 양성 평등 등을 중심으로 그 해법을 찾아왔다. 이러한 개혁 결과, 지방정부, 주민, 기업이 참가하는 시스템이 상호 의존하면서 다른 한편으로는 대등한 파트너로서 정책 구축을 강조했다.

지방정부, 주민, 기업 등 주체 간 참여와 협조의 강조는 지방분권추진위원회의 중간보고[3]와 제1차 권고에서 지역 주민의 자기결정권 확충과 주민 참획 확대를 통한 민주주의 활성화를 강조했으며, 제2차 권고(1997.7)에서는 "정책형성 과정에 다양한 주민 참여를 촉진하고, 행정과 주민이 연대·협력하며, 주민의 기대와 비판을 성실히 반영하는 것이 중요하다"라고 언급했고 구체적인 시책으로 주민 의사 파악 및 반영, 민간단체와 연대 및 협력, 직접 청구 제도 수정 및 주민투표 제도를 제시했다. 한편, 제26차 지방제도조사회(2000. 10)도 '지방분권 시대 주민자치제도의 방식 및 지방세·재원의 충실한 확보에 대한 답신'에서 자기 결정·자기 책임의 원칙을 전제로 지방분권 시대 주민자치 제도의 형태로서 주민투표 제도, 직접 청구 제도 등을 검토하면서 새로운 주민자치인 퍼블릭 코멘트의 활용, 행정평가, 심의회 개혁 등 지방분권을 추진할 때 지방 주체 간 역할 분담의 명확화와 주민 참여의 제도화를 강조했다(田村悅一, 2006: 19-20).

이러한 주민 참여의 제도화 근간에는 '행정과 주민 간 관계 재정립'을 위해 주민의 알 권리 보장이 중요하다고 보았고, 이를 위해 정보 공개가 필수적이라고 강조했다. 특히 지방정부에서는 지방분권을 통해 자기 결정 및 자기 책임을 강조하는 가운데, 정책 과정 중 발생하는 행정정보를 주민에게 공개하여 주민의 정책 판단과 참여 유도를 강조했다. 한편 정부는 주민에게 정책 과정에서 발생하는 정보를 공표하여 설명하고, 주민 의향에 따

---

3) 지방분권의 기본 전제는 국가와 지방 간 역할 분담의 적정화, 지방행정의 종합적 추진, 지방공공단체의 적합한 시책 추진과 시스템 형성, 자립적인 재정 운영 시스템 형성, 국가 결정에 대한 지방의 참획 확보 등을 제시하고 있다(地方分權改革推進委員會, 2007).

른 행정활동을 수행할 의무가 있다는 '응답할 책임'으로서 설명 책임을 강조했다(森田朗, 1998: 5).

설명 책임은 일본 사회에 잘 알려진 개념이 아니었으나, 정보공개 제도 도입을 논의하는 과정에서 정보공개법의 목적으로서 국민의 '알 권리'와 '설명 책임' 간 실익을 비교하는 가운데 소개되었으며, 많은 논란을 남긴 채로 설명 책임이 정보공개법의 목적으로 명시되었다.[4] 설명 책임은 국정을 신탁한 국민에게 정부가 그 활동 상황을 구체적으로 밝히고, 설명할 책무를 완수함으로써 국민에 의한 행정 감시 및 참가를 촉진할 수 있는바, 이를 기초로 일반적인 공개청구권제도를 확립할 수 있다고 보았다(이자성, 2002: 69-75).

따라서 지방정부의 행정개혁 추진시 정보 공개와 설명 책임 확보는 정책 과정에 주민 참여를 촉진시키는 중요 요소로서 일본 정부의 중요 시책으로 강조되었으며(總務省, 2005: 3), 이러한 개념을 지방분권 추진과 더불어 지방자치 강화의 핵심 사항으로 제시하고 있다.

3 일본 지방정부의 주민 참여 개요와 현황

1) 주민운동 및 주민 참여의 대두와 전개 과정

일본 주민운동은 경제 고도 성장이 시작된 1960년대부터 공업화나 지역개발로 인한 공해 및 환경 파괴가 시민생활에 직접적인 영향을 미치기 시작하면서 발생했다. 초기 주민운동은 대기오염, 수질오염, 악취, 소음, 분진 등 공해와 산림 개발, 임해지역의 매립 등 자연환경 파괴, 재해 위험, 실업과 같은 지역 개발에 의한 환경 파괴로부터 주민의 일상생활을 보호하기 위해 시작되었다.

주민의 공해 반대운동은 국가, 기업, 자치단체의 정책 변경을 요구하는 저항·고발형으로 시작했으나 저항운동의 추진 과정에서 자연스럽게 지역

4) 일본 정보공개법의 목적 규정에 대해서는 이자성(2002), "일본 정보공개 제도의 동향에 관한 고찰," 「한국지역정보화학회지」 5(1)을 참고할 것.

자치, 주민자치의 권리 의식이 높아지고, 운동 목표나 조직 구성도 다양해졌다. 즉 생활 기반 방어형에서 생활 기반 확충형으로 운동 성격이 전환되었다. 구체적으로 공해, 자연 보호, 건축물, 교통문제, 구획정리·도시계획 반대 등의 쟁점에서 마을만들기, 복지시책, 교육보건 시책, 기지·평화문제, 의료위생, 소비자 문제, 생활환경 개선, 정보 공개 등으로 지역생활 전반에 걸친 정책참여 관점이 부가되었다(磯村英一·星野光男, 1994: 104-108).

이러한 변화는 경제 고도 성장의 부정적 측면이 명확히 드러나기 시작한 1960년대 말에 주민의 일상생활을 위협하는 주요 현안 문제로 인식되었으나 국가, 자치단체, 기업에 문제 해결을 기대할 수 없는 과정에서 주민이 직접적으로 정책을 제기하고 지역 개발과 관련된 의사결정에 참여할 수 있는 길을 모색하는 과정에서 구체화되었다. 이러한 과정에서 주민은 주민 수요 반영의 극대화를 위해 정보 공개의 필요성과 자치단체장 역할의 중요성을 인식하여 주민 의견을 반영할 수 있는 단체장 선출을 적극 활용함으로써 '혁신자치단체'[5]가 탄생했다. 혁신자치단체는 1970년 이후에 급속히 퇴조했지만 '생활'의 관점을 정치의 중요 쟁점으로 부상시키고 지방정치에 다양한 시민 참가 제도를 도입함으로써 중앙정치의 방향 전환에 중대한 영향을 미쳤다(한영혜, 2004: 93).

1970년대 주민운동이 주로 지역의 생활환경 침해에 대한 저항 및 요구운동이었던 데 반해, 1980년대 이후의 주민운동은 생활상의 문제 외에 환경운동, 정보공개운동, 분권·자치운동, 반차별 인권운동 등과 같은 보편적 가치 혹은 사회적 정의와 관련된 다양한 쟁점들로 그 영역이 확장되었다. 한편 1990년대부터는 이러한 개별적인 주민들이 모여 추진하는 운동의 성격보다는 시민단체 및 자원봉사 활동을 통한 집단적 참여가 두드러졌다. 중앙 및 지방정부는 집단으로서 주민 참여를 장려하는 관점에서 조직 체계 및 지원 등을 통한 주민 참여의 제도화를 모색했다. 특히 한신대지진(阪神

5) 혁신자치단체란 1960년대부터 1970년대 초반에 걸쳐 일본의 요코하마, 교토, 오사카, 기타큐슈 등 대도시를 중심으로 야당(당시 사회당, 공산당, 민사련 등) 후보가 정치, 경제, 사회 체제 현상의 개혁을 주장했다. 이러한 야당 후보가 단체장에 당선된 자치단체를 보수적 자민당 후보가 당선된 자치단체와 구분하여 혁신자치단체라고 불렀다. 혁신자치단체는 개발 정책보다는 복지 우선 정책을 실시했고, 자치단체의 정치·행정에 주민 참여를 적극 도입했다는 공통적인 특징이 있다(김정구, 2006: 174).

大震災)을 통해 자원봉사 활동에 대한 관심과 제도적 기반 정비의 필요성이 대두되어 의원 입법으로 '특정비영리활동촉진법'(1998. 3)이 제정되는 등(정미애, 2006: 150-151), 주민 참여에 대한 사회적 관심과 정부 지원이 제도화되었다. 한편 2000년대 주민 참여는 '로컬 거버넌스와 지역 경영'으로 설명되고 있다. 2000년 4월 지방분권일괄법이 시행되고 지방분권이 실행 단계에 접어들면서 지역 특성과 주민 수요에 대응한 '마을만들기(まちづくり)'의 관심이 고조되었으며, 전국 각지에서 자치 기본 조례나 시민 참가 조례의 제정을 위한 움직임이 활성화되어 민관 협력(PPP: Public Private Partnership)이 공공 서비스 제공에 활용되는 등(민현정, 2008: 265-266) 2000년대 이후 일본 지방정부는 정책 과정에 주민 참가를 제도화하는 정책적 동향이 강하게 나타나고 있다.

2) 지방정부의 정책 과정과 주민 참여 현황

(1) 지방정부의 정책 과정과 주민 참여제도

정책 과정이란 정책이 산출되고 실행되는 데 거쳐야 할 일정한 단계적 절차이다. 정책 과정은 경영학에서 알려진 관리 절차인 plan(계획), do(집행), see(통제)의 3단계에 해당하는 정책결정, 정책집행, 정책평가의 3단계로 구분하기도 하고, 정책형성, 정책결정, 정책집행, 정책평가 등 4단계로 구분하기도 한다. 3단계의 경우, 정책결정에 정책형성 기능이 포함되어 정책문제 인지, 정책 어젠다 설정, 정책안 도출 및 채택 등이고, 정책집행 후 실시한 정책평가를 통해 정책을 계속할 것인지 또는 정책을 변경할 것인지를 판단하여 다시 정책결정 및 집행으로 환류시켜 종국적으로 정책이 종결된다(宮川公男, 1995: 172-173). 그러나 일반적으로 정책 과정은 정책형성 단계 또는 의제 설정 단계로서 정부가 정책적 해결을 위해 사회문제를 정부의제로 채택하는 과정, 정책결정 단계로서 정책 목표를 설정하고 이 목표를 달성할 여러 가지 정책 수단을 모색·고안·검토하여 하나의 정책대안을 채택하는 과정, 정책집행 단계로서 정책 내용을 현실 세계에 구체적으로 실현하는 활동, 정책평가 단계로서 정책 목표와 정책 수단 간 인과 관계에 관한 가설을 검증하는 활동 등으로 구분한다(이종수·윤영진, 2008: 236).

〈표 11-1〉 일본 정책 과정별 주민 참가 형태

	정책형성	정책결정	정책집행	정책평가
제도적	설명회, 공청회, 심의회, 협의회, 퍼블릭 코멘트, 위원회제도, 시민정책제안제도, 주민참여 예산제도	주민투표, 시민입법	자문회의	정보공개, 행정평가, 외부평가위원 주민소송, 주민감사청구, 옴부즈만
비제도적	설문조사, 시민모니터, 아이디어 모집, 심포지엄, 포럼, 주민 의견 청취, 워크숍	-	마을만들기, 지역축제 기획·운영	-

지방정부는 지역사회의 종합적인 행정을 추진하는 과정에서 지역 주민에 밀착적인 정책을 수행할 것이 요구되어 공공 서비스 제공시 즉 사회적 가치를 배분할 때 지역사회의 통치단체로서 복잡한 이해관계를 조정하고 통합하는 정치적 기능을 하며(안용식, 2001: 51) 각 단계마다 정책 참여자의 참여를 통해 정책의 정당성을 확보한다.

일본 지방정부의 정책 과정에서 이루어지는 주민 참여제도를 검토하면 정책형성 과정에는 각종 위원회 제도, 시민정책 제안제도, 설명회, 공청회, 협의회, 주민참여 예산제도 등이 있고, 정책결정 과정에서는 주민투표, 시민입법 등이 있으며, 정책집행 과정에는 마을만들기(まちづくり), 지역축제(地域まつり) 등에 주민이 위원회를 조직하여 기획·운영함으로써 직접적인 정책집행을 수행한다. 정책평가 과정에는 정책집행이 완료된 사항에 대한 정보공개 청구, 행정사업에 대한 행정평가, 주민소송, 주민감사 청구, 옴부즈만 제도 등이 있다.

(2) 지방정부의 주민 참여제도 현황

일본 지방정부에서 주민 참여를 제도화한 사례로는 '정보공개 조례'와 '시민 참가 조례'가 대표적이며, 정보공개 조례의 경우, 야마가타현(山形縣)의 가네야마정(金山町)의 '정보공개 조례'(1980), 시민 참가 조례는 오사카부(大阪府) 미노우시(箕面市)의 '시민참가 조례'(1997) 제정을 계기로 기초자치단체에서 지속적으로 주민 참여 관련 조례가 증가하고 있다. 지방정부의

〈표 11-2〉 지방정부의 정보공개 조례 제정률(2009년 기준)

연도	도도부현		시구정촌								합계
	조례 수/단체 수	제정률	조례 수/단체 수	제정률	조례 수/단체 수	제정률	조례 수/단체 수	제정률	조례 수/단체 수	제정률	
			시		구		정		촌		
2009	47/47	100%	783/783	100%	23/23	100%	798/802	99.5%	191/192	99.5%	99.7%
2008	47/47	100%	783/783	100%	23/23	100%	806/812	99.3%	190/193	98.4%	99.5%

자료: http://www.soumu.go.jp/menu_news/s-news/16773.html. 검색일: 2009. 8. 25.

정보공개 조례는 도도부현의 경우 제정률이 100%이며, 시구정촌의 경우 제정률이 99.7%에 이르고 있어 대부분의 지방정부에서 정보공개 조례를 제정 및 실시하고 있다.

주민 참가 관련 조례 내용을 검토하면 시민 참가 조례, 정보공개 조례, 자치 기본 조례, 마을만들기 기본 조례, 시민 참가, 협동 및 커뮤니티 활동 추진 조례, 퍼블릭 코멘트 조례 등이 있으며, 구체적으로 주민 등의 참여 방법 및 절차, 내용 등 참여 방식 규정이 많은 것으로 나타났다.

일본 지방정부에서 진행 중인 주민 참여 유형으로는 퍼블릭 크멘트, 시민공모위원 제도, 심의회, 간담회, 워크숍, 공청회, 시민의 사업평가 등의 방

〈표 11-3〉 일본 지방정부의 시민 참가 관련 조례 구성 현황

조례명	구성 내용
시민 참가 조례	시민 참가 방식, 내용, 절차 등 규정
정보공개 조례	정보공개 목적, 절차, 이의 제기 등 규정
자치 기본 조례	시민 참가, 주민투표, 위원회, 정보 공유, 시민, 행정, 의회의 역할 등 규정
마을만들기 기본 조례	종합계획, 시민 의견 제출, 심의회, 주민투표, 마을만들기위원회, 정보공개 및 제공 등 규정
시민 참가, 협동 및 커뮤니티 활동 추진에 관한 조례	시민정책 제안절차, 퍼블릭 코멘트, 워크숍, 공청회, 의견교환회, 심의회, 진행관리 등 규정
퍼블릭 코멘트 조례 (제안제도)	공표 시기 및 절차, 공표 방법, 주지 방법, 의견 및 정보 제출 등 규정

자료: http://joreimaster.leh.kagoshima-u.ac.jp/ 검색일: 2009. 8. 10.

〈표 11-4〉 일본의 주민 참여 유형 현황(2005년)

구분	도도부현	%	시정촌	%
퍼블릭 코멘트	9	34.6	34	26.6
시민공모위원 제도	9	34.6	96	75.0
심의회	11	42.3	30	23.4
간담회	12	46.2	60	46.9
워크숍	6	23.1	61	47.7
공청회	3	11.5	17	13.3
시민의 사업평가	0	0.0	11	8.6
기타	6	23.1	43	33.6

자료: 민현정(2008:. 273) 재인용.

식이 있다. 도도부현에서 가장 많이 활용되는 주민 참가 유형으로는 간담회(46.2%), 심의회(42.3%)가 있으며, 시정촌에서는 워크숍(47.7%), 간담회(46.9%) 등아 많은 것으로 조사되어 정책 과정 중 정책형성에 주로 치중하는 것으로 나타났다.

4 지방정부의 정책 과정과 주민참여 예산제도

1) 정책 과정의 주민 참여 유형

주민 참여제도는 다양한 유형이 제시되고 있으며, 일반적으로 제도적 영역[6]과 비제도적 영역,[7] 주체의 참여 형태에 따라 개인·조직 또는 온라인·오프라인 등으로 구분하기도 한다. 오수길(2008)은 참여 형태에 따라 다섯 가지 유형으로 구분했다. 첫째, IT를 활용한 민원행정과 온라인 참여로서 자치단체 홈페이지, 게시판, 제안 공모, 의견 수렴, 여론조사, 포럼 운

6) 제도적 참여로는 선거, 반상회, 공청회, 청원, 주민감사청구, 위원회, 조례 개정 및 개폐 청구 등이 있다.

7) 비제도적 참여로는 단체장 면담, 지방의원을 통한 청원, 담당공무원 면담, 집단민원, 주민단체 구성 및 활동, 집회 및 시위, 시민단체를 통한 참여 등이 있다.

영, 토론방 등이 있다. 둘째, 공식적 주민조직의 활용이다. 공식적 주민조직은 주민 스스로 공동의 관심사를 찾아 협력하는 제도로서 주민 의견 수렴을 통해 실천하는 것을 목적으로 한다. 반상회, 주민자치센터 등이 있다. 셋째, 정부와 민간이 공동으로 추진하는 민관협력기구가 있다. 사례에는 지방의제21추진기구, 자원봉사센터 등이 있다. 넷째 민간이 자율적으로 조직한 민간단체에 의한 참여에는 주민자치운동, 지역복지운동, 민간단체 지원 등이 있다. 다섯째, 직접참여 제도로는 조례 제정 및 개폐 청구, 주민 발의, 주민투표, 주민감사 청구, 주민소송, 주민소환, 주민참여 예산제도 등이 있다(오수길, 2008: 7-9).

한편 한국지방행정연구원(2006)은 정책 참여 단계에 따라 정보 제공, 협의, 능동적 참여로 구분하여 참여 유형을 현재 우리나라 16개 자치단체가 실시하는 제도에 따라 구분했다. 의제 설정 단계에서는 사이버 시민 의견수렴 창구 등 주로 온라인을 통해 주민 참여가 이루어지는 제도가 마련되어 있다. 정책형성 과정에는 인터넷을 통한 정보 제공이 주로 이루어지고 협의 방식은 자문위원회, 정책협의회, 연구회, 정책토론회, 세미나, 사이버 전문가 커뮤니티 등을 통해 이루어지며 온라인보다는 오프라인에서 많이 활용된다. 정책집행 단계에서는 행정정보 공개제도를 통해 이루어지며 협의 방식보다는 능동적 참여의 형태로 민·관 협력 방식을 통한 정책집행, 민간 자원봉사자 및 명예 감시자의 자발적인 참여를 통해 이루어지고 있다. 정책평가 단계에서는 고객 참여 서비스평가, 정책 모니터링, 서비스 만족도 조사, 옴부즈만 제도가 주로 활용된다(한국지방행정연구원, 2006: 49-54). <표 11-5>에서 나타난 주민 참여 유형 중 주민참여 예산제도는 정책 과정상 의제설정 단계에 포함되며 행정과 주민 간 협의를 통한 주민 참여라고 보았다.

2) 예산 과정과 주민참여 예산제도

(1) 예산 과정과 주민 참여

예산 과정에의 주민 참여는 정부와 주민 간 영향력과 능동성에 따라 정부 주도형, 민·관 협의형, 주민권력형으로 구분한다(나중식, 2005: 136-137).

〈표 11-5〉 지방정부의 정책 과정별 주민 참여 유형

참여 유형 / 정책 단계	정보 제공		협의	능동적 참여
	정부→주민	주민→정부		
의제설정		▪인터넷 민원실 ▪게시판	▪주민참여예산제도 ▪정책설문조사 ▪사이버정책토론방 ▪여론조사	▪주민감사청구제 ▪주민제안제도 ▪인터넷주민참여 ▪명예기자제 ▪주민아이디어모집
정책형성	▪주민설명회 ▪주민참관확대간부회의 ▪결재문서공개방	▪정책토론방 ▪사이버토론광장	▪정책자문단(위원회) ▪온라인정책토론 ▪각종 위원회 ▪설명회	▪공청회 ▪인터넷공청회 ▪심의위원회 ▪주민투표제도
정책집행	▪행정정보공개 ▪인터넷법률상담실 ▪시정운영상황공개 ▪메일링문자서비스	▪부조리신고제 ▪인터넷 의견 수렴 ▪신문고제 ▪모니터제 ▪직소민원창구 ▪이동민원실	▪모니터제 ▪1일명예공무원제 ▪정책자문위원회 ▪운영위원회	▪민간자원봉사자 ▪명예감시원제
정책평가	▪평가 결과 공개 ▪감사 결과 공개	▪행정서비스 시민만족도조사 ▪민원행정 개선설문조사 ▪전화친절도 평가	▪정책모니터링제도 ▪사이버 모니터	▪정책평가단 ▪시민감사관제 ▪행정서비스품질평가제 ▪옴부즈만 ▪시민고충처리관제

자료: 한국지방행정연구원(2006: 55).

정부 주도형의 경우, 정부가 주도권을 갖는 것으로 주민 참여는 제도적 절차에 반응하는 형식적인 것으로 참여 결과에 유의미한 영향력을 갖지 못한다. 즉 참여 결과는 정부의 반응 내용에 따라 결정되며, 참여 기제는 예산민원실, 고충처리 제도, 정보공개 제도 등이다.

민·관 협의형의 경우, 정부와 주민 간 쌍방적인 의사 전달이 이루어지지만 의사 전달 방식은 정부가 일방적으로 결정한다. 결정 정도에 따라 적극적 협의형과 소극적 협의형으로 구분한다. 정부와 주민 간 대등한 상호작용이 이루어지는 참여 유형으로 공청회, 간담회, 예산자문위원회, 공사협동 등이 있다.

〈표 11-6〉 예산 참여 유형과 주민참여 예산제도

구분	정부 주도형	민·관 협의형		주민권력형
		소극형	적극형	
예산결정 권한	관료	협의에 의한 관료 의사 결정		주민
의사전달 유형	하향적(정보제공형)	쌍방향(협의형)		쌍방향(적극형)
참여 기제	정보 공개	민원방, 설명회, 협의회, 공청회		시민예산위원회
참여 정도	형식적 참여(정보제공·상담·회유)	주민 권력 초기 단계(협동)		주민권력 단계(권한위임·주민통제)
참여 범위	형식적 참여예산제도(정책형성)	주민참여 예산제도 (정책형성-정책결정-정책집행-정책평가)		

자료: 나중식(2005: 137) 수정.

주민권력형의 경우, 주민이 적극적으로 예산결정 과정에 참여하며 참여 방식과 내용도 시민이 결정하는 형태이다. 주민이 상당한 주도권을 소유하는 참여 제도로서 주민총회, 심의위원회(시민예산위원회), 지역 권력 이양, 직접민주제 등이 있다.

예산 과정에서 주민 참여는 광의와 협의의 개념 구분에 따라 참여 범위가 달라진다. 광의의 경우에는 예산 전 과정에 주민 참여를 의미하지만, 협의의 경우에는 편성 단계에 한정한 주민 참여를 의미한다(곽채기, 2005: 16). 예산 과정의 주민 참여는 예산편성 및 예산요구서 작성 단계의 참여가 일반적이며, 사안에 따라 예산안 확정시 주민대표가 참여하기도 한다. 그 후 지방의회에서 예산안을 심의·가결한다. 예산 집행 후, 결산 및 회계검사 등 사후적인 단계에서 예산감시의 형태로 주민 참여가 이루어진다.

(2) 주민참여 예산제도의 정의 및 이념

주민참여 예산제도란 지방자치단체가 독점적으로 행사해 온 예산편성권을 지역사회와 지역 주민에게 분권화 또는 권한을 이양함으로써 예산편성 과정에 해당 지역 주민이 직접 참여하여 자신들의 선호와 우선순위에 따라 예산을 스스로 결정할 수 있는 기회를 제공함으로써 참여와 자기 결정이라는 지방자치의 이념을 구현하는 제도이다(서울시립대학교, 2007: 65). 즉, 주민참여 예산제도는 지방자치단체가 예산 과정을 공개하고 주민 참여를

[그림 11-1] 예산 과정과 주민 참여 대상

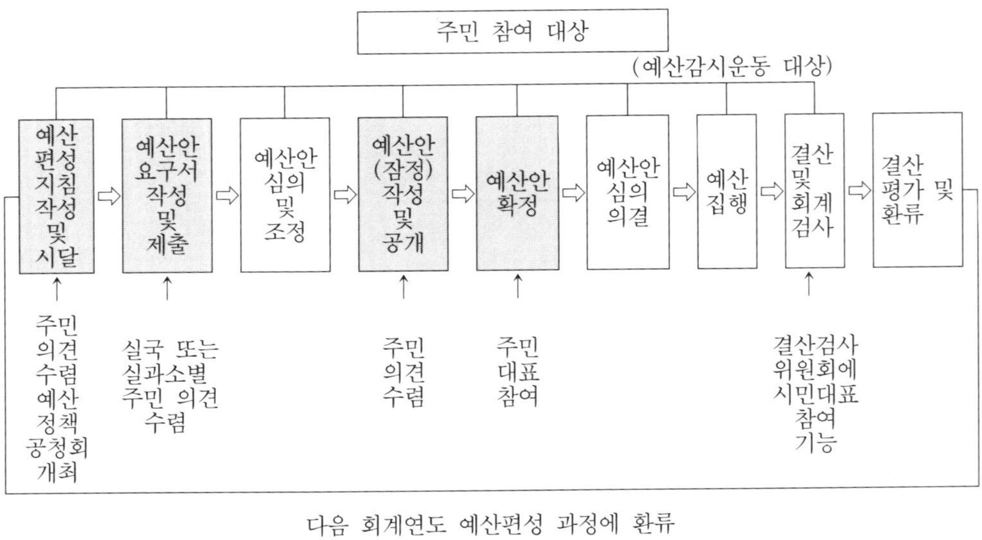

자료: 곽채기(2005: 17).

제도화함에 따라 예산 증액과 감액에 대한 지역 실정 및 주민 수요를 지방자치단체와 협의에 의해 반영시키는 예산 관련 직접 주민참여 제도이다.

주민참여 예산제도는 예산 과정에 대한 주민 참여를 통해 지방정부의 대응성과 책임성 확보 및 예산집행에 대한 주민 통제 제도로서 논의되고 있다. 주민참여 예산제도는 예산의 투명한 공개, 주민 참여를 통한 예산의 우선순위 결정, 지방자치단체와 주민대표의 협의를 통해 실현 가능한 예산안 편성, 지방의회 심의 · 의결 등의 단계와 절차를 거치면서 지역 주민이 지방자치단체의 예산편성 과정에 직접 참여함으로써 정부의 대응성과 책임성을 확보하려는 제도이다(곽채기, 2005). 주민참여 예산제도는 다음 연도 일반회계 본예산 편성안에 대한 주민 의견을 표출하고 주민 참여를 조직화하는 제도적 장치, 수렴된 의견을 조정 및 심의하여 예산안에 반영하는 제도적 장치, 주민 참여를 활성화하기 위한 정보 제공 및 지원 활동, 주민 의견 수렴, 반영 결과 평가 및 환류 활동 등으로 구성되는 지방정부 재정정책 전반에 걸친 주민 참여 사례라고 할 수 있다.

이러한 주민참여 예산제도는 재정민주주의 실현, 로컬 거버넌스 구현, 관료 실패 및 지방의회 예산 심의 활동 보완 등을 이념으로 한다.

첫째, 재정민주주의 실현이다. 재정민주주의는 재정주권이 납세자인 국민에게 있으므로 국민이 예산 과정에 참여하고 예산 운영을 감시하며 잘못된 부분의 시정을 요구할 수 있는 능동적 주체임을 의미한다.

둘째, 로컬 거버넌스의 구현이다. 주민참여 예산제도는 예산 과정에 주민이 참여하여 지방정부와 함께 결정하는 것으로 행정환경 및 예산 과정의 복잡성과 불확실성에 대응한 거버넌스의 한 형태라고 할 수 있다(오수길, 2007: 155).

셋째, 관료 실패 및 지방의회 예산 심의 활동 보완 등이다. 주민참여 예산제도는 관료 및 행정부 중심의 폐쇄적 예산편성 방식으로 발생하는 정부실패 보완 및 지방의회의 한정된 예산 심의 및 의결 활동의 한계를 극복하기 위해 예산 과정의 투명성 증대를 통해 주민 참여를 극대화하여 관료 실패 및 지방의회 예산 활동을 보완한다.

주민참여 예산제도의 도입은 1989년 브라질의 포르투 알레그레시가 운영한 '주민참여 예산제도'의 국내 소개와 더불어 2002년 6·13 지방선거시, 민주노동당 선거공약에서 제시되면서 처음으로 공론화되었다. 한편 중앙정부는 '지방분권 추진 로드맵'과 '재·세정개혁 로드맵'을 작성하는 가운데 2004년 지방자치단체 예산편성지침을 통해 주민 참여형 예산편성 제도의 정착을 강조했으며, 2005년 6월에 지방재정법 개정을 통해 주민참여 예산편성 제도 도입을 위한 법적 근거를 마련했다(이자성, 2008: 12-13). 이에 따

〈표 11-7〉 지방정부별 주민 참여 예산 조례의 제정 현황(2008)

	서울	경기	인천	부산	울산	대전	대구	광주	충남	충북	전남	전북	경남	경북	제주	강원
개	0	13	1	3	2	3	4	5	4	7	20	4	7	6	1	6
%	0	15.1	1.1	3.5	2.3	3.5	4.7	5.8	4.7	8.1	23.3	4.7	8.1	7.0	1.1	7.0

자료: 이자성(2008: 19).

라 2008년 현재 주민참여 예산조례는 전남(23.3%), 경기(15.1%)의 순으로 제정되어 있다.

3) 한국 지방정부의 주민참여 예산제도의 운영 및 특징

(1) 광주광역시 북구의 주민참여 예산제도

광주광역시 북구는 2003년에 우리나라 지방정부 최초로 주민참여 예산제도를 도입했다. 주민참여 예산제도의 성립에는 시민단체의 예산감시운동, 참여정부의 지방분권정책, 자치단체장의 의지와 전문가 및 시민단체의 연대가 복합적으로 작용했다. 광주광역시 북구의 주민참여 예산제도 도입에 큰 계기가 된 것은 시민단체에 의한 예산감시운동(2001)이다. 예산감시 네트워크 소속 단체가 주민참여 예산제도 도입과 정보공개 청구를 통해 광주광역시의 예산 과정을 감시했고, 이러한 사회 분위기 속에 광주광역시 단체장 선거에서 주민참여 예산제도가 공약 사항으로 대두되었다(이자성, 2008: 29).

(2) 예산편성 과정과 운영상 특징

광주광역시 북구의 주민참여 예산제도의 운영상 특징을 살펴보면 다음과 같다.

① 원활한 제도 도입을 위한 환경 정비

북구는 제도 도입을 위해 2003년 상반기부터 예산 부서에 주민참여 예산제도 도입 준비, 지방의회에 사전 설명회, 공무원 내부 자체 토론회 등 주민참여 예산제도를 운영하기 위한 준비 작업을 수행했다. 특히 공무원, 주민, 전문가, 구의원 등이 참여하여 주민참여 예산조례의 제정 및 개정을 통해 형식적인 제도 마련에 그치는 것이 아니라 실질적인 제도 운영을 위한 기반을 마련했다.

② 예산 정보공개 및 교육

광주광역시 북구의 주민참여 예산제도의 특징은 일반회계 본예산 편성 과정에 대한 주민 참여를 보장하기 위해 각 실·과·소별로 기획감사실에 제출하는 모든 예산요구서와 이를 기초로 작성된 사업별 예산서를 인터넷,

지역회의 및 시민위원회를 통해 모두 공개하고 있다. 특히 예산요구서 전체를 공개하는 'e-Budget' 포털 사이트는 누구나 열람이 가능하여 재정 투명성 확보 및 주민의 알 권리를 강조했다(이자성, 2008: 36).

또한 주민참여 예산제도에 대한 주민 및 공무원의 인식 전환과 관심 제고를 위해 예산교육을 실시했다. 이를 위해 북구청 의회, 청년간부회, 공청회 등을 통해 예산 과정 및 주요 내용을 교육 및 홍보하여 이 제도의 관심과 참여를 촉구했다.

③ 체계적인 조직 구성

북구는 제도 운영을 위해 '예산참여지역회의', '예산참여시민위원회', '예산참여민관협의회' 등 조직을 체계적으로 구성했다. 예산참여지역회의는 주민자치위원회의 추천과 주민 공모 등으로 7~10명 내외로 구성되며, 세입·세출 예산편성 관련 주민 의견 수렴과 집약, 결산보고 의견 수렴, 예산편성 방향과 지출 우선순위 의견 수렴 등을 수행한다. 예산참여시민위원회는 지역회의 소속 위원, 공개 모집 위원, 지역전문가 등 100명 이내로 구성하며, 분과위원회별 소관 분야 예산편성에 대한 의견 수렴 및 표출 기능, 주민 대상 예산교육 실시, 예산정책 토론회 개최 등을 수행한다. 예산참여민관협의회는 해당 공무원과 시민위원회 위원 등 12명 이내로 구성되며, 지역회의와 시민위원회 등을 통해 수렴된 주민 의견을 반영하기 위한 사항을 심의하고, 예산편성의 우선순위 결정 및 자체사업 예산편성 등 예산편성 관련 사항의 심의·조정 등을 수행한다.

북구는 주민참여 예산제도의 운영을 위해 조직 구성과 주체 간의 역할을 명시하고 의견 수렴 및 우선순위 결정을 체계화했으며, 의견 반영을 위한 참여 방식을 다양화했다.

4) 일본 지방정부의 주민참여 예산제도의 운영 및 특징

(1) 사이타마현 시키시의 주민참여 예산제도

사이타마현(埼玉縣) 시키시(志木市)는 지방정부 행·재정개혁의 일환으로서 예산편성에 주민을 참여시키는 새로운 제도를 도입했다. 이 제도는 2004년도부터 일반 주민으로 구성된 '시민위원회'가 예산을 편성하는 것으로 시청 공무원에 의한 예산편성과 달리 주민이 직접 예산안을 책정하여 제출하면 시장이 시청의 예산안과 시민위원회의 예산안을 비교·검토 및 선택하여 최종적으로 예산안을 의회에 제출하는 제도이다.

시키시가 주민참여 예산제도를 도입한 배경에는 삼위일체 개혁에 의한 지방재정의 위기와 지방분권의 추세에 따라 주민과 행정이 협력하여 재정 지출을 감축시켜 재정 피폐를 극복하려는 열악한 시재정 문제가 있다.

2001년 7월에 시장으로 취임한 호사카 쿠니오(穗坂邦夫) 시장이 제안한 '시키시 시정운영 기본조례'(2001. 10)의 제5조[8]에는 시민 참가와 기획(市民參劃)을 위해 필요한 조치로서 시민위원회 설치를 규정했는데, 시민위원회는 시키시와 협동하고 시정 운영에 필요한 제언이나 조사연구를 수행한다.[9]

(2) 예산편성 과정과 운영상 특징

① 지방정부와 대등한 예산편성

시민위원회의 예산편성 작업은 기본적으로는 시청의 각 담당 부서가 예산편성하는 작업과 동일하게 진행된다. 먼저 담당 부서의 설명과 개별사업조서, 질의 응답을 통해 시민 관점에서 예산편성 작업을 추진한다. 구체적으로는 사업의 이해 용이성, 사업의 필요성, 예산 낭비 등을 분석하고, 7개의 사업 구분(법정, 의무, 유지·관리, 계속, 정책, 신규, 건설)에 따라 사업 선택과 사업 우선순위까지 결정하는 등 적산 증감의 가능성을 검토한다. 시민예산서에는 적산 금액과 의견, 우선순위가 부여되고 일부 부회에서는 사업 과제나 대책 관련 의견을 정리하여 제안서 형태로 시민예산 설명회에 제출한다. 시장이 최종 예산안을 결정하기 전에 '시민예산 설명회'를 개최하여 시민들에게 시청의 예산안과 시민위원회의 예산안을 제시하고 시청 간부공무원과 토론이 이루어진다. 시장은 제출된 의견을 존중하고 시정에

---

8) 市民參劃(제5조) 시는 시정 운영에 시민 의견을 적극적으로 반영하도록 시민의 시정에의 참획을 위해 필요한 조치를 강구해야 한다.

9) 시민위원회의 활동 내용은 ① 시정 전반에 걸친 조사, 연구 및 정책 제언이나 정책재원에 관한 재원 조정, ② 시가 제안하는 정책 과제에 대한 조사, 연구 및 자주성에 기초한 제언, ③ 시민·시·각종 기관으로부터의 정보 수집과 의견 교환, ④ 시키시 마을만들기 조례의 검토, ⑤ 기타 설치 목적을 달성하기 위한 활동 등이 있다.

반영하지만 반영할 수 없는 의견은 시장이 시민위원회에 이유를 설명하는 절차로 이루어져 있다(志木市, 2001). 최종 예산안이 의회에 제출된 후, 시민위원회는 예산편성의 최종 결과에 대해 설명한다(松田眞由美, 2005: 159-160).

② 시민위원회의 적극적 운영과 참여

사이타마현 시키시의 경우, 주민참여 예산을 실행하는 과정에서 시민위원회의 역할과 기능이 매우 중요하다. 시민위원회는 2001년 11월 10일 공모로 선정한 주민을 임기 2년의 무상 볼런티어 위원으로 구성하여[10] 시청 업무와 같이 기획, 재무, 생활환경, 건강 복지, 도시 정비, 교육, 병원, IT 등의 부서로 구분하고 예산편성을 추진한다(尾崎誠一, 2005: 3).

시민위원회 조직은 전체위원회, 부회장회, 각 부회, 각 부회 합동회의로 나뉜다. 전체위원회는 위원이 발의하는 의제 협의 및 시장이 제안하는 정책 사항 중 전체에 관한 것 또는 각 부회의 제언이 결정된 사항의 최종 조사와 제언을 수행한다. 부회장회는 각 부회에서 결정된 사항의 조정 및 제언 조정에 관한 사항을 수행한다. 각 부회는 각 부회 관련 위원의 발의에 의한 의제 관련 정리 및 시로부터 의뢰 사항에 관한 제언을 정리하는 등 각기 위원회별 역할 및 정기 회의를 통해 실현 가능한 예산안을 편성·제출한다.

③ 주민의 예산안 결정과 선택

시키시는 시장이 최종 예산안을 선택하기 전에 시키시 시민에게 '시민예산 설명회'를 통해 양측의 주장과 설명을 제시한다. 이 과정을 통해 시키시 시민은 한 해의 예산안을 이해하고, 의견을 제시하게 된다. 이 과정을 통해 주민 수요는 높지만 현실적으로 한계가 있는 사업이나 주민 수요는 높지 않으나 장기적인 관점에서 예산편성이 불가피한 경우 등 예산편성과 집행의 문제와 한계를 주민이 이해하는 기회를 마련하여 예산집행의 순응성 및 협력을 높이게 된다.

10) 시민위원회는 제1기(2001. 11~2004. 3)가 252명이었고, 제2기(2004. 4~2005. 3)는 139명으로 구성했다.

5 결 론

상술한 바와 같이 한·일 간 지방정부의 예산 과정에 대한 주민 참여로써 주민참여 예산제도가 도입 및 운영되고 있다. 사례 비교를 통해 다음과 같은 상이점을 지적할 수 있다.

첫째, 도입 배경의 차이이다. 한국 사례는 주민통제의 관점에서 시민단체가 광주광역시의 예산집행에 대한 정보공개 청구 과정에서 주민참여 예산제도의 필요성이 언급되었다. 따라서 시민단체 및 단체장 선거공약 등 주민 측의 입장에서 집행부 예산편성에 대한 행정 통제적 관점이 강하게 부각되었다. 한편 일본 사례는 지방정부가 당면한 재정 악화 및 지방분권의 제도화에 따라 지방정부가 주도적으로 이 제도의 도입을 강조했으며, 이 과정에서 지역문제는 지역 주민이 해결한다는 자기 결정·자기 책임 의식을 강조하여 정책 과정의 주체로서 주민을 인식한 거버넌스적 관점을 강조하고 있다.

둘째, 예산편성 과정 및 정보의 공개 방식이다. 한국 사례는 주민 통제적 관점이 강하기 때문에 예산편성 과정 및 예산정보 등 전반적 정보 공개를 강조한다. 특히 홈페이지 등을 활용한 정보 공개는 주민참여 예산제도의 홍보와 참여를 유인하는 수단으로서 주목하고 있다. 한편 일본 사례는 통제보다는 거버넌스적 측면이 강해 일반적인 정보 공개보다는 실제 공무원이 획득하는 행정 및 예산 정보를 공유하여 동등한 정보 획득 차원에서 예산안 편성을 강조하고 있다. 따라서 일반 주민 대상의 정보 공개보다는 시민위원회 대상의 한정된 정보 공개를 강조한다.

한편, 한·일 양국의 주민참여 예산제도 운영상 유사성은 다음과 같다.

첫째, 단체장의 강한 의지이다. 이 제도의 도입과 운영에는 단체장의 의지와 실천력이 매우 중요한 역할을 했다. 한국 사례에서 광주광역시 단체장 선거공약으로 이 제도가 언급되었고 이를 바탕으로 조례 제정 및 공무원 인식 교육이 수행되는 등 제도가 강력하게 추진될 수 있었다. 일본 사례에서도 시키시 시장이 제도의 필요성을 강력히 언급했으며, 시민위원회 조직 및 정보 공유에 적극적으로 지시하는 등 의욕을 피력함으로써 이 제도의 운영이 가능했다.

둘째, 예산편성 과정의 주민 참여이다. 주민참여 예산제도는 협의와 광의적 관점에 따라 과정별 참여가 구분된다. 광의적 관점은 예산결정, 집행, 평가까지도 포함된다. 그러나 한·일 사례의 경우는 모든 예산 과정 참여보다는 예산편성 과정의 참여에 한정하고 있고, 예산 과정의 사전적 의견 형성 과정을 강조하고 있다.

이러한 주민참여 예산제도의 한·일 비교를 통해 알 수 있듯이 양국의 주민 참여제도가 유사하더라도 정치·행정적 맥락과 참여자의 관점에 따라 정책 과정 및 정책 결과는 상이하게 나타난다. 이러한 정치·행정적 맥락과 환경 변화를 수용하는 가운데 한·일 양국의 주민 참여제도는 다양한 형태로 전개되고 있으며, 주민 참여 방식도 점차 적대적·갈등적 관계가 아닌 상생적·협력적 관계로 변화하고 있다.

이러한 점에서 일본 사례를 통해 다음과 같은 시사점을 제시할 수 있다.

첫째, 거버넌스의 실천이다. 우리나라도 정책 과정의 거버넌스적 운영을 강조하고 있으나 정책 사례로 발굴된 예는 그다지 많지 않다. 일본 사례처럼 예산편성을 직접 주민이 수행함으로써 예산 과정의 실질적 참여자로서 기능을 수행하여 자기 결정과 책임을 강화할 필요가 있다.

둘째, 실질적 정보 공개와 책임 있는 주민 참여의 확대이다. 한국 사례에서 홈페이지를 통한 예산정보 공개가 강조되었으나, 이는 납세자로서 당연히 알아야 할 정보가 대부분이다. 이에 더해 실제 추진사업과 관련 예산, 사업 우선순위 등을 공개함으로써 정보 공개의 실질적 활용과 알 권리 확보를 강화하고 이를 통해 주민의 책임 있는 참여 의식과 결과에 대한 승복을 전제로 해야 한다. 지역이기주의나 주민 개인적 의견 주장보다는 전체적인 지역 활성화 차원에서 주민자치를 위한 의식 전환과 정책 결과에 대한 자기 책임 확보가 매우 필요하다.

참고 문헌

곽채기(2005). “주민참여 예산제도의 기본 모형과 운영 시스템 설계.”「한국지방재정논집」. 10(1).

김관보・김옥일(2007). “예산 과정의 시민 참여 성과의 영향 요인에 관한 연구.”「지방정부연구」. 11(2).

김정구(2006). “주민참가와 이원적 대표제.”「한국동북아논총」. 41.

나중식(2005). “주민참여예산제도의 운영모형에 관한 비교연구.”「지방정부연구」. 9(2).

민현정(2008). “지방자치에의 주민참여 활성화에 관한 연구.”「한국거버넌스학회보」. 15(1).

서울시립대 지방세연구소(2007).「지방자치단체 재정건전화 방안에 관한 연구」. 서울: 서울시립대학교.

안용식(2001).「지방정부론」. 서울: 대영문화사.

오수길(2007).「주민참여 촉진을 위한 민간참여 현황분석」. 서울: 뉴거버넌스연구센터.

———(2008). “주민참여제도의 활용과 효능감 분석.”「한국행정논집」 20(4).

이자성(2002). “일본의 정보공개제도 동향에 관한 고찰.”「한국지역정보화학회지」. 5(1).

———(2008).「주민참여예산편성제 운영 모델」. 창원: 경남발전연구원.

이종수・윤영진 외(2008).「새행정학」. 서울: 대영문화사.

정미애(2006). “참여 형태를 통해서 본 시민사회의 한일 비교.”「담론201」. 9(2).

정정숙(2008). “일본 자치체의 참여민주주의 실현.”「세계지역연구논총」. 한국세계지역학회.

하승수・홍일표(2003). “주민참여의 한일 비교,”「시민사회와 NGO」. 1(2). 서울: 한양대학교출판부.

한국지방행정연구원(2006).「지방자치단체의 주민참여 수준 진단과 발전 방안」. 서울: 한국지방행정연구원.

한영혜(2004).「일본의 지역사회와 시민운동」. 서울: 한울.

宮川公男(1995).「政策科學入門」. 東京: 東洋経濟新報社.

埼玉縣 志木市(2001). 志木市民委員會運營要領.

磯村英一・星野光男(1994).「地方自治讀本」. 東京: 東洋経濟新報社.

尾崎誠一(2005). “志木市のまちづくりと行政改革: 地域政策と自治.”「北海道白老町講演會資料集」.

山崎正(2000).「住民自治と行政改革」. 東京: 勁草書房.
森田朗(1998).「アカウンタビィティと自治体職員」. 東京: ぎょうせい.
星直樹(1999).「日本の制度改革」. 東京: 有信堂.
松田眞由美(2005). "自治体予算編成過程への市民参加."「TORCレポート」26, 鳥取縣: とっとり政策總合研究センター.
全國條例データベース: http://joreimaster.leh.kagoshima-u.ac.jp/
田村悅一(2006).「住民參加の法的課題」. 東京: 有斐閣.
佐藤徹・高橋秀行・增原直樹・森賢三(2005).「新設市民參加:その理論と實際」. 東京: 公人社.
中野晃一(2002). "行政改革余波か三次的変化か."「流動期の日本政治」. 東京: 東京大學出版會.
地方分權改革推進委員會(2007).「地方分權改革推進にあたっての基本的な考え方」.
天川晃・澤井勝・北村喜宣(2005). "地方自治政策."「自治体と政策」. 東京: 有斐閣.
總務省(2000).「行政改革大綱」.
―――(2005).「地方公共団体における行政改革の推進のための新たな指針」.

제12장 지역 NGO와 지방정부

길종백
(순천대 행정학과 조교수)

1 서 론

한국과 일본에서는 저출산과 고령화의 급속한 진행, 사회적 약자의 증가, 지역 경제의 침체, 지방재정의 악화 등의 현상이 나타나고 있다. 이러한 변화는 사회적 · 경제적 · 정치적으로 여러 가지 문제를 야기할 수 있다. 예컨대 저출산과 고령화의 경우 생산 가능 인구 및 노동 생산성의 저하를 야기하며 경제 성장의 둔화를 가져올 수 있다. 또한 노인 의료비 및 연금 등 공적 부담의 증가와 세입 기반의 약화, 그리고 재정 수지의 악화를 초래할 수 있다.

일반적으로 정부는 사회에서 발생하는 문제를 해결하는 데 핵심적인 행위자에 해당한다. 지방정부는 국민과 근접한 거리에서 행정 활동을 전개하고 있기에 사회적 변화와 과제에 더욱 민감하게 반응할 필요성이 있다. 그렇지만 지방정부가 단독으로 변화에 대응하는 것은 쉽지 않은 일이다. 앞에서 살펴보았듯이 양국 모두 지방정부의 자주 재원이 충분하지 않다. 직능국가(service state), 복지국가(welfare state) 등으로 대변되던 현대 국가는 1970년대를 경계로 위기 상황에 직면하고(西尾勝, 2002: 8), 정부를 공공

문제 해결의 유일한 주체로 간주하던 인식의 유효 기간은 서서히 끝이 나고 정부에 대한 신뢰는 하락하고 있다.

그런 점에서 (공공 문제의 해결 주체로서) 민간 부문과 시민사회의 성장은 주목할 만한 사항이다. 신자유주의와 신공공관리(New Public Management: NPM)에서는 '큰 정부'(와 그 논리)의 쇠락과 그로 인한 공백을 시장(market)을 통해 보완하도록 하고 있다. 그렇지만 사적인 이윤 극대화를 추구하는 시장(원리)이 공공문제를 충분하게 해결할 것이라는 생각은 장밋빛 환상에 그칠 수 있다. 정부실패 못지않게 시장실패(와 그 가능성)가 우리 주변에서 발견되고 있기 때문이다. 정부 또는 시장에 대한 지나친 의존에서 벗어난 새로운 형태의 문제 해결 방식이 요구된다.

'시민사회'는 그러한 새로운 방식의 하나로서 주목받을 수 있다. 20세기 후반 이후 더 나은 사회를 지향하는 곳이라면 어김없이 나타난 단어의 하나가 아닐까 싶다.[1] 시민사회에 대한 기대가 증가하고 실제로 그 역할이 발휘되면서 시민사회는 정부, 시장과 함께 사회 내에서 발생하는 다양한 문제를 해결하는 주체로서 자리매김하고 있다. 그리고 그러한 움직임은 정부, 시장, 시민의 협력적인 거버넌스(governance)의 구축으로 명명되기도 한다. 이 장에서는 한국과 일본에서 그 의미와 역할이 강조되고 있는 지역

행정을 둘러싼 환경 변화: 저출산과 고령화

1970년('4.53 vs 2.13')과 2006년('1.12 vs 1.32')의 한국과 일본의 합계 출산율을 살펴보면 양국의 출산율이 상당히 낮다는 점과 함께 한국의 저출산 진행 속도가 아주 가파르게 이루어지고 있음을 알 수 있다. 한국의 경우 저출산 영향으로 학령인구(초·중·고·대학생)가 2010년에는 1000만 명 아래로 줄어들고, 2047년에는 약 495만 명 정도에 머물 것으로 예측된다. 또한 사회경제의 발전, 보건의료 수준의 향상, 개인의 건강에 대한 관심 증대 등으로 한국 남녀 전체의 기대수명은 과거에 비해 크게 증가하고 있다(1970년에는 61.9세였던 것이 2007년에는 79.6세로 되었음).

---

1) 시민사회라고 할 때 그 개념은 복합적이다. 결사적 삶의 토대로서뿐만 아니라 좋은 사회로서의 시민사회, 그리고 공공 영역으로서의 시민사회를 의미하기도 한다(Edwards, 2005).

NGO(또는 NPO)[2]의 현황과 활동 사례를 살펴보고자 한다.

2 NGO와 정부의 관계

지방정부는 각 지역에서 가장 큰 영향력과 자원을 지닌 행위자이다. 정당성, 조직, 예산 등에서 지방정부를 능가할 행위자는 거의 찾아보기 어렵다. 그렇지만 지방정부가 행정환경 변화에 적실한 대응을 하기 위해서는 지역 NGO와의 협력 관계가 필수적인 것으로 여겨진다. 그렇다고 양자 사이의 관계가 모두 협력적인 형태를 취하고 있는 것은 아니다.

NGO(Non Government Organization)의 개념

NGO란 비정부, 비(非)국가조직체로서 자발성(voluntarism)을 바탕으로 한 비영리적인 집단이나 조직 또는 결사체, 기구나 단체, 그리고 운동 세력을 포괄하는 개념이다(UN의 정의). 또한 NGO는 비정부기관으로서 비영리 목적 하에 지구상의 제반 문제를 다루는 시민 주체의 단체를 총괄하는 개념으로 정의되기도 한다. 더 일반적으로는 비당파적이고 비영리를 목적으로 하는 자발적이고 자율적인 단체를 지칭한다. 보통 NGO는 NPO(Non Profit Organization), 민간자원조직(Private Organization) 등과 혼용되고 있다(박선경, 2005; 한국행정학회 홈페이지).

우선 NGO와 정부와의 관계는 양자의 정책 영역이 다른 경우와 공통적인 경우로 구분될 수 있다. 전자인 경우 NGO와 정부는 '상호 독립 · 무관계'인 정책 영역에서 행정 서비스를 제공하며, NGO의 활동에 대해 정부가 직접적으로 지원할 의무는 없다. 따라서 양자 사이에 협력 관계가 구축되어야 할 규범적인 이유는 없다. 다만 정부의 자체적인 판단으로 지원하는 것이 가능하다. 후자인 경우 NGO와 정부 사이에는 다양한 형태의 상호 작

2) 일본에서는 시민사회단체와 관련하여 NPO라는 용어가 더 일반적으로 사용되고 있으며, 한국에서 사용되는 NGO라는 용어와의 유사성이 더 높다고 할 것이다. 이에 따라 일본의 시민사회를 설명하는 경우 NPO라는 용어를 사용하고자 한다.

[그림 12-1] 정부와 NGO의 활동 영역별 파트너십 유형

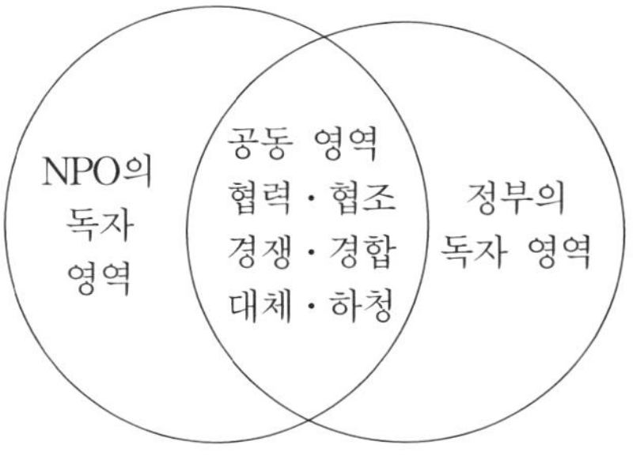

자료: 松下啓一(1999); 임승빈(2009: 234) 재인용.

용이 작동하는데, 대체 · 하청 · 경쟁 · 경합 · 협력 · 협조 관계를 형성하게 된다.

한편 NGO와 정부의 관계는 재정과 서비스 공급에 따라서 네 가지 유형으로 구분하는 것이 가능하다. 정부우위모형은 정부가 재정과 서비스 공급에서 주도적인 역할을 담당하는 것으로 복지국가와 유사한 개념이다. NGO 주도 모형은 정부우위모형의 반대에 위치하며 NGO가 재정과 서비스 공급에서 주도적이다. 중첩모형은 정부와 NGO가 재정과 서비스 공급에서 광범위하게 퍼져 있으나 서로 분리된 독자적인 영역을 지니고 있는 유형이다. 협동모형은 정부와 NGO가 함께 행동하는 것으로, 정부가 주로 재정을 책임지고 NGO가 실질적인 공공 서비스를 제공한다.[3)]

〈표 12-1〉 정부와 NGO 간의 관계 모형

구분	정부우위모형	중첩모형	협동모형	NGO주도모형
재정	정부	정부/NGO	정부	NGO
서비스 공급	정부	정부/NGO	NGO	NGO

자료: Gidron, Kramer, & Salamon(1992: 18); 임승빈(2009: 234) 재인용.

3) 제2절은 임승빈(2009: 230-242)의 글을 참조하여 작성했음.

3 한국의 NGO 현황과 역할

1) 한국의 NGO 현황

간혹 언론이나 뉴스 매체를 보면 생소한 시민사회단체의 이름과 조우하기도 한다. 그들의 관심 영역은 개인적인 것에서부터 지역, 국가, 그리고 전지구적인 것에 걸치기도 하며, 이념적인 성향에서도 진보와 보수라는 틀에 구애받지 않는다. 게다가 그 수와 영향력이 증가하고 있는 것으로 보인다. 이러한 판단은 오류 가능성이 높은 직감에 의존한 주관적인 판단 유형에 속한다. 그렇지만 NGO 현황과 관련해서는 현실과 상당히 부합되는 측면을 지닌다.

무엇보다도 정부에 등록되어 있는 NGO의 수는 몇 년 전과 비교해서 증가하고 있다. 현행 '비영리민간단체지원법'에 근거하여 행정안전부의 '비영리 민간단체'에 등록되어 있는 NGO의 수는 총 8,457개이다. 2005년과 비교하면 등록 단체의 수가 약 47% 증가하고 있는 등 사회 전체적으로 지역 NGO의 양적인 팽창이 이루어지고 있음을 짐작할 수 있다(<표 12-2> 참조). 그 중에서 각 시·도에 등록된 단체의 수는 전체의 약 89%를 차지하고 있어 상대적으로 지방에서 활동하는 지역 NGO의 수가 많은 편이다. 또한 우리 사회에서 지역 NGO가 양적으로 증가하고 있다는 것은 '시민의 신문' 조사에서도 확인할 수 있다. 예를 들면 2006년에 한국의 시민단체는 총 5,370개인데, 1997년에 조사된 시민단체(약 2,000개)와 비교하면 약 2.7배의 증가세를 보인다(시민의 신문, 2006; 염재호, 2009 재인용).

〈표 12-2〉 비영리 민간단체의 등록 현황 비교

연도	합계	중앙행정기관	시·도
2005. 9. 30.	5,746	641	5,105
2009. 6. 30.	8,457	951	7,506
변화	47% 증가(+ 2,711)	48% 증가(+ 310)	47% 증가(+ 2,401)

출처: 행정안전부(2009) 자료를 수정.

2) 한국 NGO의 활동 분야

기존 연구에 따라 한국의 NGO의 활동 분야를 분류하면 크게 12 분야로 구분할 수 있다. 그 중에서 일반 NGO가 전체의 23.87%를 차지하며, 사회서비스 NGO(21.16%), 환경 NGO(13.49%), 문화 NGO(10.3%) 등의 순서로 나타나고 있다. 상위 3개 분야의 NGO가 전체의 60%를 차지하고 있는 셈이다(<표 12-3> 참조).

〈표 12-3〉 활동 영역별 NGO 분류

(단위: 개)

구분	시민사회	교육·학술	국제연합·협력	노동·농어민	문화	사회서비스	여성	종교	지역자치·빈민	환경	온라인	기타
단체수	1,729 (23.87%)	442 (6.10%)	114 (1.57%)	223 (3.07%)	746 (10.30%)	1,533 (21.16%)	371 (5.12%)	32 (0.44%)	403 (5.56%)	977 (13.49%)	640 (8.83%)	32 (0.44%)

출처: 2008 행정안전부 민간단체 등록 현황; 시민의 신문(2006); 임승빈(2009: 118) 재인용.

비영리민간단체지원법

'비영리민간단체지원법'은 2000년 1월에 제정되었으며, 시민단체의 재정과 관련된 핵심적인 법률이다. 법의 목적은 "비영리 민간단체의 자발적인 활동을 보장하고 건전한 민간단체로의 성장을 지원함으로써 비영리 민간단체의 공익활동 증진과 민주사회 발전에 기여함"(제1조)에 있다. 법에서 '비영리 민간단체'는 대중성, 공익성, 비정치성·비종교성 등을 갖추고, 100인 이상(상시 구성원), 1년 이상 공익활동 실적 등을 주요 조건으로 한다. 따라서 원칙적으로 정당, 조합 직능단체, 학술단체, 연구단체, 예술단체, 체육단체, 종교단체(교회·절 등), 친목단체(향우회·동창회·종친회) 등은 제외된다. 요건을 갖춘 시민단체는 주무장관, 또는 시·도지사에게 등록을 신청하고, 이것이 수리되면 정부의 재정적인 지원을 받을 수 있다. 예를 들어 조세 감면의 혜택(제10조)과 공익활동에 관한 우편요금의 지원(제11조) 등이 포함되어 있다.

하지만 조세 감면을 위한 실질적인 조치가 아직 이루어지지 않고 있어 법률의 형식화에 대한 우려가 있으며, 정부가 민간단체에 대해 보조금을 통해 직접 지원하는 것이 시민단체의 자율성과 독립성을 손상시킬 수 있다는 비판도 존재한다(임승빈, 2009: 314-315). 2009년에 행정안전부는 중앙행정기관에 등록된 898개 단체를 대상으로 지원 사업을 공모하여, 159개 단체를 선정하고 162개 사업에 49억(원)을 지원하기로 했다.

한편 한국 NGO의 재정구조를 살펴보면 회비(31.9%), 수익금(21.3%), 정부보조금(26.2%), 기부 및 기타(20.6%) 등으로 구성되어 있다(정상호, 2008: 256). 자체 회비의 비중이 그리 높지 않으며, 정부의 보조금이 전체 재정의 1/4에 해당한다는 점은 NGO의 자립성이 높지 않은 편으로 해석할 수 있다. 동시에 정부와 NGO가 협력하는 영역이 적지 않음을 암시한다.

지방정부가 시민사회단체에 대해 실시하는 재정 지원에 대해서는 현황 전체를 파악할 수 있는 통계자료를 발견하기가 쉽지 않다. 다만 2008년도에 광역자치단체가 행정안전부의 지원을 받아 실시한 지원 사업을 살펴보면 16개 광역자치단체가 총 62억 원 정도를 지원하는 것으로 나타나고 있다(임승빈, 2009: 363).

3) 사례 연구

현재 각 지역에서는 많은 NGO가 활동하고 있는데, 여기에서는 순천 YWCA의 산모 도우미 사례를 살펴보고자 한다.[4] 2007년 3월 현재 순천시가 파악하고 있는 시민단체의 수는 총 338개이다. 활동 분야에 따라 살펴보면 체육단체(23개), 자원봉사단체(170개), 여성단체(24개), 장애인·보훈단체(15개), 문화예술단체(13개), 청소년단체(10개), 민간사회단체(50개), 직능단체(33개)로 구성된다. 여기에는 순수 시민사회단체 외에 관변단체도 다수 포함되어 있다는 점에 유의할 필요가 있다.

순천 YWCA는 대표적인 시민사회단체의 하나이며, 여성, 청소년, 지역자치, 고령자 분야 등에서 다양한 활동을 전개하고 있다. 그 중에서 산모와 신생아에 대한 도우미 지원사업에서 순천 YWCA는 한 축을 담당한다. 사업은 산모·신생아 도우미가 출산 가정에 직접 방문하여 서비스를 지원하고, 산모 및 신생아의 건강관리 및 출산 가정의 경제적 부담을 완화시키고자 하는 목적을 지니고 있다.[5]

---

4) 도농 통합도시인 순천시는 순천만 갈대 축제 등으로 주목을 받고 있다. 주민참여 예산제도 및 골목호랑이 할아버지(단) 등 운영과 같이 행정에의 시민 참여와 시민 협력 활성화에 노력하는 측면이 적지 않다.

5) 2009년 현재 서비스 대상자는 전국 가구 월평균 소득의 50% 이하의 출산 가정으로 2주(12일)간 지원을 받을 수 있으며, 해당 산모나 가족 등이 순천시의 보건소(보건지소, 보건진료소)에 신청을 하게 된다. 서비스 이용자는 소득 수준에 따라 일정 비용을 본인이

[그림 12-2] 순천 YWCA의 산모 도우미 서비스 체계

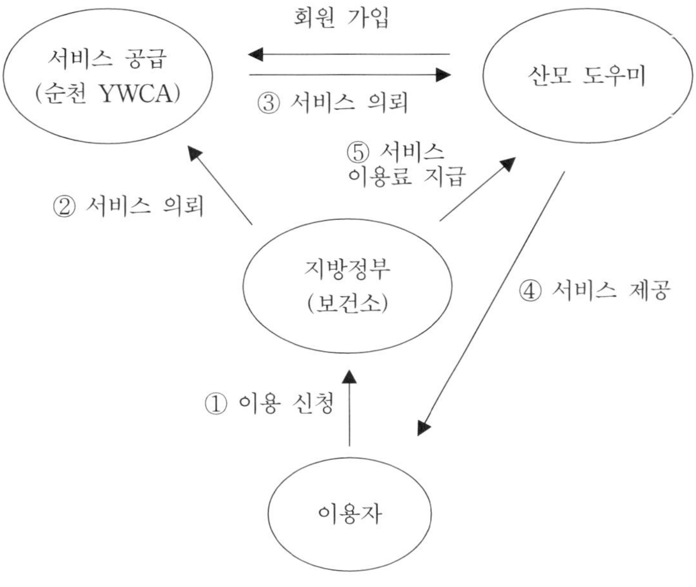

서비스 대상자가 지방정부(보건소)에 서비스 이용과 관련된 내용을 문의하면 지방정부는 이용 여부의 적격 여부를 결정하고, 상담 등을 거쳐 본인의 의사에 따라 서비스 공급기관(순천 YWCA, 자활훈련기관, 개인)에 서비스 공급을 의뢰한다. 순천 YWCA에게 서비스 공급의 의뢰가 이루어지면 순천 YWCA는 산모 도우미를 통해 서비스를 제공한다. 그런데 산모, 신생아 도우미 파견 사업은 보건복지부가 주관하고 있고, 전남 지역의 경우 '목포 YWCA 여성인력개발센터'가 총괄 사무국에 해당한다. 그리하여 순천 YWCA는 서비스가 완료되면 '목포 YWCA 여성인력개발센터'에 사후 보고를 하고 있다([그림 12-2] 참조).

산모 도우미 서비스와 관련하여 지역 NGO와 지방정부는 상호 협력의

부담하는데, 전국 가구 평균 소득의 50% 이하인 경우(92,000원)와 평균 소득의 40% 이하인 경우(46,000원)로 구분된다.

형태를 취하고 있다. 즉 지역 NGO(순천 YWCA)는 도우미 파견, 서비스 모니터링, 사후 보고 등의 역할을 담당하며, 지방정부(보건소)는 서비스 이용의 적격 여부를 심사하는 역할을 맡고 있다.

시민사회단체에 대한 보조금 지원 내용과 절차

각 지방정부는 지역에서 활동하는 시민사회단체에 대해 행·재정적인 지원을 실시하고 있다. 순천시는 '지방재정법' 제17조 및 '순천시 사회단체보조금 지원에 관한 조례'에 근거하여 시민사회단체의 사업에 보조금을 지급하고 있다(2007년도에는 7억 5,300만 원을 공익사업 보조금으로 배정). 보조금은 크게 두 가지 종류로 나뉘는데, 보조금 심의위원회에서 심의 의결된 단체가 보조금을 신청하면 해당 부처에서 검토 후 보조금을 지급하는 경우(정기분, 46개 단체, 58개 사업, 5억 3,160만 원)와 사회단체가 추진하는 공익사업 중 시가 권장하는 사업에 대해 단체에서 보조금을 신청하면 '보조금지원 심의위원회'의 심의를 거쳐 해당 부처에서 검토 후 보조금을 지급하는 사업(수시분, 전액 보조, 2억 2,140만 원)으로 구분된다.

그리고 시민사회단체에 대한 보조금 신청 및 지원 절차는 다음과 같다.

① 사회단체보조금 지원 신청(사회단체) → ② 사업계획서 1차 검토(업무 관련 부처 과·소장) → ③ 사업계획서 2차 검토(자치행정과장) → ④ 예산심의(위원회) → ⑤ 심의 결과 해당 과·소에 통보(자치행정과장) → ⑥ 예산편성 요구(과·소장) → ⑦ 예산편성(시장) → ⑧ 예산 의결(의회) → ⑨ 보조금 교부 신청(사회단체) → ⑩ 보조금 지급(시장) → ⑪ 사업 시행 및 정산 보고(사회단체).

4 일본의 NPO 현황과 역할

1) 일본의 NPO 현황

일본의 NPO 법인은 일본의 시민사회조직 중의 하나이다. NPO 법인은 1998년에 제정된 NPO법(특정비영리활동촉진법)에 근거하여 특정비영리활동을 실시하는 것을 목적으로 하는 단체이다. NPO 법인의 대부분은 NPO법이 제정되기 이전에 주로 풀뿌리 NPO로 활동하던 단체였으며, NPO법을 통해 법인화된 단체가 많은 수를 차지한다(이숙종, 2006: 74).

〈표 12-4〉 NPO법인 수의 연도별 추이

(단위: 개)

연도별	신청 수	인증 수	불인증 수	해산 수
1998년도 (1998.12 ~ 1999.3)	421	23	0	0
1999년도 (1999.4 ~ 2000.3)	1,792	1,701	7	0
2000년도 (2000.4 ~ 2001.3)	2,195	2,076	13	8
2001년도 (2001.4 ~ 2002.3)	3,088	2,796	7	22
2002년도 (2002.4 ~ 2003.3)	4,560	4,068	16	50
2003년도 (2003.4 ~ 2004.3)	5,619	5,496	26	94
2004년도 (2004.4 ~ 2005.3)	5,008	5,120	64	208
2005년도 (2005.4 ~ 2006.3)	5,180	5,114	91	277
2006년도 (2006.4 ~ 2007.3)	4,690	4,722	155	542
누 계	32,553	31,116	379	1,201
2009년 4월 30일 현재 누계	38,830	37,368	547	2,706

주 1: 1998년도는 12월 1일부터 법이 시행되었기 때문임.
자료: 내각부 NPO HP 및 日本NPOセンター(2007).

1998년 NPO법이 시행된 이후 NPO 법인은 급속하게 늘어났는데, 2009년(4월)과 2000년(3월)을 비교하면 9년 사이에 약 20배 이상 증가했다(<표 12-4> 참조). NPO 법인의 급속한 증가는 NPO법이 기존의 시민사회단체가 법인격을 취득하는 것을 용이하게 한 법률이었다는 점과 연관성을 지닌다. NPO법이 제정되기 이전에는 시민단체와 관련하여 공익법인제도가 있었다. 이에 따르면 행정이 정한 활동 분야 및 허가 기준에 맞지 않는 단체는 법인격을 취득하는 것이 불가능했다. 또한 그 활동도 주무관청의 관할범위에 제한되었다. 따라서 시민단체의 대부분은 법인격을 갖지 않은 임의단체로서 활동했다. 하지만 시민단체가 활동을 계속하기 위해서는 사무소의 임대, 부동산 소유, 그리고 지방정부나 기업으로부터 사업의 위탁 등 다양한 계약을 행사할 필요가 있다. 그런데 임의단체에서는 대표자가 개인자격으로 계약을 해야 하며, 단체의 재산이 개인의 것으로 간주되는 등 문제가 발생했다. 또한 임의단체는 법인격을 가진 단체보다 사회적 신용이 뒤떨어지게 마련이었기에, 어쩔 수 없이 주식회사나 유한회사 등의 영리법

인으로서 활동한 단체도 있었다(日本NPOセンター, 2007: 169-170).

공익법인제도 개혁

2006년에 공익법인제도를 개혁하는 공익법인제도 개혁 3법이 성립되고, 2008년 12월 1일 신(新)공익법인제도가 시행되었다. 이로써 종래 공익법인의 존립 근거였던 (구)민법 제34조가 삭제되었다. 공익법인제도 개혁은 민간 비영리 부문의 활동의 건전한 발전을 촉진하며, 민(民)에 의해 공익을 증진하고, 주무관청의 재량권에 근거한 허가의 불명확성 등 종래 공익법인제도의 문제점을 해결하고자 하는 목적을 가지고 있다. 주요 변경 내용으로는 첫째 법인법의 요건을 충족하면 등기만으로 일반사단・재단법인을 설립하는 것이 가능해졌다. 둘째 일반사단・재단법인 중에서 인정법에 정한 기준을 충족하는 법인은 공익 인정을 받아서 공익사단・재단법인이 된다. 셋째 기준을 충족하는가의 여부는 민간 유식자로 구성되는 국가의 공익인정등위원회(公益認定等委員會)・도도부현의 합의제 기관이 실시한다. 공익법인은 공익목적사업 비율을 1/2 이상으로 해야만 하는 공익 인정 기준을 준수해야 하며, 법인세의 경우 수익사업에 과세하지만 공익 목적으로 인정되는 경우 비과세가 된다. 기부 우대의 대상인 '특정공익증진법인'에 해당하며, 개인주민세에서 기부 우대의 조치를 받는다(내각부 홈페이지 참조).

2) NPO 법인의 활동 분야

NPO 법인은 17개 분야에서 활동하고 있다. 1998년 NPO법 성립 시에는 12개 분야였으나 2003년 법 개정을 통해 17개 분야로 확대되었다. 우선 NPO 법인의 정관에 기재된 것을 살펴보면 보건・복지, 사회교육, 아동, 마을만들기, 예술 등에 관련된 활동이 NPO 법인의 주요 활동 분야라고 할 수 있다. 각 활동의 법인 수가 전체 법인의 수를 훨씬 넘는 것은 대부분의 NPO 법인이 복수의 분야에서 활동하고 있기 때문이다.[6]

다음으로 각 NPO 법인에게 주요 활동 분야를 선정하게 했을 때에는 보건・의료・사회복지 증진(39.9%)이 가장 높으며, 아동 건전 육성(10.4%), 학술・문화・예술・스포츠 진흥(10.0%), 환경 보전(9.6%), 마을만들기 추

6) 정관에 기재되어 있는 분야의 수를 살펴보면, 3개 분야(18.3%), 2개 분야(17.7%), 4개 분야(15.7%), 1개 분야(14.9%), 5개 분야(11.6%) 등이다.

진(8.5%), 사회교육 추진(4.2%), 국제 협력(4.1%) 등의 순서이다. 물론 조사 시점과 대상에 따라 그 내용은 약간씩 다르게 나타나기도 한다. 예컨대 2009년도 조사에 따르면 NPO 법인의 경우 주요 활동 분야로서 장애자복지(20.7%), 고령자복지(17.9%), 마을만들기(9.0%)의 순서로 나타났다. 하지만 기본적으로 NPO 법인은 복지와 관련된 활동에서 가장 두드러진 활동을 한다고 할 수 있다(<표 12-5> 참조).

〈표 12-5〉 정관에 기재된 NPO 단체의 활동 분야와 주요 분야

법령 호수	활동 종류	법인 수 (개)	비율 (%)	주요 분야 (2007년 조사, %)
제1호	보건·의료·복지 증진	21,510	57.8	39.9
제2호	사회교육 추진	17,101	46.0	4.2
제3호	마을만들기 추진	15,177	40.8	8.5
제4호	학술·문화·예술·스포츠 진흥	12,204	32.8	10.0
제5호	환경 보전	10,587	28.5	9.6
제6호	재해 구원	2,371	6.4	0.4
제7호	지역 안전	3,682	9.9	1.2
제8호	인권 옹호 및 평화 추진	5,813	15.6	1.1
제9호	국제 협력	7,254	19.5	4.1
제10호	남녀 공동 참여사회 형성 촉진	3,102	8.3	0.7
제11호	아동 건건 육성	15,078	40.5	10.4
제12호	정보화 사회 발전	3,248	8.7	1.4
제13호	과학기술 진흥	1,776	4.8	0.9
제14호	경제활동 활성화	4,898	13.2	1.2
제15호	직업 능력 개발 및 고용 기회 확충 지원	6,877	18.5	1.9
제16호	소비자 보호	2,053	5.5	1.3
제17호	16개 항목의 활동을 실시하는 단체의 운영이나 활동에 관한 연락, 조언, 원조	17,007	45.7	0.6

주1: 하나의 법인이 복수 분야에서 활동하는 경우가 있어 합계는 100%가 되지 않음.
주2: 제12호에서 제16호까지는 개정특정비영리활동촉진법 시행일(2003년 5월 1일) 이후 신청하여 인증된 부분만이 대상임.
주3: 주요 분야는 2007년도 '시민활동 기본조사'에서 앙케트 결과 얻게 된 내용임.
자료: 내각부 NPO HP 및 내각부(2007).

NPO 법인의 수가 많아지고 그 활동 범위가 넓어지면서 전후 일본 사회에서 큰 역할을 했던 행정과의 협력적인 관계가 나타나고 있다. 2007년에 실시한 NPO법인 조사에 따르면 2년간(2005~2006년) 행정과의 연계·협동을 이룬 단체는 전체의 약 75%에 해당했다. 이를 분야별로 살펴보면, 첫째 법인이 실시하는 활동에 대해 행정으로부터 자금(보조금 및 위탁비) 지원(36.2%), 행정이 실시하는 기획 입안에 참가(30.5%), 행정과 공동으로 행사 실시(27.9%), 행정과 정기적으로 정보 교환(27.0%), 활동 거점으로 공공시설 사용(23.1%), 법인 운영(인건비, 관리비)에 대해 행정으로부터 자금지원(18.8%) 등이었다. 반면에 행정과 구체적인 관계를 지니고 있지 않다는 응답은 전체의 23.8%를 차지했다.

풀뿌리 NPO의 변화

1997년 '시민활동단체 기본조사'에 따르면 공익법인을 제외한 시민단체는 총 85,786단체였다. 그 중에서 법인화된 NPO가 조사 대상의 3.6%, 법인형의 시민단체가 8%였으며, 나머지는 풀뿌리 시민단체에 해당했다(이숙종, 2006: 70).

2009년 '시민활동단체 기본조사'에서는 시민활동단체가 총 70,986단체(2008년 11월 시점)로 나타났다. 조사에서 '시민활동단체'란 '지속적·자발적으로 사회공헌 활동을 하며, 영리를 목적으로 하지 않는 단체로서, 특정비영리활동법인 및 권리 능력이 없는 단체(이른바 임의단체)'로 정의하고 있다. 조사 내용 중에는 기존의 풀뿌리 시민단체 중에서 NPO 법인으로의 전환 의향이 있는가에 대한 질문이 있다. 질문에 대해 '필요 없음'(66.7%), '검토했으나 단념했음'(5.9%), '검토 중'(4.2%), '신청 예정'(0.8%), '무응답'(19.4%) 등의 응답이었다(내각부, 2009). 부정적인 응답이 다수를 차지하고 있으나, 긍정(5.0%)과 무응답의 비율을 보면 향후에도 풀뿌리 시민단체의 NPO 법인으로의 전환이 지속적으로 이루어질 것임을 예측할 수 있다.

3) 일본의 지역 NPO 사례 연구

일본의 지역 NPO 법인의 활동 사례로서 무사시노시(武藏野市)를 살펴보기로 한다.[7] 무사시노시의 경우 2006년에는 총 67개의 NPO·시민활동

7) 무사시노시는 일본의 지방정부 중에서 그 활동이 우수하며 지방정부에 대한 평가에서 상

단체가 등록(무사시노시 기획정책실 시민활동 센터)했으며, 2008년에는 총 68개의 NPO 법인이 활동했다. 2006년에는 NPO 법인 외에도 시민활동단체가 포함되어 있었다는 것을 고려하면 무사시노시에서도 2년 사이에 NPO 법인의 증가가 꾸준하게 이루어졌다고 할 수 있다.

2006년 조사에 따르면 NPO활동 실태조사에 응한 37개 단체의 경우 설립 시기는 2000년 이후가 가장 많았으며(64.9%), 1990년대(18.9%) 등의 순이었다. 활동 내용에서는 '마을만들기 추진'(35.1%), '사회교육 추진'(32.4%), '아동 건전 육성'(32.4%), '학술 · 문화 · 예술 · 스포츠 진흥' (27.0%), '보건 · 의료 · 복지 증진'(24.3%), '환경 보전'(24.3%) 등이 중심적이었다. 그리고 활동 내용의 종류 수를 보면 한 종류의 활동을 하는 단체가 45.9%로 가장 많았으며, 두 종류(13.5%), 세 종류(10.8%)의 순이었다. 그리고 다섯 종류 이상의 활동을 하는 단체도 13.5%로 나타났다.

무사시노시의 NPO법인 현황

2006년도 자료에 따르면 각 단체의 회원 수는 평균 228명이다. 2,000명을 넘는 단체가 2개였으나, '20인 이상 50인 미만'이 37.8%로 가장 많았으며, '20인 미만'도 18.9%를 차지하고 있었다. 회원의 주요 연령은 골고루 분포되어 있는 단체가 37.8%였고, 40대 이상인 단체가 약 50%를 차지했다. 전년도의 주요 활동을 사업 형태로 보면 '독자사업'이 가장 많았으나(50.5%), 행정과 관련이 있는 사업도 약 25%－행정으로부터 위탁 사업(16.2%), 행정과의 공동사업(8.1%)－를 차지했다. 또한 전년도의 사업 수지 규모를 보면 100만 엔 이하가 43.2%로 가장 많았다. 그리고 수입에서 회비 수입(29.7%), 행정으로부터의 보조금(24.3%), 사업 수지(16.2%) 등의 순서였다. 지출에서는 사업비등 활동비(35.1%), 인건비(21.6%) 등의 순이었다. 활동상의 과제로서는 '회원 · 활동 인력의 확보'(64.9%), '활동자금 부족'(54.1%), '지역 연계'(45.9%), '활동 장소 확보'(40.5%), '행정과의 연계'(40.5%) 등을 꼽고 있다(武藏野市NPO活動實態調査報告書, 2006).

무사시노의 NPO 법인 중에서 '보육 서비스 해바라기 엄마(保育サービスひまわりママ)' NPO 법인(이하 해바라기 엄마 NPO 법인)은 보육과 관련

위권을 유지하고 있으며 모범적인 지방정부로 평가된다.

하여 왕성한 활동을 보이는 단체의 하나이다. 1996년 노동후생성 위탁으로 재단법인여성노동협회가 실시하는 '보육 서비스 강습회'를 마친 수료생이 처음 활동을 시작했다. 1999년 9월 30일 NPO 법인으로서 인증을 받았으며, 상호회원제로 운영되고 있다. 독자사업과 무사시노시의 보조금사업을 동시에 진행한다. 주요 활동 분야로는 '남녀 공동 참여'와 '아동의 건전한 육성'이며, '보육'에 중점을 두고 있다.

해바라기 엄마 NPO 법인은 크게 두 가지 보육 사업을 전개하고 있다. 첫째, 독자 사업으로서 이용 회원 등록 세대에게 보육 서비스를 제공하는 것이다. 이는 상호회원제의 특성을 활용하는 것으로, 이용 회원(육아 지원을 받기 원하는 사람, 개인 이용 회원과 단체 이용 회원으로 구분), 협력 회원(육아를 지원하는 사람), 사무국, 찬조 회원(자금을 찬조하는 회원) 등으로 구성된다. 운영 예산은 회비, 이용료의 일부, 보조금, 기부금 등으로 운영된다. 2007년도에 이용 세대가 210세대 증가하여 2008년 3월 현재 1,882세대가 되었으며, 등록 협력 회원은 181명이다.

둘째, 시의 위탁・보조사업을 실시하고 있으며, 크게 세 가지를 들 수 있다. 먼저, '아동 천만 하우스(こどもテンミリオンハウスあおば)'의 운영이다. 2001년부터 실시하고 있으며, 구체적으로는 '모자 광장(親子の廣場「あひる」)', '단기간 보육(一時保育「ひまらり」)', '무엇이든 상담 가능(なんでも相談「はあと」)' 등의 사업으로 구성된다.[8] 다음으로, 출산 전・후 지원 도우미(helper) 사업을 시행하고 있는데, 출산 전・후의 건강 약화 등으로 가사노동이나 육아가 곤란한 산모가 있는 가정에 도우미를 파견하여 산모나 유아를 돌보고 가사를 도와 주는 사업을 말한다. 2007년도에는 115세대가 이용했으며, 총 1,372세대가 이용했다. 마지막으로 '한부모 가정 도움 서비스(ひとり親家庭ホームヘルプサービス)'사업을 실시하고 있다. 이는 의무교육 종료 전의 아동이 있는 한부모 가정 중에서 가사와 육아 등의 일

8) '모자 광장'은 모자가 자유롭게 시간을 보내면서, 동료나 스태프와 육아에 관해 정보를 교환하거나 휴식을 장으로서 활용되고 있다. '단기간 보육'은 부모의 질병, 개호, 관혼상제, 일, 통원, 휴식 등의 사유에 따라 다양한 형태로(2시간에서부터 숙박까지 가능) 아동을 일시적으로 맡기는 것이 가능하다. '상담 가능' 사업은 육아와 관련된 다양한 상담에 응하고 있으며 필요한 경우 전문기관을 소개하기도 한다.

[그림 12-3] '보육 서비스 해바라기 엄마' NPO법인 서비스 전달 체계

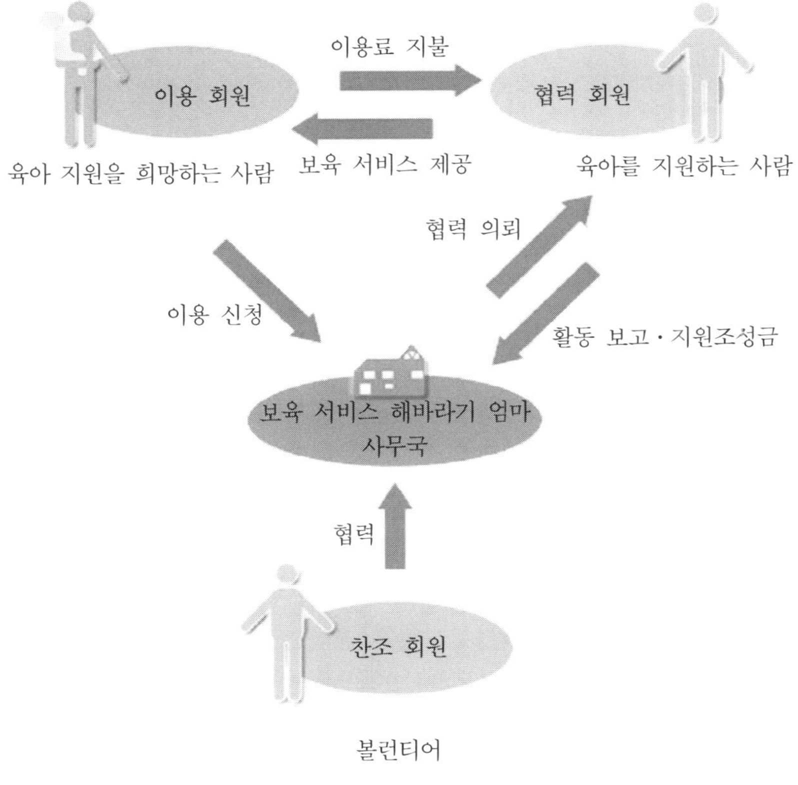

출처: 保育サービスひまわりママ 홈페이지; 재인용, 행정자치부(2007: 48).

상생활에 지장을 갖고 있는 가정을 지원하는 서비스이다. 현재까지 총 22 세대가 이용했으며, 부모 소득 수준에 따라 이용자의 부담 비용에 차이가 있으나 상대적으로 저렴하다.[9]

보육 서비스와 관련하여 지역 NPO와 지방정부는 상호 협력의 형태를 보이고 있다. 지역 NPO는 도우미 파견, 정보 제공 등의 역할을 담당하며, 지방정부는 보조금을 지원하고 있다([그림 12-3] 참조).

9) 무사시노시의 NPO법인 사례는 행정자치부(2007: 47-49)의 내용을 참조하여 작성했음.

5 결 론

한국과 일본의 NGO는 양적인 팽창을 이루고 있으며, 앞으로 활동 범위도 더욱 증가할 것으로 예상된다. 일본의 NPO 법인의 경우 1998년 NPO법 제정 이후 그 수가 크게 증가했으며, 그 활동 영역도 17개 분야에 걸쳐 있다. 한국의 경우도 정부에 등록되어 있는 NGO단체는 4년 남짓한 기간 동안 약 47% 증가했으며, 그 활동 영역도 사회 서비스를 필두로 거의 모든 분야에 걸쳐 있다.

양국의 지역 NGO는 자신들만의 독자적인 활동 영역을 지니고 있지만, 정부와 활동 영역이 공통되는 분야도 적지 않다. 일본의 경우 NPO법인 중에서 행정과의 연계·협동을 실시하는 단체가 75%에 달한다. 무사시노시의 사례와 같이 지역 NPO가 지방정부의 위탁사업을 수행하며, 공동사업을 실시하기도 한다. 한국의 경우도 NGO의 전체 재정 중에서 정부보조금이 차지하는 비중이 26%에 달하는 것으로 나타나고 있다. 그리고 순천시의 산모 도우미 사례와 같이 정부사업을 공동으로 실시하기도 한다.

물론 양국의 NGO가 활동하는 영역을 비교하면 적지 않은 차이점이 드러나기도 한다. 예를 들면 한국은 환경 보전, 보건·의료·복지 증진, 사회교육 추진, 인권 옹호 및 평화 추진, 학술·문화·예술·스포츠 진흥 등에 중점을 두고 있다면, 일본은 보건·의료·복지 증진, 환경 보전, 마을만들기 추진, 학술·문화·예술·스포츠 진흥, 아동 건전 육성 등에 초점을 두고 있다. 이러한 차이는 한국의 NGO는 정치·사회적인 이슈에 더 많은 관심을 기울이고 있는 것에 반해 일본의 NPO는 지역 수준에서의 활동을 더 활발하게 전개하고 있는 것으로 해석할 수 있다(염재호, 2009).

서로에서 제기했듯이 정부를 둘러싼 환경의 변화와 시민사회의 성장은 앞으로 국정관리에서 (지역) NGO와 정부의 협력을 필수불가결하게 할 것이다. 그런 점에서 양자의 협력적 관계를 어떻게 설정할 것인가에 대한 진지한 고민이 필요하다. (지역) NGO가 정부의 서비스를 함께 하는 것은 필요하지만 단순 대행이나 하청에 그치는 상호 관계의 구축은 양자에게 모두 부정적인 효과를 가져올 수 있다. (지역) NGO가 정부와의 공동 영역에서 협력 사업을 실시하면서도 동시에 긴장 관계가 유지되며, 자율성과 자립성을 유지하면서도 책임성을 확보할 수 있는 제도적 방안이 탐색·마련될 때 더 좋은 시민사회와 정부의 구축이 가능할 것이다.

참고 문헌

시민의 신문(2006). 「한국민간단체총람」.

廉載鎬(2009). "ニューガバナンスの制度的進化: 韓國市民團體の發展と限界." 「レヴァイアサン」. 45: 127-154.

이숙종(2006). "일본의 NPO 부문과 정부-NPO 관계의 변화." 김문조·핫토리 타미오(공편). 「한국사회와 일본사회의 변용」. 서울: 아연출판부.

임승빈(2009). 「정부와 NGO」. 서울: 대영문화사.

정상호(2008). "한국 시민단체(NGO)의 재정 위기의 현황과 해소 방안." 「동서연구」. 20(2): 249-276.

행정자치부(2007). 「협력적 지역거버넌스 활성화 방안」.

內閣府(2007). 「市民活動基本調査」.

———(2009). 「市民活動基本調査」.

日本NPOセンター(2007). 「市民社會創造の10年」. 東京: ぎょうせい.

Edwards, Mike(2004). *Is Civil Society a Big Idea?*. 서유경 옮김(2005). 「시민사회」. 서울: 동아시아.

순천 YWCA 홈페이지(http://www.scywca.kr)

內閣府NPOホームページ(http://www.npo-homepage.go.jp/).

保育サービスひまわりママ홈페이지(http://www.himawarimama.org/).

제5부

분권개혁과 과제

제13장 지방분권 정책*

김순은
(동의대 행정학과 교수)

1 서 론

지방분권은 매우 다양한 의미를 지니고 있다. 지방분권은 상황에 따라 정치 권한을 이양하는 정치적 분권을 지칭하며, 때로는 행정 권한을 이양하는 행정적 분권을 의미한다. 경우에 따라서는 민영화를 통한 민간 이양을 의미하기도 한다.

이러한 지방분권은 1980년대 이후 시작되어 현재에도 계속적으로 진행되는 개혁적 정치·행정 업무이다. 지방분권에 대한 정당성은 중앙집권의 폐단에 대한 반작용이면서 지역 문제를 지역을 담당하는 지방정부가 해결하는 것이 민주적이고 효율적이라는 이론이 내재되어 있다. 중앙정부의 재정적 위기를 지방분권을 통해 해결하고자 했던 국가도 있다. 전자에 일본과 우리나라가 속하며 후자가 미국과 일본의 사례이다. 일본은 중앙집권에 대한 폐단을 시정하겠다는 목적과 중앙정부의 재정적 위기를 해소하기 위한 대안으로 지방분권을 추진했다(김순은, 2001a).

---

* 이 글은 필자가 2010년 2월 한국지방정부학회에서 발표한 "우리나라 지방분권 정책의 변천과 과제: 한·일의 비교분석"을 수정 보완한 것임.

역사적으로 이웃 국가인 일본과 우리나라는 정치와 행정이라는 측면에서 유사점과 차이점을 동시에 지니고 있다. 대표적인 공통점은 메이지(明治) 체제 이후 전통적인 중앙집권 국가였던 일본과 우리나라는 중앙집권의 폐해를 동시에 경험했다는 것이다. 우리나라와 일본은 상호 차이점을 통해 상호간에 영향을 미치고 있다.

이 장은 우리나라의 지방분권의 정책 변천을 일본의 사례와 비교 분석한 것이다. 지방분권 추진 배경, 추진 체계, 추진 과정, 지방분권의 성과를 중심으로 일본의 사례와 우리나라의 사례를 비교 분석하는 것은 일본과 우리나라 지방분권의 유사점과 차이점을 인식하고 향후 우리나라의 지방분권을 추진하는 데 적지 않은 시사점을 줄 것이다. 우리나라와 일본에서 지방분권에 관한 논의는 1980년대부터 시작되었으나 실질적인 개혁적 작업은 1990년대에 개시되었다. 따라서 이 연구에서도 분석의 시기를 1990년대 이후로 설정했다.

2 지방분권의 추진 배경

1) 우리나라의 지방분권 추진 배경

우리나라에서 체계적으로 지방분권에 관한 논의가 시작된 것은 국민의 정부가 출범한 이후라고 할 수 있다(김순은, 2003a). 국민의 정부는 1999년 '중앙행정 권한의 지방이양 촉진 등에 관한 법률'(이하 '지방이양법')을 제정하여 본격적으로 중앙행정 권한의 지방 이양을 통한 지방분권 개혁을 시도했다.

이 같은 지방분권의 분위기는 참여정부의 출범으로 절정에 이르렀다. 참여정부는 2003년 12월 '지방분권특별법'을 제정하여 국민의 정부가 수립했던 중앙행정 권한의 지방 이양 작업을 대대적으로 보완했다. 이명박 정부가 출범한 이후에는 지방분권특별법을 대신하여 2008년 2월 '지방분권 촉진에 관한 특별법'을 제정하여 지방분권 개혁을 지속적으로 추진하는 체제를 유지했다.

위에서 논의했던 우리나라 지방분권 개혁은 외견상으로 서로 유사한 추진 배경을 갖고 있었다고 보이나 실질적인 추진 배경은 매우 상이했다고 판단된다. 우리나라는 1990년대에 들어 비대해진 중앙정부에 대해 지방분권의 필요성을 절감하고 지방이양합동심의회를 구성하여 행정사무의 재배분을 시도했다. 그러나 지방합동심의회의 활동이 성과가 크지 않자 이를 제도적으로 보완하고자 했던 것이 국민의 정부가 수립한 지방이양법이다. 중앙집권적인 체제의 부작용을 해소하고자 추진했던 지방이양합동심의회의 방식을 개선하고자 했던 것이 지방이양법의 추진 배경이라고 할 수 있다.

참여정부가 제정했던 지방분권특별법은 좀 더 거시적인 배경을 안고 출발했다. '지방의 활력을 통한 분권형 선진 국가'의 건설이라는 비전을 가졌던 참여정부는 세계의 흐름과 더불어 우리나라의 정치행정적 상황을 배경으로 지방분권을 추진했다. 이미 세계화, 정보화, 지방화라는 흐름 속에서 영국, 일본, 미국, 프랑스 등이 지방분권 개혁을 가속화시키고 있었으며, 국민의 정부가 추진했던 지방이양법의 제도적 틀이 성과를 얻지 못하자 새로운 틀을 제시하게 된 것이 지방분권특별법이다. 참여정부는 정치행정 체제의 개혁이라는 거시적 관점에서 지방분권 개혁을 추진했다(김순은, 2005)a). 지방분권이 국정 과제의 최우선순위로 추진되었음이 그러한 것을 반증한다.

지방분권의 개혁적 분위기는 참여정부를 정점으로 이명박 정부에 들어서는 새로운 상황으로 변하게 되었다. 경제 위기라는 사회적 분위기는 이명박 정부의 지방분권 배경과 매우 반비례적인 상황으로 작용하기 시작했다.

2) 일본의 지방분권 추진 배경

1990년대 이후 추진된 일본의 지방분권은 크게 3기로 나누어 논의할 수 있다. 1995년 지방분권추진법의 제정부터 1999년 지방분권일괄법이 제정되고, 2001년 지방분권추진위원회가 제출했던 최종 보고와 함제 지방분권추진위원회가 해체된 시점이 제1기이다. 제2기는 지방분권추진위원회가 추진했던 지방분권 개혁 중 재정개혁이 미진하여 이를 보완하고자 추진했던 지방분권개혁추진회의의 발족부터 2006년 지방분권개혁추진법이 제정된 시점이다. 제3기는 지방분권개혁추진법에 의해 지방분권개혁추진위원회가 발족된 시점부터 현재까지를 의미한다.

각 시기의 지방분권 추진 배경은 우리나라와는 다소 상이했다. 제1기의 추진 배경은 정부의 재정적자이다. 1980년대에 들어 일본이 재정 위기를 겪자 다양한 개혁안이 제시되었다. 다양한 대안 중의 하나가 지방분권이었다(佐佐木信夫, 1999; 新藤宗幸, 1999; 김순은, 2004a).

1990년에 들어서는 대·내외적 상황의 변화가 지방분권을 촉발하는 배경이 되었다. 대외적으로 글로벌화와 냉전 체제의 붕괴, 대내적으로는 정치·행정개혁의 요구, 복지국가 패러다임의 변화, 고령화·소자화(小子化) 사회에 대한 대비 등이 1999년 지방분권 개혁의 추진 배경이 되었다(自治省, 2000). 글로벌화와 냉전 체제의 붕괴로 중앙정부의 역할이 대폭 축소되는 현상이 발생했다. 상대적으로 국제기구의 위상이 높아지고 중앙정부는 전통적인 역할을 대신하여 새로운 시대에 부합하는 기능과 역할을 부여받게 되어 종전의 역할과 기능을 지방으로 이양하지 않으면 안 된다는 주장이 지속적으로 제기되었다. 중앙집권 체제에 대한 반작용으로 지방정부의 역할 강화와 지역의 활성화가 논의되었으며, 이 같은 지방정부의 역할 강화는 고령화·소자화 사회에는 더욱 절실한 것으로 예상되었다.

일본의 제1기 지방분권은 1999년 지방분권일괄법으로 일단락되고 재정재건이라는 배경을 토대로 추진된 제2기 지방분권 개혁이 삼위일체 개혁이라고 명명되는 재정개혁이다(채원호, 2008). 이 시기에 단행된 삼위일체 개혁은 재정재건이라는 대외적 명분을 지녔으나 실질적으로는 국고보조금을 둘러싸고 형성된 정계, 관계, 재계의 밀착 관계를 타파하려는 정치적 의도가 내재되어 있었다(高木健二, 2004).

2006년 개시된 제3기 지방분권 개혁은 1999년 지방분권 개혁에 평가와 밀접하게 관련되어 있다. 일본의 지방분권 개혁은 나름대로의 성과를 거두었음에도 불구하고 "총론 중의 서론"(成田頼明, 1995), "미완성의 개혁"(西尾勝, 1999), "개혁의 제1단계"(新藤宗幸, 1999), "개혁의 제1라운드"(佐藤英善, 2002) 등의 평가와 같이 적지 않은 과제를 안고 있었다(김순은, 2003b).

3 지방분권의 추진 체계

1) 우리나라 지방분권의 추진 체계

우리나라 지방분권 개혁의 과정이 크게 3기로 나누어 논의했듯이 추진 체계도 크게 3기로 나누어 논의할 수 있다. 제1기 지방이양법의 시기에는 지방이양추진위원회가 국민의 정부 시절부터 중앙행정 권한의 지방 이양을 주도적으로 실행했다. 지방이양추진위원회는 실무위원회와 실무지원팀의 협력을 받아 지방 이양 작업을 실시했다.

지방이양추진위원회의 행정 권한의 지방 이양 과정은 실무분과위원회의 심의와 조정, 지방이양추진위원회의 심의와 의결을 거쳐 국무회의의 심의로 확정되었다. 지방이양추진위원회의 결정에는 지방의 의견을 수렴했으며, 국무회의의 심의로 확정된 지방 이양 대상 사무는 해당 부처에서 발의하여 제도화 작업을 속행했다.

제2기 지방분권특별법이 제정된 이후에는 지방분권을 추진하는 주체가 제도상으로는 3개였다. 앞에서 논의했던 지방이양추진위원회를 해체하지 않고 새롭게 지방분권특별법이 제정되어 지방분권특별법에 기초한 '지방분권 추진을 위한 위원회'와 지방이양추진위원회, 대통령령에 의한 '정부혁신지방분권위원회' 등 3개의 주체가 지방분권 개혁을 각각 담당하게 되었다. 후에 정부혁신지방분권위원회가 '지방분권 추진을 위한 위원회'로 지정되어 2개로 통합되었다.

정부혁신지방분권위원회는 지방분권특별법에서 규정한 지방분권 추진 과제를 심의하여 대통령에게 보고하며, 보고된 사항은 각 부처의 장에게 통보되어 구체적인 분권이 이루어진다. 이와 더불어 지방이양추진위원회는 국민의 정부 때의 작업을 계속적으로 추진했다.

2008년 지방분권 촉진에 관한 특별법 제정 이후에는 정부혁신지방분권위원회가 담당했던 역할을 지방분권촉진위원회가 담당했다. 지방분권촉진위원회는 지방분권지원단의 행정적 지원을 받아 지방분권 과제를 심의·의결하여 대통령에게 보고하도록 규정했다. 대통령에게 보고된 사항이 지방정부의 장과 중앙부처의 장에게 보고되면 중앙부처의 장은 지체없이 지방분권에 관련된 계획을 수립하여, 관련된 제도적 사항을 개선해야 한다(지방분권 촉진에 관한 특별법 제21조).

개혁정책을 추진하는 데는 추진 체계의 구성이 매우 중요하다. 지방이양법에서는 15인 이상 20인 이내의 위원을 대통령이 위촉하는데 국가공무원 및 지방공무원이 포함되도록 되어 있었다. 지방분권특별법에서는 20인 이상 30인 이내의 위원 중에서 대통령이 정하는 국가공무원과 이에 준하는 자, 일반 인사 중에서 대통령이 위촉하는 자, 그리고 지방4단체협의회에서 추천하는 인사로 구성되었다. 양 기구 모두 위원의 수가 많고 공무원의 비중이 높다는 비판이 있었다(김순은, 2005b).

지방분권촉진법의 추진기구는 기존의 추진 체계에 비해 효율적이고 민주적으로 구성되었다. 우선 위원의 수가 10인 이내로 운영의 효과성을 제고할 수 있게 되었으며 위원의 추천도 대통령, 국회의원, 지방 4단체가 추천하는 인사로 구성되어 중앙과 지방, 입법부와 행정부의 조화를 이룰 수 있게 되었다.

2) 일본 지방분권의 추진 체계

일본 지방분권의 추진 체계도 시기별로 나누어 논의할 수 있다. 제1기에는 지방분권추진위원회가 담당했다. 지방분권추진위원회는 사무국의 행정적 지원을 받아 해체되기 전까지 1회의 중간보고와 다섯 차례에 걸쳐 지방분권에 관한 권고안을 제출했다.

지방분권추진위원회는 총리부에 설치되어 지방분권에 관한 연구와 심의를 담당했다. 연구와 심의를 거친 지방분권에 관한 사항은 국회와 정부에 보고했으며 보고를 받은 정부의 추진 과정을 감시하는 역할을 담당했다.

지방분권추진위원회가 지방분권에 관한 권고안을 제출하면 행정부는 지방분권추진위원회의 권고안을 존중해야 하는 제도적 의무를 가졌다. 즉 행정부는 지방분권추진위원회가 제출한 권고안을 토대로 지방분권에 관한 계획을 수립하여 국회에 보고할 의무가 있었다. 보고를 받은 국회는 다양한 분야의 의견을 수렴하여 지방분권 개혁과 관련된 법령을 제·개정하는 권한을 가지고 있다.

제2기의 삼위일체 개혁은 2002년 발족된 지방분권개혁추진회의가 제시했다. 삼위일체 개혁이라는 용어는 지방분권추진위원회의 최종보고서에서 연유되었으나 구체적으로 언급된 것은 2002년 6월 각의에서 결정된 경제자문회의의 '경제재정 운영과 구조개혁에 관한 기본 방침'(제1차 기본 방침)이다.

지방분권개혁추진회의는 2003년 6월 '삼위일체 개혁에 관한 의견'을 제출했고, 2003년 6월 각의에서 결정된 '경제재정 운영과 구조개혁에 관한 기본 방침'(제2차 기본 방침)에서 삼위일체 개혁에 관한 구체적인 일정표가 제시되었다. 그 후 삼위일체 개혁에 대한 제3차 기본 방침이 2004년 6월 결정되었다. 삼위일체라는 용어는 정치가인 가타야마 도라노스케(片山虎之助)에 의해 만들어진 조어이다(김순은, 2007a).

2006년 이후 개시된 제3기의 지방분권은 지방분권개혁추진법에 기초한 지방분권개혁추진위원회가 담당하고 있다. 내각부에 설치된 지방분권개혁추진위원회는 지방분권에 관한 사항을 조사·심의하고 그 결과를 총리에게 보고하도록 되어 있다. 내각총리대신은 지방분권개혁추진위원회가 보고한 사항은 국회에 보고해야 한다.

4 지방분권의 추진 과정

1) 우리나라 지방분권의 추진 과정

앞에서 논의했듯이 우리나라의 지방분권 개혁은 크게 3기로 나누어 논의할 수 있다. 그런데 지방분권의 추진 과정은 시기마다 다소 상이했다.

제1기는 지방이양법에 기초한 지방이양추진위원회가 지방 이양을 담당했던 시기이다. 지방이양추진위원회는 독자적으로 지방 이양에 관한 계획을 수립하고 이에 기초한 추진 지침을 마련했다.

중앙부처와 지방정부는 추진 지침에 따라 대상 사무를 지방이양추진위원회에 보고한다. 지방이양추진위원회는 중앙부처와 지방정부로부터 보고된 사무와 자체 발굴된 사무를 포함하여 지방 이양 대상 사무로 삼는다. 지방이양추진위원회는 대상 사무를 근거로 중앙부처와 지방정부 및 민간단체로부터 의견 조사를 실시해야 한다(지방이양법 제15조).

지방이양추진위원회는 의견 조사를 토대로 중앙행정 권한의 지방 이양 및 지방정부 간의 사무배분을 위한 심의 대상을 선정한다. 지방이양추진위원회는 선정한 사무를 심의·의결하여 중앙행정 권한의 지방 이양 및 지방정부 간의 사무배분의 대상을 확정하고 국무회의의 심의를 거쳐 대통령에게 보고해야 하며, 관계 행정부처의 장이나 지방정부에 통보해야 한다(지방이양법 제17조). 중앙행정기관의 장이나 지방정부의 장은 지방이양추진위원회의 확정 결정에 이의가 있을 때에는 통보를 받은 날로부터 30일 이내에 지방이양추진위원회에 재심사를 요청할 수 있다. 중앙행정 권한의 지방 이양이나 지방정부 간의 사무배분이 확정된 이후에는 지방이양추진위원회는 사후관리를 할 수 있다(지방이양법 제22조).

요약하면 지방이양추진위원회의 지방 이양 계획에 따라 발굴·조사된 이양사무는 지방이양추진위원회의 심의와 의결로 거쳐 확정되었다. 즉 지방이양추진위원회는 우선 실무분과위원회의 심의와 조정, 실무위원회의 심의와 조정, 지방이양추진위원회의 심의를 거쳐 확정되었다. 여기서 중요한 것은 지방이양추진위원회의 의결 과정에 지역의 의사가 존중되어야 한다는 점이다. 지방이양추진위원회는 다양한 방식으로 지역의 의견을 수렴했다.

지방이양추진위원회의 심의와 의결을 거친 지방이양안은 국무회의의 의결로서 확정되었다. 국무회의의 의결을 거친 지방 이양 대상 사무는 해당 부처로 통보되어 구체적인 이양 작업에 착수하게 되었다. 통보받은 해당 부처는 지방 이양 대상 사무에 대한 계획을 수립하여 지방이양추진위원회에 보고해야 하며, 지방이양추진위원회는 관련 법령의 개정 작업 등을 완료하는 과정을 거쳤다.

제2기의 과정은 제1기와는 달리 이원적으로 이루어졌다(김순은, 2003a). 거시적인 관점과 미시적인 관점으로 나누어 논의하는 것이 참여정부의 지방분권을 이해하는 데 도움이 될 것이다.

거시적인 관점에서 참여정부의 지방분권 개혁은 국민들이 참여토록 투명하게 진행되었다. 우선 지방분권 로드 맵을 작성하여 일련의 개혁 과정을 모든 관계자는 물론 일반 국민들조차 쉽게 알도록 공지하는 절차를 거쳤다.

참여정부는 2003년 4월 「정부개혁 추진전략과 계획」이라는 보고서와 2003년 5월 「참여정부 지방분권의 비전과 추진 방향」이라는 보고서를 통해 지방분권 과정의 대강을 발표했다. 이를 토대로 2003년 7월 지방분권 추진계획 (분권) 로드맵을 작성했다. 이를 제도적으로 지원하기 위해 2003년 12월 지방분권특별법을 제정했다. 지방분권특별법은 지방분권 로드 맵에서 명시한 지방분권의 추진 과제를 지방분권특별법의 내용으로 규정하고 이를 추진하기 위해 '지방분권 추진을 위한 위원회'를 설치했다.

참여정부의 지방분권 추진 과정을 미시적인 관점에서 논의하면 '지방분권 추진을 위한 위원회'의 활동 과정을 분석하는 것이다. 대통령령에 기초한 정부혁신지방분권위원회는 '지방분권 추진을 위한 위원회'의 역할을 수행하기 이전부터 적극적으로 지방분권 개혁을 위한 절차적 과정에 착수했다.

2003년 6월 전국적으로 지역 워크숍을 통해 지방분권의 추진 과제를 도출하기 시작했다. 아울러 행정자치부(현 행정안전부)는 전국시도지사협의회, 전국시장군수구청장협의회, 전국시도의회의장협의회, 전국시군구의회의장협의회, 지방분권국민운동본부 등과 간담회를 통해 지역 및 시민의 의견을 수렴했다.

정부혁신지방분권위원회는 2003년 7월 지방분권 로드 맵을 발표하고 행정자치부는 제도적인 지원을 위해 지방분권특별법의 제정을 준비했다. 그 외 행정자치부의 지방분권연구단의 연구와 검토, 정부혁신지방분권위원회의 전문위원회의 전문적 검토, 한국지방행정연구원의 연구와 검토 등 전문적인 자문을 거쳤다. 참여정부는 절차의 민주성을 확보하기 위해 매우 적극적이었다(김순은, 2003a).

이명박 정부가 출범한 이후에는 지방분권특별법이 지방분권 촉진에 관한 특별법으로 대체되어 지방분권촉진위원회가 지방분권 개혁의 추진 주체가 되었다. 지방분권촉진위원회의 지방분권 추진 절차는 절차는 지방이양추진위원회의 절차와 매우 유사하다.

대통령 산하에 설치된 지방분권촉진위원회는 지방분권촉진실무위원회의 전문적 지원을 받아 지방분권의 기본 방향 설정 및 추진계획을 수립하고 추진계획에 따라 지방분권 추진 과제를 심의·의결한다.

지방분권촉진위원회에서 심의·의결된 사항은 정기적으로 대통령에게 보고되며, 보고를 마치면 중앙부처의 장과 지방정부의 장에게 보고하는 절차를 밟는다. 보고를 받은 중앙부처의 장은 지방분권에 관한 실천계획을 수립하여 위원회에 제출하고, 관련 법령의 제·개정을 통해 지방분권 추진 과제를 마무리한다. 지방분권촉진위원회는 지방분권에 관한 실천계획이 차질없이 이행될 수 있도록 중앙부처의 추진 상황을 점검·평가한다(지방분권 촉진에 관한 특별법 제18조~제22조).

지방분권촉진법의 내용 중 앞의 제도적 내용과 특이한 것은 지방분권 개혁의 추진 실적을 연 2회 이상 공표해야 한다는 점이다. 이러한 규정에 따라 지방분권촉진위원회는 2009년 7월 10일과 2009년 12월 5일 두 차례에 걸쳐 추진 실적을 발표했다.

2) 일본 지방분권의 추진 과정

제1기 일본의 지방분권은 지방분권추위원회가 담당했다. 지방분권추진위원회의 설치는 1995년 제정된 지방분권추진법의 가장 중요한 의의 중의 하나였다(石弘光 外, 1995). 지방분권추진법은 지방분권 개혁의 추진 과정에서 지방분권추진위원회와 국회 및 행정부와의 역할과 작업 관계를 규정했다.

지방분권추진위원회는 지방분권의 추진 주체로서 지방분권의 연구와 심의를 담당하고 지방분권추진위원회가 마련한 지방분권 권고안을 국회와 정부에 보고하며 행정부의 추진 과정을 감사하는 역할을 수행했다. 지방분권추진위원회는 1회의 중간보고, 5회의 권고안을 거쳐 1999년 최종 지방분권일괄법을 제정하도록 추진했다. 1996년 3월 지방분권추진위원회의 중간보고, 1996년 12월 제1차 권고, 1997년 7월 2차 권고, 1997년 9월 3차 권고, 1997년 10월 4차 권고, 1998년 11월 5차 권고안이 발표되었다.

정부는 1998년 5월 지방분권 추진계획을 작성하여 국회에 보고하고, 1999년 국회에서 지방분권과 관련된 550여 개의 법을 일괄 개정에 부쳐 475개의 법률이 제·개정되어 1999년 지방분권일괄법의 제정에 이르게 되었다. 2001년 7월 지방분권추진법의 시효가 만료됨에 따라 지방분권추진위원회의 활동은 종료되었다.

그러나 제1차 지방분권 개혁의 성과가 미미하다는 자체 판단에 따라 지방분권추진위원회는 지속적인 지방분권을 건의하면서 새로운 기구의 설치를 제안했다. 지방분권의 지속적인 추진을 위해 '지방분권개혁추진회의령'이 공포・시행에 의해 '지방분권개혁추진회의'가 설치되었다.

3년의 활동 시한을 가진 지방분권개혁추진회의는 일본 지방분권의 제2라운드를 위한 기구였다. '지방분권개혁추진회의령'에 기초하여 지방분권개혁추진회의는 제1차 지방분권이 미흡했던 부분을 보완하는 차원에서 중앙정부와 지방정부의 바람직한 역할, 세재원의 적정한 배분, 지방정부의 행・재정 체제의 정비 등에 관해 내각총리대신에게 자문하도록 되어 있었다(김순은, 2003b).

지방분권개혁추진회의의 기본 이념은 지방분권추진위원회의 이념과 대동소이했다. 지방분권추진회의도 지방분권형 사회의 구축을 추구하는 것으로 설정했다. 지방분권개혁추진회의는 2001년 12월 「중간 논점 정리」, 2002년 6월 「중간보고서」, 2002년 10월 「최종 보고서」를 제출했다. 「자주・자립의 지역사회를 지향하며」라는 중간 보고와 최종 보고서에서 지방분권개혁추진회의의 활동 이념을 발견할 수 있다(地方分權改革推進會議, 2002). 지방분권개혁추진회의의 대표적인 활동 이념은 '보완성의 원리'와 지방 최적화(local optimum)를 통한 분권형 사회의 건설이었다.

지방분권개혁추진회의의 활동 이념이 지방 최적화로 전환된 것은 국정의 커다란 변화를 의미하는 것이었다. 일본은 복지사회의 건설을 위해 그동안 모든 정책에서 전국적으로 최소한 수준(national minimum)을 유지하려고 노력했다.

내셔널 미니멈을 모니터링하기 위해 중앙정부의 관여가 그 동안 증가했다. 그뿐만 아니라 부처 간에도 칸막이 행정이 만연되었다는 비판이 계속적으로 지적되었다. 이러한 상황 속에서 지방 최적화의 강조는 새로운 체제로의 전환을 강조하는 것이라고 할 수 있다.

앞에서 논의했듯이 지방분권개혁추진회의는 2003년 6월 '삼위일체 개혁에 관한 의견'을 제출했고 2003년 6월 각의에서 결정된 '경제재정 운영과 구조개혁에 관한 기본 방침'(제2차 기본 방침)에서 삼위일체 개혁에 관한 구체적인 일정표가 제시되었다. 그 후 삼위일체 개혁에 대한 제3차 기본 방침이 2004년 6월 결정되었다(김순은, 2007a).

2006년 법률 제111호인 지방분권개혁추진법에 의해 2007년 4월 내각부에 지방분권개혁추진위원회가 설치되었다. 지방분권개혁추진위원회는 2007년 11월 중간보고 성격의 개혁 방침을 공표한 이후 2008년 5월 제1차 지방분권개혁 권고안을 제출했다. 제1차 권고안은 주민에게 지리적으로 가까운 행정에 관한 사항들을 지방정부에 계속적으로 이양함으로써 지방정부의 확립을 도모하고 중앙정부와 지방정부의 역할 분담을 재검토하는 것을 골자로 한다.

제1차 지방분권 개혁 권고안을 접수한 정부는 2008년 6월 지방분권개혁추진본부에 제1차 지방분권 개혁추진 요강을 결정했다. 지방분권개혁추진위원회는 지방 이양 사무에 관한 조사와 심의를 계속하여 2008년 8월 중앙정부의 특별지방행정기관에 대한 중간보고, 2008년 9월 도로·하천의 이관에 대한 재원의 처리에 관한 의견서 제출을 거쳐, 2008년 12월 제2차 지방분권 개혁에 관한 권고안을 마무리하여 내각총리대신에게 제출했다.

5 지방분권의 성과와 과제

1) 우리나라 지방분권 개혁의 성과

(1) 우리나라 지방분권의 성과

① 지방이양추진위원회의 성과

우리나라의 지방분권 추진 실적은 크게 세 가지로 구분해 논의할 수 있다. 1999년 '중앙행정권의 지방 이양 촉진에 관한 법률'에 의해 구성되어 2008년 2월 '지방분권 촉진에 관한 특별법'에 의해 폐지된 지방이양추진위원회의 추진 실적, 2003년 12월 지방분권특별법에 의해 구성된 지방분권을 위한 위원회, 즉 정부혁신지방분권위원회의 추진 실적, 2008년 2월 지방분권 촉진에 관한 특별법에 의해 구성된 지방분권촉진위원회의 추진 실적으로 나누어 논의할 수 있다.

지방이양추진위원회는 2008년 해체될 때까지 총 48회의 회의를 개최했다. 앞에서 논의했듯이 지방이양추진위원회는 국민의 정부와 참여정부 기간 동안 단위 사무별로 지방으로 이양하는 것을 목표로 활동한 대통령 자문기관이었다.

지방이양추진위원회가 지방으로 이양한 단위사무를 회의별로 분석하면 아래와 같다.

제2회 지방이양추진위원회 회의에서 23개 업무, 제3회 지방이양추진위원회 회의에서 50개, 제4회 지방이양추진위원회 회의에서 50개의 사무를 이양했다.

제5회 지방이양추진위원회 회의에서는 총 63개 사무, 제6회 지방이양추진위원회 회의에서는 36개 사무, 제7회 지방이양추진위원회 회의에서는 45개 사무, 제8회 지방이양추진위원회 회의에서는 총 29개 사무, 제9회 지방이양추진위원회 회의에서는 총 25개 사무, 제10회 지방이양추진위원회 회의에서는 총 22개 사무를 이양했다.

제11회 지방이양추진위원회 회의에서는 총 22개 사무, 제12회 지방이양추진위원회 회의에서는 총 70개 사무, 제13회 지방이양추진위원회 회의에서는 총 39개 사무, 제15회 지방이양추진위원회 회의에서는 총 39개 사무, 제16회 지방이양추진위원회 회의에서는 총 52개 사무, 제17회 지방이양추진위원회 회의에서는 총 64개 사무, 제18회 지방이양추진위원회 회의에서는 총 90개 사무, 제19회 지방이양추진위원회 회의에서는 총 96개 사무, 제20회 지방이양추진위원회 회의에서는 총 60개 사무를 지방으로 이양했다.

제21회 지방이양추진위원회 회의에서는 총 50개 사무, 제22회 지방이양추진위원회 회의에서는 총 107개 사무, 제23회 지방이양추진위원회 회의에서는 총 16개 사무, 제26회 지방이양추진위원회 회의에서는 총 53개 사무, 제27회 지방이양추진위원회 회의에서는 총 27개 사무, 제28회 지방이양추진위원회 회의에서는 총 30개 사무, 제29회 지방이양추진위원회 회의에서는 총 35개 사무, 제30회 지방이양추진위원회 회의에서는 총 34개의 사무를 지방으로 이양했다.

제31회 지방이양추진위원회 회의에서는 총 31개 사무, 제32회 지방이양추진위원회 회의에서는 총 41개 사무, 제33회 지방이양추진위원회 회의에서는 총 50개 사무, 제34회 지방이양추진위원회 회의에서는 총 19개 사무, 제35회 지방이양추진위원회 회의에서는 총 6개 사무, 제36회 지방이양추진위원회 회의에서는 총 3개 사무, 제37회 지방이양추진위원회 회의에서는 총 21개 사무, 제38회 지방이양추진위원회 회의에서는 총 8개 사무, 제39회 지방이양추진위원회 회의에서는 총 13개 사무, 제40회 지방이양추진위원회 회의에서는 총 10개의 사무를 지방으로 이양했다.

제41회 지방이양추진위원회 회의에서는 총 15개 사무, 제42회 지방이양추진위원회 회의에서는 총 28개 사무, 제43회 지방이양추진위원회 회의에서는 총 12개 사무, 제44회 지방이양추진위원회 회의에서는 총 10개 사무, 제45회 지방이양추진위원회 회의에서는 총 20개 사무, 제46회 지방이양추진위원회 회의에서는 총 22개 사무, 제47회 지방이양추진위원회 회의에서는 총 16개 사무, 제48회 지방이양추진위원회 회의에서는 총 48개의 사무를 지방으로 이양하는 실적을 거두었다.

② 정부혁신지방분권위원회의 성과

참여정부 정부혁신지방분권위원회의 추진 실적을 분석하면 다음과 같다. 지방분권 5개년 종합실행계획에서 명시한 47개 추진 과제[1] 중에서 중앙정부의 판단에 따를 경우 완료된 과제는 34개이며, 법 개정 등 제도화 단계에 있는 과제가 5개, 정책 기획의 단계에 있는 과제가 8개이다(정부혁신지방분권위원회, 2006). 완료된 과제의 수로만 보면 72%의 달성도를 보였다.

완료된 28개의 과제 중 지방분권 과제는 지방분권특별법(2003년 12월 제정), 지방분권특별법의 시행(2004. 1), 주민투표제도(2004. 1), 주민소송제도(2005. 1), 주민소환제도(2006. 5)였다. 23개의 과제는 중앙행정 권한의 지방 이양, 제주특별자치도의 설립, 지방분권화 지표 개발 및 분권 수준 측정, 자치단체 관할 구역의 합리적 조정, 지방교부세 법정률의 단계적 상향 조정, 지방세의 신재원 확대, 재산세·종합토지세 과표의 현실화, 국고보조금 정비, 지방예산편성지침의 폐지 및 보완, 지방채 발행 승인제도의 개선, 지방양여금제도의 개선, 지방재정 평가 기능의 강화, 자치단체 예산지출의 합리성 확보, 재정 운영의 투명성·건전성 확보, 자치단체 자체혁신 체제의

1) 47개 과제 중 지방분권 과제가 33개이며 재정분권 과제가 14개임.

구축, 자치단체 인사 공정성의 확보, 지방의정 활동의 기반 강화, 주민감사 청구제도의 활성화, 주민소송제도의 도입, 자치단체에 대한 평가제도의 개선, 조례 제·개폐 청구제도의 개선, 자원봉사 활동의 장려·지원, 지역 내 전문가의 정책 과정 참여 확대, 주민투표제도의 도입, 중앙-자치단체 간 협력 체제의 강화 등의 과제가 완료된 것으로 보고되었다.

2006년 국회에 제출되어 제도화 단계에 있었던 것은 총 5개이며 이 중에서 지방분권과 관련된 과제가 1개, 자치행정의 역량 강화와 관련된 과제가 2개, 책임성 강화 방안이 1개, 협력적 정부간 관계의 정립에 관한 과제가 1개이다.

대도시특례 강화제도, 자치경찰 제도, 지방공무원의 인사제도 개선, 자치단체에 대한 감사 체계의 개선, 지방자치단체 간 협력 체계의 강화, 분쟁조정의 강화 방안 등이 당시 제도화 단계에 있었다.

사무 구분 체계의 개선, 특별지방행정기관의 정비, 국세와 지방세의 합리적 조정, 지방세 비과세 감면의 축소, 자치입법권의 강화, 븐권형 도시계획체계의 구축, 지방선거 제도의 개선, 주민자치 제도의 개선 등이 정책기획의 단계에 머물고 있었다.

이를 종합하면 참여정부의 지방분권 추진 로드 맵이 발표된 이후 지방분권특별법의 제정이 이루어지고 지방분권 5개년 종합실행 계획이 발표되었다. 이에 따라 지방분권특별법과 2004년 1월 주민투표법이 확정 발표되었다. 그 밖에 47개의 추진 과제 중에 비록 본래의 추진 일정보다는 늦은 과제도 있지만 34개가 완료되었다는 것이 참여정부의 평가였다.

종합적으로 평가할 때 자치행정의 역량 강화 분야와 재정분권과 관련된 분야의 성과는 여타 분야에 비해 높은 편이다. 그러나 사무 구분 체계의 개선, 획기적인 중앙행정 권한의 지방 이양, 자치경찰제도의 도입, 특별행정기관의 정비, 국세와 지방세의 재조정, 자치입법권의 강화, 지방선거제도의 개선, 정부 간 협력 체제의 구축과 관련된 과제는 괄목할 만한 성과가 없는 것으로 평가된다. 따라서 참여정부가 추진했던 지방분권 정책의 현재까지 성과는 핵심 과제가 누락되어 지역의 관점에서 체감도가 낮은 것으로 평가된다.

③ 지방분권촉진위원회의의 성과

2008년 12월 구성된 지방분권촉진위원회의 가시적인 성과는 아래와 같다. 지방분권촉진위원회는 '지방분권 촉진에 관한 특별법'에서 규정하는 추진 과제를 4개 분야 20개 세부 과제를 2009년 2월 확정했다. 이를 위해 특별지방행정기관 T/F, 법률자문 T/F, 행·재정T/F, 사무 구분 체계 T/F, 지방 이양 사무 발굴 T/F를 구성하여 활동하고 있다.

20개 지방분권 추진 과제 중에서 지방 이양, 특별지방행정기관 정비, 지방재정 확충 분야는 선도 과제로 선정하여 추진의 우선순위를 두었다. 2009년도 성과는 아래와 같다.

가. 지방이양 사무의 성과

앞에서 언급한 바와 같이 지방분권촉진법에 기초한 추진 체제의 민주성과 효과성은 제도상의 내용으로 볼 때 매우 개선된 것이었다. 이러한 결과는 성과로 이어졌다고 보인다.

지방분권촉진위원회가 발표한 자료에 따를 경우 지방이양추진위원회가 발족한 2000년부터 지방분권촉진위원회가 활동한 2009년까지 총 2,265건의 중앙행정 권한이 지방으로 이양되었는데 이 중 30.7%에 해당하는 697건이 2009년 지방분권촉진위원회의 실적이었다. 과거의 실적과 비교할 때 매우 괄목한 성과라고 할 수 있다. 특히 자치교육의 확대, 일자리 창출 및 녹색성장과 관련된 사무의 이양은 시의적절했다.

나. 국세와 지방세의 조정 효과

지방분권의 개혁 과제 중에서 가장 이슈가 되었던 분야가 지방재정의 확충이었다. 지방정부의 관점에서는 지방재정이 확충되지 않으면 지방분권은 공염불에 지나지 않는다는 주장이 계속적으로 제기되었다. 그러나 중앙정부는 국가의 정책적 과제를 수행하면서 재원의 지방 이양에 대해 매우 소극적이었다.

이러한 대립된 관점 속에서 지방소득세와 지방소비세의 신설이 꾸준히 논의되었으나 성과를 이루지 못했다. 그런데 이명박 정부 하에서 지방소득세와 지방소비세가 도입되어 지방재정의 확충에 크게 기여할 것으로 기대된다. 지방정부의 사업소세를 변환한 지방소득세는 커다란 영향을 없을 것이나 지방소비세는 적지 않은 영향을 미칠 것으로 예상된다.

(2) 일본 지방분권의 성과

① 지방분권추진위원회의 성과[1)]

1999년 완성된 지방분권일괄법은 "총론 중의 서론"(成田賴明, 1995), "미완성의 개혁"(西尾勝, 1999), "개혁의 제1단계"(新藤宗幸, 1999), "개혁의 제1라운드"(佐藤英善, 2002)라는 부정적인 평가가 있는 반면 "제3의 개혁"이라는 긍정적인 평가도 상존한다. 어찌 되었든 지방분권추진위원회의 활동은 몇 가지 측면에서 매우 중요한 성과를 낳았다.

제2차 세계대전 이후 자유민주적 분권 체제를 구축하려던 미군정의 시도에 대해 일본은 기관위임사무, 지방사무관, 필치규제라는 제도를 통해 중앙집권적인 체제를 유지했다. 따라서 일본의 지방분권 논의가 진행되는 동안 기관위임사무, 지방사무관, 필치규제에 관한 논의는 빠지지 않고 등장했다. 따라서 지방분권추진위원회의 활동도 이들 주제를 중심으로 진행되었다고 볼 수 있다.

가. 지방정부 사무의 개편

1990년대 일본 지방분권의 가장 큰 특징은 중앙정부와 지방정부가 수행할 사무를 개편한 점이다(大森彌, 1998; 西尾勝, 1999; 佐佐木信夫, 1999; 佐藤英善, 2002). 기존의 공공사무, 단체위임사무, 행정사무, 기관위임사무를 폐지하고 자치사무와 법정수탁사무를 신설한 것이 개혁의 가장 중요한 부분이었다. 공공사무, 단체위임사무, 행정사무와 255건의 기관위임사무가 자치사무로 재편되었다. 275건의 기관위임사무는 법정수탁사무로 전환되었다(김순은, 2003b).

나. 지방사무관 제도의 폐지와 필치규제의 축소

지방사무관 제도는 일본의 지방정부가 중앙정부의 하부 행정기관에 불과했던 시대적 소산으로서 지방정부의 인사권을 제약한 제도였다. 국가공무원의 신분을 가졌던 지방사무관은 광역지방정부인 도도부현의 사회보험 업무, 직업 안정·고용보험 업무, 자동차의 검사·등록 업무[2)] 등을 담당했다. 중앙정부의 인사권에 따라 전보되었으며, 지방정부는 지휘감독권만 행

---

1) 이 부분은 필자의 논문(김순은, 2003b)을 요약·정리한 것임.

2) 자동차의 등록·검사 업무를 담당하는 지방사무관은 1984년 폐지되어 운수대신의 직접적 지휘 감독을 받게 되었다.

사할 수 있었다. 필치규제는 전국을 통일적으로 관리하고 행정 서비스의 최저 수준을 확보한다는 명분 하에 실시된 제도이다. 주로 법률, 정령(政令), 성령(省令), 통달(通達) 등을 통해 행정기관, 시설, 특정 부서나 직위의 설치, 지방정부에의 의무 부담 등을 부과했던 제도이다. 예를 들면 보건소의 설치를 의무화하면서 보건소장은 반드시 의사로 임명해야 한다는 제도를 말한다. 결과적으로 필치규제와 지방사무관 제도는 지방정부의 자율권을 제약하는 제도로서 문제점이 계속적으로 제기되었다. 지방분권의 차원에서 지방사무관 제도는 폐지되었고 필치규제는 대폭 완화되는 결과를 낳았다(김순은, 2003b).

다. 정부간 관여 법칙과 분쟁 처리의 개혁

지방분권추진위원회의 가장 큰 성과는 위에서 논의한 기관위임사무의 폐지와 국가의 자치체(自治體)에 대한 관여의 원칙을 정립한 것이다(新藤宗幸, 1999; 佐佐木信夫, 1999; 今井照, 2000; 佐藤英善, 2002). 전후의 헌법과 지방자치법에서는 중앙과 지방과의 관계를 상호 대등한 관계로 규정했다. 그러나 법의 운영 과정에서 중앙과 지방이 정부와 정부와의 관계로서보다는 행정적 관계로서 발전되어 상하·수직적 관계를 유지하여 집권적 체제가 강화되었다.

1999년 지방분권일괄법의 제정으로 상하·수직적인 행정적 관계가 대등·협력의 정부간 관계로 전환되었다. 이를 구체적으로 뒷받침하기 위해 중앙정부의 관여의 원칙, 관여의 수단 등이 입법화되었다. 개정 지방자치법 제245조 2에서는 법정주의의 원칙, 일반법주의의 원칙, 공정·투명의 원칙을 세웠다. 법정주의의 원칙은 법률 또는 이에 의거한 정령에 의거하지 않는 한 중앙정부는 지방정부를 관여할 수 없다는 것을 의미한다. 따라서 중앙정부가 지방정부의 업무에 관여하기 위해서는 법령을 마련해야 한다. 일반법주의의 원칙은 중앙정부가 지방정부를 관여하는 경우 관여의 수단과 방법은 지방자치법에서 규정하는 범위 안에서 이루어져야 한다는 것을 의미한다. 따라서 특별법에서 별도의 관여 방법을 규정해서는 안 된다. 관여의 정도는 목적 달성을 위해 최소한도의 수준이어야 하며 이 경우에도 지방정부의 자주성과 자립성을 훼손해서는 안 된다. 공정·투명의 원칙은 관여의 절차와 관련된 것으로 서면의 교부, 허가·인가 등의 심사 기준, 표준

처리 기간의 설정 및 공표 등이 마련되어야 한다.

정부간 관계의 변화에 맞추어 관여의 방법 등도 법정화되었다. 종전에는 기관위임사무에 기초한 중앙정부의 포괄적 지휘감독권, 지방정부의 사무에 대한 적정한 사무 처리의 확보 조치권 등이 인정되었다. 그러나 새로운 지방자치법에서는 구체적인 관여 방안을 명시했다.

중앙과 지방이 대등·협력적 정부간 관계로 발전됨에 따라 상호간에 분쟁이 발생할 경우 분쟁 해결이 새로운 방식으로 해결되지 않으면 안 되었다. 중앙정부와 지방정부 간의 분쟁 처리를 위해 '국지방계쟁처리위원회'가 신설되었다. 계쟁처리위원회의 위원은 5명이며 학식과 덕망을 갖춘 인사 가운데 양원의 동의를 얻어 내각총리대신이 임명한다. 3인 이상이 동일 정당에 소속되어서는 안 되었다.

② 지방분권개혁추진회의의 성과

앞에서 논의했듯이 지방분권개혁추진회의는 2001년 12월 「중간 논점 정리」, 2002년 6월 「중간 보고서」, 2002년 10월 「최종 보고서」를 제출했다. 「자주·자립의 지역사회를 지향하며」라는 중간보고와 최종보고서에서 지방분권개혁추진회의의 활동 이념을 발견할 수 있다(地方分權改革推進會議, 2002). 지방분권개혁추진회의는 2003년 6월 「삼위일체 개혁에 관한 의견」을 제출했고, 2003년 6월 각의에서 결정된 '경제재정 운영과 구조개혁에 관한 기본 방침'(제2차 기본 방침)에서 삼위일체 개혁에 관한 구체적인 일정표가 제시되었다. 그 후 삼위일체 개혁에 대한 제3차 기본 방침이 2004년 6월 결정되었다(김순은, 2007a).

지방분권개혁추진회의가 제출했던 의견에 대한 성과는 삼위일체 개혁의 성과라고 할 수 있다. 삼위일체 개혁에 관한 계획이 수립되고 집행이 이루어지기 시작한 2004년도부터 2006년도까지 성과를 보면 우선 중앙정부의 지방정부에 대한 재정적 지원이 크게 감축되었다(이정만, 2007). 국고보조금이 4조 7,000억 엔, 교부세가 5조 1,000억 엔 삭감되었으며, 중앙정부로부터 지방정부로의 재원 이양이 3조 엔 규모로 이루어졌다.

③ 지방분권개혁추진위원회의 성과

2007년 4월 출범한 지방분권개혁추진위원회의 성과를 현재 논의하는 것은 시기상조이다. 왜냐하면 아직 3년의 한시법으로 제정된 지방분권개혁추진법이 아직 유효하고 구체적인 지방분권 개혁 입법이 이루어지지 않았기 때문이다. 따라서 여기에서는 지방분권개혁추진위원회가 제출한 제1차와 제2차 권고안의 주요 내용을 논의한다.

지방분권개혁추진위원회의 제1차 권고는 우선 중앙정부와 지방정부의 역할 분담에 초점에 맞추었다. 이를 위해 지방분권개혁추진위원회의 제1차 권고안에서는 지방이 주역이 되는 국가의 형성이라는 이념하에 지방정부로의 권한 이양, 완전한 지방정부의 구현, 지방행정의 종합성 확보, 지방의 활성화, 자치 능력의 배양을 주요 과제로 선정했다(總務省, 2009).

중앙정부와 지방정부의 역할 분담을 재조정하기 위해 보완성의 원리와 중앙정부와 지방행정의 이중행정의 배제라는 원칙을 수립했다. 광역과 기초지방정부 사이에는 기초지방정부 우선의 원칙을 수립했다.

지방분권개혁추진위원회가 중점적으로 추진하는 분권 과제는 생활 분야와 마을만들기 분야로 나누어 추진하고 있으며, 전자에는 유아와 보건의 일원화와 자녀, 교육, 의료와 의료보건, 생활 보호, 복지시설의 최저 수준, 민생 보호, 공영주택, 보건소와 아동상담소, 노동 분야이다.

마을만들기 영역에서는 토지 이용(개발과 보전), 도로, 하천, 방재, 교통과 관광, 상공업, 농업(토지 이용을 제외), 환경 분야가 논의의 대상이다.

기초지방정부 우선의 원칙에 따라 64개 법률에서 359개의 행정사무를 기초지방정부로 이양하는 것을 권고했다. 주로 택지의 개발과 농업시설 등의 허가권을 시정부에 이양하는 것, 특별양호노인홈, 보육소 등의 설치 허가와 지도 감독 권한을 시정부에 이양하는 것, 고압가스의 제도와 저장, 판매의 허가 권한을 시정촌에 이양하는 것 등이 포함되어 있다.

지방분권개혁추진위원회의 제1차 권고안을 접수한 정부는 2008년 6월 지방분권추진본부 내에 지방분권개혁 추진요강을 결정했다. 지방분권개혁추진위원회는 지방분권 개혁 작업을 계속하여 2008년 12월 제2차 권고안을 정리하여 내각총리대신에게 제출했다. 그 사이에 2008년 8월 「중앙정부의 특별지방행정기관의 재정립에 관한 중간보고」와 9월 「도로·하천의 이관에 수반하는 재원 등의 처리에 관한 의견」을 정리했다. 지방분권개혁추진위원회가 제출한 제2차 권고안의 주요 내용은 아래와 같다.

지방분권개혁추진위원회의 제2차 권고안은 지방정부의 형태와 책임성의 강화 및 조례제정권의 강화에 초점을 두었다. 지방분권개혁추진위원회는 지방정부의 자치행정권, 자치입법권, 자치재정권의 확대를 통한 완전한 지방정부의 확립을 제안하며, 국가의 법률에 상당하는 조례제정권의 확대, 지방정부의 자주성 강화와 책임성의 확보 등을 기본 원칙으로 채택했다.

중앙정부의 특별지방행정기관의 정비를 위해 우선 중앙과 지방의 역할분담의 재검토(주민에 가까운 행정은 지방으로), 이중행정의 폐해 배제, 중앙과 지방을 통하는 행정의 간소화와 효율화 추진, 지역 주민의 관점에서 보는 기본 구조, 지방재생(地方再生) 지역 진흥의 원칙을 수립했다. 구체적으로 8부처 15계층의 116항목에 걸친 중앙정부의 특별지방행정기관의 사무와 권한을 재검토했다.

지방분권개혁추진위원회의 권고안을 받은 정부는 2009년 내에 '신분권일괄법안(가칭)'의 국회 제출을 목표로 하고 있었다.

2) 지방분권 개혁의 과제

(1) 우리나라 지방분권의 과제

① 지방선거 제도의 개선

2010년 6월은 지방선거가 예정되어 있다. 금년에 실시될 지방선거와 관련하여 2009년 내내 이슈가 되었던 것이 기초지방의회 의원의 정당 공천과 관련된 것이었다. 정당공천제에 대해 이론적 관점에서는 찬·반론이 병존했으나 비민주적인 정당정치, 고질적인 지역적 연고에 의한 정당, 정당 공천과 관련된 금품수수설 등 정당 공천의 긍정적 효과보다 부정적 효과가 크다는 것이 많은 학자와 지역정치가들의 주장이다. 전국적인 시민단체들도 기초의원과 시장·군수·구청장의 정당 공천은 폐지되어야 한다는 주장을 강력하게 제기했다.

그럼에도 불구하고 2010년 6월 선거를 위해 개최된 정치개혁특별위원회에서는 정당 공천을 유지하는 방향으로 결론을 보았다고 한다. 이에 대한 재고가 이루어져야만 지방자치의 발전에 도움이 될 것이다.

② 지방의회의 권한 강화

지방분권촉진위원회의 활동이 본격화되면서 중앙행정 권한의 지방 이양이 괄목할 만한 성과를 이루었다. 지방소비세와 지방소득세의 도입으로 지방재정의 확충이 이루어질 것으로 예상된다. 그런데 지방자치의 재개 이후 이제까지 지방정부의 행정 운영을 보면 '제왕적 단체장'이라는 명칭이 시사하듯이 지방정부의 장의 권한을 어떻게 견제하느냐가 지방자치의 발전에 중요한 요인으로 분석되었다. 이론적인 측면에서 보면 지방정부의 장을 효과적으로 견제할 수 있는 기관은 지방의회이다. 그런데 지방의회 사무기구의 독립성 제약 등 지방의회의 권한이 지극히 제한되어 지방의회가 지방정부의 장(長)을 견제하는 데에는 커다란 한계가 있다는 것이 그 동안의 지적이었다(김순은, 2006). 2010년에는 지방의회 사무기구의 독립 및 지방의회의 권한이 강화되는 방향으로 지방분권의 개혁 과제가 이루어져야 할 것이다.

③ 자치행정 체제의 개편 과제

지방자치와 지방행정과 관련된 과제 가운데 2010년에 가장 관심을 받을 분야가 자치행정 체제의 개편이라고 할 수 있다. 국회뿐만 아니라 행정부가 모두 자치행정 체제의 개편에 지대한 관심을 갖고 있기 때문이다. 국회에 계류 중인 방식대로 전국을 동시에 개편하는 방식이 진행되든, 아니면 2009년 실시했듯이 지방정부의 자율적 통합이라는 방식을 택하든 자치행정 체제의 개편은 세인의 관심을 끌 것으로 보인다.

자치행정 체체의 개편은 비단 우리나라에 한정된 정책적 과제가 아니다. 유럽, 일본, 심지어 미국에서조차 자치행정 체제의 개편을 추진하고 있다. 향후 우리나라에서 자치행정 체제의 개편이 어떠한 방식으로 진행되든 세계적 상황을 고려하여 일정한 원칙이 준수되어야 할 것이다.

현재 진행되는 선진 외국의 경우를 참고할 때 자치행정 체제의 개편은 지방분권과 지역의 경쟁력을 제고하는 방향으로 진행되어야 하며, 자치행정 체제의 개혁 과정은 정치적으로 중립적이고 전문적인 논의 과정을 거치는 민주적 절차에 따라야 할 것이다.

(2) 일본 지방분권의 과제

일본의 경우 1999년 지방분권일괄법으로 제1차 지방분권 개혁의 성과를 낳았다. 그럼에도 법정수탁사무의 존재로 중앙정부와 지방정부의 관계에는 적지 않은 과제를 안겨 주었다. 그뿐만 아니라 재정분권의 과제를 해결하지 못한 과제도 있었다.

그런데 지방분권추진위원회의 해체 이후 지방분권개혁추진회의의 노력 결과 재정분권은 삼위일체 개혁을 통해 계속적으로 추진되었으며, 현재에는 지방분권개혁추진법의 제정으로 제2의 지방분권 개혁의 성과가 목전에 다가오고 있다. 앞에서 논의했듯이 현재까지 발표된 지방분권개혁추진위원회의 권고안과 중간보고의 내용을 검토하면 제1차 개혁과 같이 획기적인 지방분권 개혁이 이루어질 전망이다. 여기에 도주제(道州制)가 도입되어 연방제 수준의 체제가 정착된다면 일본은 명실공히 분권형 국가 체제를 구축하는 결과를 낳을 것으로 보인다. 지역정부의 중요성을 감안할 때 향후 일본의 지방분권 개혁의 추진이 도주제 개편과 어떻게 조화를 이루게 될지 매우 주목된다.

6 결 론

우리나라의 경우 국민의 정부 이후 지방분권 개혁이 이루어져 왔으나 지역 주민과 지방정부가 체감할 수 있을 정도의 성과는 이루지 못했다. 참여정부는 지방분권 개혁을 국정의 높은 우선순위에 두었으나 지방분권의 정치성과 행정성, 정치 분위기와 전략상의 문제점 등으로 소기의 성과를 거두는 데에는 성공하지 못했다.

이명박 정부 하에서는 새로운 법체계를 구축하고 지방분권 개혁을 추진하고 있으나 어떠한 성과를 거둘지는 아직은 미지수이다. 이명박 정부 초기에는 지방분권 개혁이 우선순위라는 점에서 높은 위치를 차지하고 있지 않기 때문에 희망적인 기대는 현실적으로 어려운 상황이다. 그럼에도 불구하고 지방소비세와 지방소득세를 도입한 조치는 매우 고무적이었다. 향후 이명박 정부는 행정구역 개편과 선거구제의 개혁을 염두에 두고 있기 때문에 자치행정 체제 개편의 결과에 따라 지방분권의 개혁에 대한 입장이 분명해질 것이다. 혹시 단층제로의 개혁이 반드시 이루어져야 할 과제라면 세계 대도시화 추세를 감안하여 특별시, 광역시는 존치하고 기타 지역은 도시와 농촌을 통합하여 20~30여 개의 대도시권역으로 개편하는 것도 바람직할 것으로 보인다.

또는 2층제를 전제로 한다면 기초지방정부는 60~80개의 광역 체제로 하되, 시·도도 4~5개로 대통합하여 2층제를 유지하는 것이 지역정부의 중요성에 기초하여 국가의 경쟁력을 강화하는 방안이 될 것으로 보인다.

참고 문헌

김순은(2001a). "우리나라 지방분권의 특징과 과제: 영국과 일본의 지방분권화의 비교를 중심으로." 「한국사회와 행정연구」. 12(2): 57-75.

———(2001b). "영국과 일본의 지방분권 비교분석." 「한국지방자치학회보」. 13(2): 101-121.

———(2003a). "지방분권 정책에 대한 평가: 추진 절차 및 과정을 중심으로." 「지방행정연구」. 17(3): 41-72.

———(2003b). "일본 지방분권의 평가와 시사점." 「한국지방자치학회보」. 15(3): 313-336.

———(2004a). "일본 지방분권 정책의 집행에 영향을 미친 요인." 「지방정부연구」. 7(4): 7-30.

———(2005a). "지방분권 정책의 평가와 과제: 국가 균형발전 정책과의 패키지화에 대한 비판적 고찰." 「한국거버넌스학회보」. 12(2): 95-133.

———(2005b). "지방분권특별법의 의의와 한계." 「한국지방자치학회보」. 17(3): 25-49.

———(2006). "민선자치 10년의 성과평가와 향후 과제." 한국지방정책연구소 정기 세미나 발표 논문.

———(2007a). "일본의 정부간 관계." 한국지방행정연구원 워크숍 발표 논문.

이정만(2007). "일본 삼위일체 개혁의 추진 과정과 성과에 관한 고찰." 지방정책연구소 세미나 발표 논문.

채원호(2008). "일본 지방분권의 최근 동향."

高木健二(2004). 三位一體改革と地方の自治.「自治總研」. 7월호.

今井照(2000).「地方自治のしくみ」. 東京: 學陽書房.

大森彌(1998). 日本官僚制の分權改革. 山脇直司・大澤眞理・大森彌, 共編.「現代日本のパブリッグ・フィロソフィ」. 東京: 新世社.

西尾勝(1999).「未完の分權改革」. 東京: 岩波書店.

成田賴明(1995). 地方分權と地方分權推進法.「ジュリスト」. 8-27.

石弘光・磯部力・成田賴明・西尾勝(1995). "地方分權と分權推進法,"「ジュリスト」. 1074: 8-27.

新藤宗幸(1999).「地方分權」. 東京: 岩波書店.

自治省(2000). 地方分權. http://www.mha.go.jp (2000. 5. 20)

佐藤英善(2002).「新地方自治の思想: 分權改革の法としくみ」. 東京: 敬文堂.

佐佐木信夫(1999).「地方分權と地方自治」. 東京: keisoshobo.

地方分權改革推進會議. (2002).「事業・事業の在り方の關する意見: 自主・自立の地域社會をめざして」. 東京: 地方分權改革推進會議.

總務省(2009).「地方財政白書」. 東京: 總務省.

제14장 지방분권의 과제와 전망

권영주
(서울시립대 행정학과 교수)

1 서 론

각국에서는 21세기를 맞이하기 위해 1990년부터 정치 · 행정개혁에 착수한다. 지방분권도 그 예외는 아니었다. 지방분권을 통한 정부개혁은 세계 각국에서 동시다발적으로 일어나는 보편적인 현상이 되고 있다. 한국과 일본은 1990년대 이후부터 지방분권화 개혁이 활발하게 전개되기 시작한다.

우리나라는 1988년 지방자치법의 전면 개정과 함께, 1991년 지방의회 의원 선거, 1995년 단체장을 포함한 4대 지방선거가 동시에 거행되었다. 그러나 선거만으로 지방자치가 된다고는 할 수 없다. 행정적 · 재정적 권한이 중앙정부에 집중되어 있었기 때문이다. 이에 1991년 지방분권을 위한 노력의 일환으로 최초의 지방분권 기구인 '지방이양합동심의회'가 구성되어 중앙의 권한을 지방정부로 이양하는 작업을 추진했다. 또한 1999년 '중앙행정권한의 지방 이양 촉진 등에 관한 법률'을 제정하고 '지방이양추진위원회'를 설치하여 지방 이양을 지속적으로 추진해 왔다. 참여정부에 들어서는 '정부혁신지방분권위원회'를 설치하여 지방이양추진위원회와 함께 보완적 관계에서 지방분권 작업과 지방 이양 작업을 추진했다. 그리고 현재의 이명박 정부에서는 '지방분권 촉진에 관한 특별법'을 제정하고 '지방분권촉진위원회'를 대통령 직속으로 설치하여 지방분권으로서의 중심축 역할을 수행하고 있다(권경득, 2009: 6).

한편 일본에서는 종래의 중앙성청 주도의 획일행정을 주민 주도의 개성 있고 종합적인 행정 시스템으로 바꾸어, 즉 '획일에서 다양화로'라는 시대적 흐름에 대응하는 분권형 사회를 창조하기 위해 1999년 지방분권일괄법이 성립했다. 이로써 지방자치법 등 총 475개에 달하는 관계 법률을 개정한 것이다. 이의 주된 내용은 중앙통제의 상징이었던 기관위임사무가 전폐되었다는 것이다. 그러나 충분한 재정적 확보를 뒷받침하지 않는 등 미완의 개혁이었다. 이에 제1차 분권개혁의 후속 조치로 시정촌 통합과 지방재정의 개혁이 주 내용인 삼위일체 개혁이 이루어진다. 그리고 2006년 12월에 성립한 지방분권개혁추진법에 의해 지방분권 개혁이 지속적으로 추진되고 있다.

이 장은 1990년대 이후 추진된 한・일 간의 지방분권 개혁이 어떠한 원인으로 무엇을 지향하는가, 그리고 그 한계는 무엇인가를 검토하는 것이 목적이다. 이를 위해 우선 지방분권이 추구하는 지향점을 분석 기준을 통해 설정한다. 이러한 지향점을 향해 양국은 지방분권 개혁을 이룩했다. 그러나 이러한 분권개혁이 의도한 대로 달성되었다고는 할 수 없다. 분권개혁에는 여러 가지 장애 요인이 존재했기 때문이다. 이 중에서도 특히 정치적 요인이 분권개혁의 성패를 좌우하는 측면이 크다. 따라서 분권개혁의 정치적 요인을 고찰함으로써 앞으로 한국과 일본에서 지방분권 개혁이 어떻게 전개될 것인가 하는 전망도 조망해 볼 것이다.

2 분권개혁의 비교 기준

지방분권을 추구하는 목적은 국가마다 상이하며, 국가마다 처해 있는 입장이 다르다. 이를 단순화시켜 말하면 영・미형 국가에서는 지방자치단체가 자기완결적으로 자치사무를 처리하고 있으므로 지방분권 개혁은 오히려 국가적 통일성을 확보하기 위해 중앙집권의 강화 내지는 지방자치단체의 효율성을 증대하는 형태로 나타난다. 그러나 대륙계 국가는 전통적으로 중앙집권적 요소가 강하게 내포되어 있으므로 영·미형의 지방자치를 모델로 한 지방분권 개혁을 수행한다.

그러나 각 국가의 분권개혁은 그 국가의 역사적 특수성에 따라 다르게 나타난다. 일본과 한국을 비교할 때도 그러한 역사적 특수성과 유사성에 근거하여 비교할 필요가 있다. 한국은 20세기를 통해 강력한 중앙집권 시스템이 작동하고 있었다고 하면, 일본은 전전의 중앙집권적 시스템을 전후 개혁을 통해 우리나라보다는 앞서서 지방자치를 실시하고 있었다. 이러한 특수성에도 불구하고 기본적인 시스템에서 유사성이 더 많다. 한국이 일본의 식민지를 거치면서 일본의 제도를 받아들여 대륙계의 지방 제도가 확립되었기 때문이다.

한국과 일본을 비교하기 위해서는 공통의 분석 기준을 설정하지 않으면 안 된다. 이에 유용한 기술적 도구로는 일본의 니시오 마사루(西尾勝) 교수의 모형이 도움이 된다. 그는 일본의 분권개혁에는 두 가지 개혁 노선이 있다고 한다(西尾勝, 1999: 131: 西尾勝, 2009). 그 하나는 지방자치단체의 자유도 확대 노선이고, 다른 하나는 소장사무 확장 노선이다. 자유도 확대 노선이란 지방자치단체가 중앙정부의 간섭 없이 자율적으로 업무를 수행할 수 있도록 권한을 지방자치단체에 넘기는 노선을 말하며, 소장사무 확장 노선이란 지방자치단체가 지방행정을 종합적으로 수행할 수 있도록 중앙의 사무를 지방자치단체에 넘겨 지방자치단체의 사무량을 증가시킬 수 있는 노선을 말한다. 이들은 분권개혁이라는 이름으로 동시에 진행되었으나 본질적으로 그 성질을 달리한다.

그리고 이러한 기술적 도구에 대한 설명 도구로서는 정치적 요인에 주목하고자 한다. 정치적 요인에는 관료 내의 정치도 있고 정치적 영역에서의 요인도 있다. 이러한 요인에 의해 지방분권 개혁 과제들이 성공하기도 하고 실패하기도 한다. 따라서 이러한 요인들의 강약에 의해 앞으로의 한·일 지방분권 개혁을 전망할 수도 있다.

이하에서는 한국과 일본의 분권개혁에 대한 배경과 원인을 살펴본 후, 분석 기준에 의한 분권개혁의 지향점을 추출하여 그 성과와 한계를 논하기로 한다.

3 분권개혁의 지향점

1) 한 국

(1) 분권개혁의 지향점

우리나라는 1980년대까지는 지방자치의 암흑기였다. 독재정권과 군사정권으로 점철된 과거의 역사 속에서 서구와 같은 지방자치는 존재하지 않았다. 그러나 1980년대의 민주화와 더불어 지방자치에 대한 국민적 열망과 분권화된 사회를 건설하는 것에 대한 국민적 공감대가 형성되어 갔다. 이러한 결과가 제도적 수준의 지방자치로 나타난다. 즉 1987년 제9차 개정 헌법에서 지방의회 구성의 유보 조항이 삭제되었고, 1988년 4월 6일 지방자치법의 전면 개정을 통해 그 부활의 가능성이 보였다. 1990년 12월 지방자치법 제9차 개정으로 1991년 6월 지방선거를 실시했고, 1994년 3월 16일 최초의 통합선거법인 '공직선거 및 선거부정방지법(현 공직선거법)'이 제정 공포되었고, 이 법 부칙 제7조의 규정에 의해 도지사, 시장, 군수, 도의원, 시 · 군 · 구의원 등 제1회 전국 동시 지방선거가 1995년 6월 27일 실시되었다.

이러한 우리나라의 지방자치 형성기에 분권개혁의 지향점은 무엇이었는가? 이에 관한 직접적인 분석을 시도한 연구는 필자가 알기로는 없는 것 같다. 다만 한국의 지방자치제도 형성의 동인을 분석한 임승빈(2008: 49-69)의 연구가 이를 파악하는 데 도움이 된다. 그는 한국 지방자치제도의 형성에 관한 요인으로 문화적 요인과 제도 동형화 요인으로 나누어 설명한다. 제도 동형화 요인으로 학계 및 관계의 영향과 외국의 제도에 주목한다. 결론적으로 그는 제도 동형화 현상에서 1988년도의 지방자치법의 전면적인 개정과 1994년도의 '공직선거 및 선거부정방지법' 제정의 시기에 학계가 독일과 일본의 경험을 연구한 법학자들의 견해가 영향을 미쳤다는 것은 자명한 사실이기는 하나 한국의 실정에 맞게 변형되었다고 볼 수 있다(임승빈, 2008: 64). 그리고 지금의 우리나라 지방자치제도 형성에 가장 강력한 영향력을 미친 자치제도 모형을 제2차 세계대전 이후 일본 모형이라고 하는 데에는 이견이 없다고 본다. 우리나라의 지방자치제도가 일본의 지방자치제도 가운데 자치단체의 기관 구성을 집행부와 의회의 대립형으로 구성한 점, 광역과 기초자치단체의 계층제적 자치 제도를 만든 점, 중앙과 지방의 사무처리 방식을 위임사무 방식으로 도입하여 상하적 관계로 만든 점 등은 일본의 영향을 받았다고 볼 수 있다(임승빈, 2008: 66).

만약 이러한 임승빈 교수의 분석이 타당하다면 그 후 우리나라의 분권개혁도 일본의 니시오 마사루 교수가 일본의 분권개혁을 분석한 두 가지 노선, 즉 지방자치단체 자유도 확대 노선과 소장사무 확장 노선이라는 방향으로 분권개혁이 이루어졌다고 할 수 있다.

(2) 분권개혁의 성과와 한계

1990년대 지방자치가 실시된 이래 분권화된 사회를 건설하기 위해 다양한 노력을 경주해 왔다. 그 주된 추진체는 1991년에 구성된 '지방이양합동심의회', 1999년의 '지방이양추진위원회', 2003년의 '정부혁신지방분권위원회', 2008년의 '지방분권촉진위원회'이다. '지방이양합동심의회'와 '지방이양추진위원회'는 중앙의 사무를 지방에 이양하는 역할을 주로 담당했으며, '정부혁신지방분권위원회'와 '지방분권촉진위원회'는 분권화된 사회를 건설하기 위해 다양한 과제를 설정하여 추진했다. 이를 니시오의 모형인 지방자치단체 자유도 확대 노선과 소장사무 확장 노선이라는 두 가지 관점에서 그 성과와 한계를 고찰하기로 한다.

① 자유도 확대 노선

지방자치단체 자유도 확대 노선는 주로 2003년의 참여정부 때부터 적극적으로 추진되었다. 그 주된 것들은 제주특별자치도 추진, 지방세의 신세원 확대, 지방예산 편성지침 폐지, 지방채 발행 승인 제도 개선, 자치조직권의 강화, 자치경찰 제도의 도입, 자치입법권의 확대 등이다.

이들 중에서 성공한 것은 제주특별자치도의 추진, 지방예산 편성지침 폐지, 지방채 발행총액한도제 도입 등이다. 특히 국고보조금사업, 지방양여금 등을 교부세로 전환하여 국가의 지원에서 간섭의 꼬리표를 떼도록 함으로써 지방정부의 재정 자율성을 높이도록 했다. 또한 기구 및 정원관리 등의 세부 분야까지 하나하나 행정안전부의 승인을 받아야 했던 지방정부의 조직 운영 방식도 사전 승인을 전면 폐지하고, 총액인건비제로 전환하여 조직·인력에 대한 지방정부의 조직 인사에 관한 자율성을 확대했다(정부혁신지방분권위원회, 2008: 378-384).

그러나 지방세의 신세원 확대, 자치경찰제도의 도입, 자치입법권의 확대 등에 의한 지방자치단체의 자유도 확대 노선은 거의 실패로 끝났다.

② 소장사무 확장 노선

소장사무 확장 노선은 크게 두 가지의 권한을 지방자치단체로 이양하여 지방자치단체가 종합행정을 가능하게끔 하는 조치를 말한다. 그 하나는 중앙의 사무를 지방자치단체에 이양하는 것이고, 다른 하나는 특별지방행정기관에서 취급하는 사무를 지방자치단체에 넘기는 것이다. 전자는 주로 '지방이양합동심의회'와 '지방이양추진위원회'가 추진한 과제이며, 후자는 '정부혁신지방분권위원회'가 추진한 과제이다.

우선 전자부터 살펴보면, '지방이양합동심의회'는 1991년부터 1998년까지 8년간 심의회를 운영했는데 그 실적을 보면, 심의회가 추진한 대상 사무의 건수는 총 3,701건으로 지방에 이양하기로 확정한 대상 사무는 2,008건이며, 지방 이양을 완료한 대상 사무는 1,743건이다. 따라서 지방 이양 완료율은 47.1%로 나타나 심의 건수에 비해 실제로 지방 이양이 완료된 실적은 낮다(권경득, 2009: 12). 또한 '지방이양추진위원회'는 1999년부터 2007년까지 9년간 활동했는데, 그 결과 총 5,707개의 지방 이양 대상사무를 발굴하여 26.7%인 1,577개 사무에 대해 지방 이양을 결정했으며, 이 중 이양이 결정된 사무는 1,514건이었다. 결정된 사무 1,514건 중 이양 완료 사무는 1,218건(80.4%)이며, 추진 중인 사무는 19.6%인 296개였다(권경득, 2009: 14).

이와 같은 것을 종합해 볼 때, 소장사무 확장 노선은 약간의 성과를 거두고 있다고도 할 수 있으나 2002년도에 조사한 국가사무 30,240건에 비하면 극히 미미한 실정이다.[1] 권경득(2009: 18-22)은 이의 문제점으로 기능 배

1) 2002년 조사 결과에 따르면 전체 사무는 41,603건이며, 이 중 국가사무는 30,240건으로 73.0%이며, 지방사무는 11,363건으로 27.0%이다(한국지방행정연구원 외, 2002). 여기서 지방사무란 지방자치단체가 처리하는 사무로 자치사무와 위임사무를 합한 것이다. 따라서 자치사무는 지방사무에 비해 훨씬 적다.

분 실적의 저조, 행·재정적 측면의 포괄적 이양 미흡, 지방의 특성 고려 미흡, 3대 분권 과제의 지방 이관 지연 등을 들고 있다.

다음으로 특별지방행정기관에서 취급하는 사무를 지방자치단체에 이관하는 과제는 '정부혁신지방분권위원회'가 추진했다. '정부혁신지방분권위원회'는 발족 초기부터 특별지방행정기관의 기능 조정을 시도했으나 관련 기관 간의 의견 불일치로 완전히 실패로 끝나고 말았다. 이는 그 후 발족한 '지방분권촉진위원회'의 과제이기도 하다.

2) 일 본

(1) 분권개혁의 지향점

분권개혁의 지향점은 분권에 대해 언급하는 사람만큼 다양하다. 분권화 개혁을 둘러싸고 다양한 행위자(actor)들이 등장한다. 기본적으로 생각할 수 있는 것이 학자집단, 중앙관료, 지방단체, 정치가 등을 상정할 수 있다. 이들 간에는 일본의 지방자치 시스템에 관한 모형으로서 기본적으로 큰 차이를 보인다. 상식적으로 생각할 때, 학자집단은 행정학, 행정법학, 정치학, 재정학 등에서 연구한 학문적 성과를 바탕으로 이념형으로서의 지방자치 모형을 제시할 것이다. 그러나 이들의 입장은 하나같지 않으며 학자 수만큼이나 다양한 지방자치 모형을 제시한다. 집권에서 분권에 이르기까지 그리고 통합에서 분리에 이르기까지 다양한 입장이 존재할 것이다. 그러나 분권에 참여한 대부분의 학자는 일본의 지방자치가 아직 충분하지 않고 분권화가 필요하다는 인식을 공유하는 학자들이 적극적으로 발언을 해 왔다는 사실에 유의할 필요가 있다. 이들이 갖는 이념형으로서의 모형은 영·미형에 가깝다.

분권화를 강력하게 바라는 집단은 무엇보다도 지방단체들이다. 지방단체의 입장은 1994년 9월에 전국지사회 등 지방 6단체가 정리한 '지방분권 추진요강'에 잘 나타나 있다. 이의 주된 내용을 살펴보면, ① 현행 부현과 시정촌의 중층제를 전제로 국가의 권한을 부현에 이양하고, 이어서 시정촌에 넘겨 줄 것, ② 국가의 역할을 국방, 사법, 경제정책 등 16개 항목에 한정할 것, ③ 기관위임사무를 폐지할 것, 특히 도시계획법이나 건축기준법 등 구체적인 사례를 거론하면서 국가 관여의 전폐와 기관위임사무의 지방공공단체의 사무화 등의 개선책, ④ 지방분권추진계획의 실시 상황을 감시하는 독립성이 높은 행정위원회를 정부에 설치할 것 등을 요구했다. 이러한 주장은 영·미형과 상통하는 내용이 많다. 즉 국가의 관여를 전폐하고 기관위임사무를 자치단체의 사무로 하여 자기 완결적이고 자율적으로 사무를 처리하겠다고 하는 영·미형 모형의 내용이다. 이들은 줄곧 영·미형의 지방분권을 주장했다고 할 수 있다.

이와 같은 지방단체의 주장에 가장 큰 저항을 보인 것은 중앙정부의 관료이다. 중앙관료는 기본적으로 자신들의 영향력 확대를 도모한다. 이를 위해서는 분권을 원하지 않고 집권적 시스템을 확보하려는 우일한 집단일 것이다. 그것이 여의치 않으면 분권과 개혁에 저항하면서 최소한 현상을 유지하려고 할 것이다. 즉 이들은 집권론자 혹은 통합형 자치의 현상 유지론자이다. 그러나 이들은 분권화의 큰 흐름 속에서 저항으로만 대처하지는 않았으며, 분권개혁 속에서 자기의 영향력을 최대한 확보하는 방향으로 개혁의 내용에 깊이 관여했다.

다음으로 정치가는 어떠한 입장을 견지했을까? 정치가 개인은 기본적으로 재선을 위한 자신의 표와 관련된 사항에는 큰 관심을 보이나 그렇지 않는 경우, 즉 이해가 없는 경우에는 관여하지 않는다. 그러나 정치가들의 집단인 정당은 조금은 다른 입장을 취한다. 정당은 정권 획득을 목표로 어떠한 선택이 유리할 것인가를 판단할 것이다. 각 당의 입장은 1994년 11월 29일에 지방자치종합연구소 주최로 개최한 '21세기를 여는 분권개혁 심포지엄'에서 잘 나타난다(朝日新聞, 1994년 12월 8일 조간). 일본 사회당은 "관료의 저항에 대해 의원 입법이 필요하다"고 하면서 가장 지방분권적 요소를 많이 가지고 있던 '지방 6단체의 안'을 적극적으로 지지했다. 신당사키가케도 "정부란 가스미가세키(霞が關)이며 가스미가세키에 아무리 답신을 해도 추진되지 않는다"고 하면서 의원입법에 의해 지방분권 개혁을 즉시 단행할 것을 주장한다. 한편 자민당은 "이유도 없이 의원입법으로 제멋대로 하는 자세에 동의할 수 없다. 하지만 주민 자신이 결정하고 책임을 질 수 없는 한 진정한 지방분권을 할 수는 없다"고 하여 지방분권에 찬성하면서도 약간 거리를 두었다. 그러나 그 후 지방단체와 비즈니스의 입장이 명확해짐에 따라 각 정당의 정치적 선택도 자연히 그것에 따르게 된다.

이러한 각 행위자들의 입장을 종합적으로 반영하여 성립한 것이 1995년 5월의 지방분권추진법이다. 지방분권추진법의 내용을 보면, 기본 이념으로 국가와 지방의 역할 명확화, 지방의 자주성, 지역사회의 활력 등을 들고 있다. 이에 기초해 국가의 역할은 국가가 해야 할 본래의 역할로서 지방자치의 룰 형성과 함께 국가 존립 사무·전국 통일 사무·전국적 프로젝트를 들고 있다. 한편 지방의 역할은 주민과 가까운 행정이나 종합적인 실시이다. 또한 국가와 지방은 공통적으로 간소화와 효율화를 요구한다. 이들 문맥의 배후에는 지방단체와 비즈니스의 제언들이 용해되어 있다.

이러한 지방분권추진법에는 자치단체의 자유도 확대 노선이라고 하는 영·미형의 요소와 아울러 종합적인 행정이라고 하는 소장사무 확장 노선도 함께 용해되어 있다. 자유도 확대 노선은 1949년의 샤프 권고의 주장과 맥을 같이한다. 샤프 권고의 3원칙 중에는 국가, 부현, 시정촌 간의 책임 관계를 상호 명확히 해야 한다고 하는 행정 책임의 원칙을 제시하고 있다. 이는 전후 일본의 지방자치 관계자들이 주장해 온 것이다. 이 법률 성립에 앞서서 여러 단체는 우선 국가의 사무를 열거하고 그 밖의 것은 원칙적으로 지방정부에 속한다고 하는 등의 제언을 하고 있다. 그 구성을 보면 미국 연방헌법이 특정 사항을 연방정부의 권한으로 하는 외의 것을 주의 권한으로 한다고 규정하는 연방-주 관계나 중앙-지방의 상호 간섭을 될 수 있는 대로 적게 하려고 하는 영국의 분리형 자치를 누구나 상기하게 된다. 즉 지방분권추진법은 일본의 지방자치 시스템으로 영·미형을 모델로 하고 있다.

한편 소장사무 확대 노선은 일본적인 맥락에서 이해할 수 있다. 일본은 지방행정의 중요한 특징 중의 하나가 종합행정이다. 중앙정부는 기능적으로 분립되어 있는 반면, 지방자치단체는 지방에서 일어나는 모든 행정을 종합적으로 수행해야 한다는 것이다. 이는 될 수 있는 대로 많은 사무를 지방자치단체가 수행해야만 가능하다.

따라서 일본은 지방분권 개혁에서 지방자치단체의 자유도 확대 노선과 소장사무 확장 노선을 동시에 추구했다고 할 수 있다.

(2) 분권개혁의 성과와 한계

일본의 지방분권 개혁은 1995년 지방분권추진위원회가 발족한 것을 시작으로 1999년 지방분권일괄법의 제정으로 제1차 분권개혁이 이루어졌다. 그리고 2001년 삼위일체 개혁과 시정촌 합병을 거쳐, 2007년 제2차 분권개혁이 시작되었다. 이를 니시오 마사루의 모형인 지방자치단체 자유도 확대 노선과 소장사무 확장 노선이라는 두 가지 관점에서 그 성과와 한계를 고찰하기로 한다(上林陽治, 2009).

① 자유도 확대 노선

지방자치단체 자유도 확대 노선으로 개혁된 중요한 내용은 다음과 같다.

첫째, 제1차 분권개혁에 의해 기관위임사무가 전폐되었다는 것이다. 기관위임사무는 국가사무로 지방자치단체의 비용과 직원으로 집행되는 사무이다. 기관위임사무를 처리할 때 국가는 포괄적인 지휘감독권을 갖는다. 따라서 지방자치단체장은 기관위임사무를 처리하는 한 국가의 일반행정기관으로서의 성격을 갖는다. 이러한 중앙통제적인 기관위임사무를 전폐하고 법정수탁사무를 도입했다. 법정수탁사무는 지방자치단체의 사무로 법령의 엄격한 조건하에서만 중앙의 통제권이 발동된다.

둘째, 제1차 분권개혁에 의해 필치규제가 폐지되었다는 것이다. 필치규제란 국가가 지방자치단체에 대해 기관의 설치, 시설, 특별한 자격 또는 직명을 갖는 직원 또는 부속기관을 설치해야만 하는 의무를 지게 하는 것이다. 예를 들면 보건소장은 의사여야 한다는 등의 규정이다. 필치규제는 지방자치단체의 자치조직권을 속박하므로 이의 규정을 완화하여 조직·인사면에서 지방자치단체의 자유도를 확대할 수 있다.

셋째, 제2차 분권개혁에서 지방자치단체에 의무나 조건이 달린 규정을 개혁했다는 것이다. 지방분권개혁추진위원회에서는 제2차 권고(2008년 12월)와 제3차 권고(2009년 10월)에서 의무나 조건이 달린 규정 4,076조 항에 대해 해당 규정을 폐지하든지 조례에 위임해야 한다고 권고했다.

② 소장사무 확장 노선

지방자치단체 소장사무 확장 노선으로 주로 제2차 분권개혁에 의해 전개된 것으로 중요한 내용은 다음과 같다.

첫째, 국가의 일선기관(특별지방행정기관)을 통폐합하고 도도부현에 사무 권한을 이양한다는 것이다. 제2차 분권개혁의 제2차 권고에서 국가의 일선기관은 8부성 15계통의 116개 사항의 사무 권한을 개혁한다고 했지만 사실상 이양이나 이관된 것은 9개 사항에 불과하다. 따라서 국가의 일선기관을 통합화하는 권고를 하고 있다.

둘째, 도도부현에서 시로 사무 권한을 이양하는 것을 법령으로 의무를 지게 한다는 내용이 제2차 분권개혁의 내용 속에 있다. 사무 권한 이양의 이유로 지방분권개혁추진위원회는 ① 헤이세이(平成) 대합병으로 시정촌의 체제가 정비되었다는 점, ② 사무처리 특례제도로 시정촌에 이양되는 사무가 상당수에 이르고 있다는 점을 들고 있다. 특히 시정촌 합병으로 시정촌의 수용 체제(受け皿)가 정비되었음에도 불구하고 사무 권한은 넘겨지지 않았다는 것이다.

요컨대 일본의 분권개혁에서 지방자치단체의 자유도 확대 노선은 일정한 성과를 거두고 있으나 소장사무 확대 노선은 거의 이루어지지 않고 있다는 것이다.

4 분권개혁 성패의 원인

이상에서 한국과 일본에서 지방분권 개혁에 관한 성과와 그 한계를 살펴보았다. 일정한 부분에서는 성공을 하고 있으나 다른 부분에서는 실패를 거듭하고 있다. 실패의 원인은 한편으로는 관료 내부에 있으며, 한편으로는 정치에 그 원인이 있다고 하겠다.

1) 관료정치

관료 내부에서의 원인은 지방분권 개혁을 둘러싸고 사안마다 이해관계자들이 서로 자기 조직의 이익을 확대하기 위해 다른 주장을 하고 있기 때문이다. 아마카와 아키라(天川晃, 1986: 132-135)는 이를 관료정치의 문맥에서 분석하고 있다. 그는 도주제를 예로 하여 이에 관한 이해관계자를 중앙정부에서는 내무성(자치성)과 그 밖의 성청, 지방자치단체에서는 부현과 시정촌으로 설정한다. 그리고 이들 간의 관계를 두 개의 축을 설정하여 분석한다. 두 개의 축이란 집권분권의 축과 분리융합의 축을 말한다. 집권분권이란 지방정부가 그 구역 주민의 의사에 따라 어느 정도 스스로의 의사를 결정할 수 있는가에 관한 것이다. 지방정부에 관한 의사결정을 중앙정부가 행하는 것을 집권이라고 하고 지방정부가 스스로 행하는 것을 분권이라고 한다. 분리융합이란 그 구역 내 중앙정부의 행정 기능을 누가 담당하는가 하는 문제이다. 중앙정부의 행정 기능을 중앙정부의 기관이 독자적으로 담당하는 시스템이 분리이고 중앙정부의 기능이라도 지방자치단체 내의 것을 지방정부가 그 고유한 행정 기능과 함께 분담하는 시스템을 융합이라고 한다. 아마카와 아키라는 이 모형을 도주제를 예로 들어 역사적이고 경험적으로 분석하면서 집권분권과 분리융합의 두 개의 축을 결합하여 중앙정부와 지방정부의 관계를 집권분리, 집권융합, 분권분리, 분권융합의 네 가지로 유형화하고 있다. 이 유형은 정치 과정의 분석에서 각 주체의 지향을 나타낸다. 즉 중앙정부의 각 성청은 집권분리를, 내무성(자치성)은 집권융합을, 부현은 분리융합을, 시정촌(특히 대도시)은 분권분리를 지향한다. 그리고 각각의 분권 과제(여기서는 도주제)가 구체화되어 가면, 각각의 주체가 그 고객인 계열 단체나 정치가를 동원하고 때로는 경합하고 때로는 연합하면서 결국 현상 유지로 수렴해 간다고 한다. 우리나라에서 실패한 분권 과제도 상당수 이러한 축에 의해 설명할 수 있다.

2) 정치적 요인

지방분권 개혁의 제약 요인으로 작용하는 것은 정치이다. 정치의 본질은 의사에 있다. 국회에서 압도적인 세력을 가진 집권당이 분권개혁 과제에 대한 의사를 확립하면 행정은 이에 대해 정책 논리를 만들어 추진 수단을 강구할 수밖에 없다. 그렇다면 관료들은 정책 논리와 추진 방법에 합리성이 결여되어 있다고 하더라도 그러한 비합리성에 논리를 부여하면서 정책을 끌고 나갈 수밖에 없다(권영주, 2006: 76-77).

정치적 요인에는 다양한 구성 요소가 있다. 이들 중에서 필자는 정치적 이익, 정치 체제의 구조 및 정권의 특성에 주목하고자 한다. 첫째, 지방분권 정책의 성패는 정치가의 이해 관계에 따라 그 성패가 결정되는 경우가 많다. 정치가나 정치가 집단인 정당은 기본적으로 권력의 확대를 위해 노력한다. 여기서 권력 확대란 정치가의 당선이나 재선, 정권의 획득이나 유지 등이다. 정치가나 정당은 이러한 정치적 이익에 도움이 되는 지방분권 정책은 지지할 것이고 그렇지 않으면 반대할 것이다. 지방분권 정책 중에서 입법 사항인 경우가 많다. 따라서 입법 과정에서는 정치적 이해에 의해 지방분권 정책의 성패가 좌우될 것이다. 예를 들면 국민의 정부에서부터 자치경찰에 관한 법안이 마련되어 국회에 계류 중에 있다. 자치경찰은 중앙경찰권의 일부를 지방자치단체의 장에 넘기는 것을 말한다. 중앙의 정치가인 국회의원의 입장에서는 쉽게 통제할 수 있었던 국가경찰을 그들과 라이벌인 지방자치단체의 장에게 넘기는 것은 자신의 이익을 약화시키는 결과를 초래한다. 따라서 국회에서는 자치경찰에 관한 입법을 성립시키지 않는 것이다.

둘째, 정치 체제의 특성이 지방분권 정책의 성패를 좌우한다. 그린들(Grindle, 1980: 14)은 정치 체제가 중앙집권적 성향을 보이는가, 지방분권적인 성향을 보이는가에 따라 상당히 다른 결과를 초래하여, 결국 정권의 특성이 정책의 성패에 영향을 미친다고 한다. 여기서 정권의 특성으로는 권의주의, 민주주의, 진보 성향, 보수 성향 등으로 나눌 수 있다. 동일한 분권정책이라도 이러한 정권의 특성에 따라 지방분권 정책의 결과가 달리 나타날 것이다.

5 지방분권 개혁의 전망

이상에서 한국과 일본에서 분권개혁의 성과와 한계 및 그 분권개혁의 성패 요인에 대해 검토했다. 여기서는 분권개혁의 성패 요인에 의해 앞으로 한국과 일본에서 분권개혁 정책이 어떻게 될 것인가를 조망해 본다.

1) 한 국

참여정부에 이어서 이명박 정부도 분권정책을 지속적으로 전개하려고 하고 있다. 대통령직인수위원회는 2008년 2월 5일에 5대 국정지표에 따른 192개 국정 과제를 선정하여 발표했다. 여기에서는 이명박 정부의 분권화 정책을 엿볼 수 있다. 즉 지방교육 자치의 내실화, 특별행정기관 정비, 지방교부세 제도의 발전적 개편, 지방재원 확충 및 세원 불균형 완화, 중앙 권한의 지방 이양, 중앙-지방 간 국정 협력 시스템 구축, 자치경찰 도입, 기관위임사무 폐지, 지방자치단체 평가제도 개선, 지방자치단체 등의 자율적 감사 체계 확립 등 분권화 정책과 관련된 과제들이 포함되어 있다. 또한 2008년 2월 29일에 '지방분권 촉진에 관한 특별법'을 제정하고 이러한 정책을 입법적으로 지원하고 있다. 동법 제10조~제16조에서 지방분권 과제를 확인할 수 있는데, 여기서 권한 이양 및 사무 구분 체계의 정비, 특별행정기관 정비, 지방재정 확충 및 건전성 강화, 지방의회의 활성화와 지방선거 제도의 개선, 주민 참여의 확대, 자치행정 역량의 강화, 국가와 지방자치단체의 협력 체제 강화를 지방분권의 추진 과제로 설정하고 있다.

이러한 이명박 정부의 지방분권 과제들은 참여정부의 지방분권특별법에서 거론한 것들과 큰 차이가 없다. 이는 다시 말하면 참여정부의 이들 분권 정책은 실패했다는 것을 반증한다. 그렇다면 과연 이명박 정부에서는 이러한 정책들을 성공적으로 수행할 수 있을 것인가? 앞에서 언급한 분권 정책의 성패 요인에 비추어 조망해 보고자 한다.

첫째, 우리나라에서의 관료정치이다. 이러한 관료정치는 참여정부나 이명박 정부에서 차별성이 존재하지 않는다. 즉 중앙의 관료와 지방의 관료는 서로 다른 방향으로 분권 정책을 끌고 갈 것이다. 또한 중앙의 총괄부처와 현업부처의 관료들은 서로 다른 방향으로 분권 정책을 이해할 것이고, 지방의 광역과 기초의 관료들도 분권 정책을 자신에게 유리하도록 이해할 것이다. 그 극단적인 예는 특별지방행정기관의 정비에서 나타난다. 현업부처는 지방에 존재하는 특별지방행정기관을 그대로 유지하면서 그 기관에 대한 지휘감독권을 유지하려고 할 것이고, 행정안전부와 같은 총괄부처는 그 권한을 받아 지방에 위임하는 형태로 자기의 권한을 확대하려 할 것이다. 또한 지방은 광역이든 기초이든 이러한 특별지방행정기관의 인력과 권한을 넘겨받아 그 권한을 확대하려고 할 것이다. 이러한 행태는 다른 분권 정책에서도 얼마든지 볼 수 있다. 이러한 관료정치는 분권 정책의 성공을 어렵게 할 것이다.

다만 이러한 우리나라의 관료정치를 일본과의 비교 관점에서 보면 약하다고 할 수 있다. 대통령과 청와대 등 강력한 리더십이 존재하기 때문이다.

따라서 우리나라는 관료정치보다는 정치적 요인이 더 강력한 영향력을 발휘한다고 할 수 있다.

둘째, 정치적 요인이다. 정치적 요인에는 다양한 것들이 있으나 여기서는 정치 체제의 특성과 정권의 특성에 초점을 맞추어 언급하고자 한다. 이명박 정부는 지방분권에 어느 정도 관심이 있으며, 분권 지향인 정부인가 하는 것이다.

우선 이명박 정부의 지방분권에 대한 관심도이다. 이명박 정부는 '선진일류국가'란 국가 비전 아래 '섬기는 정부'와 '활기찬 시장경제', '능동적 복지', '인재대국', '성숙한 세계국가' 등 5대 국정지표를 확정했다. 5대 국정지표 속에는 분권형 사회에 대한 청사진은 존재하지 않는다.

5대 국정지표는 21개 전략과 192개 국정과제로 구성되어 있다. 국정과제는 핵심과제, 중점과제, 일반과제로 구분되어 있다. 이명박 정부에서 분권이라는 단어는 21대 전략 속에 포함되어 있다. 즉 '섬기는 정부'라는 국정지표의 하위 전략이 4개 있는데 그 중의 하나가 '창조적 광역 발전과 실질적 지방분권'이다. 그러나 섬기는 정부의 하위 국정과제 36개(핵심과제 8개, 중점과제 13개, 일반과제 15개) 중에서 분권과 관련된 내용이 많지 않다. 핵심과제 중에서 분권과 관련된 내용은 '특별행정기관 정비'의 하나만이 들어가 있다. 중점과제에는 지방교부세제도의 발전적 개편, 지방 재원 확충 및 세원 불균형 완화, 중앙 권한의 지방 이양, 중앙-지방 간 국정 협력 시스템 구축 등 4개가 들어 있고, 일반과제에는 자치경찰 도입, 기관위임사무 폐지, 지방자치단체 평가제도 개선, 지방자치단체 등의 자율적 감사 체계 확립 등 4개 과제가 포함되어 있을 뿐이다.

이와같이 이명박 정부의 분권 정책은 시장경제 우선 정책에 따라 정책의 우선순위에서 밀리고 만 것이다. 그뿐만 아니라 2008년도에 밀어닥친 세계적 금융 위기로 경제적 위기 극복이 정책의 전면에 등장한다. 국제적 경쟁력 강화를 위한 국가의 효율성이라는 관점에서 분권에 역행하는 정책들을 전개하고 있다. 지방행정 체제 개편, 세종시의 성격 수정 등이 그 대표적인 예이다.

지방자치 전문가들도 이명박 정부의 지방분권 정책을 부정적으로 평가한다. 내일신문이 2009년 12월에 지방자치 전문가 50명을 대상으로 조사한 결과를 보면 이명박 정부의 분권 정책은 낙제점이라고 한다(내일신문, 12월 31일자). 100점 만점에 평균 48.4점에 그치고 있기 때문이다. 그 중 13명(26%)의 전문가는 "지방자치에 대한 철학과 정책 자체가 부재하다"고 답해 이명박 정부의 지방 정책에 대한 근본적인 불신을 드러내고 있었다.

이러한 이명박 정부의 특성으로 볼 때 앞으로의 분권개혁에 대한 전망은 그렇게 밝다고는 할 수 없다.

2) 일 본

일본은 자민당 정권의 장기집권이 2009년 8월 30일 중의원 선거에서 종막을 고하고 전후 일본 사상 최초로 선거에 의해 정권이 교체되었다. 보수합동으로 자민당 정권이 발족한 것이 1955년이며, 도중에 10개월간만 연립정권을 형성하지 못한 시기가 있었지만, 자민당은 거의 55년간에 걸쳐서 정권을 잡고 있었다.

새롭게 정권을 잡은 민주당은 정권 공약인 매니페스토에서 '중앙 집권에서 지역 주권으로'라는 원칙을 내걸고, 중앙-지방 간의 역할 분담을 개혁하고 정리한다고 한다. 여기서 지역 주권 국가란 중앙정부가 할 일을 외교·방위·재정·환경 문제 등에 국한하고, 생활과 밀착한 권한·재원·인재를 지방자치단체에 이관해 해당 지역이 모든 책임을 지고 운영한다는 개념이다. 그리고 지역 주권을 확립하기 위해 관청가(가스미가세키, 霞が關)를 해체・재편하고, 국가의 특별지방행정기관과 직할사업에 대한 지역의 부담금을 폐지하는 등 몇 가지 정책을 내세우고 있다.

여기서 주목되는 것은 지난 15년 동안 사용한 지방분권이란 개념을 버리고 지역 주권이라는 새로운 개념을 사용하고 있다는 것이다. 그러나 지역 주권이라는 개념이 구체적으로 어떠한 것인가는 매니페스토를 통해서는 파악할 수 없다. 매니페스토에서 그러한 개념을 사용한 것은 정치적 슬로건 이상의 의미는 없고, 때가 낀 지방분권이라는 개념에 대신하여 지역 주권이라는 개념을 사용했다고도 볼 수 있다(上林陽治, 2009: 43).

그 구체적인 내용은 알 수가 없지만, 이러한 지역 주권이라는 개념이 일본에서 실현될 수 있을 것인가? 이것은 일본의 관료정치와 정치적 요인에 의해 좌우될 가능성이 크다.

우선 관료정치부터 보면, 일본은 우리나라와 비교해서 정치에 비해 관료의 힘이 더욱 크다. 따라서 관료정치가 지역 주권을 형성하는 데 제약 요인으로 작용할 가능성이 크다. 만약 이것이 타당하다면 일본에서 지방분권 개혁의 전망은 앞으로 그렇게 낙관적이지는 않을 것 같다. 이 때문에 1990년대부터 일본의 정치개혁은 관료 주도에서 정치 주도로의 정치개혁을 단행하고 있다.

일본이 정치 우위의 국가인가 관료 우위의 국가인가에 대한 논란은 아직까지 전개되고 있지만, 만약 정치 우위의 국가라고 하면 앞에서 언급한 정치적 요인이 지방분권 개혁의 큰 제약 요인으로 작용할 것이다. 이를 알아보기 위해서는 현재의 민주당 정권의 성격을 파악하는 것이 필요하다. 민주당의 중심 세력은 현재 민주당의 간사장을 맡고 있는 오자와 이치로(小澤一郎)이다.

그는 1993년 자민당을 탈당하기 1개월 전에 그의 기본적인 정치개혁의 철학을 담은 『일본개조계획(日本改造計劃)』이라는 책을 출판했다. 이 책에서 오자와 이치로는 냉전 시대와 같이 자기 나라의 경제 발전만을 생각할 수 없게 된 시대이며, 또한 경제 발전이 초래한 재원의 분배만을 생각하는 시대도 아니라는 시대 인식을 하고 있다(小澤一郎, 1993). 그리고 일본 개조의 구체적인 계획으로서 ① 수상관저 기능의 강화, ② 여당과 내각의 일원화, ③ 소선거구제의 도입, 정당 조성금의 창설, 정치자금규제법의 강화와 함께, ④ 중층제 지방 제도를 단층제로 하여 전국에 현(縣) 정도의 권한을 갖는 300개 정도의 시를 창설한다는 개획을 내걸었다.

당시 그가 개혁 대상인 자민당 정치는 중앙성청을 매개로 한 공공사업 중심의 이익 배분 시스템을 체현한 것이었다. 1955년 자민당 장기 정권의 성립과 동시에 시작된 고도 경제 성장의 이익이 도로, 항만, 댐 등의 건설을 통해 지방 곳곳에 흘러갔다. 당시 선거제도인 중선거제도는 하나의 선거구에서 복수의 의원을 선출하기 때문에 후보자가 건설족, 농수산족 등으로 분립하여 건설업, 농업 종사자의 대표자로서 표를 모으는 구조였다. 그리고 지방의원이나 기초자치단체장은 이들 국회의원에 소속되어 표를 모아주었다. 그러나 냉전구조의 붕괴, 거품경제의 붕괴, 경제의 글로벌화라고 하는 급격히 변화하고 있는 시대에 경제 성장을 전제로 할 수 없으며, 이익도 배분할 수 없고, 중앙지방의 이익집단도 포용할 수가 없었다. 당시 시대 상황을 오자와는 이와같이 인식하고 있었던 것이다.

이와 같은 오자와의 개조계획에서도 알 수 있듯이, 개혁의 방향성은 의사결정의 일원화와 신속화이며, 그러한 점에서 중앙집권 시스템을 재구축하려는 것이었다(上林陽治, 2009: 52). 또한 이러한 계획은 여・야당을 불문하고 많은 정치가들이 공통적으로 인식하고 있는 것이기도 했다. 즉 위에서 언급한 개조개혁의 ③은 1994년 자민당 연립정권 때 오자와 자신의 손으로 실현했으며, ①과 ②의 일부는 자민당의 하시모토(橋本) 내각 때 2000년의 중앙성청 개혁을 실현했다. 그리고 ④는 시정촌 합병과 도주제 구상이라는 형태로 역시 자민당 정권에 의해 추진되었던 것이다.

그리고 2009년 민주당 정권이 들어섰다. 민주당 정권에서는 분권개혁이 어떻게 될 것인가? 한동안 정권의 좌에서 물러난 오자와 이치로가 전면에 등장해 새로운 중앙집권 시스템을 구축하려고 할 가능성이 높다.

6 결 론

1990년대부터 한국과 일본은 모두 분권화된 사회를 건설하기 위해 노력하고 있다. 일본은 영・미계의 지방자치를 모형으로 하고, 한국은 일본 등을 모형으로 하여 각각 노력했다. 이들 양국의 분권개혁 방향을 니시오 모형인 지방자치단체의 자유도 확대 노선과 소장사무 확장 노선이라는 두 개의 축에 의해 각각 정리했다. 그 결과 분권개혁 과제들이 일부는 성공했지만 실패로 끝난 것들도 많다. 대체로 지방자치단체 자유도 확대 노선은 성공한 측면이 큰 반면, 소장사무 확장 노선은 실패한 측면이 크다.

실패한 분권개혁은 앞으로 양국 모두 분권화된 사회를 건설하기 위해 추진해야 할 앞으로의 과제들이다. 구체적으로는 이명박 정부의 '실질적 지방분권'이나 일본 민주당 정부의 '지역 주권'이 여기에 속한다. 그러나 이러한 과제들이 성공하기 위해서는 성패에 영향을 미치는 요인을 극복해야 한다. 그 요인이란 정치적 요인들이다. 그 대표적인 예가 관료정치와 좀 더 큰 영역의 정치적 요인이다.

관료정치는 일본뿐만 아니라 한국에서도 존재한다. 다만 그 정도에서 차이가 있을 뿐이다. 즉 일본의 관료정치는 한국의 그것에 비해 강할 뿐이다. 따라서 일본은 관료정치를 타파하고 정치 우위의 사회를 건설하기 위해 정치개혁을 단행하고 있다. 이러한 관료정치가 지방분권 정책의 제약 요인으로 작용한다.

관료정치보다 더 분권 정책의 제약 요인으로 작용하는 것이 정치적 요인이다. 정치적 이익, 정치 체제의 특성 및 정권의 특성 등이 그것이다. 이명박 정부나 일본의 민주당 정부는 명목상 내세우는 '실질적 지방분권'이나 '지역 주권'에 대해 사실상 적극적이지는 않다. 오히려 금융 위기를 극복하기 위한 효율적인 정부를 선호한다. 지방분권보다는 중앙집권적 시스템이 효율적인 정부에 더 친화적이다. 따라서 한국과 일본 모두 앞으로의 분권개혁에는 상당한 한계가 있을 것으로 생각한다.

참고 문헌

권경득・우무정(2009). "참여정부 지방분권 정책의 실태 분석: 중앙사무의 지방 이양을 중심으로."「한국지방자치학회보」. 제21권 제2호.

권영주(2006). "일본의 시정촌 통합에 관한 연구."「지방정부연구」. 제10권 제3호.

임승빈(2008). "한국 지방자치제도 형성과 동인분석."「한국행정학회보」. 제42권 제2호.

정부혁신지방분권위원회(2008).「참여정부의 지방분권」.

한국지방행정연구원·한국행정연구원(2002).「법령상 사무 전수조사를 통한 지방이양 대상사무 발굴 연구」.

上林陽治(2009). 日本における最近の地方分權改革議論の動向: 政權交代は分權改革の終わりの始まりか, 경기개발연구원・한국지방자치학회 주최,「한・중・일 지방분권 국제 심포지엄」발표 논문(2009. 11).

西尾勝(1999).『未完の分權改革』. 東京: 岩波書店.

———(2009. 8).「'第2期分權改革'は焦点の擴散した全方位作戰」. 日本自治學會「2008年度 活動報告集」.

小澤一郎(1993).「日本改造計畫」. 東京: 講談社.

天川晃(1986). '變革の構想: 道州制論の文脈.' 大森彌・佐藤誠三郎.「日本の地方政

府」. 東京: 東京大學出版會.

Grindle, Merilee S. (ed) (1980). *Politic and Policy Implementation in the Third World*, Princeton. N. J.: Princeton University Press.

찾아보기

ㄱ

ㄴ

ㄷ

ㄹ

ㅁ

ㅂ

ㅅ

ㅇ

ㅈ

ㅍ

ㅎ

저자 소개(집필자 순)

최병대

- 미국 애크런(Akron)대학교 대학원(행정학 박사)
- 현 한양대학교 행정학과 교수 겸 한국지방자치학회장
- 서울특별시 정책기획관, 한양대학교 사회과학대학장 및 지방자치대학원장, 서울시정개발연구원 기조실장 및 선임연구위원
- 자치행정의 이해(2008, 대영문화사)

양기호

- 일본 게이오대학(慶應大學) 대학원(정치학 박사)
- 현 성공회대학교 일본학과 교수
- 한국정치학회 한일교류위원장, 한국지방자치학회 일본위원장
- 일본의 지방정부와 정책과정(2003. 서울대출판부), 한국정치와 지방자치(공저, 2005, 인간사랑), 일본정치론(공저, 2007, 논형) 외 다수

박광덕

- 경희대학교(행정학 박사), 연세대학교 사회복지대학원 박사과정 수료
- 현 세명대학교 사회복지학과 교수
- 충북행정학회 회장 역임, 한국사회복지행정학회 운영이사
- 현대사회복지정책론(1998, 박영사), 지방정부와 혁신정책(2006, 대영문화사)

이정만

- 일본 도쿄대학(東京大學) 대학원(박사: 학술)
- 현 공주대학교 행정학과 부교수
- 한국행정학회 이사, 정부혁신관리평가단 평가위원
- 현대지방재정의 주요 이론(공저, 2009, 대영문화사), 일본 삼위일체 개혁의 추진과정과 성과(2008, 한국행정학보) 외

하정봉

- 일본 쓰쿠바(筑波)대학 대학원(박사: 법학 · 행정학 전공)
- 현 계명대학교 행정학과 조교수
- 동아일보 기자, 한국정부학회 총무이사
- 작은 정부론(공저, 2007, 부키)

허 훈

- 건국대학교 대학원(행정학 박사)
- 현 대진대학교 행정학과 교수
- 경인행정학회 회장(역), 지공기업학회 부회장
- 공기업론(공저 2003, 다산출판사)

권경득

- 미국 애크런(Akron)대학교 대학원(행정학 박사)
- 현 선문대학교 행정학과 교수
- 한국지방자치학회 부회장, 한국공공행정학회 회장, 한국인사행정학회 부회장
- 지방정부기능론(공저, 2001, 삼영사), 현대인사행정론(공저, 2010, 법문사)

임정빈

- 건국대학교 대학원(행정학 박사)
- 현 성결대학교 행정학부 전임강사
- 한국지방자치학회 상임이사, 한국인사행정학회 편집이사
- 지방정부 간 갈등과 협력(공저, 2006, 한국행정DB센터)

금재덕

- 뉴저지주립대학교 대학원(행정학 박사)
- 현 서울시립대학교 행정학과 조교수
- 국회예산정책처 사업평가관, 한국지방자치학회 편집위원
- *Public Deliberation and Performance Measurement*(공저, 2008, VDM Verlag)

신원득

- 성균관대학교 대학원(행정학 박사)
- 현 경기개발연구원 의정연구센터장
- 성대행정대학원겸임교수, 경기개발연구원 부원장, 경인행정학회 회장
- 지방의회 법령의 이해(2008, 경기개발연구원)

김병국

- 건국대(행정학 박사)
- 현 한국지방행정연구원 선임연구위원
- 한국지방자치학회 부회장(전), 행정안전부 합동평가위원회 위원 겸 소위원회 위원장
- 지방정부의 조직인사혁신론(공저, 2007, 한림대출판부)

이민규

- 일본 교토대학(京都大學) 대학원(행정학 박사)
- 현 충북대학교 행정학과 전임강사
- 會計改革と財政再建の行政學(2009, 日本 京都大學 法學研究科)

이자성

- 일본 도후쿠대학(東北大學) 대학원 情報科學研究科(정보과학 박사: 행정학 전공)
- 현 경남발전연구원 연구기획조정실 책임연구원
- 한국지역정보개발원 책임연구원, 행정안전부 정보공개심의회 심의위원, 경상남도 투자심사위원회 위원
- 일본의 행정과 공공정책(공저, 2008, 한국행정연구원)

길종백

- 일본 쓰쿠바(筑波)대학 대학원(법학 박사: 행정학 전공)
- 현 순천대학교 행정학과 조교수
- 일본행정론(공저, 2009, 애플트리테일즈), 행정과 지방자치(공역, 2008, 논형)

김순은

- 켄트(Kent)주립대학교(행정학 박사)
- 현 동의대학교 행정학과 교수
- 한국지방정부학회장(현), 한국지방자치학회 고문, 지역발전위원회 전문위원
- 우리나라 도시거버넌스의 실태, Q 방법론과 사회과학, 지방분권과 지방정부의 혁신

권영주

- 일본 교토대학(京都大學) 대학원(행정학 박사)
- 현 서울시립대학교 행정학과 교수
- 행정안전부 정책자문위원회 위원, 한국정책과학학회 부회장
- 한국 지방자치의 이해(공저, 2008, 박영사), 일본행정론(공저, 2009, 애플트리테일즈)

한일 지방자치 비교

펴낸날 / 제1판 제1쇄 2010년 5월 31일
지은이 / 최병대 외
펴낸이 / 임춘환
펴낸곳 / 도서출판 대영문화사
주소 / 서울 용산구 청파동 1가 178-2 ㊄ 140-869
등록 / 1975년 12월 26일 제3-16호
전화 / (02)716-3883, (02)714-3062
팩시밀리 / (02)703-3839
우체국 온라인 / 011353-02-009106

ISBN 978-89-7644-340-3

〔값 18,000원〕